Handbuch für Salesforce-Architekten

Ein umfassender Leitfaden für End-to-End-Lösungen

Dipanker Jyoti
James A. Hutcherson

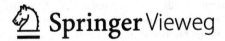 Springer Vieweg

Handbuch für Salesforce-Architekten: Ein umfassender Leitfaden für End-to-End-Lösungen

Dipanker Jyoti
Rockville, USA

James A. Hutcherson
Orlando, USA

ISBN-13 (pbk): 978-3-662-66533-6
https://doi.org/10.1007/978-3-662-66534-3

ISBN-13 (electronic): 978-3-662-66534-3

Geschäftsführender Direktor, Apress Media LLC: Welmoed Spahr
Editor für Akquisitionen: Susan McDermott
Entwicklungsredakteur: Laura Berendson
Koordinierender Herausgeber: Rita Fernando

Umschlag gestaltet von eStudioCalamar

Titelbild entworfen von Pixabay

Weltweit an den Buchhandel vertrieben von Springer Science+Business Media New York, 1 New York Plaza, New York, NY 10004. Telefon 1-800-SPRINGER, Fax (201) 348–4505, E-Mail orders-ny@springer-sbm.com oder www.springeronline.com. Apress Media, LLC ist eine kalifornische LLC und das einzige Mitglied (Eigentümer) ist Springer Science + Business Media Finance Inc (SSBM Finance Inc). SSBM Finance Inc ist eine Gesellschaft nach **Delaware**.

Für Informationen über Übersetzungen wenden Sie sich bitte an booktranslations@springernature.com; für Nachdruck-, Taschenbuch- oder Audiorechte wenden Sie sich bitte an bookpermissions@springernature.com.

Apress-Titel können in großen Mengen für akademische Zwecke, Unternehmen oder Werbezwecke erworben werden. Für die meisten Titel sind auch eBook-Versionen und -Lizenzen erhältlich. Weitere Informationen finden Sie auf unserer Webseite für Print- und eBook-Massenverkäufe unter http://www.apress.com/bulk-sales.

Jeglicher Quellcode oder anderes ergänzendes Material, auf das der Autor in diesem Buch verweist, ist für die Leser auf GitHub über die Produktseite des Buches verfügbar, die sich unter www.apress.com/9783662665336 befindet. Ausführlichere Informationen finden Sie unter http://www.apress.com/source-code.

Gedruckt auf säurefreiem Papier

Dieses Buch ist der Ohana des Salesforce-Ökosystems gewidmet. Jede Person, die zu Vertrauen, Kundenerfolg, Innovation und Gleichberechtigung beiträgt, macht es möglich, das Ökosystem zu erstaunlichen Höhen zu führen.

Inhaltsverzeichnis

Über die Autoren

Dipanker Jyoti ist ein Branchenveteran mit mehr als zwei Jahrzehnten Erfahrung in der Verwaltung von Projekten zur digitalen Transformation bei Fortune 500-Unternehmen. Dipanker verfügt über insgesamt 23 Branchenzertifizierungen, darunter 13 Salesforce-Zertifizierungen, darunter die Zertifizierungen Salesforce Certified System Architect und Salesforce Certified Architect. Zu seinen weiteren Zertifizierungen auf Architekturebene gehören AWS Certified Solutions Architect – Professional, Google Cloud Certified Professional Architect, Microsoft Certified Azure Solutions Architect und Certified Blockchain Expert.

Dipanker arbeitet derzeit für IBM als Associate Partner und verwaltet die globalen Salesforce-Assets von IBM. Bevor er zu IBM kam, hatte er Führungspositionen bei Capgemini, Accenture und Citibank inne. Dipankers Engagement für Salesforce begann vor zehn Jahren im Rahmen eines strategischen Geschäftsumwandlungsprojekts, bei dem er eng in den Aufbau eines Salesforce-Konzeptnachweises eingebunden war, um die Möglichkeiten einer Low-Code/No-Code-CRM-Lösung zu demonstrieren. Er verliebte sich sofort in Salesforce und setzt seitdem seine Reise fort, um sein Wissen über Salesforce zu erweitern und mit seinen Kollegen und der Cloud-Community zu teilen. Derzeit führt er einen Online-Blog über Cloud-Architekturkonzepte, der unter `www.cloudmixdj.com` zugänglich ist. Dipanker lebt mit seiner Frau Junko und zwei Söhnen, Kazuya und Ouji, in Rockville, MD. In seiner Freizeit kocht er gerne für seine Familie und sieht sich Fußballspiele der ersten Liga an. Für weitere Informationen über Dipanker können Sie ihm auf LinkedIn unter `www.linkedin.com/in/dipanker-dj-jyoti-3104974` folgen.

ÜBER DIE AUTOREN

James A. Hutcherson ist eine erfahrene Führungskraft mit mehr als 40 Jahren Technologieerfahrung. Sein erstes Salesforce-Projekt wurde im Jahr 2004 implementiert, als er seine Salesforce-Reise begann. Während dieser Zeit hat James Hutcherson jede Gelegenheit genutzt, um sein Salesforce-Wissen zu erweitern. Er besitzt 17 Salesforce-Zertifizierungen, darunter Certified Salesforce Application Architect und Certified Salesforce System Architect. James ist ein begeisterter Pädagoge und hat in den letzten Jahren mehrere *kostenlose* Salesforce-Schulungen veranstaltet, um etwas zurückzugeben und das Salesforce-Ökosystem auszubauen.   James ist derzeit Principal und leitender technischer Architekt bei Capgemini Government Solutions, wo er die Salesforce-Praxis zur Bereitstellung von Unternehmenslösungen für Kunden der US-Bundesregierung leitet. Er erwarb einen MBA vom Baldwin Wallace College, einen MSCIS von der University of Phoenix und einen BA von der Southern Illinois University – Carbondale. James und seine Frau Sherry leben in Orlando, FL, wo sie gerne Zeit mit ihrer Familie und ihren vier wunderbaren Enkelkindern verbringen. Folgen Sie ihm auf LinkedIn unter www.linkedin.com/in/jim-hutcherson-2018/ und auf Twitter unter https://twitter.com/hutchersonj.

Über den technischen Prüfer

Kal Chintala ist einer von etwa 300 Salesforce Certified Technical Architects (CTAs) weltweit mit über 15 Jahren Erfahrung in der Bereitstellung von Salesforce- und anderen CRM-Systemarchitekturen, Softwaredesign und Datenmodellierung. Die meisten dieser Projekte werden auf agile Weise durchgeführt, während gleichzeitig technische Risiken und Änderungen sowie die Softwarequalitätssicherung für die unternehmensweite Transformation vieler Bundes- und Fortune 500-Unternehmen verwaltet werden. Kal hat Salesforce-Architekturen für bis zu 65.000 Benutzer weltweit verwaltet und dabei unter anderem durch die Konsolidierung von Diensten in Salesforce betriebliche Effizienzgewinne von mehr als 1,2 Millionen US-Dollar erzielt. Seine nachgewiesene Branchenerfahrung ermöglicht betriebliche Effizienzen durch innovative Anwendungen von Technologie und Geschäftsprozessverbesserungen. Kal ist derzeit als Strategieberater für die Salesforce-Praxis, als Technologieführer und als KMU für die Planung und Umsetzung komplexer unternehmensweiter Salesforce-Implementierungen bei zivilen und militärischen Bundeskunden tätig. Kal hat einen Bachelor-Abschluss von der Madras University, Indien, und einen Master-Abschluss von der La Trobe University, Australien. Er hat mehr als 25 Zertifizierungen erworben, darunter mehrere Zertifizierungen in Salesforce. Kal lebt mit seiner Frau und zwei hübschen Kindern in Ashburn, Virginia. Sie können ihm auf LinkedIn folgen: www.linkedin.com/in/kalch/.

Danksagungen

Ein Buch wie dieses kann nicht ohne die Unterstützung und die Kompromisse, die meine Familie eingegangen ist, verwirklicht werden. Meine wunderschöne und erstaunliche Frau, **Junko Maki**, die die letzten 9 Jahre ihres Lebens damit verbracht hat, mich bedingungslos zu lieben und meine Ambitionen selbstlos zu unterstützen. Sie ist meine beste Freundin, Philosophin, Coach und Therapeutin. Der letzte Teil ist wahrscheinlich etwas, wovon ich sehr viel brauche. Ihr Verständnis und ihre Kompromissbereitschaft, mir zu erlauben, mehrere Nächte und Wochenenden allein in meinem Arbeitszimmer zu verbringen, ist ein ebenso großer Beitrag, den sie zur Fertigstellung dieses Buches geleistet hat, wie es für mich war. Ich danke dir für alles, was du neben deiner Karriere als Immobilienmaklerin jeden Tag für mich und die Kinder tust. Ohne dich wäre ich nicht da, wo ich jetzt bin.

Ich bin auch der stolze Vater von zwei Söhnen im Teenageralter, **Kazuya Jyoti** und **Ouji Jyoti**, die die ersten Kapitel dieses Buches gelesen haben. Meine Bemühungen haben sich bereits an dem Tag ausgezahlt, an dem sie beide das erste Kapitel dieses Buches gelesen haben und sagten, dass sie wirklich Cloud-Architekten werden wollen. Ihre hartnäckige Bitte, weitere Kapitel zu schreiben, damit sie mehr über Salesforce erfahren können, hat mich mit einer unermüdlichen Motivation zum Recherchieren und Schreiben jedes Kapitels mit Liebe und Hingabe angetrieben.

Der Gemeinschaft etwas zurückzugeben ist etwas, das ich schon in jungen Jahren gelernt habe, indem ich einfach meine Mutter, **Arati Jyoti,** beobachtet habe. Sie ist Reiki-Großmeisterin und arbeitet ehrenamtlich im Mutter-Teresa-Missionarsorden und im St. Jude Children's Hospital in Mumbai, Indien. Sie hat die letzten 30 Jahre ihres Lebens damit verbracht, Reiki-Behandlungen für Menschen mit verschiedenen körperlichen, emotionalen und geistigen Krankheiten anzubieten. Darüber hinaus engagiert sie sich in ihrer verbleibenden Zeit ehrenamtlich für das St. Jude Children's Hospital. Meinem Vater, **Haran Jyoti**, der sein Leben selbstlos der Befriedigung aller Bedürfnisse seiner Familie gewidmet und seinen einzigen Sohn in dem Glauben erzogen hat, dass man alles erreichen kann, solange man nicht aufgibt. Er war derjenige, der mir sagte: „Du kannst es schaffen", als ich sagte, ich wolle ein Buch über die Salesforce-Architektur schreiben.

DANKSAGUNGEN

Ich bin wirklich gesegnet, dass mein Freund und Co-Autor **James Hutcherson** mir bei diesem Buch zur Seite steht, ohne den dieses Buch nicht hätte fertiggestellt werden können. Danke, dass du mir vertraust und dich mit all deiner Hingabe eingebracht hast. Ihre Mitarbeit und Ihr Beitrag waren wirklich von unschätzbarem Wert.

Ich möchte **Matt Francis** für seine ständige Unterstützung und sein Feedback zu diesem Buch danken. Matt ist ein Salesforce-Veteran und ein Salesforce Certified Technical Architect (CTA), der nicht nur ein Salesforce-Mentor für mich war, sondern auch eine unaufhaltsame Kraft für meinen Erfolg in meiner Salesforce-Karriere war. Seine ununterbrochene Ermutigung und endlose Motivation jeden Tag bei der Arbeit hat meine Salesforce-Reise dorthin geführt, wo sie heute ist.

Ein Buch ist nur so gut wie sein Rezensent, wofür ich **Kal Chintala** danken möchte. Sein unschätzbares Wissen über Salesforce im Allgemeinen und als Salesforce Certified Technical Architect (CTA) hat uns enorm geholfen, viele Teile dieses Buches zu korrigieren und neue Perspektiven auf unseren Inhalt zu erhalten.

Einen großen Beitrag leistete auch die Salesforce Generations CTA-Gruppe, die unser Buch rezensiert und eine unvoreingenommene Bewertung für unser Material abgegeben hat. Die Salesforce Generations CTA-Gruppe ist eine wöchentliche CTA-Studiengruppe, der neben James und mir auch **Sudhir Durvasula**, **Waruna Buwaneka**, **Chetan Devraj**, **Brock Elgart**, **Jim Hutcherson** und **Julia Kantarovsky angehören**. In mehreren Sitzungen unserer Studiengruppe haben wir jedes Kapitel Zeile für Zeile durchgelesen und ein gemeinsames Feedback der Gruppe eingeholt.

Nicht zuletzt möchte ich **Rita Fernando** und **Susan McDermott** von Apress dafür danken, dass sie an mich geglaubt und mir die Möglichkeit gegeben haben, dieses Buch für Apress zu schreiben. Ich erinnere mich noch genau an den Tag, an dem ich mit Ihnen beiden Kontakt aufnahm, und ich hätte mir niemals in tausend Jahren vorstellen können, was aus dieser Reise werden würde. Vielen Dank für Ihre Geduld und Ihre kontinuierliche Unterstützung während des gesamten Prozesses.

—**Dipanker Jyoti**

Ich möchte meiner bezaubernden Frau, **Sherry Hutcherson,** für ihre liebevolle Unterstützung auf diesem Weg danken. Sie ist meine beste Freundin und steht seit mehr als 40 Jahren an meiner Seite. Sie hat es mir ermöglicht, mehr zu erreichen, als ich ohne ihren Rat und ihre Inspiration jemals hätte erreichen können. Ihre Ermutigung hat meinen Beitrag zu diesem Buch Wirklichkeit werden lassen. Danke, Sherry, für alles, was du tust, und dafür, dass du es mir ermöglicht hast, die „großen Träume" zu haben und zu verwirklichen.

Ich fühle mich geehrt, dass **Dipanker Jyoti** mich eingeladen hat, bei diesem Projekt mitzumachen. Ohne all die harte Arbeit, die Sie von Anfang bis Ende investiert haben, wäre es immer noch nur ein Gedanke in meinem Kopf. Deine harte Arbeit, dieses Buch zu genehmigen und von **Apress zu** unterstützen, hat es Wirklichkeit werden lassen. Vielen Dank, dass ich bei der Arbeit an diesem Buch mitmachen durfte.

Ich möchte den Mitgliedern der wöchentlichen Salesforce Generations CTA-Studiengruppe danken, darunter **DJ**, **Sudhir Durvasula**, **Waruna Buwaneka**, **Chetan Devraj**, **Brock Elgart**, **Jim Hutcherson** (mein Sohn) und **Julia Kantarovsky**. Sie haben uns beim Lernen für die CTA-Prüfung mit Rat und Tat zur Seite gestanden und es DJ und mir ermöglicht, schwierige Fragen zu stellen und Themen mit erfahrenen Fachleuten auf dem Gebiet zu testen.

Ich bin meiner Familie dankbar für die ermutigenden Worte und die Unterstützung im Laufe der Jahre. Mein Sohn, **Jim Hutcherson**, hat mir gezeigt, dass selbst ein *alter Hund* wie ich noch neue Tricks lernen kann. Sie sind ein erstaunlicher Salesforce-Architekt. Aber was noch wichtiger ist: Du bist der beste Sohn, den ich mir je hätte wünschen können. Du bist ein vorbildlicher Vater, Ehemann und ein Vorbild für jeden, den du triffst. **Maureen Hutcherson**, danke für die Liebe, Unterstützung und den Spaß, den du der Familie bringst. **Dave** und **Vickie Magill**, **Kathy Bevec** und **Patty** und **Ronnie Eamich**, danke, dass ihr mich auch dann akzeptiert, wenn ich „beschäftigt" bin, und dass ihr mir immer noch im richtigen Moment beisteht und mich ermutigt. Vielen Dank an **Renee und Richard Abell** und **Chis und Jim Sabo**, die mich über die Jahre hinweg angefeuert haben. Ihr habt mir mehr geholfen, als ihr je wissen werdet.

Ich hätte dieses Buch nicht mitgeschrieben ohne die Möglichkeiten, Herausforderungen und Erfolge, die mir die großartigen Organisationen, mit denen ich im Laufe der Jahre zusammengearbeitet habe, geboten haben, darunter **Capgemini**, **Adnubis**, **Apollo Education**, **Net Direct**, **Advizex**, **Agilysys/Pioneer-Standard**, **NCR**, **Anderson Jacobson** und die **US Navy**. Mein architektonisches Wissen hat sich bei jedem von Ihnen entwickelt und gereift, was mir erlaubt hat, zu versuchen, erfolgreich zu sein und manchmal zu scheitern. Ich möchte **Capgemini Government Solutions** dafür danken, dass sie aktiv in meine Karriere und das größere Salesforce-Ökosystem investiert haben. Ich danke Ihnen.

Mein besonderer Dank gilt **Kal Chintala** für seine unermüdliche Unterstützung und Beratung als technischer Gutachter für dieses Buch. Ihre Kommentare und Ideen haben wirklich dazu beigetragen, das Buch für unsere Leser noch wertvoller zu machen. Ich danke Ihnen für Ihre Bemühungen und Ihre Freundschaft. Wir wissen das sehr zu schätzen.

DANKSAGUNGEN

Abschließend möchte ich **Rita Fernando**, **Susan McDermott** und den Mitarbeitern von **Apress** meinen aufrichtigen Dank aussprechen, die den Wert dieses Materials erkannt und mit **DJ** und mir bei seiner Veröffentlichung zusammengearbeitet haben. Sie haben während des gesamten Schreibprozesses stets ein Höchstmaß an Unterstützung, Anleitung und Geduld aufgebracht, und dafür gebührt Ihnen meine größte Anerkennung.

—**James A. Hutcherson**

Einführung

Dieses Buch richtet sich an verschiedene Zielgruppen, darunter (1) Salesforce-Implementierungspartner, die ihre Praxis aufbauen und die Gesamtstrategie und den Architekturansatz definieren möchten, (2) Salesforce-Branchenexperten, die eine zentrale Bildungsressource für die Salesforce-Architektur und für die Zertifizierungsprüfungen für den Salesforce-Architekturbereich benötigen, und (3) Enterprise Cloud Champions, die an der Implementierung, Optimierung und Architektur von Salesforce-basierten Lösungen innerhalb ihrer Organisation beteiligt sind.

Worum es in diesem Buch geht

Dieses Buch befasst sich eingehend mit den sieben wichtigsten Architekturbereichen, die die Säulen jeder Salesforce-basierten Lösung bilden.

Plattform-as-a-Service-Architektur

- Bietet einen Überblick über die Force.com-Plattform-as-a-Service (PaaS)-Architektur und die Schlüsselkomponenten, die das Salesforce SaaS-Modell ermöglichen.

- Verstehen Sie die Microservices-basierte Architektur von Salesforce Lightning, die aus hoch skalierbaren und wiederverwendbaren Salesforce Lightning-Komponenten, Salesforce Lightning-Seiten und Salesforce Lightning-Apps besteht.

- Verstehen Sie die Standardfunktionen von Salesforce und die Überlegungen, Einschränkungen und Kompromisse zwischen deklarativen und programmatischen Konfigurationen, wenn Sie welche verwenden.

- Verstehen Sie den AppExchange-Marktplatz und die Bedeutung der Berücksichtigung von AppExchange-Microservices-Komponenten von Drittanbietern und AppExchange-Anwendungen.

- Verstehen Sie die Überlegungen, Einschränkungen und Kompromisse zwischen deklarativem und programmatischem Design auf der Salesforce-Plattform.

Salesforce-Datenarchitektur

- Bietet einen Überblick über die Überlegungen zur Salesforce-Plattformarchitektur bei der Arbeit mit großen Datenmengen (LDVs).

- Verstehen Sie die objektorientierten Datenmodellierungskonzepte innerhalb von Salesforce und die wichtigsten Überlegungen beim Entwurf des richtigen Salesforce-Objektmodells.

- Verstehen der Datenmigrationsstrategie, der Überlegungen und der zu verwendenden Tools.

Architektur des Salesforce-Sicherheitsmodells

- Verstehen Sie das „Wer sieht was und wie" innerhalb von Salesforce.

- Entwickeln Sie eine Lösung, die die geeigneten Sicherheitsmechanismen der Plattform nutzt.

- Entwerfen Sie eine sichere Salesforce-Community-Portal-Architektur, die den Zugriff sowohl für interne als auch für externe Benutzer ermöglicht.

- Identifizierung von deklarativen Plattform-Sicherheitsmerkmalen, die zur Erfüllung von Sicherheitsanforderungen auf Datensatzebene verwendet werden können.

- Identifizieren Sie die Sicherheitsmerkmale der programmatischen Plattform, die zur Erfüllung der Sicherheitsanforderungen verwendet werden können.

- Beschreiben Sie, wie die Sicherheitsmerkmale der Plattform in eine Lösung integriert werden können.

Salesforce-Integrationsarchitektur

- Verstehen und Bewerten der Integrationsstrategie für Cloud-to-Cloud-, Cloud-to-On-Premise- und Multi-Salesforce-Org-Integrationsszenarien.

- Verstehen Sie, wann Sie Canvas-Apps verwenden sollten und wann die Integration mit Heroku-Apps und wann die Integration mit Salesforce Connect und wann die Integration mit einer Middleware wie MuleSoft.

- die verschiedenen Integrationsmuster zu verstehen und ihre Verwendung als Teil der gesamten Integrationsarchitektur zu rechtfertigen.

- Empfehlung und Begründung der geeigneten Integrationsstrategie und Integrationsmuster.

- Empfehlung der geeigneten plattformspezifischen Integrationstechnologie.

Salesforce Identitäts- und Zugriffsmanagement-Architektur

- die Konzepte der von Identitätsanbietern (IDP) initiierten und von Dienstanbietern (SP) initiierten Protokolle zu verstehen.

- Verstehen Sie die sofort einsatzbereiten deklarativen Funktionen zur Konfiguration von Single Sign-On (SSO).

- Verstehen Sie die Möglichkeiten von integrierten Anwendungen und ODATA-Integrationen.

- die Vorteile, Überlegungen und Kompromisse bei der Einbindung externer Anwendungen zu verstehen.

- Verstehen Sie die Überlegungen, Kompromisse und Vorteile der Verwendung von Middleware-Lösungen im Vergleich zu Salesforce Identity.

Mobile Architektur

- Verstehen der Konzepte von Mobile Device Management (MDM) und Mobile Device Federation (MDF).

- Verstehen Sie die Überlegungen für eine Strategie für mobile Plattformen.

- Verstehen Sie die Optionen der mobilen Salesforce-Architektur, die Kompromisse bei der Gestaltung und die Vorteile.

- Verstehen Sie die Designansätze für die Architektur einer mobilen Salesforce-Lösung mit Mobile SDK oder Salesforce1 Mobile App oder der Field Service Lightning App.

- Verstehen Sie die Möglichkeiten des Salesforce Mobile SDK.

- Verstehen Sie die Strategien und Anwendungsfälle für Wearables und vernetzte Geräte sowie die entsprechenden Architekturmuster.

Lebenszyklus der Entwicklung und Bereitstellung

Zusätzlich zu den sechs zuvor skizzierten Architekturkonzepten bietet dieses Buch auch die branchenüblichen Best Practices und den empfohlenen Rahmen für die Herangehensweise, das Management, die Bereitstellung und die kontinuierliche Verbesserung einer Salesforce-Lösung mithilfe des Salesforce-Entwicklungs- und Bereitstellungslebenszyklus:

- Verstehen Sie die Salesforce Development Lifecycle Methodology (SDLM).

- Lernen Sie, die Risiken, Abhängigkeiten und Einschränkungen bei der Salesforce-Implementierung zu bewerten und zu mindern.

- Verstehen Sie die wichtigsten Beteiligten, die für Salesforce-Projekte benötigt werden, und kennen Sie deren Rollen und Verantwortlichkeiten.

- Verstehen Sie die Best Practices für die Einrichtung eines Center of Excellence und eines Salesforce Governance-Modells.

- Identifizieren Sie die geeignete Teststrategie und Benutzerakzeptanzstrategie für Salesforce-Implementierungen.

- Lernen Sie, die geeigneten Tools für das Salesforce-Projektmanagement, das Management von Geschäftsanforderungen, das Testen und das Release-Management zu bewerten und zu verwenden.

- Verstehen Sie die Vorteile und bewährten Verfahren für die Verwendung von Versionskontrolle und kontinuierlicher Integration für das Salesforce-Release-Management.

Was dieses Buch *nicht* ist

Dieses Buch ist kein Bildschirm-für-Bild-Konfigurationshandbuch für Salesforce, und es enthält auch keine Codeschnipsel zum Erlernen der Programmierung. Obwohl Konfiguration, Apex- und Visualforce-Funktionen in diesem Buch besprochen werden, werden sie auf der Ebene erklärt, die für einen Architekten notwendig ist, um eine ideale Salesforce-Lösung zu entwerfen.

Dieses Buch ist keine Enzyklopädie, die alle Funktionen von Salesforce abdeckt, da wir nicht beabsichtigen, die von Salesforce veröffentlichten Benutzerhandbücher und Salesforce Trailhead[1] zu ersetzen. Wir haben uns bemüht, so viele Verweise wie möglich auf Salesforce-Inhalte, Salesforce Trailheads und andere Salesforce-Inhalte in das Buch aufzunehmen. Selbst wenn wir jede Funktion von Salesforce hätten abdecken können, wäre sie angesichts des Tempos, in dem sich Salesforce täglich ändert, zu dem Zeitpunkt, an dem Sie dieses Buch lesen, bereits veraltet.

Stattdessen behandelt dieses Buch den konsistenten Kontext, den ein Salesforce-Architekt benötigt, um alte und neue Funktionen für ihre architektonische Verwendung

---

[1] https://help.salesforce.com/articleView?id=mth_what_is_trailhead.htm&type=5.

zu gruppieren. Es verbindet auch die Punkte zwischen zwei beliebigen Funktionen, indem es ihre Relevanz innerhalb der sieben Architekturbereiche kategorisiert.

Wie man dieses Buch am besten liest

Wir haben die einzelnen Kapitel in diesem Buch in einer möglichst logischen Reihenfolge angeordnet, damit sie der Abfolge der Architektur einer idealen Salesforce-Lösung entsprechen. Wir haben jedes Kapitel von den anderen Kapiteln entkoppelt, so dass sie unabhängig voneinander gelesen werden können. Lesern, die ihre Reise als Architekt gerade erst beginnen, empfehlen wir auf jeden Fall, die Kap. 1 und 2 abzuschließen, bevor sie sich in die domänenspezifischen Kapitel der Abschn. 3.9 stürzen.

Einigen unserer fortgeschrittenen Architekten empfehlen wir dringend, mit Kap. 2 zu beginnen, bevor sie sich mit den bereichsspezifischen Kapiteln in den Abschn. 3.9 befassen.

Dieses Buch ist als Architekturhandbuch gedacht, auf das Salesforce-Architekten während ihrer gesamten architektonischen Praxis immer wieder zurückgreifen sollten. Wenn Sie beispielsweise an einer Aufgabe arbeiten, die umfangreiche Integrationen erfordert, können Sie direkt zu Kap. 6 oder Anhang B springen, um alles zu erfahren, was Sie für den Entwurf Ihrer Integrationen benötigen.

Der Inhalt dieses Buches ist das Ergebnis unserer kombinierten Branchenerfahrungen und Beratungen mit mehreren Salesforce Certified Technical Architects (CTAs) und angehenden CTAs in ihrem Ansatz zur Architektur einer Salesforce-Lösung. Der Inhalt dieses Buches umfasst die Lernmaterialien, die wir verwendet haben, um unsere Zertifizierungen als Salesforce Certified Application Architect und Salesforce Certified System Architect zu erlangen. Dieses Buch ist auch ein Nachschlagewerk für das Lernen für die Salesforce CTA-Prüfung.

KAPITEL 1

Salesforce-Architektur

Sie haben den Auftrag erhalten, etwas in Salesforce zu erstellen. Vielleicht waren Sie Administrator oder Entwickler oder haben lediglich von Salesforce gehört. Wo fangen Sie an?

Wahrscheinlich haben Sie zunächst auf YouTube, Google oder sogar Trailhead, dem kostenlosen Lernmanagement-Tool von Salesforce, gesucht, um alles über Salesforce zu erfahren, aber alles, was Sie gefunden haben, waren bruchstückhafte Informationen über Salesforce und seine Architektur. Es gibt mehrere Bücher über die Verwaltung und Entwicklung mit Salesforce, aber was ist mit der Architektur von Salesforce? Hier werden wir mit den Grundlagen der Salesforce-Architektur beginnen und was sie im Vergleich zu anderen Technologien einzigartig macht.

Dieses Kapitel behandelt einige wichtige Punkte, darunter

- Warum Unternehmen Salesforce gegenüber anderen Cloud-Lösungen bevorzugen

- Unterscheidung zwischen Vor-Ort-, Infrastruktur-as-a-Service-(IaaS), Plattform-as-a-Service- (PaaS) und Software-as-a-Service-(SaaS) Optionen zur Erstellung von Lösungen

- Wie Salesforce sowohl als PaaS- als auch als SaaS-Lösung verwendet werden kann

- Die Mechanismen einer mandantenfähigen Architektur und der metadatengesteuerte Rahmen, der Salesforce antreibt

- Die sieben architektonischen Domänen von Salesforce, die bei der Architekturentwicklung mit Salesforce berücksichtigt werden müssen

1

© Der/die Autor(en), exklusiv lizenziert an APress Media, LLC, ein Teil von Springer Nature 2022
D. Jyoti, J. A. Hutcherson, *Handbuch für Salesforce-Architekten*, https://doi.org/10.1007/978-3-662-66534-3_1

Warum entscheiden sich Unternehmen für Salesforce?

Salesforce wurde 1999 von Marc Benioff, Parker Harris, Dave Moellenhoff und Frank Dominguez gegründet.[1] In den 20 Jahren seines exponentiellen Wachstums hat Salesforce eine Marktkapitalisierung von mehr als 180 Mrd. USD erreicht[2] mit einem jährlichen Gesamtumsatz von 13,3 Mrd. USD im Jahr 2019 und über 36.000 Mitarbeitern weltweit.[3] Der Jahresumsatz für das Jahr 2020 wird auf über 16,5 Milliarden US-Dollar geschätzt, was einem Umsatzwachstum von über 3 Milliarden US-Dollar innerhalb eines einzigen Jahres entspricht (siehe Abb. 1-1).[4]

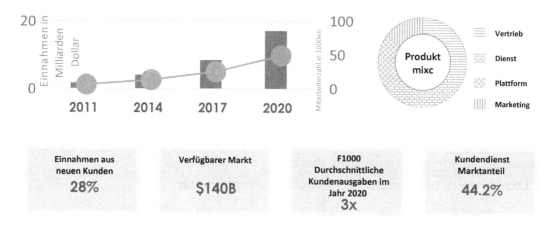

Abb. 1-1. *Salesforce-Wachstum im Laufe der Jahre*

---

[1] „Die Geschichte von Salesforce". Salesforce News, 18. September 2020, www.salesforce.com/news/stories/the-history-of-salesforce/.

[2] Jordannovet. „Marc Benioff's Salesforce Has Eclipsed Larry Ellison's Oracle in Market Cap." CNBC, July 10, 2020, www.cnbc.com/2020/07/10/salesforce-eclipses-oracle-in-market-cap.html.

[3] „Jahresbericht 2019: Celebrating 20 Years of Salesforce". „www.annualreports.com/HostedData/AnnualReportArchive/s/NYSE_CRM_2019.pdf".

[4] „Die Geschichte von Salesforce". Salesforce News, 18. September 2020, www.salesforce.com/news/stories/the-history-of-salesforce/.

Salesforce bietet mehrere Vorteile gegenüber anderen Cloud-Lösungen, darunter

1. **No-Code/Low-Code-Plattform:** Die meisten Dinge in Salesforce können von einem Geschäftsanwender ohne Programmierkenntnisse konfiguriert werden. Fast alles in Salesforce wird über eine grafische Benutzeroberfläche mit Drag-and-Drop-Funktionen konfiguriert, die wiederverwendbare Komponenten unterstützt.

2. **Markteinführungszeit:** Die Erstellung produktionsreifer Geschäftsanwendungen in Salesforce kann innerhalb von Tagen, nicht Monaten, erfolgen.

3. **Keine zusätzlichen Kosten für alle Upgrades, die jedes Jahr an der Plattform vorgenommen werden:** Salesforce verbessert seine SaaS- und PaaS-Angebote ständig, indem es dreimal pro Jahr neue Funktionen freigibt, die automatisch und ohne zusätzliche Kosten für alle Salesforce-Kunden zur Verfügung gestellt werden. Die drei großen Upgrades pro Jahr sorgen dafür, dass die Plattform mit den neuesten technologischen Funktionen in der Branche synchronisiert wird, z. B. Upgrades in Bezug auf künstliche Intelligenz, Blockchain und maschinelles Lernen.

Moderne Optionen zum Aufbau von Technologielösungen

Bevor wir mit der Architektur in Salesforce beginnen, ist es wichtig, alle Optionen zu verstehen, die es für die Erstellung einer Lösung gibt, und zu wissen, wann die Erstellung einer Lösung in Salesforce sinnvoll ist.

Jede Lösung erfordert einen Technologie-Stack, in dem sie funktioniert. Ein typischer Technologiestapel besteht aus acht Ebenen:

1. Anwendungscode

2. Laufzeit-Engine

3. Integrations-Server

4. Betriebssystem (OS)

5. Virtualisierungs-Engine

6. Netzwerkgerät

7. Berechnungsserver

8. Server zur Datenspeicherung

In diesem Buch werden wir nicht auf die Details der einzelnen Ebenen eingehen, da jede Ebene ein eigenes Buch verdient. Für unseren Kontext ist es jedoch wichtig zu wissen, dass ein Unternehmen in alle acht Ebenen investieren muss, um auch nur die einfachste Lösung zu erstellen. Unabhängig davon, ob es sich um eine oder mehrere Lösungen handelt, sind die acht Ebenen die erforderlichen Bausteine. Für jedes Unternehmen können die Investitionen in diese acht Ebenen von einigen Tausend Dollar bis zu Millionen Dollar reichen.

Angesichts der erforderlichen Investitionen hat jede Organisation vier Möglichkeiten, Lösungen zu entwickeln. Diese sind wie folgt:

1. Investieren Sie in eine Vor-Ort-Lösung.

2. Nutzen Sie eine Infrastruktur-as-a-Service (IaaS) Cloud-Lösung.

3. Nutzen Sie eine Plattform-as-a-Service (PaaS) Cloud-Lösung.

4. Nutzen Sie eine Software-as-a-Service (SaaS)-Cloud-Lösung.

Die vier hier aufgeführten Ansätze unterscheiden sich darin, welche Ebenen ein Unternehmen selbst verwaltet und welche es an einen externen Cloud Service Provider (CSP) wie Salesforce, ServiceNow, Appian, AWS, Microsoft Azure, Google usw. auslagert.

In Abb. 1-2 habe ich die vier Optionen im Vergleich zueinander dargestellt, je nachdem, wer welche Ebene verwaltet.

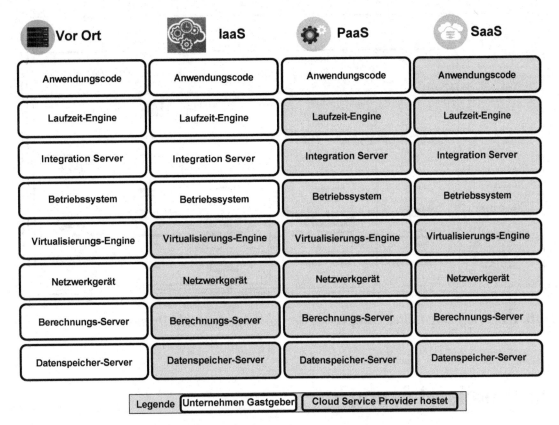

Abb. 1-2. *Vergleich von On-Premise, IaaS, PaaS und SaaS (https://www.redhat. com/en/topics/cloud-computing/iaas-vs-paas-vs-saas)*

Die verschiedenen technologischen Optionen können auch in Form eines verschachtelten Diagramms betrachtet werden, wobei jede Option eine Verbesserung gegenüber der anderen darstellt.

In Abb. 1-3 habe ich ein solches verschachteltes Diagramm mit einigen Beispielen für die gängigen CSPs, die jede Art von Dienst anbieten, dargestellt.

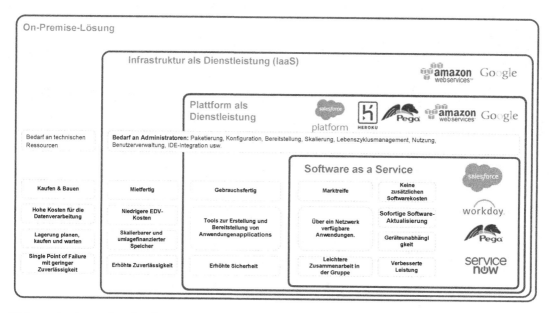

Abb. 1-3. *Verschachteltes Diagramm der Lösungsentwicklungsoptionen*

On-Premise-Lösung

Traditionell musste jedes Unternehmen, das eine Geschäftsanwendung entwickeln wollte, alle Ebenen des Technologie-Stacks von Grund auf selbst ausmessen, kaufen und einrichten. Außerdem mussten sie jede Ebene innerhalb des Unternehmens verwalten und warten, *daher auch der Branchenbegriff „vor Ort"*. Bei diesem Ansatz benötigt das Unternehmen spezielle Mitarbeiter für die Verwaltung der Technologieinfrastruktur, oft auf der Ebene der einzelnen Stacks *(d. h. der einzelnen Infrastrukturkomponenten)*.

Einige wichtige Vor- und Nachteile der Vor-Ort-Option sind in Tab. 1-1 aufgeführt.

Tab. 1-1. *Vorteile und Nachteile der Entwicklung von On-Premise-Lösungen*

Vorteile	Benachteiligungen
Vollständige Kontrolle über den zur Unterstützung der Geschäftsabläufe eingesetzten Technologie-Stack. Jede Ebene des Stacks kann individuell gestaltet und verwaltet werden, um die besonderen Anforderungen des Unternehmens zu erfüllen.	Höhere Anfangsinvestitionen und Kosten für spezielle Ressourcen. Vor-Ort-Lösungen sind teuer in der Herstellung, und ein einzelnes Unternehmen kann im Vergleich zu anderen CSP-Lösungen keine Größenvorteile bei der Unterstützung von Ressourcen und Komponentenkosten erzielen.
Die intern verwaltete Sicherheit für die Daten, den Anwendungscode und die Benutzerbasis des Unternehmens ist Eigentum des Unternehmens und wird ausschließlich von diesem verwaltet. Der Zugriff auf das gesamte Technologiepaket erfolgt innerhalb des Unternehmens. Jede Technologiekomponente kann individuell angepasst oder vollständig ersetzt werden, um die Anforderungen des Unternehmens an die Einhaltung von Sicherheitsstandards zu erfüllen.	Der Aufbau ist zeitintensiv und die Markteinführung dauert länger. Es ist zeitaufwändig, die benötigte Hardware und Software zu planen, zu dimensionieren und zu beschaffen. Bei der anfänglichen Planung werden auch saisonale Schwankungen und Lastanforderungen nicht berücksichtigt. Außerdem müssen die Ressourcen auf jeder Ebene ihre Abteilungen koordinieren und selbst organisieren, um die Lösung zu unterstützen, was Monate oder sogar Jahre dauern kann, um eine einzelne Lösung in der Produktionsumgebung einzuführen.
Die kontrollierte Bereitstellung von Lösungen kann vollständig selbst verwaltet und zeitlich an die Verfügbarkeit der eigenen technischen Mitarbeiter angepasst werden, ohne dass man auf Drittanbieter angewiesen ist, da jede Komponente des Technologiepakets durch interne Koordination und Bereitschaft entwickelt, getestet, genehmigt und für die Live-Produktion freigegeben werden kann.	Es ist schwierig, mit den Industriestandards für Sicherheit und bewährte Verfahren Schritt zu halten. Die Technologiebranche verändert sich in rasantem Tempo, und täglich kommen neue Standards hinzu. Manche Normen sind für ein Unternehmen vielleicht nur „nice-to-have", andere wiederum sind entscheidend für die Einhaltung von Vorschriften und die Einhaltung von Marktstandards. Die Nichteinhaltung dieser Normen könnte sogar die völlige Schließung des Unternehmens bedeuten.

Infrastruktur als Dienstleistung (IaaS)

In einem Infrastructure-as-a-Service (IaaS)-Modell stellen Cloud-Service-Anbieter wie Amazon Web Services, Microsoft Azure oder Google Cloud Platform ausgelagerte Rohdatenverarbeitungsinfrastrukturen, Datenspeicher und Virtualisierung bereit, die bei Bedarf innerhalb von Minuten bereitgestellt werden und sofort verfügbar sein können.

Einige Vor- und Nachteile des IaaS-Ansatzes sind in Tab. 1-2 aufgeführt.

Tab. 1-2. *Vorteile und Nachteile der IaaS-basierten Lösungsentwicklung*

Vorteile	Benachteiligungen
Flexibilität und Skalierbarkeit. Die Infrastrukturkomponenten können bei Bedarf hoch- oder herunterskaliert werden. Die meisten CSPs bieten ein Pay-as-you-go-Lizenzierungsmodell an, so dass Unternehmen klein anfangen und ihre Infrastruktur je nach Bedarf erweitern können, um ein allmähliches Wachstum oder saisonale Anforderungen an die Lösung zu erfüllen.	Zeitintensive Entwicklung mit langsamerer Markteinführung im Vergleich zu PaaS oder SaaS. Damit die vom CSP bereitgestellte Infrastruktur mit den anderen Komponenten des vom Unternehmen verwalteten Technologiestapels zusammenarbeiten kann, ist natürlich eine technische Koordinierung durch die technischen Ressourcen des Unternehmens erforderlich, und es müssen zusätzliche Einstellungen sowohl für die IaaS-Einstellungen als auch für die Einstellungen der Systeme vor Ort vorgenommen werden.
Keine Anfangsinvestitionen erforderlich. Der CSP verwaltet die unterstützenden Infrastrukturkomponenten, so dass für das Unternehmen keine Vorabin-vestitionen erforderlich sind, um den Betrieb aufzunehmen. Die Kosten für die Einrichtung der Infrastruktur werden vollständig vom CSP übernommen. Das Unternehmen zahlt lediglich eine Abonnementgebühr, die sich nach der tatsächlichen Nutzung richtet.	Größere Investitionen erforderlich als bei PaaS oder SaaS. Obwohl dieser Ansatz im Vergleich zum On-Premise-Ansatz erhebliche Kosteneinsparungen mit sich bringt, muss das Unternehmen immer noch technische Ressourcen für die Verwaltung des gemeinsamen Betriebssystems, aller Integrationsserver, Laufzeit-Engines und des eigentlichen Codes zur Ausführung der Geschäftsanwendung einsetzen. Künftige Änderungen an den Infrastrukturkomponenten des CSP könnten ein Refactoring aller anderen vom Unternehmen verwalteten Komponenten erforderlich machen. Dies könnte für das Unternehmen sowohl zeit- als auch kostenintensiv sein.

(Fortsetzung)

Tab . 1-2. (*Fortsetzung*)

Vorteile	Benachteiligungen
Disaster Recovery und Infrastrukturunterstützung durch den CSP. Die meisten CSPs haben ein umfassendes Disaster-Recovery- und Failover-Verfahren in ihr IaaS-Angebot integriert. Unternehmen können ohne zusätzliche Kosten von der Disaster Recovery und der sonstigen Infrastrukturunterstützung durch den CSP profitieren.	Keine Kontrolle über Infrastrukturentscheidungen. Die Unternehmen können verschiedene Arten von Infrastrukturqualitäten wählen, haben jedoch keine Kontrolle über die Verwaltung oder Sicherheit der Infrastruktur. Obwohl CSPs die meisten branchenüblichen Compliance-Anforderungen einhalten, können diese nicht die spezifischen Anforderungen eines einzelnen Unternehmens berücksichtigen.

Plattform als Dienstleistung (PaaS)

Platform as a Service (PaaS) nutzt die bereitgestellten Technologiekomponenten zur Erstellung von Anwendungen, ohne dass der Aufwand für die Beschaffung und Verwaltung der einzelnen Komponenten anfällt. Dadurch können sich der Architekt und das Unternehmen auf die Softwarelösung konzentrieren. Unternehmen wie Salesforce, Appian und ServiceNow haben Optionen zur Bereitstellung von PaaS-Zugang zu ihren jeweiligen Plattformen aufgenommen. Wie bei Salesforce bietet die Plattform häufig die Geschäftsprozesstools, eine Entwicklungsumgebung sowie ein Test- und Bereitstellungs-Framework. Die PaaS-Optionen ermöglichen eine fortschrittliche Lösungsentwicklung, ohne dass die zugrunde liegende Infrastruktur verwaltet und beaufsichtigt werden muss.[5]

Einige Vor- und Nachteile des PaaS-Ansatzes sind in Tab. 1-3 aufgeführt.

---

[5] „Was ist PaaS? Plattform als Dienst: Microsoft Azure." Platform as a Service|Microsoft Azure, azure.microsoft.com/de-us/overview/what-is-paas/.

Tab. 1-3. *Vorteile und Nachteile der PaaS-basierten Lösungsentwicklung*

Vorteile	Benachteiligungen
Entwicklung im Mittelpunkt. Der PaaS-Ansatz befreit das Unternehmen von der Sorge um die zugrunde liegende Infrastruktur und ermöglicht es ihm stattdessen, sich ausschließlich auf die unternehmenseigene Codebasis zu konzentrieren. PaaS ist der beste Ansatz für Entwickler und entwicklungsbasierte Unternehmen, die maßgeschneiderte Software für sich und ihre Lösungsanforderungen entwickeln.	Nicht ideal für Organisationen mit weniger oder keinem technischen Personal oder mit Standardgeschäftsmodellen. Die Nutzung eines PaaS-Ansatzes bedeutet, dass die Codebasis für die zugrundeliegende Lösung intern verwaltet werden muss, und daher erfordert dieser Ansatz die Aufrechterhaltung von technischen Ressourcen, die mit dem Code vertraut sind, der zur Erstellung der Technologielösung verwendet wird. Ein Unternehmen mit wenigen oder gar keinen technischen Ressourcen tut sich mit diesem Ansatz schwer, da es darauf angewiesen ist, technische Ressourcen, vor allem Entwickler, für die Verwaltung und den Support der Anwendungscode-komponente des Technologiestacks einzusetzen. Ein PaaS-Ansatz würde die Entwicklung von proprietärem Code zur Unterstützung der Geschäftsfunktionen erfordern. Solche Unternehmen sollten stattdessen den SaaS-Ansatz in Betracht ziehen.
Integrierte automatische Skalierung und automatischer Lastausgleich. Die meisten PaaS-Anbieter verwalten die automatische Skalierung und den automatischen Lastausgleich für die von ihnen bereitgestellte Plattform als inhärenten Service für ihre Kunden. Es können zwar immer noch zusätzliche Kosten für eine solche Skalierung anfallen, jedoch wird die Last der automatischen Skalierung und des Leistungslastausgleichs auf den PaaS-Anbieter verlagert und erfolgt ohne zusätzlichen Aufwand oder Planung.	Beibehaltung von Industriestandard-Funktionssätzen. Da Geschäftsanwendungen von Grund auf neu entwickelt werden, kann es leicht passieren, dass der branchenspezifische Kontext verloren geht oder sogar der Status quo mit Standardfunktionen wie Responsive Design, mobilen Benachrichtigungen usw. beibehalten wird. Dies liegt daran, dass jede Komponente der gesamten Anwendung explizit entworfen und mit der Gesamtarchitektur in PaaS gekoppelt werden muss. Stellen Sie sich zum Beispiel vor, Sie würden die Steuersoftware „Intuit TurboTax" auf einer Platform as a Service von Grund auf neu entwickeln. Die Belastung durch Änderungen am Anwendungscode zur Unterstützung jeder kleinen Designfunktion kann zu groß sein und wird oft übersehen.

(Fortsetzung)

Tab. 1-3. (*Fortsetzung*)

Vorteile	Benachteiligungen
Vererbt die Vorteile eines IaaS-Ansatzes. Der PaaS-Ansatz bietet alle Vorteile eines IaaS-Ansatzes und noch viel mehr, da PaaS vom CSP auf den IaaS-gestützten Komponenten aufgebaut und verwaltet wird.	Die meisten Abonnements basieren auf einem Pay-per-User-Modell und nicht auf den Kosten für die bereitgestellte Infrastruktur. Bei einer Plattform richten sich die Lizenzkosten nach der Anzahl der Nutzer und nicht nach der Anzahl der Anwendungen oder Prozesse. Dieses Lizenzmodell kann höher sein als eine traditionelle Infrastruktur als Service. Die wichtigste Überlegung ist, ob das Unternehmen „nur" eine PaaS-Umgebung nutzt; einige CSPs wie Salesforce bieten eine Mischung aus PaaS- und SaaS-Optionen an. In der Regel erwerben Unternehmen die anfängliche Salesforce-Lizenz als SaaS-Ausgabe und reduzieren dann die Betriebskosten, indem sie die verfügbaren PaaS-Funktionen in der Umgebung nutzen.

Software als Dienstleistung (SaaS)

Software as a Service (SaaS) nutzt alle Komponenten des Technologiestapels, um auf kommerzielle Standardanwendungen (COTS) zuzugreifen, ohne den Aufwand für die Entwicklung der Anwendung und die Verwaltung der einzelnen Komponenten zu betreiben. Dies ermöglicht es dem Unternehmen, sich auf das Geschäft zu konzentrieren, ohne eigenen Code zu entwickeln. Stattdessen kann das Unternehmen eine Lösung wie Salesforce Sales Cloud oder Microsoft Dynamics 365 nutzen, um eine branchenführende Lösung für typische Geschäftsprobleme bereitzustellen. Die meisten SaaS-Produkte ermöglichen es den Geschäftsanwendern, die Details der Lösung so zu konfigurieren", dass sie den spezifischen Geschäftsanforderungen entsprechen. Die SaaS-Optionen ermöglichen es einem Unternehmen, sich auf seine Kernkompetenzen zu konzentrieren, ohne sich um die Verwaltung und Beaufsichtigung der zugrunde liegenden Software oder Infrastruktur kümmern zu müssen.[6]

Einige Vor- und Nachteile des SaaS-Konzepts sind in Tab. 1-4 aufgeführt.

---

[6] „Was ist PaaS? Plattform als Dienst: Microsoft Azure." Platform as a Service|Microsoft Azure, azure.microsoft.com/de-us/overview/what-is-paas/.

11

Tab. 1-4. *Vorteile und Nachteile der SaaS-basierten Lösungsentwicklung*

Vorteile	Benachteiligungen
Keine anfänglichen Infrastrukturinvestitionen oder Entwicklungsressourcen erforderlich. Die meisten SaaS-Anbieter arbeiten mit einem Pay-as-you-go-Abonnementmodell für End-to-End-Unternehmenssoftware, die in der Cloud gehostet wird. Bei einem SaaS-Ansatz verwaltet der CSP die Infrastruktur und die gesamte Lösung, so dass das Unternehmen kein Team von technischen Ressourcen für die Unterstützung der Anwendungen unterhalten muss. Die meisten SaaS-Lösungen bieten deklarative Konfigurationsfunktionen mit Drag-and-Drop-Oberfläche und mit Klicks anstelle des Schreibens von Code. Jeder technisch nicht versierte Benutzer, der mit dem System vertraut ist, kann die grundlegenden Funktionen und die Personalisierung konfigurieren und mit der Nutzung des Systems beginnen.	Nicht ideal für Unternehmen mit sehr individuellen Geschäftsprozessen. SaaS-Lösungen werden nach dem Prinzip „one-size-fits-all" entwickelt, das darauf ausgelegt ist, die Mehrheit der Kunden einer Branche zu bedienen, die allgemeine und gemeinsame Geschäftslösungen benötigen. Daher ist eine Anpassung der SaaS-Lösung über einen bestimmten Punkt hinaus an die individuellen Bedürfnisse eines einzelnen Kunden nur schwer möglich. Aus diesem Grund kann eine SaaS-Lösung für Unternehmen mit einzigartigen Geschäftsprozessen, die stark angepasste Lösungen erfordern, nicht ideal sein.

(Fortsetzung)

Tab. 1-4. (*Fortsetzung*)

Vorteile	Benachteiligungen
Schnellste Markteinführung. Im Vergleich zu den anderen Ansätzen können Unternehmen mit dem SaaS-Ansatz Technologielösungen innerhalb weniger Stunden nach der Anmeldung für den SaaS-Dienst einführen.	Höhere Betriebskosten. Bei einer SaaS-Lösung muss der Kunde möglicherweise keine Anfangsinvestition tätigen, da der SaaS-CSP die Kosten für die Einrichtung, Wartung und Überwachung des gesamten Technologie-Stacks für diese Lösung übernimmt. Der SaaS-CSP bindet die Kosten für die Verwaltung des Technologie-Stacks für seine Kunden normalerweise in die Lizenzen für das SaaS-Produkt ein, die in der Regel höher sind als bei einem IaaS- oder PaaS-basierten Abonnementmodell. Letztendlich ist die Kostspieligkeit von SaaS-Lizenzen subjektiv, da die für SaaS-Lizenzen gezahlte Prämie seinen Kunden eine sorgenfreie Technologieumgebung zu einer pauschalen monatlichen Lizenzgebühr bietet, mit der Flexibilität, den Dienst bei Bedarf zu kündigen oder zu ändern.

(*Fortsetzung*)

Tab. 1-4. (*Fortsetzung*)

Vorteile	Benachteiligungen
Keine Software-Installation oder Wartung der Infrastruktur erforderlich. Die Nutzer des Systems müssen keine Software auf ihren Computern oder Mobilgeräten installieren, um die SaaS-Lösung zu nutzen. Sie benötigen lediglich einen Webbrowser und eine Internetverbindung, um von überall aus auf die SaaS-Lösung zuzugreifen. Die Kunden von SaaS-Produkten müssen sich nicht um die Wartung der zugrundeliegenden Infrastruktur kümmern, da dies allein in der Verantwortung des SaaS-CSP liegt.	Die meisten Abonnements basieren auf einem Pay-per-User-Modell und nicht auf der Bereitstellung von Infrastrukturkosten. Bei einer SaaS-Plattform richten sich die Lizenzkosten nach der Anzahl der Benutzer und nicht nach der Anzahl der Anwendungen, der Anzahl der Prozesse oder der erforderlichen Infrastruktur. Dieses Lizenzmodell kann höher sein als ein herkömmlicher IaaS- und PaaS-Dienst. Die wichtigste Überlegung ist, ob das Unternehmen SaaS „nur" als SaaS-Umgebung nutzt. Wie bereits erwähnt, erwerben Unternehmen in der Regel die anfängliche Salesforce-Lizenz als SaaS-Ausgabe und reduzieren dann die Betriebskosten, indem sie die verfügbaren PaaS-Funktionen in der Umgebung nutzen.

Salesforce als PaaS- und SaaS-basierter Cloud Service Provider (CSP)

Salesforce bietet eine webbasierte Benutzeroberfläche als Teil seiner SaaS- und PaaS-Angebote. Es verwendet von Haus aus eine hochgradig konfigurierbare Anwendungsplattform, die sogenannte „Salesforce Lightning Platform". Die Lightning Platform bietet leicht konfigurierbare Funktionen wie Datenobjekte und -felder, Formeln, Validierungsregeln und Prozessmanagement-Tools wie *Process Builder* und *Lightning Flow* zur Automatisierung von Anwendungsprozessen, ohne dass eine einzige Zeile Code geschrieben werden muss. Salesforce stellt in seinen Produkten auch ein Standarddatenmodell zur Verfügung, das erweitert und angepasst werden kann, um die Anforderungen der meisten Kunden an die Datenspeicherung, Datenverarbeitung und

Datenabfrage zu erfüllen. Zusätzlich zu den Daten-, Anwendungs- und Benutzerober-
flächenschichten bietet Salesforce eine Vielzahl von APIs in SOAP- und REST-basierten
Protokollen zur Integration nahezu aller vom Kunden verwendeten proprietären
Systeme oder Systeme von Drittanbietern.

Ein tiefer Einblick in den Technologiestapel

Es ist schwierig, einen ganzheitlichen und detaillierten Überblick über die Architektur
des Salesforce-Technologie-Stacks zu finden, da Salesforce die „hinter den Kulissen"
liegenden Details der Plattformarchitektur nicht in einem einzigen, endgültigen
Quelldokument veröffentlicht. Wir haben jedoch an zahllosen Salesforce-Meetings,
Präsenz- und Trailhead-Schulungen, Kundengesprächen und technischen Sitzungen auf
Dreamforce- und TrailheaDX-Konferenzen teilgenommen, um ein umfassendes
Verständnis des Technologie-Stacks zu erlangen, der für die Bereitstellung der Salesforce
PaaS und SaaS Lightning Platform verwendet wird.

In Abb. 1-4 haben wir den von der Salesforce Lightning Platform verwendeten
Technologie-Stack zusammengefasst, gefolgt von einer ausführlicheren Diskussion der
einzelnen Komponenten.

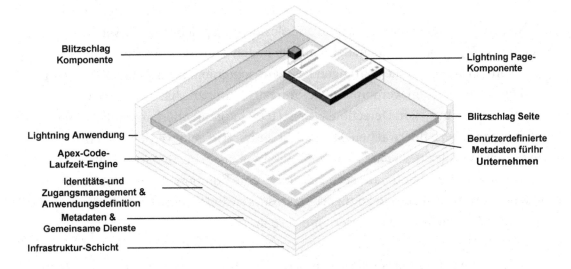

Abb. 1-4. *Salesforce Lightning Platform Technologie-Stack*

Infrastruktur-Ebene

Die Infrastrukturebene ist die Grundschicht der Salesforce Lightning Platform. Diese Schicht besteht aus den Rechenzentren, die die primären und replizierten Notfallwiederherstellungsinstanzen unterstützen, sowie einer separaten Laboreinrichtung der Produktionsklasse. Die Infrastrukturebene verwendet Komponenten der Carrier-Klasse, die für die Unterstützung von Millionen von Benutzern ausgelegt sind. Die Infrastrukturebene besteht auch aus einer Netzwerktopologie, die den Internetverkehr in und aus Salesforce in einer anbieterneutralen Netzwerkstrategie regelt, die das Risiko eines einzelnen Ausfallpunkts für die Plattform minimiert und dennoch eine hoch belastbare Umgebung mit maximaler Betriebszeit und Leistung bietet.

Außerdem speichert und schützt Salesforce auf der Infrastrukturebene alle Kundendaten, indem sichergestellt wird, dass nur autorisierte Benutzer auf die einzelnen Daten zugreifen können. Wenn Salesforce-Administratoren Datensicherheitsregeln über den Setup-Modus in Salesforce zuweisen, setzt die Infrastrukturebene diese Sicherheitseinstellungen direkt auf dieser Ebene durch. Freigabeeinstellungen, die die organisationsweiten Standardeinstellungen (OWDs) und die auf der Rollenhierarchie basierende Freigabe definieren, werden ebenfalls von Salesforce auf der Infrastrukturebene durchgesetzt.

Alle Daten, die von der Client- zur Serverseite von Salesforce übertragen werden, und alle Daten, die im Rechenzentrum von Salesforce gespeichert sind, werden verschlüsselt. Der gesamte Datenzugriff auf die in den Salesforce-Rechenzentren gespeicherten Daten unterliegt strengen Passwortrichtlinien, die im SHA-256-Einweg-Hash-Format gespeichert werden.[7] Auf der Infrastrukturebene hat Salesforce ein hochentwickeltes Intrusion Detection System (IDS) implementiert, um potenzielle Sicherheitsvorfälle zu überwachen. Die IDS-Erkennungsregeln werden täglich automatisch aktualisiert, so dass benutzerdefinierte Regeln bei Bedarf aktualisiert werden können.[8] Darüber hinaus setzt Salesforce eine Komponente zur Überwachung des Systemzustands ein, die so konfiguriert ist, dass sie bei Sicherheitsereignissen in der Umgebung Warnmeldungen generiert und verteilt.[9]

---

[7] Sichere Kodierung – Geheimnisse speichern. Developer.force.com, developer.salesforce.com/wiki/secure_coding_storing_secrets.

[8] „Network Security Planning". Unit|Salesforce Trailhead, trailhead.salesforce.com/de/content/learn/modules/network-security-planning/detect-network-intrusions.

[9] „Ausbildung: Salesforce". Hilfe, help.salesforce.com/articleView?id=security_health_check.htm.

Ebene der Metadaten und gemeinsamen Dienste

Dies ist die Schicht, in der Salesforce die eindeutigen Metadaten speichert und verwaltet, die mit der Salesforce-Instanz des Kunden verbunden sind. Wir werden später in diesem Kapitel mehr über „Metadaten" sprechen. Die Einzigartigkeit der Metadaten für jede Salesforce-Instanz in dieser Schicht sorgt auch für eine sichere Trennung der in der Infrastrukturebene gespeicherten Kundendaten.

Jede Salesforce-Instanz ist in der Lage, mehrere Tausend Kunden auf sichere und effiziente Weise zu unterstützen, und es gibt geeignete Kontrollen, die verhindern sollen, dass die Salesforce-Instanz eines bestimmten Kunden gefährdet wird. Diese Schicht verwaltet auch eine Vielzahl von gemeinsam genutzten Diensten für die Salesforce Lightning Platform, einschließlich eines Messaging-Busses zur Unterstützung von SOAP- und REST-basierten APIs, die von Salesforce standardmäßig angeboten werden.

Identitäts- und Zugriffsmanagement und Anwendungsdefinitionsschicht

Auf dieser Ebene des Technologiestacks verwaltet Salesforce die Bereitstellung, Authentifizierung, Autorisierung und Identitätsauflösung für Benutzer und Systeme, die auf die Salesforce-Instanz des Kunden zugreifen dürfen. Da diese Schicht die Zugriffsrechte eines bestimmten Benutzers festlegt, ist es nicht überraschend, dass die Anwendung, die dem Benutzer entsprechend seiner Zugriffsberechtigung angezeigt werden muss, ebenfalls auf dieser Schicht definiert wird. Später in diesem Kapitel werden wir erörtern, wie Salesforce die gesamte Anwendung dynamisch von Grund auf neu generiert und kompiliert, und zwar auf der Grundlage der für die Benutzerorganisation definierten Metadaten und der Zugriffsrechte der einzelnen Benutzer.

Apex-Code-Laufzeit-Engine-Schicht

Jede Funktion in Salesforce, egal ob es sich um eine sofort einsatzbereite Funktion oder um von einem Salesforce-Entwickler geschriebenen Code handelt, wird jedes Mal bei Bedarf von der Anwendungsschicht in einem Salesforce-Rechenzentrum ausgeführt. Die Apex-Sprache ist eine proprietäre Sprache, die von Salesforce entwickelt wurde, um Code ausschließlich in der Salesforce-Umgebung auszuführen. Die Syntax von Apex ist

der der Programmiersprache Java sehr ähnlich, und Apex ist eine objektorientierte
Programmiersprache. Salesforce unterstützt nur die eigene Apex-Sprache innerhalb der
Umgebung. Die Apex-Laufzeit-Engine-Schicht besteht aus zwei Hauptkomponenten:
einem Apex-Compiler und einer Apex-Laufzeit-Engine.

In Abb. 1-5 wird veranschaulicht, wie der von einem Entwickler geschriebene Apex-
Code kompiliert und bei Bedarf von Salesforce ausgeführt wird. Wenn ein Entwickler eine
Klasse schreibt und in Salesforce speichert, erhält die Apex-Laufzeit-Engine-Schicht die
Ausführungsanforderung zum Speichern der Apex-Klasse in Salesforce für die zukünftige
Verwendung. Um die Apex-Klasse zu speichern, muss der Apex-Compiler innerhalb der
Anwendungsschicht die Klasse zunächst verarbeiten und in einen abstrakten Satz von
Maschinenanweisungen umwandeln, die nur von der Apex-Laufzeit-Engine interpretiert
werden können, die sich ebenfalls innerhalb der Apex-Laufzeit-Engine-Schicht befindet.

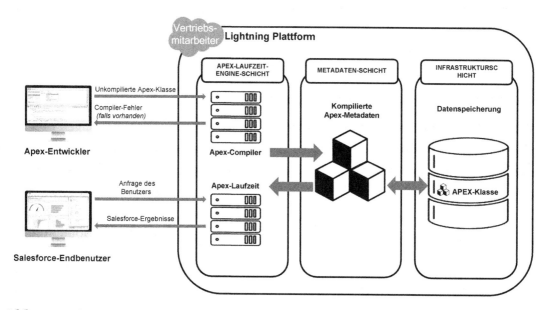

Abb. 1-5. *Apex Runtime Engine verarbeitet Apex-Code*

Die Apex-Programmiersprache ist eine eng gefasste Sprache, und der Apex-Compiler
unterhält Sicherheitsvorkehrungen und Codierungsstandards, um sicherzustellen, dass
kein einzelnes Codesegment oder eine Klasse so geschrieben wird, dass sie die gesamten
Serverressourcen der mandantenfähigen Architektur von Salesforce monopolisiert. Wenn
ein Entwickler eine Apex-Klasse einreicht, die vom Apex-Compiler nicht akzeptiert wird,
gibt der Compiler die Klasse zusammen mit Kompilierungsfehlermeldungen sofort an den
Entwickler zurück.

Der Apex-Compiler verarbeitet oder speichert den Code erst, wenn der Entwickler die Kompilierfehler behoben und die Apex-Klasse erneut eingereicht hat. Sobald der Entwickler die Klasse erneut einreicht, wandelt der Apex-Compiler den Apex-Code in einen abstrakten Satz von Anweisungen um, der nur von der Apex-Laufzeit-Engine interpretiert werden kann und als Metadaten in der Datenspeicherebene gespeichert wird, die Ihrer Organisation in einem zugewiesenen Rechenzentrum von Salesforce bereitgestellt wird.

Wenn ein Benutzer, der in seinem Webbrowser oder auf seinem mobilen Gerät durch Salesforce navigiert, eine Funktion verwendet, die den vom Entwickler gespeicherten Apex-Code ausführt, wird die Anforderung zunächst von der Apex-Laufzeit-Engine-Schicht empfangen, die die Metadaten mit den kompilierten Maschinenanweisungen aus der Datenspeicherebene abruft und die kompilierten Maschinenanweisungen durch die Apex-Laufzeit-Engine laufen lässt.

Die Apex-Laufzeit-Engine verarbeitet den Apex-Code und liefert die Ausführungsergebnisse über den Webbrowser oder das Mobilgerät des Benutzers an den Salesforce-Benutzer, um die Codeausführung erfolgreich abzuschließen. All dies geschieht innerhalb von Millisekunden, nachdem der Benutzer auf die Funktion geklickt hat, die den Apex-Code ausführt. Alle Standardfunktionen von Salesforce, die standardmäßig verfügbar sind, werden genauso ausgeführt wie der Apex-Code, der von Ihrem Salesforce-Entwickler geschrieben und gespeichert wurde.[10]

Die Lightning-Anwendungsschicht

Auf dieser Ebene bietet die Salesforce Lightning Platform die Möglichkeit, die Anwendungen innerhalb einer Salesforce-Instanz durch Point-and-Click-Konfigurationsfunktionen anzupassen und zu personalisieren, und verwaltet die Geschäftslogik der Anwendung, das Design der Dateispeicherung, Analysen, die Unterstützung mehrerer Sprachen und die Funktionen für die soziale Zusammenarbeit. Dies ist auch die Schicht, die die sofort einsatzbereite Salesforce-Mobilanwendung wiedergibt und den Zugriff auf das Salesforce Mobile Software Development Kit (SDK) ermöglicht, das ein Salesforce-Entwickler verwenden kann, um ein individuelles mobiles Erlebnis für die Benutzer Ihres Unternehmens zu schaffen, die über mobile Geräte auf Salesforce zugreifen.

---

[10] „Wie funktioniert Apex? Leitfaden für Apex-Entwickler: Salesforce Developers." Dokumentation für Salesforce-Entwickler, developer.salesforce.com/docs/atlas.de-us.apexcode.meta/apexcode/apex_intro_how_does_apex_work.htm.

Die Lightning-Komponentenschicht

Die Lightning Component-Schicht bietet ein Benutzeroberflächen-Framework für die Darstellung der Anwendung als entkoppelte Komponente der Seite, die dem Endbenutzer über eine Lightning-Seite angezeigt wird. Lightning Component verwendet JavaScript auf der Client-Seite *(d. h. im Browser des Benutzers)* und Apex auf der Salesforce-Server-Seite. Auf dieser Ebene lädt Salesforce eine Reihe von temporären ausführbaren Dateien in den Cache-Speicher des Benutzerbrowsers, die zur Laufzeit ausgeführt werden, um dem Endbenutzer Reaktionsfähigkeit in Echtzeit zu bieten, ohne unnötige Serveraufrufe an das Datenzentrum von Salesforce zu tätigen.

Lightning Page-Komponente

Die Lightning-Seitenkomponente ist ein benutzerdefiniertes Layout, mit dem Salesforce-Administratoren Lightning-Seiten für die Verwendung in der mobilen Salesforce-App oder Lightning Experience entwerfen können.

Blitzschlag Seite

Lightning-Seiten nehmen eine Zwischenstellung zwischen Seitenlayouts und Visualforce-Seiten ein. Wie bei einem Seitenlayout kann ein Administrator standardmäßige und benutzerdefinierte Lightning-Komponenten zu einer bestimmten Lightning-Seite hinzufügen.

Benutzerdefinierte Metadaten für Ihr Unternehmen

Metadaten in Salesforce beschreiben die Struktur der Salesforce Lightning Platform für Ihre Instanz von Salesforce zusammen mit der Struktur von Standard- und benutzerdefinierten Objekten, Feldern und den mit den jeweiligen Objekten verbundenen Seitenlayouts. Wir werden später in diesem Kapitel die Rolle von Metadaten innerhalb der mandantenfähigen Architektur von Salesforce erörtern.

In Anbetracht der vorangegangenen Erörterung der Salesforce Lightning Platform-Architektur sind hier einige wichtige Funktionen und Merkmale aufgeführt, die die Plattform allen Kunden standardmäßig zur Verfügung stellt:

- Webbasierte Anwendung, die für die meisten Geschäftsmodelle angepasst werden kann, in erster Linie über eine grafische Point-and-Click-Benutzeroberfläche, ohne dass Code geschrieben werden muss, und die mit Webstandards wie HTML5, AJAX, JavaScript, Flash und Web 2.0-Standards konform ist

- Eine relationale Datenbank, die automatisch skalierbar ist und die wichtigsten Industriestandards und Konformitäten wie HIPAA einhält

- Konfigurierbare Tools für die Geschäftsautomatisierung wie Workflows, Validierungsregeln, Prozessbausteine sowie E-Mail-Dienste und -Benachrichtigungen über eine Point-and-Click-Benutzeroberfläche

- Sofort einsatzbereite Berichte und Dashboards mit Drag-and-Drop-Funktionen zum Anpassen und Erstellen zusätzlicher Berichte nach Bedarf

- Sofort einsatzbereite mobile App, die über die mobilen Stores von iOS und Android für die meisten mobilen Geräte verfügbar ist

- Eine Vielzahl von SOAP- und REST-basierten API-Funktionen, die sofort verfügbar sind, um Integrationen mit anderen Unternehmenssystemen in der Cloud oder vor Ort zu unterstützen

- Ein mehrschichtiges Sicherheitsmodell, das robust und dennoch anpassbar ist, um die Sicherheitsanforderungen jedes Unternehmens zu erfüllen

Salesforce führt außerdem jedes Jahr in drei Hauptversionen neue Funktionen und Verbesserungen für seine Plattform ein. Alle Kunden von Salesforce erhalten die drei Upgrades jeweils automatisch in ihrer Salesforce-Instanz. Alle neuen Upgrades und Funktionen, die als Teil der drei Releases geliefert werden, werden in einem ruhenden oder inaktiven Zustand an jede Instanz von Salesforce geliefert, und ein Systemadministrator ist erforderlich, um die Funktionen in seiner Organisation zu aktivieren, falls erforderlich. Salesforce stellt außerdem die vollständige Abwärtskompatibilität des gesamten Codes und aller Konfigurationen sicher, die von Kunden auf ihren jeweiligen Salesforce-Instanzen vorgenommen wurden. Die Salesforce-API wird ebenfalls aktualisiert und erhält mit jeder API-bezogenen Aktualisierung eine neue Versionsnummer.[11]

---

[11] „Verwalten von Versionseinstellungen für Apex". Hilfe, `help.salesforce.com/articleView?id=code_version_settings_apex.htm`.

Salesforce ist in der Lage, seine SaaS- und PaaS-Angebote zu unterstützen, indem es eine mandantenfähige Architektur einsetzt, die es mehreren Kunden ermöglicht, auf einer gemeinsamen Plattform mit gemeinsamen, für alle Kunden gleichermaßen zugänglichen Services zu arbeiten. In Kap. 3 werden wir mehr über die verschiedenen SaaS-Angebote von Salesforce erfahren.

Multi-Tenant-Architektur und das Metadaten-gesteuerte Framework

Um die Kosten für die Bereitstellung der gleichen Anwendung für alle Kunden zu senken, verwenden SaaS-basierte Lösungen wie Salesforce eine mandantenfähige Architektur anstelle einer mandantenfähigen Architektur. In einer Single-Tenant-Anwendungsarchitektur wie einer On-Premise- oder IaaS-Strategie sind dedizierte Ressourcen erforderlich, um die Anforderungen einer oder weniger Organisationen zu erfüllen, während in einem Multi-Tenant-SaaS-Architekturmodell die Anforderungen mehrerer Tenants (Unternehmen oder Abteilungen innerhalb eines Unternehmens) erfüllt werden, wobei die gemeinsamen Hardwareressourcen und das für die Verwaltung einer einzigen Softwareinstanz erforderliche Personal genutzt werden.[12]

Alle Salesforce-Kunden arbeiten in einer vollständigen virtuellen Isolierung voneinander. Kunden können eine Salesforce-basierte Anwendung unabhängig voneinander nutzen und anpassen, als ob jeder von ihnen über einen separaten Cloud-Technologie-Stack von Salesforce verfügt, in dem ihre eigenen Daten und Anpassungen gesichert und von den Aktivitäten aller anderen Kunden, die Salesforce nutzen, isoliert sind.

Damit eine mandantenfähige Architektur so funktioniert wie bei Salesforce, müssen die Technologiekomponenten, die Salesforce antreiben, polymorph sein (*d. h. die Fähigkeit, mehrere Varianten der Geschäftslogik und des Datenmodells über eine einzige und gemeinsame Schnittstelle für alle zu unterstützen*). Aus diesem Grund nutzt die mandantenfähige Architektur von Salesforce ein metadatengesteuertes Framework, das die zugrunde liegende Plattformarchitektur polymorph macht und es so jedem Kunden auf der Plattform ermöglicht, seine Version der Geschäftsanwendung über eine

---

[12]www.developerforce.com/media/ForcedotcomBookLibrary/Force.com_Multitenancy_WP_101508.pdf.

gemeinsame Schnittstelle zu entwerfen, zu erstellen und bereitzustellen, während gleichzeitig eine vollständige Isolierung der individualisierten Geschäftslogik und Daten durch dedizierten Zugriff und Sicherheit für jeden Kunden aufrechterhalten wird.

Das Einzige, was die Erfahrung eines Salesforce-Kunden von der eines anderen unterscheidet, sind die eindeutigen Metadaten für die Organisation des jeweiligen Kunden. Ein Kunde kann mehrere Instanzen oder Organisationen innerhalb seines Unternehmens haben. Die Metadaten für jede Instanz von Salesforce sind eindeutig für diese Instanz von Salesforce. Eine Salesforce-Instanz *(im Salesforce-Ökosystem auch häufig als „Org" bezeichnet)* ist nichts anderes als ein Container für die eindeutigen Metadaten Ihrer Salesforce-Instanz. Die Metadaten für Ihre Org beschreiben Ihre Org, die Anwendungen innerhalb Ihrer Org, das Erscheinungsbild der Benutzeroberfläche, die anwendbare Geschäftslogik und den eindeutigen Algorithmus für den Zugriff auf die in Ihrer Org gespeicherten Daten. Alles in Ihrer Salesforce-Organisation ist in den Metadaten für Ihre Organisation definiert, einschließlich Standard- und benutzerdefinierter Objekte, Felder, Arbeitsabläufe, Berichte, Sicherheitsberechtigungen, Apex-Code, Visualforce-Seiten und so weiter.

In einer traditionelleren Architektur ohne das metadatengesteuerte Framework würde ein Entwickler Code direkt als Teil der Anwendungskomponente schreiben, der dann bei jeder Ausführung von Ihrem System interpretiert, kompiliert und verarbeitet wird. Das System folgt nur den Anweisungen, die ausdrücklich in Ihrem Code enthalten sind, um das genaue Verhalten Ihrer Anwendung zu bestimmen.

In einem metadatengesteuerten Framework beauftragt die Salesforce Lightning Platform eine dynamische Apex-Code-Laufzeit-Engine *(d. h. einen Berechnungsserver in einem Salesforce-Rechenzentrum, der Apex-Code ausführt)*, die gesamte Anwendung bei Bedarf dynamisch von Grund auf zu generieren und zu kompilieren, indem sie die für Ihre Organisation definierten Metadaten jedes Mal liest, wenn ein Systemereignis in Ihrer Salesforce-Organisation auftritt. Nach dem Lesen der Metadaten führt die Laufzeit-Engine dann den erforderlichen Apex-Code oder die Standard-Automatisierungsfunktion aus, die ausgelöst werden muss, um das erwartete Verhalten Ihrer Salesforce-Anwendung wiederzugeben.

Wenn ein Salesforce-Administrator Ihre Salesforce-Organisation konfiguriert oder anpasst, indem er benutzerdefinierte Objekte erstellt oder einen Apex-Code schreibt, erstellt er tatsächlich neue Metadaten zusätzlich zu den Standard-Metadaten von Salesforce, die die Standardfunktionen von Salesforce steuern. Die Endbenutzer von

Salesforce, einschließlich Salesforce-Administratoren und -Entwickler, können niemals die Standardkomponenten oder Standard-Metadaten von Salesforce löschen oder ändern. Alle Anpassungen, die von Salesforce-Benutzern vorgenommen werden, sind zusätzlich zu den Standardkomponenten von Salesforce und erweitern diese lediglich, um die für Ihre Salesforce-Organisation erforderlichen einzigartigen Anpassungen zu ermöglichen. Wenn ein Salesforce-Administrator beispielsweise ein neues benutzerdefiniertes Objekt erstellt, erstellt die Salesforce Lightning Platform weder eine entsprechende Datentabelle in der zugrunde liegenden Salesforce-Datenbank noch führt sie zu diesem Zeitpunkt irgendeinen Code aus. Stattdessen erstellt die Salesforce Lightning Platform einfach eine neue Metadatendefinition, die das neue benutzerdefinierte Objekt identifiziert, und verwendet diese gespeicherten Metadaten später, um eine virtuelle Anwendung zu generieren, und zwar bei Bedarf und sofort zur Laufzeit.

Da alle Anpassungen lediglich in der Salesforce-Datenbank gespeicherte Metadaten sind, werden alle Konfigurationen sofort in Ihrer Organisation bereitgestellt, sobald die Metadatensätze in der Salesforce-Datenbank gespeichert sind. Salesforce-Sandboxen sind nichts anderes als gespiegelte Metadatensätze in der Salesforce-Datenbank. Die mandantenfähige Architektur von Salesforce ermöglicht es Salesforce, alle Fehler für alle Kunden zu beheben, indem Änderungen an den zentralisierten Metadaten und der Codebasis vorgenommen werden.

Der wichtigste Punkt hierbei ist, dass im Vergleich zu einer herkömmlichen Architektur der gesamte Code in Salesforce als Metadaten betrachtet wird, aber nicht alle Metadaten in Salesforce sind Code.

Die Metadaten für jede Instanz werden in Salesforce im Format einer XML-Datei (Extensible Markup Language) gespeichert, die in jeder Instanz üblicherweise als „package.xml"-Datei bezeichnet wird. Die Datei package.xml kann mit einem Entwicklungstool wie VS Code oder Workbench aus Salesforce extrahiert,[13] unabhängig von einem Entwickler geändert und wieder in Salesforce importiert werden, um neue Änderungen und Anpassungen für Ihre Salesforce-Organisation auf der Grundlage der geänderten Datei package.xml zu berücksichtigen.

---

[13] „Package.xml Metadata Management". Unit|Salesforce Trailhead, `trailhead.salesforce.com/ content/learn/modules/package-xml/package-xml-manifest?trail_id=architect-solutions-with-the-right-api`.

Aufgrund dieses architektonischen Aufbaus von Salesforce kann jeder Tenant auf der Salesforce Lightning Platform seine eigenen Anpassungen und Personalisierungen für seine Salesforce-Erfahrung als Metadaten beibehalten, ohne die Erfahrung, Anpassungen und Personalisierungen anderer Salesforce-Organisationen und der jeweiligen Benutzer anderer Salesforce-Organisationen zu stören oder zu beeinträchtigen.

Da die Verarbeitung von Metadaten für die Salesforce Lightning Platform so wichtig ist, ist die Laufzeit-Engine der Plattform so optimiert, dass sie bei Bedarf auf alle gespeicherten Metadaten für jede Salesforce-Org zugreifen kann. Eine solche Optimierungstechnik erfordert, dass die Salesforce Lightning Platform die Metadaten für die Salesforce-Org im Browser-Speicher zwischenspeichert, um die Systemleistung zu verbessern, indem Code-Neukompilierungen zur Laufzeit vermieden werden. Salesforce speichert die Anwendungsdaten für jede Kundenorganisation in großen und gemeinsam genutzten Datenbanktabellen als Heap-Speicher (eine Art der Datenspeicherung, die nicht von der Ausführung von Anwendungscode abhängig ist). Um auf die gespeicherten Daten eines Kunden aus dem Heap-Speicher zuzugreifen, nutzt die Salesforce Lightning Platform eine Reihe von Pivot-Tabellen, die eine denormalisierte Version der Kundendaten enthalten, die über Datenindizes miteinander verbunden sind. Die Salesforce Lightning Platform verweist auf diese Pivot-Tabellen in Übereinstimmung mit den eindeutigen Metadateninformationen des Kunden, die das Format, die Logik und den Zugriff angeben, die für die Darstellung der Daten für den Endbenutzer erforderlich sind.

Für weitere Details zur mandantenfähigen Architektur von Salesforce empfehle ich die Lektüre des Abschnitts über die mandantenfähige Architektur auf der offiziellen Salesforce-Website.[14]

Um zu veranschaulichen, wie Salesforce die Magie der Mandantenfähigkeit hinter den Kulissen für eine nahtlose Benutzererfahrung nutzt, möchte ich Ihnen ein Benutzerszenario in Abb. 1-6 vorstellen, in dem sich der Benutzer bei Salesforce anmeldet, um die Telefonnummer für ein Kundenkonto zu aktualisieren.

---

[14] „Die Force.com-Multitenant-Architektur". Multi Tenant Architecture – Developer.force.com, developer.salesforce.com/wiki/multi_tenant_architecture.

Abb. 1-6. *Illustration der Benutzererfahrung in Salesforce mit mandantenfähiger Architektur Orchestrierung hinter den Kulissen*

In dieser Abbildung

- **In Schritt 1** meldet sich der Benutzer über einen Webbrowser mit seinen Anmeldedaten bei Salesforce an.

- **In Schritt 2** authentifiziert und autorisiert Salesforce den Benutzer für den Zugriff auf der Grundlage der im Benutzerprofil definierten Zugriffsrechte, die in den Metadaten der Salesforce-Organisation des Benutzers gespeichert sind. Nach Abschluss der Authentifizierung stellt Salesforce fest, dass die Standardseite des Benutzers bei der Anmeldung die Salesforce-Startseite ist, die von Salesforce gemäß den Spezifikationen der in den Metadaten für die Organisation des Benutzers definierten Startseite dynamisch generiert und gerendert wird. Zusätzlich zur Bereitstellung der Homepage gibt Salesforce auch eine Reihe von temporären ausführbaren Dateien zurück, die im Browser-Speicher des Benutzers zwischengespeichert werden. Die temporären ausführbaren Dateien enthalten Unterstützung für alle Funktionen auf der aktuellen Seite des Benutzers, z. B. die Anzeige weiterer Details, wenn der Benutzer den Mauszeiger über die entsprechenden Quick-Links bewegt, und so weiter. Der Zweck dieser ausführbaren Dateien besteht darin, alle Seitenfunktionen (mit Ausnahme von Datenänderungen auf der Seite) direkt vom

Browser aus zu unterstützen, ohne eine Reihe von Aufrufen an die Salesforce-Datenserver zu tätigen. Für Änderungen an den zugrunde liegenden Daten, z. B. wenn ein Benutzer ein Feld aktualisiert oder einem leeren Feld einen neuen Wert hinzufügt, muss Salesforce einen API-Aufruf an den Salesforce-Server in einem Salesforce-Rechenzentrum tätigen, wo die eigentlichen Daten gespeichert sind.

- **In Schritt 3** navigiert der Benutzer weiter zur Kontoseite eines bestimmten Kunden.

- **In Schritt 4** rendert Salesforce die vom Benutzer angeforderte Kontoseite gemäß der Metadatendefinition der Kontoseite zusammen mit den temporären ausführbaren Dateien zur Unterstützung der nicht datenbezogenen Seitenaktionen auf der Kontoseite.

- **In Schritt 5** aktualisiert der Benutzer das Telefonnummernfeld des Kontos und klickt auf „Speichern".

- **In Schritt 6** erhält Salesforce eine Anforderung, nur ein Feld auf der spezifischen Kontoseite zu aktualisieren (d. h. die Telefonnummer). Salesforce verwendet die Metadatendefinition der Kontoseite und das Telefonnummernfeld in der physischen Datenbank, in der die Salesforce-Daten des Benutzers gespeichert sind, und aktualisiert nur dieses Feld. Salesforce antwortet dann dem Webbrowser des Benutzers nur mit dem aktualisierten Feld (d. h. der Telefonnummer), um die Datenaktualisierung in Salesforce anzuzeigen und zu bestätigen.

Alle diese Interaktionen werden von Salesforce in Echtzeit und innerhalb weniger Millisekunden orchestriert.

Der Ansatz, bei dem der Webbrowser eines Benutzers mit den Salesforce-Servern interagiert, indem er die Metadaten nutzt, bietet eine zusätzliche Effizienzschicht für Salesforce, um den Datenverkehr der Anfragen zu verwalten, die zu einem bestimmten Zeitpunkt auf seine Datenserver treffen. Dieser Ansatz schützt Salesforce auch vor bösartigen Webbrowser-Aktivitäten, die auf der Ebene der Metadaten für die Organisation verhindert oder schlimmstenfalls isoliert werden können. Diese Isolierung auf Metadatenebene verhindert Störungen bei anderen Benutzern und Diensten und schützt alle anderen Organisationen, wenn eine einzelne Organisation von einer Sicherheitsbedrohung oder einem Verstoß betroffen ist.

Die sieben Architekturdomänen, die bei der Architektur mit Salesforce zu berücksichtigen sind

Nachdem wir nun verstanden haben, wie Salesforce konzeptionell funktioniert, haben Sie vielleicht schon erkannt, dass die Architektur und Implementierung einer Lösung auf Salesforce, einer SaaS-basierten Lösung, einen völlig anderen Ansatz erfordert als, sagen wir, die Erstellung einer Lösung vor Ort oder einer IaaS-Lösung.

Jeder Architekt, der eine Salesforce-Architektur entwirft oder bewertet, muss seinen Architekturansatz an den folgenden sieben Architekturbereichen ausrichten:

1. Architektur der Anwendung

2. Datenarchitektur

3. Sicherheitsarchitektur

4. Architektur der Integration

5. Architektur der Identitäts- und Zugriffsverwaltung (IAM)

6. Mobile Architektur

7. Lebenszyklus der Entwicklung

Anwendungsdesign Architektur

In diesem Bereich sollten Sie die deklarativen Optionen verstehen, die für die Erstellung einer benutzerdefinierten Anwendung zur Verfügung stehen, und in der Lage sein, zu begründen, wann Sie welche deklarative Option verwenden und warum. Salesforce verfügt über mehr als 20 SaaS- und PaaS-basierte Produktangebote, von denen jedes seinen eigenen Lizenztyp und seine eigenen Funktionen hat. Salesforce-Kunden können die Produktlizenzen für ihre Benutzer entsprechend dem jeweiligen Benutzertyp mischen und anpassen. Sie sollten mit den Funktionen der meisten wichtigen Salesforce-Produkttypen vertraut und in der Lage sein, diese zu unterscheiden, einschließlich, aber nicht beschränkt auf Sales Cloud, Service Cloud, Marketing Cloud, Community Cloud, Salesforce Einstein und Salesforce Lightning Platform. Sie sollten in der Lage sein, auf den idealen Lizenzierungsmix für die Unternehmensbenutzer und die von jeder Benutzergruppe benötigten Funktionen zuzugreifen und diesen zu nutzen. Der ideale Lizenzierungsmix sollte einen Großteil der geschäftlichen Anforderungen eines jeden Benutzers über sofort einsatzbereite Salesforce-Funktionen erfüllen, die vom jeweiligen Lizenztyp unterstützt werden.

Darüber hinaus sollten Sie eine große Auswahl an vorgefertigten Anwendungen in Betracht ziehen, die im Salesforce-Ökosystem namens Salesforce AppExchange verfügbar sind. Dort bieten Drittanbieter vorgefertigte, erweiterbare Lösungen an, die automatisch in jeder Salesforce-Organisation installiert werden können, um die Standardfunktionalitäten der Salesforce-Plattform zu erweitern. Salesforce AppExchange funktioniert in ähnlicher Weise wie Apples App Store für iPhones und andere iOS-Geräte. In Kap. 3 werden wir viele der Salesforce-Lizenztypen, die von jedem Lizenztyp angebotenen Funktionen und die beliebtesten in AppExchange verfügbaren Apps besprechen.

Die in Salesforce verfügbaren programmatischen Optionen unterstützen die Anforderungen an die Geschäftslogik und die Benutzeroberfläche, die nicht mit den standardmäßigen Konfigurationsfunktionen von Salesforce konfiguriert werden können. Der Architekt sollte über Arbeitskenntnisse in Apex (der proprietären Programmiersprache von Salesforce für die Codierung in Salesforce), Visualforce, Lightning-Komponenten und Lightning-Webkomponenten (LWC) verfügen. In diesem Buch werden wir die programmatischen Optionen auf hohem Niveau und nach Bedarf für Design Thinking und architektonische Überlegungen behandeln, die für den Aufbau einer Lösung erforderlich sind.

Für einen detaillierten Überblick über die in Salesforce verfügbaren programmatischen Funktionen empfehlen wir Ihnen, mit dem Apex Developer Guide zu beginnen.[15]

Datenarchitektur

In diesem Bereich müssen Sie die Anforderungen an das Datenmanagement und die Datenverwaltung für ein Unternehmen bewerten, einschließlich der Datenanforderungen in Bezug auf große Datenmengen (LDVs). Beim Entwurf der Datenarchitektur für eine Salesforce-Lösung müssen Sie den Entwurfsansatz für die Datenbeschaffung, Dateninteraktionen (d. h. interne Interaktionen zwischen Daten, die in Salesforce

---

[15] „Apex-Entwicklerhandbuch – Apex-Entwicklerhandbuch: Salesforce Developers." Salesforce Developers Documentation, `developer.salesforce.com/docs/atlas.en-us.apexcode.meta/apexcode/apex_dev_guide.htm`.

gespeichert sind, und externe Interaktionen mit Daten, die in externen Systemen gespeichert sind und auf die über einen Systemintegrationsansatz zugegriffen werden muss), Data Governance, Stammdatenmanagement (MDM) und Metadatenmanagement berücksichtigen.

Wir werden die Salesforce-Datenarchitektur etwas später in Kap. 4 eingehend behandeln.

Sicherheitsarchitektur

In diesem Bereich müssen Sie ein Sicherheitsmodell innerhalb von Salesforce entwerfen, das komplexe Anforderungen unterstützen kann, und zwar in erster Linie unter Verwendung der vorkonfigurierten Sicherheitseinstellungen und unter Berücksichtigung von Sicherheitskonzepten wie Least Privilege, Defense in Depth und Failure Secure. Bei der Gestaltung der Sicherheitseinstellungen muss der Architekt den angemessenen Peer-to-Peer-Zugriff für Benutzer mit einer angemessenen Verwendung von Freigaberegeln berücksichtigen, die sowohl auf Kriterien als auch auf Eigentum basieren. Der Architekt sollte die Datenobjektbeziehungen und den organisationsweiten Objektzugriff so gestalten, dass der Datenzugriff durch Vererbung von Datenbeziehungen möglich ist.

Sie müssen auch die geeignete Mischung von Lizenztypen für die Benutzer in Betracht ziehen, um auf die entsprechenden Standardobjekte oder Funktionen zuzugreifen, die von jedem Salesforce-Lizenztyp unterstützt werden, wie z. B. Sales Cloud-Lizenzen gegenüber Service Cloud-Lizenzen. Sie sollten in der Lage sein, den erforderlichen hierarchischen Zugriff innerhalb eines Unternehmens mithilfe der Rollenhierarchie so zu gestalten, dass Vorgesetzte Zugriff und Einblick in die Arbeit ihrer Untergebenen haben und in vielen Situationen auch Zugriff und Einblick für ihre externen Partner und Kunden über Salesforce Community Cloud-Lizenzen erhalten.

Sie sollten in der Lage sein, die geeigneten Einstellungen für die teambasierte Freigabe zu empfehlen, mit der entsprechenden Verwendung von Account-, Opportunity- und Case-Teams, öffentlichen Gruppen und Warteschlangen. Beim Entwurf der Sicherheitsarchitektur müssen Sie die Sicherheitsüberlegungen einbeziehen, um die branchenüblichen Datensicherheitsstandards wie PCI, PII und HIPAA einzuhalten. Es kann vorkommen, dass die Standard-Sicherheitseinstellungen nicht ausreichen, um die erforderliche Sicherheitskonfiguration für Ihr Unternehmen zu erreichen. In diesem Fall müssen Sie die angemessene Verwendung der programmatischen Freigabe, auch bekannt als „Apex-Freigabe", empfehlen und rechtfertigen.

Wir werden die Salesforce-Sicherheitsarchitektur in Kap. 5 ausführlich behandeln.

Bereich der Salesforce-Integration

In diesem Bereich sollten Sie in der Lage sein, zu bestimmen, wann welches Integrationsmuster zu verwenden ist, und mit Integrationsmustern wie dem Request-and-Reply-Muster, dem Fire-and-Forget-Muster, dem Batch-Datensynchronisationsmuster und dem Remote-Call-In-Muster sowie mit UI-Änderungen, die auf dem Datenaktualisierungsmuster und dem Datenvirtualisierungsmuster basieren, vertraut sein. Sie müssen bestehende und künftige Integrationsarchitekturen analysieren und ein Integrationsarchitekturkonzept entwickeln, das jegliche Integration mit anderen Unternehmensanwendungen und Cloud-Anwendungen berücksichtigt.

Die Salesforce-Integrationsarchitektur wird in Kap. 6 eingehend behandelt.

Salesforce-Domäne für Identitäts- und Zugriffsmanagement (IAM)

In diesem Bereich sollten Sie die Identitätsmanagement-Architektur verstehen, die sich über mehrere Plattformen erstreckt und die Integration und Authentifizierung von Nicht-Salesforce-Systemen mit Salesforce umfasst. Sie sollten die Konfigurationsanforderungen der delegierten Authentifizierung in Salesforce beschreiben. Sie sollten mit der SAML (Security Assertion Markup Language)-basierten Identitätskonfiguration vertraut sein, einschließlich des Unterschieds zwischen SAML, das vom Identitätsanbieter (IDP) initiiert wird, und SAML, das vom Serviceanbieter (SP) initiiert wird, und der Frage, wann beide zu verwenden sind.

Sie sollten den konzeptionellen Ablauf des Identitätsmanagements mit Identitätsprotokollen wie OAuth, SAML, OpenID Connect und Social Sign-On verstehen. Sie sollten in der Lage sein, den idealen Benutzerauthentifizierungsmechanismus zu entwerfen, wenn Sie Salesforce Communities verwenden. Darüber hinaus müssen Sie den Lebenszyklus des Benutzermanagements berücksichtigen, der das Design für die automatische Benutzerbereitstellung, die Just-in-Time-Bereitstellung und die manuelle Account-Erstellung umfasst.

Wir werden die Salesforce-Architektur für das Identitäts- und Zugriffsmanagement etwas später in Kap. 7 eingehend behandeln.

Mobile Domäne von Salesforce

In diesem Bereich sollten Sie mit den vier gängigen mobilen Strategien vertraut sein: 1) Nutzung der sofort einsatzbereiten Salesforce-Mobilanwendung, die im App Store von Apple und im Android-basierten Google Play Store verfügbar ist; 2) Erstellung einer nativen Salesforce-Anwendung mit dem Salesforce Mobile SDK; 3) Erstellung einer Hybrid-Anwendung durch Kombination von HTML5, JavaScript und CSS innerhalb des Salesforce Mobile SDK-Frameworks; und 4) Erstellung einer webbasierten Anwendung durch Einbettung von HTML5-Inhalten in benutzerdefinierte Visualforce-Seiten.

Sie sollten mit den Vorteilen und Kompromissen vertraut sein, die sich aus der Wahl einer bestimmten mobilen Strategie ergeben. Neben der Auswahl der idealen mobilen Strategie sollten Sie auch die Anforderungen in Bezug auf mobile Authentifizierung, mobile Sicherheit, mobile Offline-Funktionen und mobile Benachrichtigungsfunktionen berücksichtigen. Sie sollten auch verstehen, wie programmatische Entwicklungen innerhalb von Salesforce, wie z. B. Visualforce-Seiten und Lightning-Komponenten, in der mobilen App genutzt werden können. Darüber hinaus sollten Sie in der Lage sein, die Leistung der mobilen Anwendung durch Designüberlegungen wie „Lazy Loading", JavaScript-Remoting und Aktionsbereiche zu optimieren.

Wir werden die mobile Architektur von Salesforce etwas später in Kap. 8 eingehend behandeln.

Verwaltung des Entwicklungslebenszyklus

In diesem Bereich sollten Sie in der Lage sein, die Entwicklungsumgebung des Unternehmens zu analysieren, einen geeigneten Governance-Rahmen zu entwerfen und den besten Ansatz für die Verwaltung des Entwicklungs- und Bereitstellungslebenszyklus zu empfehlen.

Sie sollten mit den Fähigkeiten und Merkmalen der Metadaten-API vertraut sein und die ideale Kombination von Tools empfehlen können, die für die erfolgreiche Umsetzung von Bereitstellungsstrategien und Umgebungskonzepten erforderlich sind. Sie sollten in der Lage sein, ein Konzept für den Entwicklungslebenszyklus zu erstellen, das die Verwaltung der Versionskontrolle, kontinuierliche Integration, Testmethoden, Systemwiederherstellung und Sicherungsstrategien umfasst.

Wir werden die Salesforce-Entwicklungs- und Bereitstellungslebenszyklusstrategien etwas später in Kap. 9 eingehend behandeln.

Wichtige Überlegungen und Beschränkungen bei der Architektur mit Salesforce

Um die Leistungskonsistenz für alle Mandanten zu wahren und alle gemeinsam genutzten Ressourcen in ihrer mandantenfähigen Architektur zu schützen, verlangt Salesforce von allen Kunden die Einhaltung bestimmter Gouverneursgrenzen. Die von Salesforce durchgesetzten Limits schützen jeden Kunden auf der Salesforce-Plattform davor, dass ein einzelner Kunde die Leistung der gemeinsamen Ressourcen, die seine Salesforce Lightning Platform antreiben, missbraucht oder monopolisiert.

Salesforce setzt zwei Arten von Limits durch:

1. Limit pro Transaktion

2. Begrenzung der Transaktionen innerhalb eines rollierenden 24-Stunden-Zeitraums

Eine Liste aller von Salesforce erzwungenen Governor-Limits finden Sie auf der offiziellen Salesforce-Entwicklerressourcen-Website.[16]

---

[16] „Execution Governors und Limits – Apex Developer Guide: Salesforce Developers." Dokumentation für Salesforce-Entwickler, developer.salesforce.com/docs/atlas.en-us. apexcode.meta/apexcode/apex_gov_limits.htm.

Zusammenfassung

In diesem Kapitel haben wir folgende Themen behandelt

- Ein kurzer Überblick über die Geschichte von Salesforce und sein bisheriges exponentielles Wachstum auf dem CRM-bezogenen SaaS- und PaaS-Technologiemarkt.

- Die Unterscheidung zwischen sowie die Vor- und Nachteile von On-Premise- und IaaS-, PaaS- und SaaS-Lösungen.

- Die vier gängigen Ansätze für den Aufbau eines Technologie-Stacks in der heutigen Welt, einschließlich des Aufbaus einer On-Premise-Lösung, einer IaaS-Cloud-Lösung, einer PaaS-Cloud-Lösung oder einer SaaS-Cloud-Lösung, sowie einige wichtige Vor- und Nachteile jedes Ansatzes.

- Ein tiefer Einblick in den von Salesforce genutzten Technologiestack, der eine Infrastrukturebene, eine Metadaten- und Shared-Services-Ebene, eine Identitäts- und Zugriffsmanagement- und Anwendungsdefinitionsebene, eine Apex-Laufzeit-Engine-Ebene, eine Lightning-Anwendungsebene, eine Lightning-Komponenten-Ebene, eine Lightning-Seitenkomponente und eine Lightning-Seite umfasst.

- Ein Überblick über die mandantenfähige Architektur von Salesforce und das metadatengesteuerte Framework, das es Salesforce ermöglicht, die Kosten für die Servicebereitstellung für alle Kunden zu senken und gleichzeitig ein zentrales Repository für seinen Basiscode und seine Angebote zu erhalten.

- Die sieben Architekturbereiche, die bei der Architekturentwicklung mit Salesforce gleichzeitig berücksichtigt werden müssen. Diese Bereiche sind die Architektur des Anwendungsdesigns, die Datenarchitektur, die Sicherheitsarchitektur, die Integrationsarchitektur, die Architektur des Identitäts- und Zugriffsmanagements, die mobile Architektur und der Entwicklungslebenszyklus.

KAPITEL 2

Die Kunst der Artefakte

Der wirkliche Wert eines Salesforce-Architekten ergibt sich aus den Artefakten, die er erstellt, um die Lösung konsistent zu halten und an den Geschäftszielen auszurichten. Die Qualität eines Artefakts unterscheidet einen Architekten von anderen Salesforce-Rollen. Der Aufgabenbereich und die Verantwortung eines Salesforce-Architekten sind viel umfassender. Es ist ein weit verbreiteter Irrglaube, dass Architekten ein Luxusgut für ein Salesforce-Projekt sind, da sie teuer sind und nicht benötigt werden.

Wir sagen den Leuten oft: *„Wenn Sie glauben, dass Salesforce-Architekten teuer sind, versuchen Sie einmal, ein Projekt ohne einen solchen zu bezahlen.“*

Der Hauptgrund für die Erörterung der Artefakte zu einem so frühen Zeitpunkt in diesem Buch besteht darin, Sie mit der Denkweise eines Salesforce-Architekten auszustatten und Ihnen zu ermöglichen, die technischen Details aus diesem Buch in einen relevanten Kontext einzuordnen. Wir erleben oft, dass sachkundige Architekten Schwierigkeiten haben, ihre Gedanken zu Papier zu bringen, hauptsächlich aufgrund einer Diskrepanz zwischen ihrem Salesforce-Wissen und ihrem Ansatz bei der Entwicklung der Artefakte. Mit diesem Kapitel soll diese Lücke geschlossen werden.

Die architektonischen Artefakte sind der erste Schritt in Ihrem Entwurfsprozess. Sie ermöglichen es Ihnen, mit einem Standardansatz zu beginnen und das Artefakt mit detaillierten technischen Details zu ergänzen. Die idealen Artefakte müssen Überlegungen aus jedem der sieben in Kap. 1 beschriebenen Architekturbereiche enthalten.

Wir empfehlen, dieses Kapitel als Grundlage für die Organisation und Aufnahme des Inhalts dieses Buches zu verwenden.

© Der/die Autor(en), exklusiv lizenziert an APress Media, LLC, ein Teil von Springer Nature 2022
D. Jyoti, J. A. Hutcherson, *Handbuch für Salesforce-Architekten*, https://doi.org/10.1007/978-3-662-66534-3_2

Dieses Kapitel behandelt einige wichtige Punkte, darunter

- Die Erstellung von drei wichtigen Artefakten, die in jedem Salesforce-Lösungsentwurf verwendet werden

- Verwendung der FUSIAOLA-Analyse zur Erstellung von Artefakten

- Ein Ansatz zur Gestaltung einer Systemlandschaft

- Verwendung von sieben grundlegenden Datenmodellierungstechniken für den Entwurf einer Salesforce-Lösung

Die Kunst der Artefakte

Die Artefakte, die Sie erstellen, sollten den Entwurf jeder Lösungskomponente in einem möglichst einfachen Format und mit so wenigen Dokumenten wie möglich darstellen. Diese Artefakte werden zu den Blaupausen der Lösung und zu einem Bezugspunkt für die Entwicklung.

Es gibt drei wichtige Artefakte, die Sie für jede Salesforce-Lösung erstellen müssen:

1. FUSIAOLA-Analyse

2. Systemlandschaft

3. Datenmodell

Es gibt jedoch noch einige andere Artefakte, die Sie je nach den Anforderungen des jeweiligen Projekts zusätzlich zu den drei oben genannten erstellen müssen, z. B.

- Rollenhierarchie und Freigabediagramm

- Diagramm zur Umwelt- und Freigabeverwaltung

- Quellcode-Verzweigungsdiagramm

- Systemautorisierung Flussdiagramme

In diesem Kapitel werden wir uns jedoch nur auf die drei zuvor identifizierten kritischen Artefakte konzentrieren, da sie für jeden Salesforce-Architekturentwurf entscheidend sind.

Im nächsten Abschnitt werden wir den Denkprozess und die Vorgehensweise bei der Erstellung der drei wichtigsten Artefakte skizzieren. Sie können diese Artefakte in einem beliebigen Format oder Stil Ihrer Wahl erstellen und präsentieren, solange Sie dem in diesem Kapitel beschriebenen Ansatz treu bleiben.

FUSIAOLA-Analyse

Der erste Schritt im architektonischen Prozess besteht darin, die Geschäftsdomäne zu analysieren und alle Geschäftsanforderungen, die erfüllt werden müssen, klar zu verstehen. Jede Geschäftsanforderung muss anhand der sieben zuvor vorgestellten Architekturbereiche bewertet werden.

Nur wenige von uns Architekten haben das Glück, von Anfang an an einem Projekt beteiligt zu sein. Die meisten von uns werden erst hinzugezogen, wenn etwas kaputt ist oder in der Mitte des Projekts, wenn die Anforderungen komplex werden. Unabhängig davon, wann man als Architekt hinzugezogen wird, sollte die erste Frage, die man sich stellt, immer lauten: *„Was zur FUSIAOLA ist hier los?"*

FUSIAOLA, ausgesprochen *(fuhs-ee-a-HO-la),* steht für

F: Merkmale

U: Benutzer

S: Systeme

I: Integrationen

A: Authentifizierung

O: Objekte

L: Lizenzen

A: Annahmen

F: Merkmale

Salesforce-Lösungen benötigen Funktionen zur Unterstützung von Geschäftsanforderungen. Die von einem System bereitgestellten funktionalen Fähigkeiten können eines oder alle der folgenden drei Ergebnisse umfassen:

1. Ein Benutzer, der mit Salesforce interagiert

2. Ein entferntes System, das mit Salesforce interagiert

3. Salesforce interagiert mit einem Benutzer oder einem entfernten System auf der Grundlage bestimmter Kriterien oder eines Ereignisses in Salesforce

Um die von den Benutzern benötigten Funktionen zu ermitteln, müssen wir die Erfahrungen jedes Benutzers mit dem System in allen Einzelheiten verstehen. Systeme verfügen nicht wie Menschen über einen gesunden Menschenverstand, und daher muss jede Logik und jede Systemerwartung in den Geschäftsanforderungen explizit ausgedrückt werden.

In der Regel erfasst ein Business Analyst im Projekt diese Geschäftsanforderungen, so dass Sie als Architekt zunächst die Vollständigkeit und Abdeckung der Geschäftsanforderungen für die geplante Lösung überprüfen müssen. In der Regel wird eine einzelne Geschäftsanforderung in einer einzigen Aussage wie „Das System soll …" oder in einer User Story festgehalten. Eine User Story ist eine Geschäftsanforderung, die aus der Sicht eines bestimmten Benutzers oder einer Benutzergruppe geschrieben wird, zusammen mit dem Ziel, das der Benutzer mit der Anforderung erreichen will.

Hier sind zwei Beispiele für typische User Stories und ihr Format:

- **Benutzergeschichte A**: „Als Vertriebsbenutzer möchte ich eine neue Verkaufschance für ein bestehendes Kundenkonto mit dem Opportunity-Status „Neu" erstellen, damit ich die Verkaufschance während des gesamten Opportunity-Lebenszyklus bearbeiten und verfolgen kann."

- **Benutzergeschichte B**: „Als Vertriebsbenutzer möchte ich eine neue Verkaufschance für ein neues Kundenkonto erstellen, das im System nicht vorhanden ist, und zwar mit dem Opportunity-Status „Neu", damit ich die Verkaufschance während des gesamten Opportunity-Lebenszyklus bearbeiten und verfolgen kann."

Eine Benutzergeschichte berücksichtigt oft den geschäftlichen Kontext der Bedürfnisse des Benutzers. Als Architekt müssen Sie jedoch die geschäftlichen Anforderungen einen Schritt weiter zerlegen, um den technischen Kontext der Bedürfnisse des Benutzers zu bestimmen.

Wenn Sie diese Beispiele für Benutzergeschichten lesen, nehmen Sie vielleicht an, dass beide Benutzergeschichten ähnlich sind und dass der Entwurf für Benutzergeschichte A die Lösung für Benutzergeschichte B ist.

In der Benutzergeschichte A wird vorausgesetzt, dass der Vertriebsbenutzer eine neue Verkaufschance für einen bestehenden Kundendatensatz erstellen kann, so dass der Benutzer in der Lage ist, den neuen Opportunity-Datensatz mit einem bestehenden Kundenkonto zu verknüpfen. Was passiert aber, wenn ein Kundenkonto nicht existiert?

Wem wird dann die neue Verkaufschance zugeordnet? Hier spielt User Story B eine andere Rolle. In der Benutzergeschichte B muss der Vertriebsbenutzer eine neue Verkaufschance zusammen mit einem neuen Kundenkonto erstellen. In diesem Fall gibt es immer einen neuen Kontodatensatz, mit dem die neue Verkaufschance verknüpft werden kann.

Der im vorangegangenen Text beschriebene Unterschied zwischen den User Stories ist eine grobe Vereinfachung der Nuancen, auf die Sie als Architekt bei der Überprüfung der Geschäftsanforderungen oder User Stories achten müssen.

Als Architekt müssen Sie über den geschäftlichen Kontext hinaus denken und den technischen Kontext bestimmen, der die geschäftlichen Anforderungen dominiert.

Der beste Weg, dies zu tun, besteht darin, jede Geschäftsanforderung aus dem Blickwinkel dreier wichtiger technischer Zusammenhänge zu betrachten, nämlich

1. Kontext der Daten

2. Kontext der Geschäftslogik

3. Kontext der Interaktion

Jede Geschäftsanforderung weist einen oder alle drei technischen Kontexte auf. Es kommt sehr häufig vor, dass ein technischer Kontext für eine bestimmte Geschäftsanforderung dominanter ist als die beiden anderen. Alle Salesforce-Funktionen, ob deklarativ oder programmatisch, lassen sich einem dieser drei technischen Schlüsselkontexte zuordnen. Daher ist die Kategorisierung aller Geschäftsanforderungen in einen oder mehrere der drei technischen Kontexte von entscheidender Bedeutung für die Auswahl der richtigen Salesforce-Funktion zur Erfüllung der jeweiligen Geschäftsanforderungen.

Daten Kontext

Eine Geschäftsanforderung mit einem Datenkontext umfasst in der Regel die Erstellung von Daten durch einen Benutzer, die Aktualisierung von Daten, die Überprüfung von Daten, das Löschen von Daten oder manchmal die Verknüpfung von Daten mit anderen.

Die beiden oben genannten Beispiele für Benutzergeschichten sind Beispiele für Anforderungen, bei denen der Datenkontext im Vordergrund steht, da das Ziel beider Benutzergeschichten darin besteht, Daten zu erstellen und Daten miteinander zu verknüpfen. Ja, es gibt auch einen Benutzerinteraktionskontext *(mehr zum*

Interaktionskontext im nächsten Abschnitt), da der Benutzer Daten über einen Bildschirm eingeben muss. Und obwohl beide Kontexte relevant sind, ist der Datenkontext der dominantere technische Kontext. Wenn Sie sich für einen der beiden Kontexte entscheiden müssten, würden Sie wahrscheinlich den Datenkontext dem Interaktionskontext vorziehen. Im weiteren Verlauf dieses Kapitels werden Sie erfahren, warum die Wahl eines dominanten technischen Kontexts wichtig ist.

Geschäftslogik Kontext

Eine Geschäftsanforderung mit geschäftslogischem Kontext umfasst die Verarbeitung einer Benutzeranforderung oder einer Systemtransaktion mit einer bestimmten Geschäftslogik oder Berechnung. Beispiele für Anforderungen mit dominantem *Geschäftslogik-Kontext* sind folgende:

1. Als Vertriebsmitarbeiter möchte ich, dass das System einen Verkaufsrabatt im Bereich von 0–5 % berechnet und anwendet, basierend auf den von mir erlaubten Rabattschwellenwerten, so dass wir nur Rabatte anbieten können, zu deren Gewährung ich berechtigt bin, ohne dass zusätzliche Genehmigungen erforderlich sind.

2. Als Produktmanager möchte ich, dass alle Produkt- und Serviceanfragen, die sich auf das von uns verwaltete Produkt beziehen, auf der Grundlage meines geografischen Gebiets an mich weitergeleitet werden, damit ich mich nur um die Anfragen und den Kundensupport kümmern kann, die für das von uns verwaltete Produkt in meinem geografischen Gebiet erforderlich sind.

Interaktionskontext

Eine Geschäftsanforderung mit einem dominanten Interaktionskontext bezieht sich in der Regel auf eine Benutzerinteraktion über einen Bildschirm oder ein entferntes System, das über eine Systemintegration mit Salesforce interagiert.

Beispiele für Anforderungen mit einem dominanten Interaktionskontext sind die folgenden:

1. Als Vertriebsleiter möchte ich die Opportunity-Pipeline und die Prognosedetails meines Teams vierteljährlich auf einer einzigen Seite anzeigen, damit ich alle von mir und meinem Team verwalteten Opportunities verfolgen kann.

2. Als Vertriebsbenutzer möchte ich, dass ein neuer Auftrag im SAP-System erstellt wird, der mit dem Kundenkonto verknüpft ist, wenn eine Verkaufschance in Salesforce auf „geschlossen/gewonnen" gesetzt wird, und dass die Auftragsnummer des neu erstellten Auftrags im SAP-System in Salesforce verfügbar ist, so dass automatisch ein neuer Auftrag in SAP erstellt wird, wenn eine Verkaufschance geschlossen/gewonnen wird.

Sobald Sie den vorherrschenden technischen Kontext für jede Geschäftsanforderung ermittelt haben, wird es Ihnen leicht fallen, die Geschäftsanforderungen mit der idealen Salesforce-Funktion abzubilden. Und nicht nur das: Sie werden auch in der Lage sein, zu begründen, wann Sie Code anstelle von deklarativen Optionen verwenden müssen. Einen Ansatz zur Auswahl der richtigen Salesforce-Lösung auf der Grundlage der drei technischen Kontexte werden wir in Kap. 3 behandeln.

Manchmal ist es schwierig, einen einzigen dominanten technischen Kontext auszuwählen; dies bedeutet oft, dass die Geschäftsanforderung überladen ist und weiter zerlegt und in mehrere Anforderungen aufgeteilt werden muss. Wenn Sie nach der Aufteilung der Anforderung immer noch nicht in der Lage sind, einen einzigen technischen Kontext auszuwählen, ist es in Ordnung, bis zu zwei technische Kontexte für eine einzige Geschäftsanforderung auszuwählen. Sie sollten sich aber darüber im Klaren sein, dass die Auswahl von mehr als einem oder allen drei technischen Kontexten Ihre Auswahlmöglichkeiten für die ideale Lösung verwischt.

Um die technischen Zusammenhänge für jede Geschäftsanforderung zu erfassen, empfiehlt es sich, eine Tabelle wie die Tab. 2-1 zu erstellen. Diese Tabelle enthält zwei zusätzliche Spalten, in denen die deklarativen und programmatischen Optionen angegeben werden, die zur Erfüllung der Anforderung zur Verfügung stehen. Wie Sie die deklarative oder programmatische Option für jede Anforderung auswählen, wird in Kap. 3 behandelt.

Tab. 2-1. *Illustration der dominanten Merkmale, Identifizierung und Zuweisung*

Anwenderbericht	Dominant Kontexte		Deklarativ Option	Programmatisch Option
	1	2		

Als Vertriebsleiter möchte ich ausgewählte Felder für jedes Konto und jede Verkaufschance besser verwalten als das Vertriebsteam, da ich nur diese bestimmten Felder für jedes Konto oder jede Verkaufschance überprüfen muss.

	Schnittstelle	Daten	*Seitenlayout oder Berichte und Dashboards*	*Visualforce-Seite oder Lightning-Webkomponenten*

Als Vertriebsbenutzer möchte ich, dass ein neuer Auftrag im SAP-System erstellt wird, der mit dem Kundenkonto verknüpft ist, wenn eine Verkaufschance in Salesforce auf „geschlossen/gewonnen" gesetzt wird, und dass die Auftragsnummer des neu erstellten Auftrags im SAP-System in Salesforce verfügbar ist, so dass automatisch ein neuer Auftrag in SAP erstellt wird, wenn eine Verkaufschance geschlossen/gewonnen wird.

	Business Logik	Schnittstelle	*Workflow-Regel und ausgehende Nachricht*	*Lightning-Webkomponenten Oder Apex-Auslöser und Apex-Klasse und REST-API*

Als Vertriebsbenutzer möchte ich, dass das System den Opportunity-Status automatisch als abgeschlossen/gewonnen aktualisiert, wenn der Vertragsstatus „Ausgeführt" lautet, und mir außerdem eine E-Mail-Benachrichtigung sendet, nachdem der Opportunity-Status geändert wurde, damit ich bei Vertragsausführung über die abgeschlossene/gewonnene Opportunity benachrichtigt werden kann.

	Daten	Business Logik	*Process Builder oder Lightning Flow*	*Apex-Auslöser*

Als Bereichsleiter möchte ich nur die Daten und Funktionen sehen, die für meinen Verkaufsbereich relevant sind, damit ich nur die für meinen Bereich relevanten Funktionen verwalte.

(Fortsetzung)

Tab. 2-1. (*Fortsetzung*)

Anwenderbericht	Dominant Kontexte		Deklarativ Option	Programmatisch Option
	1	2		
	Schnittstelle	Business Logik	*Lightning-App oder Datensatztypen und Seitenlayout*	*Visualforce-Seite oder Lightning-Webkomponenten*

Als Vertriebsmitarbeiter für Abteilung A möchte ich die Opportunities nur für Abteilung A gemäß dem Opportunity-Management-Prozess von Abteilung A verwalten, der für jede Abteilung unterschiedlich ist, damit ich mich an den für meine Abteilung spezifischen Geschäftsprozess halten kann.

	Schnittstelle	Daten	*Satzarten und Seitenlayout*	*Nicht erforderlich*

U: Benutzer

Bezieht sich auf die Benutzer, die beabsichtigen, die Salesforce-Lösung zu nutzen. Im Salesforce-Ökosystem wird ein Benutzer oder eine Gruppe von Benutzern mit gemeinsamen Geschäftsvorgängen und Rollen auch als „Akteur" bezeichnet. Im Folgenden werden wir einen Benutzer oder eine Benutzergruppe einheitlich als „Akteur" bezeichnen.

Jeder Akteur kann aufgrund der Art der Nutzung des Systems durch den Akteur von einem anderen unterschieden werden.

Die Art der Nutzung eines Akteurs kann anhand von vier Schlüsselmerkmalen der Nutzer bewertet werden:

1. Rolle der Information

2. Geschäftliche Funktion

3. Intern vs. extern

4. Index der Rollenhierarchie

Information Rolle Attribut

Ein Akteur kann entweder ein

1. Anbieter von Informationen

2. Informationsverarbeiter

3. Information der Verbraucher

Ein Akteur kann der Ersteller und Anbieter der in Salesforce benötigten Informationen sein. Akteure, die Informationen bereitstellen, sind in der Regel Kunden, externe Partner, interne Vertriebsmitarbeiter mit Kundenkontakt oder Call-Center-Mitarbeiter.

Bei den Informationsverarbeitern handelt es sich in der Regel um die Mitarbeiter des Back- oder Middle-Office, die die bereitgestellten Informationen verarbeiten und sie in den Arbeitsablauf ihres Betriebs einfließen lassen.

Bei den Informationsverbrauchern handelt es sich in der Regel um Vorgesetzte, Führungskräfte, Kunden und externe Partner, die die Ergebnisse der im System ausgeführten Vorgänge überwachen und verbrauchen.

Es kann jedoch auch Szenarien geben, in denen ein bestimmter Akteur der Anbieter, der Verarbeiter und auch der Verbraucher der Informationen ist. Dies ist häufig in kleineren Organisationen mit weniger Mitarbeitern der Fall, die den Dateneingang verwalten, die Daten intern verarbeiten und die Daten konsumieren. In solchen Fällen, in denen ein Benutzer Anbieter, Verarbeiter und Verbraucher ist, kann man die Rolle des Benutzers getrost als „Informationsverarbeiter" bezeichnen. In den meisten Fällen muss dem Informationsverarbeiter ohnehin der umfassendste Sicherheitszugang und Lizenztyp innerhalb des Systems gewährt werden. In jedem Fall ist es sinnvoll, die Akteure anhand ihres Attributs „Informationsverarbeiter" zu bewerten und zu differenzieren, um den entsprechenden Lizenztyp, die Benutzerprofile, die Berechtigungssätze, die Regeln für die gemeinsame Nutzung, die Teams und die Zuweisung öffentlicher Gruppen zuzuweisen, damit ein angemessenes Maß an Sichtbarkeit und gemeinsamer Nutzung gewährleistet ist. Weitere Informationen zu Sichtbarkeit und Freigabe werden in Kap. 5 behandelt.

Ein weiterer Wert des Attributs „Informationsrolle" besteht darin, den idealen Lizenztyp für den Benutzer zu bestimmen. Angenommen, ein Akteur, der in erster Linie als Informationskonsument identifiziert wurde, benötigt nur Lesezugriff auf Accounts und Kontakte in Salesforce, verwaltet CRM-Inhalte, Ideen und Antworten in Salesforce, benötigt nur Lesezugriff auf Berichte und Dashboards, kann Workflows anzeigen und genehmigen, den Kalender zum Erstellen und Verfolgen seiner Aktivitäten verwenden und Daten nur mit einer Gruppe von Benutzern teilen. All dies kann erreicht werden, indem dem Akteur nur eine „Chatter Only"-Lizenz zugewiesen wird, anstatt einer teureren Sales Cloud- oder Service Cloud-Lizenz. Das Benutzerprofil eines solchen Benutzers ist ebenfalls einzigartig im Vergleich zu einem Benutzer mit einer Sales Cloud- oder Service Cloud-Lizenz, was bei den Anforderungen an Sichtbarkeit und gemeinsame Nutzung berücksichtigt werden muss. Mehr zu den Lizenztypen erfahren Sie in Kap. 3.

Geschäftsfunktion Attribut

Ein weiteres wesentliches Merkmal, das eine Art von Benutzer von einer anderen unterscheidet, ist die Geschäftsfunktion(en) des Unternehmens, die der Akteur leitet. In großen Unternehmen wird für jeden Akteur eine klare und formale Aufgabentrennung festgelegt. Die Geschäftsabteilung, der ein Akteur angehört, kann der Vertrieb, der Service, das Marketing oder die IT sein. Innerhalb einer Serviceabteilung kann der Akteur Teil der Call-Center-Funktion oder der Außendienstfunktion sein. Es ist von entscheidender Bedeutung, die Geschäftsfunktionen eines Akteurs genauer zu untersuchen, anstatt ihn nur einer Abteilung oder einem Geschäftsbereich zuzuordnen, da Salesforce jetzt mehr als nur Lizenzen für die Sales und Service Cloud anbietet. Die Salesforce-Lizenzen unterscheiden sich nach Branchenspezialisierung wie Financial Services Cloud oder Health Cloud sowie nach Funktionen wie Field Service Lightning und Einstein Analytics. Einem einzelnen Benutzer innerhalb von Salesforce kann immer nur eine einzige Salesforce-Lizenz zugewiesen werden. Aus diesem Grund ist die Zuweisung der richtigen Lizenzen für jeden Akteur von entscheidender Bedeutung und der grundlegende Ausgangspunkt dafür, was ein Akteur innerhalb des Systems tun kann. In einem Szenario, in dem ein Akteur zum Beispiel zur Serviceabteilung gehört und auch Teil der Außendienstfunktion des Unternehmens ist, ist eine Salesforce Field Service Lightning-Lizenz für den Akteur besser geeignet als nur eine Service Cloud- Benutzerlizenz, da eine Field Service Lightning-Lizenz alle wichtigen Funktionen abdeckt, die über eine Service Cloud-Lizenz verfügbar sind, zusätzlich zu den primär vorgesehenen Außendienstfunktionen.

In großen Unternehmen ist es einfacher, von der Geschäftsabteilung eines Akteurs zu den formalen Geschäftsfunktionen des Akteurs aufzuschlüsseln. In kleineren Unternehmen und Neugründungen gibt es jedoch möglicherweise keine formale Aufgabentrennung oder eine klar definierte Funktion für einen Akteur. In diesem Fall muss ein Akteur innerhalb des Unternehmens in der Lage sein, alle Aufgaben vom Vertrieb über den Service bis hin zum Außendienst zu übernehmen. In diesem Fall wäre die „Salesforce Field Service Lightning Plus"-Lizenz für die meisten Akteure besser geeignet, da sie die Funktionen von Sales Cloud, Service Cloud und Field Service Lightning mit einer einzigen Lizenz bietet.

Die „Salesforce Field Service Lightning Plus"-Lizenz ist teurer als eine einzelne Sales Cloud- oder Service Cloud- oder Field Service Dispatcher- oder Field Service Technician-Lizenz; der Aufpreis für die „Salesforce Field Service Lightning Plus"-Lizenz ist jedoch durch die Flexibilität und Skalierbarkeit der Funktionen gerechtfertigt, die einem einzelnen Akteur des Systems zur Verfügung stehen. Aus diesem Grund können der Salesforce-Produktmix und das Lizenzmodell für Unternehmen innerhalb derselben Branche mit identischen Geschäftsabläufen völlig unterschiedlich sein. Mehr zu den Lizenztypen erfahren Sie in Kap. 3.

Internes vs. Externes Attribut

Zu guter Letzt muss festgestellt werden, ob es sich bei dem Akteur um einen unternehmensinternen (d. h. beim Unternehmen angestellten) oder um einen unternehmensexternen Akteur handelt, z. B. einen Kunden oder Partner mit Selbstbedienungsfunktionen. Bei externen Benutzern ist es außerdem wichtig, die Art der Beziehung, die sie mit dem Unternehmen unterhalten, und die Funktionen oder Features, an denen sie beteiligt sind, zu verstehen. Auf diese Weise lassen sich die entsprechenden Salesforce-Community-Lizenzen ermitteln, die für den Akteur erforderlich sein könnten.

Hinweis Die einzigen Lizenzen, die auf externe Benutzer angewendet werden können, sind entweder Community Cloud-Lizenzen oder „Chatter External"-Lizenzen.

Durch Salesforce-Community-Lizenzen erhalten externe Benutzer über einen personalisierten Portalzugriff Zugriff auf eine Teilmenge der in Salesforce gespeicherten und verarbeiteten Informationen. Es ist jedoch wichtig zu beachten, dass Salesforce-Community-Lizenzen bei Bedarf auch für interne Benutzer bereitgestellt werden können. Wir werden „Salesforce Community" und andere gängige Salesforce-Produkttypen in Kap. 3 behandeln.

Rollenhierarchie-Index Attribut

Eine wichtige Einstellung für die gemeinsame Nutzung, die Salesforce bietet, ist die Rollenhierarchie. Der Zugriff in Salesforce kann entweder seitlich mit Kollegen oder vertikal mit dem Manager eines Benutzers und dessen Managern bis hin zum CEO des Unternehmens geteilt werden. Die Einstellung für die gemeinsame Nutzung der Rollenhierarchie in Salesforce betrifft die vertikale gemeinsame Nutzung von Informationen zwischen Benutzern, dem Manager des Benutzers und seinen Managern.

Eine Rollenhierarchie in Salesforce kann jedem Benutzer auf der Profilebene des Benutzers zugewiesen werden, wodurch der Benutzer dieses Profils alle Daten anzeigen, bearbeiten und Berichte erstellen kann, die dem Benutzer gehören oder mit den Benutzern unter ihm in seiner Rollenhierarchie gemeinsam genutzt werden. Die einzige Ausnahme für den über die Rollenhierarchie gewährten Zugriff besteht, wenn das spezifische Objekt (d. h. das Objekt, das die Informationen enthält, auf die zugegriffen wird) ein benutzerdefiniertes Objekt ist und die organisationsweite Standardeinstellung für „Zugriff über Hierarchien gewähren" auf „deaktivieren" steht. In allen anderen Fällen bestimmt eine für einen bestimmten Benutzer festgelegte Rollenhierarchie den Zugriff des Benutzers auf alle Daten, die entweder von ihm selbst oder einem in der Rollenhierarchie unter ihm aufgeführten Benutzer erstellt wurden. Eine Rollenhierarchie erlaubt den vertikalen Zugriff für einen bestimmten Benutzer nur in der Richtung von oben nach unten und nicht in der anderen Richtung. Das bedeutet, dass ein Benutzer X, der in der Rollenhierarchie über einem anderen Benutzer Y steht, alle Daten einsehen kann, auf die Y im System Zugriff hat, zusätzlich zu seinen eigenen Daten im System. Andererseits kann Benutzer Y nur auf die von ihm erstellten Daten zugreifen, hat aber keinen Zugriff auf die Daten, die von Benutzer X erstellt wurden oder ihm gehören.

Viele Menschen gehen davon aus, dass die Rollenhierarchie von Salesforce so eingerichtet werden sollte, dass sie das formale Organigramm des Unternehmens abbildet, in der Annahme, dass das formale Organigramm den erforderlichen vertikalen Zugriff innerhalb des Systems abbildet. Dies ist nicht immer der Fall und keineswegs zwingend. Die Rollenhierarchie von Salesforce legt fest, wer was aus der Perspektive des vererbten Dateneigentums sehen muss, ohne komplizierte Freigabeeinstellungen für Vorgesetzte und Manager einzurichten, damit diese auf die Daten ihrer direkten Mitarbeiter zugreifen können.

In vielen Fällen kann es jedoch vorkommen, dass ein Verwaltungsassistent, der von mehreren Führungskräften gemeinsam genutzt wird, Zugriff auf die Daten benötigt, die jeder der von ihm unterstützten Führungskräfte besitzt oder erstellt hat. Es wäre zu kompliziert, eine Reihe von Freigabeeinstellungen zu erstellen, um ihnen Zugriff auf die Daten der einzelnen Führungskräfte zu geben. In einem solchen Szenario kann es einfacher sein, den Verwaltungsassistenten in der Rollenhierarchie über den von ihm unterstützten Führungskräften zu platzieren, auch wenn die Führungskräfte nicht an den Verwaltungsassistenten berichten. Durch eine solche Änderung der Rollenhierarchie erhält der Verwaltungsassistent automatisch Zugriff auf alle Daten, die von den von ihm unterstützten Führungskräften im System verwaltet werden.

Ein weiterer Grund, warum sich das formale Organigramm eines Unternehmens von der Rollenhierarchie in Salesforce unterscheiden kann, ist, dass die Rollenhierarchie auch externe Benutzer wie Partner und Kunden umfassen kann, die auf das System für die Zusammenarbeit und den Self-Service zugreifen. Das ist richtig; externe Benutzer müssen in der Rollenhierarchie in Salesforce eingerichtet werden, wenn sie über Salesforce Community Cloud auf das System zugreifen müssen. Ein Rollenhierarchieindex ist eine Zahl, die jedem Benutzer in Bezug auf seine Rolle und Position im Unternehmen zugewiesen wird. Der Rollenhierarchie-Index von 1 bedeutet die höchste Ebene in der Rollenhierarchie, die in der Regel dem CEO des Unternehmens zugewiesen wird. Alle Rollenhierarchie-Indizes, die auf den Index 1 folgen (d. h. größer als 1 sind), gelten für die in der Rollenhierarchie untergeordneten Benutzer. Es kann mehrere Rollen mit demselben Rollenhierarchieindex geben, die gleichrangige Rollen bedeuten. So ist es beispielsweise üblich, dass der Rollenhierarchieindex 2 sowohl dem VP of Sales als auch dem VP of Service und dem VP of IT Operations zugewiesen ist.

Die beste Möglichkeit, die Analyse der Benutzerattribute zu erfassen, besteht darin, eine Tabelle wie Tab. 2-2 zu erstellen. Wir werden die Eingaben in der letzten Spalte mit der Bezeichnung „Ideale Lizenz" in Kap. 3 behandeln, wo wir die Details der am häufigsten verwendeten Salesforce-Lizenztypen erörtern und wie das Salesforce-Benutzerattributdiagramm uns helfen kann, den idealen Lizenztyp zu ermitteln, der jedem Akteur zugewiesen werden soll.

Tab. 2-2. *Salesforce-Benutzerattribut-Diagramm*

Schauspieler Name	Schauspieler Beschreibung	Informationen Rolle	Business Funktion	Intern vs. Extern	Rolle Hierarchie Index	Ideale Lizenz
CEO	Der Chief Executive Officer (CEO) ist die ranghöchste Führungskraft des Unternehmens, die für wichtige Unternehmensentscheidungen, die Leitung des Gesamtbetriebs und die Rentabilität des Unternehmens verantwortlich ist. Alle Vizepräsidenten unterstehen dem CEO und sind für die allgemeine Gesundheit des Unternehmens in Bezug auf die Schlüsselfunktionen des Unternehmens wie Vertrieb, Service, Finanzen, IT und Personalwesen mitverantwortlich. Der CEO nutzt das System nur selten, aber wenn, dann hauptsächlich, um Berichte und Dashboards zu Vertrieb und Service einzusehen.	Verbraucher	Aufsicht der Exekutive	Intern	1	Plattform-Plus-Lizenz
Verwaltung Assistent des CEO	Die Verwaltungsassistentin des Vorstandsvorsitzenden führt den Kalender des Vorstandsvorsitzenden und fungiert als Gatekeeper für alle Interaktionen zwischen dem Vorstandsvorsitzenden und anderen Mitarbeitern des Unternehmens. Die Verwaltungsassistentin des Geschäftsführers interagiert im Namen des Geschäftsführers auch mit den Partnern und Kunden des Unternehmens, wenn es um logistische Korrespondenz oder allgemeine Folgemaßnahmen geht. Zu den Aufgaben des Verwaltungsassistenten gehört auch die Überprüfung der Berichte und Dashboards auf Format und Detailgenauigkeit, bevor sie vom CEO geprüft werden. Die Verwaltungsassistentin des Vorstandsvorsitzenden hat fast den gleichen Zugang zum System wie der Vorstandsvorsitzende und kann auf alle Informationen zugreifen, die von allen Benutzern (mit Ausnahme einiger vom Vorstandsvorsitzenden eingegebener Informationen) in das System eingegeben werden.	Verbraucher	Aufsicht der Exekutive	Intern	2	Plattform-Plus-Lizenz

(*Fortsetzung*)

Tab. 2-2. (*Fortsetzung*)

Schauspieler Name	Schauspieler Beschreibung	Informationen Rolle	Business Funktion	Intern vs. Extern	Rolle Hierarchie Index	Ideale Lizenz
Vizepräsident des Vertriebs	Der Vice President (VP) of Sales hat die Aufgabe, die Erreichung der Verkaufsziele in allen Regionen für alle vom Unternehmen verkauften Produkte, einschließlich Produkt A und Produkt B, zu überwachen. Der VP of Sales ist außerdem für die Überprüfung und Genehmigung aller Verkaufsverträge über 1 Mio. USD und aller Kundenrabatte, die 25 % des ursprünglichen Geschäftswerts überschreiten, verantwortlich. Der RVP of Sales nutzt das System nur, um monatliche, vierteljährliche und jährliche Verkaufsberichte zu erstellen und tägliche Dashboards einzusehen. Der VP of Sales ist auch an Warnmeldungen zu großen Geschäften und Geschäften interessiert, die seine Überprüfung und Genehmigung erfordern. Gelegentlich benötigt der VP of Sales Zugriff auf Details auf Konto- und Geschäftsebene, um den Hintergrund des Kontos und des Geschäfts zu prüfen und zu untersuchen.					
	Verbraucher		Vertrieb	Intern	3	Vertriebs-wolke
RVP der Verkäufe von Produkt B	Der Regional Vice President (RVP) of Sales ist dafür verantwortlich, das Erreichen des Verkaufsziels für die ihm zugewiesene geografische Region in Bezug auf Produkt B zu überwachen. Der RVP ist auch für die Überprüfung und Genehmigung aller Verkaufsverträge über 1 Mio. USD und aller den Kunden angebotenen Rabatte verantwortlich, die 15 % überschreiten und weniger als 25 % des ursprünglichen Geschäftswerts betragen. Der RVP nutzt das System nur, um monatliche, vierteljährliche und jährliche Verkaufsberichte zu erstellen und tägliche Dashboards einzusehen. Der RVP des Vertriebs ist auch an Warnmeldungen zu großen Geschäften und Geschäften interessiert, die seine Überprüfung und Genehmigung erfordern. Gelegentlich benötigt der RVP Zugriff auf Details auf Konto- und Geschäftsebene, um den Hintergrund des Kontos und des Geschäfts zu prüfen und zu untersuchen.					
	Verbraucher		Vertrieb	Intern	4	Vertriebs-wolke

(*Fortsetzung*)

Tab. 2-2. (*Fortsetzung*)

Schauspieler Name	Schauspieler Beschreibung	Informationen Rolle	Business Funktion	Intern vs. Extern	Rolle Hierarchie Index	Ideale Lizenz
Vizepräsident des Dienstes	Der Vice President (VP) of Service ist für die Überwachung der Service- und Supportleistungen in allen Regionen und für alle vom Unternehmen verkauften Produkte zuständig. Er stellt sicher, dass die den Kunden angebotenen Service-Level-Vereinbarungen angemessen erfüllt werden und die Kundenzufriedenheit des Unternehmens auf höchstem Niveau gehalten wird. Der VP of Service nutzt das System, um ein tägliches Dashboard zu überwachen, das aus Service-KPI-Metriken besteht, und um die Servicequalitätsstandards monatlich, vierteljährlich und jährlich zu überprüfen. Der VP of Service hat vollen Zugriff auf das System, um bei Bedarf auf alle Serviceprobleme zuzugreifen, so dass er eingreifen und sich um jeden Fall kümmern kann, der mehrfach eskaliert wurde, ohne dass eine Lösung gefunden wurde.					
	Prozessor	Dienst	Intern	3	Service-Wolke
Außendienst	Der Außendienstmitarbeiter ist für alle Direktverkäufe mit Kunden für die ihm zugewiesenen Kundenkonten in seinem Gebiet verantwortlich. Der Außendienstmitarbeiter legt seine Umsatzziele zu Beginn des Geschäftsjahres fest und verfolgt seine Umsatzziele vierteljährlich im System. Der Außendienstmitarbeiter besucht den Standort des Kunden und die Kunden regelmäßig und nutzt das System zur Eingabe und Verfolgung aller Verkaufsaktivitäten mit seinem mobilen Gerät. Aus diesem Grund ist der Außendienstmitarbeiter stark von den Offline-Funktionen seines mobilen Geräts abhängig, da er sich häufig in Gebieten ohne Internet- oder Mobilfunkverbindung aufhält. Der Außendienstmitarbeiter benötigt Zugang zu Konten, Kontakten, Verkaufschancen, Angeboten, Vorgängen und allen anderen Daten, die sich auf die ihm zugewiesenen Kunden beziehen und im System gespeichert sind, um eine vollständige 360-Grad-Information über die Kunden zu erhalten.					
	Prozessor	Außendienst	Intern	5	Außendienst Lightning

(*Fortsetzung*)

Tab. 2-2. (*Fortsetzung*)

Schauspieler Name	Schauspieler Beschreibung	Informationen Rolle	Business Funktion	Intern vs. Extern	Rolle Hierarchie Index	Ideale Lizenz
Produkt-hersteller für Produkt A	Ein Produkthersteller für Produkt A ist ein externer Partner, der für die Produktion und Lieferung von Produkt A verantwortlich ist, alle Regionen unterstützt und mit allen Außendienstmitarbeitern zusammenarbeitet, die Produkt A verkaufen. Der Produkthersteller für Produkt A hat Zugang zu allen Leads und Opportunities im Zusammenhang mit Produkt A im gesamten Unternehmen. Der Produkthersteller interagiert nicht direkt mit dem Kunden, sondern unterstützt ihn bei allen Fragen und Problemen im Zusammenhang mit Produkt A, indem er mit dem zuständigen Außendienstmitarbeiter für Produkt A zusammenarbeitet.					
		Prozessor	Vertrieb und Service	Extern	4	Partner-gemeinde
B2B-Kunde	B2B-Kunden sind Kundenorganisationen, die Produkte A und B in großen Mengen für den Weitervertrieb an ihrem Einzelhandelsstandort kaufen. Eine typische B2B-Kunden-organisation umfasst zwischen 20 und 50 Mitarbeiterfirmen, die hauptsächlich mit dem Unternehmen interagieren, um Großhandelsbestellungen über ein personalisier-tes Unternehmensportal aufgeben, das Selbstbedienung ermöglicht und den Mitarbeitern der Kundenorganisation Zugang und Mitgliederverwaltung bietet.					
		Anbieter	Kunde	Extern	6	Gemein-schaft Plus
B2B-Kundenbe-treuer	Ein B2B-Kundenbetreuer ist ein Mitarbeiter des B2B-Kundenunternehmens, der für die Auftragserteilung und -verfolgung beim Unternehmen zuständig ist. Er führt alle Interaktionen im Zusammenhang mit der Auftragsverwaltung über das B2B-Kunden-portal durch, das für diese B2B-Kundenorganisation personalisiert ist. Der B2B-Kundenvertreter kann sein eigenes Profil innerhalb des Portals verwalten und alle Transaktionen in Bezug auf sein Unternehmen einsehen, einschließlich der Trans-aktionen, die von den Kollegen in seinem eigenen Unternehmen verwaltet werden.					
		Anbieter	Kunde	Extern	7	Gemein-schaft Plus

(*Fortsetzung*)

Tab. 2-2. (*Fortsetzung*)

Schauspieler Name	Schauspieler Beschreibung	Informationen Rolle	Business Funktion	Intern vs. Extern	Rolle Hierarchie Index	Ideale Lizenz
B2C-Kunde	B2C-Kunden sind direkte Kunden, die die Produkte des Unternehmens für den Eigenverbrauch kaufen. B2C-Kunden müssen die Möglichkeit haben, Produkte online zu kaufen, ein personalisiertes Konto zu erstellen, wenn sie Bestellungen aufgeben, oder Selbstbedienungsaktivitäten durchzuführen, wie z. B. die Verfolgung von Bestellungen, die Überprüfung früherer Käufe und das Öffnen von Support-Tickets für ihre Transaktionen.					
	Anbieter	Kunde	Extern	6	Gemein-schaft
IT-Operations-Mitarbeiter	Ein IT-Operations Associate ist ein Mitglied der IT-Organisation des Unternehmens, das für die Verwaltung, das Management und die Wartung des CRM-Systems zuständig ist. Zu den Aufgaben des IT-Operations Associate gehören die Einrichtung neuer Benutzer, die Unterstützung bestehender Benutzer mit Zugang zum CRM-System, die Entwicklung von Berichten und Dashboards auf Anfrage verschiedener Benutzer des Systems und die Durchführung grundlegender Verbesserungen des Systems auf kontinuierlicher Basis und nach Bedarf.					
	Anbieter	Allgemein	Intern	5	Ser-vice-Wolke

S: Systeme

Dies bezieht sich auf alle Systeme im Ökosystem des Unternehmens, die entweder derzeit existieren oder als Systeme von Interesse für die Zukunft identifiziert wurden. Beachten Sie, dass ich empfehle, eine Liste der gegenwärtig existierenden Systeme zu erstellen, auch wenn geplant ist, sie außer Betrieb zu nehmen oder zu ersetzen. Wir werden später in diesem Kapitel, wenn wir das Artefakt „Systemlandschaft" besprechen, erörtern, wie wir die vorhandenen und neuen Systeme kommunizieren.

Bei bestehenden Systemen, die aufgelistet werden sollen, ist es wichtig, die folgenden Fragen zu klären:

- Wird das bestehende System vor Ort, in der Cloud oder in einer Mischform von vor Ort und in der Cloud aufgeführt?

- Wird das bestehende System in der gewünschten Umgebung bestehen bleiben oder ersetzt werden?

- Wenn das bestehende System bestehen bleibt, ist dann eine bidirektionale oder eine einseitige Integration mit Salesforce erforderlich?

- Wenn das bestehende System bestehen bleibt und eine Integration mit Salesforce erforderlich ist, unterstützt es dann das REST-API-Protokoll oder das SOAP-API-Protokoll oder beide?

- Wenn das aufgeführte System ersetzt werden soll, wird es teilweise oder vollständig ersetzt?

- Wenn das aufgeführte System ersetzt werden soll, ist dann eine Datenmigration oder Datenarchivierung aus dem bestehenden System erforderlich?

Bei der Identifizierung neuer Systeme ist es wichtig, die folgenden Fragen auf der Grundlage Ihres Verständnisses der aktuellen Umgebung zu beantworten:

- Kann Salesforce für die Systeme, die stillgelegt oder ersetzt werden sollen, alle Funktionslücken im gewünschten zukünftigen Zustand schließen?

- Gibt es für Funktionslücken, die nicht von Salesforce-Produkten erfüllt werden, Anwendungen von Drittanbietern auf Salesforce AppExchange, die die unerfüllten Anforderungen erfüllen?

- Welche Cloud-basierten Lösungen mit vorgefertigten Salesforce-Adaptern oder mit Salesforce-kompatiblen SOAP-API-Protokollen gibt es für alle funktionalen Lücken, die nach Berücksichtigung von Salesforce-Produkten und Salesforce AppExchange noch bestehen? *(Weitere Informationen zur Kompatibilität des SOAP-API-Protokolls von Salesforce finden Sie in* Kap. 6*).*

- Abgesehen von dem Zweck, das/die vorhandene(n) System(e) zu ersetzen, welche anderen gewünschten Anforderungen muss die Salesforce-basierte Lösung erfüllen, und welches Salesforce-Produkt aus der großen Vielfalt an Salesforce-Produkten erfüllt die Anforderungen am besten? *(Mehr zu den gängigsten Salesforce-Produkten und ihren Kurzbeschreibungen in* Kap. 3*)*.

- Wird eines der folgenden Systeme für den gewünschten Zustand benötigt?

    – Middleware oder ein Enterprise Service Bus (ESB) Werkzeug

    – Extrahieren-Transformieren-Laden (ETL) Werkzeug

    – System zur Verwaltung von Stammdaten (MDM)

    – Identitäts- und Zugangsverwaltungssystem (IAM)

    – Data Warehouse (DW)-System

    – System zur Dokumentenverwaltung (DMS)

    – Inhaltsverwaltungssystem (CMS)

Die Beantwortung dieser Fragen sollte es Ihnen ermöglichen, eine Liste aller Systeme zu erstellen, die für den gewünschten Zustand der Systemlandschaft einbezogen und berücksichtigt werden müssen, die wir im nächsten Abschnitt dieses Kapitels („Artefakt der Systemlandschaft") erstellen werden.

I: Integrationen

Dies bezieht sich auf die erforderlichen Integrationen zwischen den zuvor ermittelten Systemen und Salesforce. Salesforce verfolgt einen API-first-Ansatz bei der Entwicklung aller Funktionen auf der Salesforce-Plattform. Bei diesem Ansatz können alle Funktionen und die zugrunde liegenden Daten innerhalb von Salesforce direkt von einem anderen System oder einer anderen Anwendung ohne Verwendung einer grafischen Benutzeroberfläche (GUI) aufgerufen werden. Dieser Ansatz ermöglicht es uns, alle Nicht-Salesforce-Systeme mit Salesforce zu verbinden und umgekehrt, indem wir eine der vielen von Salesforce unterstützten APIs verwenden. Ein detailliertes Verständnis der Integrationsansätze, der Auswahl der Muster und der Frage, wann welche Integration verwendet werden sollte, finden Sie in Kap. 6.

Für die Zwecke der FUSIAOLA-Analyse können Sie jedoch eine oder zwei Spalten zu Tab. 2-1 hinzufügen, in denen Sie die zu integrierenden Systeme (aus der Liste aller zuvor identifizierten Systeme) identifizieren und in einer separaten Spalte auf einer hohen Ebene angeben, was jedes System mit dem anderen zu leisten hat. Sie können die vorangehende Tabelle umfunktionieren, um jede der von Ihnen in Ihrer Analyse identifizierten Integrationen zu begründen.

A: Authentifizierung

Dies bezieht sich auf die Authentifizierung und Autorisierung, die von Benutzern und externen Systemen benötigt wird, um auf Salesforce oder andere Systeme über Salesforce zuzugreifen. Dabei werden insbesondere die Identitäts- und Zugriffsmanagement-Funktionen berücksichtigt, die erforderlich sind, um den Zugriff auf und von der Salesforce-Lösung zu sichern.

Wenn Sie mit den Konzepten des Identitäts- und Zugriffsmanagements, einschließlich Authentifizierung vs. Autorisierung, OAUTH, SAML Delegated Authentication und Single Sign-On (SSO), noch nicht vertraut sind, dann empfehle ich Ihnen, Kap. 7 zu lesen, bevor Sie die Analyse der Authentifizierungsmethoden hier durchführen.

Im Hinblick auf die FUSIAOLA-Analyse ist es wichtig, die folgenden zehn Fragen zu beantworten, um die geeigneten Authentifizierungsmethoden für jeden Akteur und jedes System zu skizzieren:

1. **Benutzer und Account-Management**: Welche Benutzer benötigen Zugriff auf Salesforce, und sind sie intern oder extern?

2. **Provisionierung:** Wie werden interne und externe Benutzer in Salesforce bereitgestellt?

3. **Authentifizierung**: Wie werden die Nutzer authentifiziert, und in welchem System wird die Identität des Nutzers gespeichert?

4. **Autorisierung**: Wie erhalten Benutzer (wenn Salesforce nicht der Identitätsanbieter für den Benutzer ist) oder externe Systeme, die die API verwenden, Zugang zu Salesforce?

5. **Single Sign-On**: Müssen Benutzer mit einer einzigen Authentifizierungs- und Autorisierungsmethode auf mehrere Systeme zugreifen?

6. **Zugriffsrechte**: Sobald Benutzer oder Systeme Zugriff auf Salesforce haben, was können sie in Salesforce tun?

7. **Sitzungsmanagement**: Wie lange sollten Benutzer im System inaktiv bleiben dürfen, bevor ihre Sitzung abläuft, oder, im Falle des Systemzugangs, wann sollte der Systemzugang widerrufen werden?

8. **Abmeldung und Weiterleitungen**: Wohin soll ein Benutzer umgeleitet werden, wenn er sich bei Salesforce abmeldet?

9. **Deprovisionierung**: Wie wird inaktiven Benutzern der Zugriff auf das System entzogen?

10. **Account-Wiederherstellung**: Wenn der Zugang eines Benutzers deaktiviert oder gesperrt ist, wie kann er dann wieder Zugang zu Salesforce erhalten?

In Kap. 7 werde ich den Lebenszyklus der Identitäts- und Zugriffsverwaltung im Detail behandeln.

O: Objekte

Dies bezieht sich auf bestehende und neue Datentabellen, die in Salesforce erstellt werden müssen, um die Daten zu organisieren und zu speichern, die zur Unterstützung der vom System unterstützten Funktionen und Merkmale erforderlich sind. Eine Technik zur einfachen Identifizierung von Objekten in Ihren Anforderungen ist die Suche nach den in den Sätzen verwendeten „Substantiven". Meistens handelt es sich bei den in den Anforderungen verwendeten Substantiven um etwas, das Sie als Daten im System speichern müssen. In der folgenden Benutzergeschichte habe ich zum Beispiel die Substantive unterstrichen, die als Objekte betrachtet werden können, die in Salesforce erstellt werden müssen, um Daten zu speichern: Als **Vertriebsbenutzer** möchte ich, dass ein neuer **Auftrag** erstellt und mit dem **Kundenkonto** verknüpft wird, wenn eine **Verkaufschance** auf geschlossen/gewonnen gesetzt wird, damit ich alle **Aufträge** verfolgen kann, die aus geschlossenen/gewonnenen **Verkaufschancen** resultieren.

Bei der Auswahl der Objekte müssen Sie diese Anforderung erfüllen. Sie können leicht feststellen, dass Sie Standardobjekte verwenden oder benutzerdefinierte Objekte erstellen müssen, um die folgenden Informationen zu speichern:

1. **Benutzerobjekt**: Für Vertriebsbenutzer

2. **Objekt bestellen**: Für neuen Auftrag

3. **Konto-Objekt**: Für Kundenkonto

4. **Opportunity-Objekt**: Für jede Opportunity

Dies ist ein stark vereinfachtes Beispiel für die Identifizierung von Objekten in einer Anforderung.

Einen tieferen Einblick in die Datenmodellierung und ein detailliertes Verständnis des Salesforce-Objektmodells sowie der Datenarchitektur von Salesforce erhalten Sie in Kap. 4.

L: Lizenzen

Konkret handelt es sich dabei um die optimale Mischung von Salesforce-Lizenztypen, die benötigt wird, um einen Großteil der Lösung mit den Out-of-the-Box-Funktionen von Salesforce zu unterstützen. Das wahre Potenzial einer SaaS-basierten Lösung wie Salesforce kann nur dann ausgeschöpft werden, wenn der Großteil der benötigten Funktionen sofort verfügbar ist. Da es in der SaaS-Welt keine Einheitsgröße gibt, hat Salesforce sein Produktangebot in verschiedene Lizenztypen unterteilt, die auf Geschäftsfunktionen basieren, wie z. B. Sales Cloud oder Service Cloud, und branchenspezifische Lizenztypen, wie Health Cloud und Financial Services Cloud.

Die Auswahl der richtigen Lizenzen für die Lösung ist der beste Ausgangspunkt und ein wichtiger Schritt bei der Architektur mit Salesforce. Als Architekt ist es wichtig, die von den einzelnen Salesforce-Akteuren benötigten Lizenzen so zu optimieren, dass die vom Unternehmen insgesamt benötigten Lizenzen im Hinblick auf Design und Kosteneffizienz optimiert werden. Salesforce ermöglicht seinen Kunden, mehrere Lizenzen für ihre Benutzer innerhalb einer einzigen Salesforce-Instanz zu mischen und anzupassen. Allerdings kann jedem Benutzer innerhalb von Salesforce immer nur ein einziger Lizenztyp zugewiesen werden.

So ist beispielsweise eine Standardlizenz für die Salesforce Lightning Platform deutlich günstiger als eine Sales- oder Service-Cloud-Lizenz und kann ausreichen, um alle Funktionen und Merkmale abzudecken, die ein einzelner Akteur im Unternehmen benötigt. Andererseits ist eine branchenspezifische Lizenz wie eine Salesforce Health Cloud-Lizenz oder eine Field Service Lightning-Lizenz teurer als eine Standard-Sales- oder Service-Cloud-Lizenz, aber sie ist es auf jeden Fall wert, da sie zusätzliche

Fähigkeiten und spezialisierte Funktionen bietet, die eine Vielzahl von Funktionen und Merkmalen abdecken, die ein Akteur in diesem Unternehmen benötigt. In dem früheren Abschnitt, in dem wir über Benutzer gesprochen und eine Benutzertabelle erstellt haben, habe ich die Zuweisung von Benutzerlizenzen innerhalb derselben Tabelle veranschaulicht. Die Zuweisung der idealen Lizenzen für jeden Akteur erfordert ein gutes Verständnis der verschiedenen von Salesforce angebotenen Lizenzen. Obwohl es schwierig ist, alle Salesforce-Produktlizenzen zu behandeln, habe ich die am häufigsten verwendeten und beliebtesten Lizenzen von Salesforce in Kap. 3 besprochen.

A: Annahmen

Annahmen beziehen sich auf die Annahmen, die Sie als Architekt zum Zeitpunkt des Entwurfs der gewünschten Lösung auf der Grundlage der Ihnen zur Verfügung stehenden Informationen und Ihrer daraus gezogenen architektonischen Schlussfolgerungen gemacht haben. Die Annahmen eines Architekten bilden die Grundlage für sein Verständnis der geschäftlichen Anforderungen und eine informelle Erlaubnis, fehlende Informationen zu ergänzen.

Obwohl es für einen Architekten eine Vielzahl von Themen geben kann, um Annahmen zu treffen, einschließlich der Themen, die in den früheren Abschnitten der FUSIAOLA-Analyse behandelt wurden, sind hier einige empfohlene Themen, die bei der Suche nach Annahmen zu berücksichtigen sind.

Wer sieht was?

In der Entwurfsphase der Lösung ist es oft nicht klar, welcher Benutzer was, warum und wie sehen kann. Als Architekt treffe ich oft Annahmen zu diesem Thema, indem ich die Tabelle mit den Benutzerattributen heranziehe, die während der FUSIAOLA-Analyse für die Benutzer erstellt wurde. Anhand dieser Tabelle kann ich zwischen internen und externen Benutzern sowie deren Informationsrolle und Geschäftsfunktionen unterscheiden. Die Annahmen in diesem Bereich ermöglichen es einem Architekten auch, die jedem Akteur zugewiesenen Lizenzen zu validieren. Es ist auch einfacher, die Annahmen zu diesem Thema zu bestätigen oder zu korrigieren, da dies effektiv durch die Aktualisierung der Benutzerattributtabelle erfolgen kann.

Unternehmensweite Vorgaben und Datensichtbarkeit

Ein weiterer Themenbereich für Annahmen sind die organisationsweiten Standardeinstellungen (OWD) für die Sichtbarkeit von Objekten und Daten in der gesamten Organisation. Die organisationsweiten Standardeinstellungen werden häufig nach dem Prinzip der „geringsten Berechtigung" eingerichtet, was bedeutet, dass die organisationsweiten Standardeinstellungen für jedes Objekt in Salesforce unter Berücksichtigung des Benutzers mit dem niedrigsten und geringsten Zugriff in Salesforce eingerichtet werden sollten.

Anders ausgedrückt: Wenn ein einzelner Benutzer in Salesforce nicht auf ein bestimmtes Objekt, sagen wir „Objekt A", zugreifen kann, dann sollte die OWD-Einstellung für Objekt A auf „Privat" gesetzt werden, was die restriktivste Einstellung für OWD in Salesforce ist. Als Architekt gebe ich in meinen Annahmen oft an, welche Objekte innerhalb von Salesforce ich aufgrund des Prinzips der geringsten Berechtigung als privat bzw. öffentlich eingestuft habe. In diesem Fall gebe ich oft an, wie Benutzer auf Datensätze zugreifen können, deren Eigentümer sie nicht sind (z. B. Freigaberegeln, Freigabe über Teams, Freigabe über Gruppenmitgliedschaft usw.).

Umfang und Art der Integration

Angesichts der sofort einsatzbereiten Integrationsfunktionen von Salesforce gehen die Projektbeteiligten oft davon aus, dass für die Zusammenarbeit mit Salesforce nicht viel Entwicklung oder Einrichtung im Nicht-Salesforce-System erforderlich ist. Sie gehen auch davon aus, dass, da Salesforce mehr als zehn verschiedene Arten von APIs für die Integration zur Verfügung stellt, die API automatisch funktioniert, ohne dass ein erheblicher Konfigurationsaufwand in Salesforce erforderlich ist. Dies ist ein wesentlicher Grund dafür, dass wir in unserer FUSIAOLA-Analyse, dem Integrationsteil, bereits die verschiedenen Methoden zur Integration der verschiedenen Systeme in Salesforce beschrieben haben. Die gewählten Integrationsoptionen ermöglichen es einem Architekten, die empfohlene Investition in ein Middleware-Tool wie MuleSoft oder die Verwendung einer der Salesforce-APIs gegenüber den anderen zu rechtfertigen.

Es können auch Annahmen über die Art der Protokolle getroffen werden, die von dem Nicht-Salesforce-System unterstützt werden, da es insbesondere bei SOAP-API-basierten Integrationen häufig vorkommt, dass die WSDL-Datei des Nicht-Salesforce-Systems von

Salesforce nicht unterstützt wird. In solchen Fällen, wenn eine WSDL-Datei von Salesforce nicht unterstützt wird und eine SOAP-API-basierte Integration gewährleistet ist, besteht die einzige Möglichkeit darin, eine Middleware wie MuleSoft oder Informatica zu verwenden, die eine Protokollkonvertierung durchführt, um das SOAP-API-Schema des Nicht-Salesforce-Systems mit der SOAP-API von Salesforce abzubilden.

Authentifizierung auf Initiative des Identitätsanbieters vs. auf Initiative des Dienstanbieters

Beim Entwurf einer Lösung mit nahtloser Erfahrung für die Benutzer ist es für einen Architekten von entscheidender Bedeutung zu klären, welches System als Identitätsanbieter für welche Benutzer und welches System bzw. welche Systeme als Serviceanbieter fungiert. Es ist häufig der Fall, dass Benutzer innerhalb eines Unternehmens Zugriff auf viele andere Systeme als Salesforce benötigen. Daher implementieren die meisten Unternehmen Single-Sign-On-Strategien, die ein System wie Microsoft Active Directory (AD) oder PingFederate oder Okta als zentrales Repository und wahre Quelle aller Benutzerdetails zuweisen. In solchen Fällen ist es wichtig, das Identitätsmanagementsystem als Identitätsanbieter für Salesforce und Salesforce als Serviceanbieter für das Identitätsmanagementsystem anzugeben. In anderen Fällen, in denen ein Benutzer von Salesforce aus über die Salesforce Canvas-App auf andere Systeme zugreift, wird Salesforce zum Identitätsanbieter für das externe System, auf das zugegriffen wird, und das externe System wird zum Serviceanbieter für Salesforce. Es ist wichtig, festzulegen, welches System als Identitätsanbieter und welches System als Serviceanbieter fungiert, da die Projektbeteiligten häufig davon ausgehen, dass alle Systeme gleichzeitig als Identitätsanbieter fungieren können.

Format der FUSIAOLA-Analyse

Weiter oben in diesem Kapitel haben wir darüber gesprochen, dass das Format der FUSIAOLA-Analyse eigentlich keine Rolle spielt und dass es oft vorkommt, dass ein Architekt vor dem Bauherrn schnell eine Back-of-the-Napkin-Skizze zeichnen muss. In Abb. 2-1 haben wir dargestellt, wie eine schnelle Back-of-the-Napkin-FUSIAOLA-Analyse aussehen würde.

Funktionen	Benutzer	Systeme	Integrationen	Authentifizierungsobjekte		Lizenzen	Annahmen
- Eigene anzeigen/bear beiten Möglichkeiten	- Verkaufsleiter	- Buchhaltung System	- Manuelle Aktualisierungen	- SSO für Interne Benutzer	Standard: - Konten - Ansprechpartner - Möglichkeiten - Fälle	- Sales Cloud	- Behalten Underwriting
	- Regional leiter	- Underwriting -System	- FTP-Datei-Uploads	- Microsoft Active Directory als IDP für interne Benutzer		- Dienst - Marketing	System Buchführungssys tem. Ersetzen Sie alle anderen
- Zusammenarb eit auf dem Konto, wenn der Betrag >$1MM ist	- Außendienstt echniker	- Kunden-Website	- I-Frames		Benutzerdefiniert: - LoanType C - AmortSched ule C	- CPQ	- Alle Vermächtnisse
	- Verteiler Kunde	- CRM-System	- Benutzerdefi niertes Web Dienstlei stungen	- Salesforceals Identitätsanbieter für Online-Nutzer		- Einstein	Systeme auf...
- Erhalten Sie eine Benachrichti gung, wenn mehr als 2 Tage seit dem Öffnen vergangen sind	- 3rd-Party-Anbieter	- SAP-Auftrag System	- Datenarchivier ung & Sicherung - Migration von Daten	- SAML verwenden Behauptung zur Systemauthentifizie rung		- Mulesoft	Prämisse/nicht Wolke - Sie haben derzeit Salesforce-Lizenzen - Single Org
- Automatische Aktualisierung aller vorhandenen Datensätze bei Aktualisierungen des externen Systems			- ETL Verwaltung				- Einmalige Datenmigration - Parallele Operationen nach der Migration

Abb. 2-1. *Beispiel für eine FUSIAOLA-Analyse auf hoher Ebene*

Für eine detaillierte FUSIAOLA-Analyse im richtigen Format empfehlen wir die Erstellung dieses Artefakts in Microsoft Excel mit mehreren Arbeitsblatt-Registerkarten für jede Analyse.

Nachdem wir nun die FUSIAOLA-Analyse durchgeführt haben, können die Artefakte von nun an auf der Grundlage der während der FUSIAOLA-Analyse gesammelten Informationen erstellt werden. Die FUSIAOLA-Analyse wird die Grundlage für die nächsten beiden Artefakte bilden, die wir besprechen werden. Wir beginnen mit dem Artefakt Systemlandschaft.

Systemlandschaft Artefakt

Eine Salesforce-Systemlandschaft ist ein Plan für die Interoperabilität zwischen Salesforce und allen anderen Systemen, die in der technischen Umgebung des Unternehmens vorhanden sind.

In Abb. 2-2 sehen Sie ein anschauliches Beispiel dafür, wie ein typisches Artefakt der Salesforce-Systemlandschaft aussehen würde.

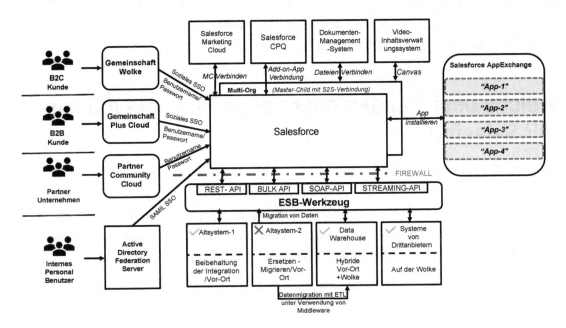

Abb. 2-2. *Illustrative Systemlandschaft*

Sie würden die generischen Namen in der vorangegangenen Abbildung durch die entsprechenden externen Systemnamen ersetzen, z. B. „Microsoft ADFS" anstelle des Active Directory Federation Servers oder „SAP ERP" anstelle von Drittsystemen oder „MuleSoft" anstelle von Middleware/ESB-Tool.

Auf den ersten Blick mag die Erstellung der Salesforce-Systemlandschaft überwältigend erscheinen, aber Sie werden feststellen, dass sie recht einfach zu zeichnen ist, wenn Sie die FUSIAOLA-Analyse korrekt durchgeführt und alle Informationen gesammelt haben, bevor Sie versuchen, die Systemlandschaft zu zeichnen.

Es gibt sieben Dinge, die bei der FUSIAOLA-Analyse zu berücksichtigen und einzubeziehen sind, wenn eine Salesforce-Systemlandschaft erstellt wird.

Was ist die Salesforce-Organisationsstrategie?

Ein Unternehmen kann entweder eine einzige Salesforce-Umgebung unterhalten, die vom gesamten Unternehmen genutzt wird, oder mehrere Salesforce-Umgebungen haben, wobei jede Umgebung ihren eigenen Satz an Benutzern, Lizenzen, Daten, Funktionalitäten und Governor-Limits hat, die unabhängig voneinander zugewiesen und verwaltet werden. Wir werden den Ansatz zur Wahl einer idealen Organisationsstrategie in Kap. 3 ausführlich erörtern.

Welche bestehenden oder neuen Systeme müssen mit Salesforce interagieren?

Die Liste der Systeme, die hier aufgenommen werden sollen, sollte direkt aus der Liste der Systeme stammen, die Sie während der FUSIAOLA-Analyse skizziert haben. Es gibt viele Möglichkeiten, die Systeme im Diagramm zu skizzieren. Ich bevorzuge es oft, sie unter einem Integrationsschichtwerkzeug in einer Reihe nebeneinander anzuordnen. Wir empfehlen auch, innerhalb oder um jedes System herum anzugeben, ob

- Beibehaltung oder Austausch des Systems.

- Zur Integration in das System oder zur Migration von Daten aus dem System.

- Das System ist vor Ort, in der Cloud oder eine Mischung aus vor Ort und in der Cloud.

- Die Daten werden in Salesforce oder ein externes Data Warehouse oder beides migriert.

Als visuelle Hilfe können Sie oft ein Häkchen ✓ bei den Systemen setzen, die erhalten bleiben, und ein Kreuz ✗ bei den Systemen, die ersetzt werden.[1] Die Pfeile, die das System mit Salesforce oder der Middleware oder einem anderen System verbinden, sollten angeben, ob es sich um eine einseitige oder bidirektionale Synchronisierung handelt.

---

[1] Falls Sie sich fragen, wie es mit Symbolen zur Kennzeichnung neuer Systeme aussieht? Hier ist unsere Meinung dazu: Bei jedem System ohne Symbol wird davon ausgegangen, dass es sich um ein neues System handelt, das der Systemlandschaft hinzugefügt wurde. Das Hinzufügen eines Symbols für jedes neue System in einer Systemlandschaft könnte das Diagramm unnötig unübersichtlich machen.

Welche speziellen Salesforce-Lizenzen werden Sie neben den Hauptlizenzen für Vertrieb, Service oder Plattform verwenden?

Salesforce bietet eine Vielzahl von Salesforce-Lizenzen für Spezialfunktionen wie Marketing, Angebotsmanagement und Einstein Analytics, die mit den Kernlizenzen für Sales Cloud, Service Cloud oder Plattform kombiniert werden können. Die meisten Salesforce-Spezialprodukte lassen sich nahtlos in die Salesforce-Kernplattform integrieren, ähnlich wie eine Salesforce AppExchange-App, die als Add-on-Paket in Ihrer Salesforce-Umgebung installiert wird und über die Add-on-App-Verbindung Zugriff auf alle erforderlichen Datensätze in Salesforce erhält.

In Ausnahmefällen, wie im Fall von Salesforce Marketing Cloud, wird die Integration über einen von Salesforce bereitgestellten Konnektor namens „Marketing Cloud Connect" konfiguriert. Der „Marketing Cloud Connect"-Connector ist im Preis der Marketing Cloud-Lizenzen enthalten und kann als verbundene App konfiguriert werden, um eine bidirektionale Integration zwischen Marketing Cloud und Ihrer Salesforce-Umgebung einzurichten. Wir werden die am häufigsten verwendeten Salesforce-Produkte und eine allgemeine Einführung in jedes Produkt in Kap. 3 besprechen.

Welche AppExchange-Produkte werden Sie nutzen, um eine individuelle Entwicklung zu vermeiden?

Neben der großen Vielfalt an Produkten und Tausenden von deklarativen Funktionen bietet Salesforce auch einen Marktplatz für unabhängige Drittanbieter, die vorgefertigte Apps anbieten, die einfach heruntergeladen werden können, um Funktionen zu erweitern, die über die Lizenztypen von Salesforce nicht vollständig verfügbar sind. Der Salesforce-Marktplatz für Drittanbieter-Apps, bekannt als „AppExchange", ist vergleichbar mit dem „App Store" für Apple-Geräte und dem „Google Play Store" für Android-Geräte.

Obwohl die meisten auf AppExchange verfügbaren Apps mit Abonnementkosten verbunden sind, gibt es auf AppExchange auch einige Apps, die völlig kostenlos sind. Einige dieser kostenlosen Apps wurden von Salesforce selbst entwickelt, wie z. B. die „Salesforce Adoption Dashboards", die einem Salesforce-Administrator und anderen relevanten Benutzern einen Überblick über den gesamten Anmeldeverlauf der Benutzer, Trends, die Annahme von Schlüsselfunktionen wie Opportunity-Pipeline und Marketingproduktivität bieten.

Auch Markenanbieter wie DocuSign und QuickBooks, die spezielle Funktionen wie elektronische Unterschriften bzw. Buchhaltung anbieten, verfügen über Konnektoren und Adapter auf AppExchange, die es Unternehmen mit einem Abonnement für ihre Dienste ermöglichen, diese nahtlos in Salesforce zu nutzen.

Fast alle Apps auf AppExchange müssen regelmäßig aktualisiert werden, um mit der neuesten Version von Salesforce und all seinen neuen Funktionen kompatibel zu sein. Oft werden die regelmäßigen Updates und die Wartung der Apps von den App-Entwicklern den Salesforce-Abonnenten ohne zusätzliche Kosten angeboten.

Daher müssen Sie als Architekt AppExchange als die nächstbeste Option in Betracht ziehen, nachdem Sie die deklarativen Konfigurationsmöglichkeiten ausgeschöpft haben und bevor Sie die Codierungsoptionen in Salesforce in Betracht ziehen, um die Geschäftsanforderungen zu erfüllen.

Zu Ihrer Information haben wir in Kap. 3 eine Reihe beliebter und häufig verwendeter Apps vorgestellt, die auf AppExchange verfügbar sind.

Wie viele verschiedene Arten von Salesforce Community-Lizenzen werden für externe (oder interne) Benutzer benötigt?

Salesforce-Communities verdienen eine eigene Betrachtung, wenn es darum geht, eine Salesforce-Lösung zu entwerfen, die den Zugriff auf eine große Anzahl externer Benutzer erfordert, oder wenn die Zusammenarbeit mit externen Partnerunternehmen erforderlich ist, oder wenn eine große Gruppe interner Benutzer nur selten und für eine kleine Anzahl von Funktionen innerhalb von Salesforce auf Salesforce zugreifen muss. Eine Salesforce-Community wird verwendet, um externen Kunden, Partnerunternehmen und internen Mitarbeitern getrennten Zugriff zu gewähren und die Zusammenarbeit zwischen ihnen zu ermöglichen. Eine Salesforce-Umgebung kann mehrere Communities und Community-Typen unterstützen, die jeweils einem bestimmten Zweck und einer bestimmten Gruppe von Benutzern dienen.

Der Zugriff eines Benutzers auf Salesforce und sein jeweiliger Zugriff auf bestimmte Informationen innerhalb von Salesforce unterscheiden sich nicht nur zwischen dem Zugriff über eine Lizenz für die Salesforce-Kernplattform und eine Salesforce-Community-Lizenz, sondern auch erheblich zwischen den verschiedenen Arten von Salesforce-Communities wie Community, Community Plus, Partner-Community und Mitarbeiter-Community.

Die Zuweisung der idealen Community-Cloud-Lizenz an die entsprechenden Benutzer hat Auswirkungen auf das Design für die verschiedenen erforderlichen Benutzerauthentifizierungsmethoden, die Datensicherheit, die Sichtbarkeit und die Freigabefunktionen.

Wir werden in Kap. 3 etwas mehr über die Salesforce Communities und die verschiedenen Arten von Communities sprechen.

Welche Benutzerauthentifizierungs-/ Autorisierungstools gibt es für interne und externe Benutzer zur Authentifizierung in Salesforce?

Nachdem Sie die FUSIAOLA-Analyse abgeschlossen haben, verfügen Sie möglicherweise bereits über eine Liste der Akteure und der verschiedenen Authentifizierungsmethoden, die jeder Akteur benötigt. Benutzer können direkt auf Salesforce zugreifen, indem sie einen Standard-Benutzernamen/ein Standard-Passwort auf der Anmeldeseite von Salesforce oder über die Anmeldeseite der Community Cloud verwenden, oder über SSO-Funktionen, die von einem Identitäts- und Zugriffsmanagementsystem wie Active Directory Federation Services unterstützt werden, oder indem sie die Anmeldeinformationen eines sozialen Kontos wie dem Facebook-Konto des Benutzers verwenden.

Wir werden die verschiedenen Arten von Authentifizierungsmethoden und die Frage, wann welche Authentifizierungsmethode zu verwenden ist, in Kap. 7 im Detail besprechen. Für die Zwecke der Salesforce-Systemlandschaft empfehlen wir jedoch, neben dem jeweiligen Akteur auch die Art der Authentifizierung zu notieren, die der jeweilige Akteur benötigt.

Wie sieht die Integrationsstrategie für die Integration von Salesforce in bestehende oder neue Systeme aus?

Eine Integrationsstrategie für die meisten Unternehmen umfasst die Bereitstellung von zwei wichtigen Integrationsfunktionen:

1. Extrahieren, Transformieren und Laden (ETL) von großen Datenmengen.

2. Verbinden Sie zwei oder mehr Systeme, damit die Daten über die angeschlossenen Systeme hinweg zugänglich sind.

Um diese Integrationsmöglichkeiten zu unterstützen, kennt die Technologiebranche zwei Haupttypen von Integrationswerkzeugen. Sie sind

1. **ETL-Werkzeug**: Unterstützt den Prozess des Extrahierens, Transformierens und Ladens großer Datenmengen aus mehreren Datenquellen. Sie können mit Batch-, geplanten oder Ad-hoc-Datenoperationen verwendet werden. Sie können auch für die Datenmigration und Datenarchivierung eingesetzt werden.

2. **Enterprise Service Bus (ESB)**: Ein System, das einen homogenen Bus für die Verteilung der Arbeit zwischen verbundenen Systemen und Anwendungen bereitstellt. Diese Middleware-Umgebung verbindet die Systeme normalerweise über eine Anwendungsprogrammierschnittstelle (API). Salesforce hat kürzlich MuleSoft, einen branchenführenden ESB-Anbieter, übernommen.

Die meisten Integrationstools wie MuleSoft und Informatica können sowohl ETL- als auch ESB-Funktionen unterstützen, wodurch die Notwendigkeit mehrerer Integrationstools entfällt. Es gibt fünf wesentliche Vorteile der Verwendung eines ESB-Tools gegenüber der Einrichtung von Punkt-zu-Punkt-Integrationen zwischen Salesforce und Nicht-Salesforce-Systemen:

1. **Orchestrierung**: Zusammenstellung mehrerer bestehender detaillierter Komponenten zu einem aggregierten Dienst. Die Orchestrierung verwaltet die Ebene der Dienste und Daten. Dies

kann geschehen, um eine angemessene „Erweiterbarkeit" der zugrunde liegenden Komponenten zu erreichen.

2. **Umwandlung:** Eine Datenumwandlung ist häufig erforderlich, um Informationen von einem System in ein anderes zu übertragen. Der ESB erstellt eine Transformationsvorlage, um Daten in einem Format in ein anderes Format zu übertragen, das von einem konsumierenden System benötigt wird.

3. **Transport:** Aushandlung von Transportprotokollen zwischen verschiedenen Formaten (wie HTTP, JMS, JDBC). Hinweis: Mule behandelt Datenbanken wie einen weiteren „Dienst", indem JDBC nur ein weiterer Transport (oder Endpunkt) ist, über den auf Daten zugegriffen werden kann.

4. **Mediation:** Bereitstellung mehrerer Schnittstellen, um (a) mehrere Versionen eines Dienstes aus Gründen der Abwärtskompatibilität zu unterstützen oder um (b) mehrere Kanäle zu derselben zugrunde liegenden Komponentenimplementierung zu ermöglichen. Diese zweite Anforderung kann die Bereitstellung mehrerer Schnittstellen zu ein und derselben Komponente beinhalten, eine Legacy-Schnittstelle (Flat File) und eine standardkonforme (SOAP/XML) Schnittstelle.

5. **Nichtfunktionale Konsistenz:** Bei einer typischen ESB-Initiative kann dies die Konsistenz der Anwendung und Umsetzung von Sicherheits- und Überwachungsrichtlinien beinhalten. Darüber hinaus können die Ziele der Skalierbarkeit und Verfügbarkeit durch die Verwendung mehrerer Instanzen eines ESB erreicht werden, um den Durchsatz zu erhöhen (Skalierbarkeit) und Single Points of Failure (SPOFs) zu eliminieren, was das Hauptziel für hochverfügbare Systeme ist.

Als Faustregel für einen Architekten empfehlen wir die Verwendung eines ESB-Tools, wenn

- Es müssen mehr als zwei Systeme in Salesforce integriert werden, was komplexe Integrationsanforderungen mit sich bringt.

- Es werden mehrere Datenübertragungsprotokolle verwendet,
  z. B. FTP, HTTP, Webservice und JMS.

- Geschäftskriterien bestimmen die Weiterleitung von Nachrichten an
  und von externen Systemen auf der Grundlage von
  Nachrichteninhalten und kriterienbasierten Parametern.

Salesforce bietet zusätzlich zu seinen Standard-API-Funktionen auch vorgefertigte
Integrationsfunktionen wie **Files Connect,** die eine nahtlose Integration zwischen
Salesforce und externen Datei- und Dokumentenmanagementsystemen wie Quip,
Google Drive, SharePoint oder Box.com ermöglichen. Mit Files Connect können
Salesforce-Benutzer nahtlos auf extern in Quip, Google Drive, SharePoint oder Box.com
gespeicherte Dateien zugreifen, diese freigeben, speichern und suchen.

In diesem Abschnitt haben wir hauptsächlich die Verwendung eines ESB-Tools als
Integrationsstrategie besprochen. In Kap. 6 werden wir jedoch Integrationsstrategien mit
sofort einsetzbaren Salesforce-Integrationsfunktionen diskutieren.

Bisher haben wir eine tiefgehende Analyse der Geschäftsanforderungen durchgeführt
und die benötigten Systemfunktionen mit der FUSIAOLA-Analyse erörtert. Als Nächstes
haben wir mit dem Artefakt der Systemlandschaft erörtert, wie Salesforce in das
Technologie-Ökosystem des Unternehmens mit neuen und bestehenden Systemen passt.

Im nächsten Artefakt werden wir in die innere Mechanik Ihrer Salesforce-
Organisation eintauchen und besprechen, wie Daten in Salesforce gespeichert,
abgerufen, abgerufen und verwaltet werden.

Datenmodell Artefakt

Daten sind der Kernbestandteil eines jeden Systems, aber die Art und Weise, wie Daten
eingegeben, gespeichert, organisiert und innerhalb eines Systems verwendet werden,
bestimmt die Leistung und Effizienz des Systems.

In einer mandantenfähigen Architektur wie Salesforce ist ein optimiertes
Datenmodell von großer Bedeutung, da ineffiziente Datenmodelle in Salesforce zu
Leistungseinbußen, Lecks oder Blockaden bei der Sichtbarkeit und gemeinsamen
Nutzung und sogar zu Datenverletzungen bei der Interaktion mit externen Benutzern
und Systemen führen können.

Wie ein ideales Datenmodell-Artefakt aussieht, ist in Abb. 2-3 zu sehen.

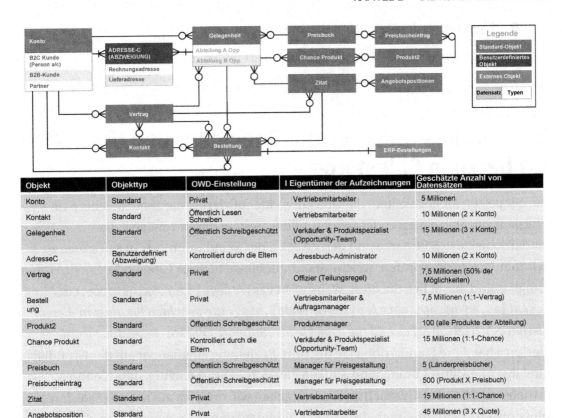

Objekt	Objekttyp	OWD-Einstellung	I Eigentümer der Aufzeichnungen	Geschätzte Anzahl von Datensätzen
Konto	Standard	Privat	Vertriebsmitarbeiter	5 Millionen
Kontakt	Standard	Öffentlich Lesen Schreiben	Vertriebsmitarbeiter	10 Millionen (2 x Konto)
Gelegenheit	Standard	Öffentlich Schreibgeschützt	Verkäufer & Produktspezialist (Opportunity-Team)	15 Millionen (3 x Konto)
AdresseC	Benutzerdefiniert (Abzweigung)	Kontrolliert durch die Eltern	Adressbuch-Administrator	10 Millionen (2 x Konto)
Vertrag	Standard	Privat	Offizier (Teilungsregel)	7,5 Millionen (50% der Möglichkeiten)
Bestell ung	Standard	Privat	Vertriebsmitarbeiter & Auftragsmanager	7,5 Millionen (1:1-Vertrag)
Produkt2	Standard	Öffentlich Schreibgeschützt	Produktmanager	100 (alle Produkte der Abteilung)
Chance Produkt	Standard	Kontrolliert durch die Eltern	Verkäufer & Produktspezialist (Opportunity-Team)	15 Millionen (1:1-Chance)
Preisbuch	Standard	Öffentlich Schreibgeschützt	Manager für Preisgestaltung	5 (Länderpreisbücher)
Preisbucheintrag	Standard	Öffentlich Schreibgeschützt	Manager für Preisgestaltung	500 (Produkt X Preisbuch)
Zitat	Standard	Privat	Vertriebsmitarbeiter	15 Millionen (1:1-Chance)
Angebotsposition	Standard	Privat	Vertriebsmitarbeiter	45 Millionen (3 X Quote)
ERP-Bestellungen	Externes Objekt	Öffentlich Schreibgeschützt	ERP-System	7,5 Millionen (1:1Bestellung)

Abb. 2-3. *Beispielhaftes Datenmodell einer Opportunity- und Auftragsmanagement-Anwendung*

Jedes Datenmodell-Artefakt sollte mindestens die folgenden sieben Details enthalten:

1. Objekte, die zum Speichern und Verwalten von Daten in Salesforce benötigt werden

2. Objekttypen (d. h. ob es sich um Standard-, benutzerdefinierte oder externe Objekte handelt)

3. Satzarten innerhalb jedes Objekts

4. Objektbeziehung zu anderen Objekten

5. Die organisationsweiten Standardeinstellungen für die Objektsichtbarkeit

6. Eigentümer der Datensätze innerhalb jedes Objekts

7. Geschätzte Anzahl von Datensätzen pro Objekt, die in einem bestimmten Zeitraum existieren können

Erforderliche Objekte zum Speichern und Verwalten von Daten in Salesforce

Eine der besten Möglichkeiten, die Objekte zu identifizieren, die zum Speichern und Verwalten von Daten verwendet werden sollen, besteht darin, zunächst die Standardobjekte in Salesforce und den Zweck jedes Standardobjekts in Salesforce zu bewerten. Um zu überprüfen, welche Standardobjekte in Sales Cloud oder Service Cloud verfügbar sind, besuchen Sie diese Website: `https://developer.Salesforce.com/docs/atlas.en-us.api.meta/api/data_model.htm` *(bitte beachten Sie, dass in diesem Salesforce-Artikel die Service Cloud-Objekte als „Support-Objekte" bezeichnet werden).* Salesforce hat diese Standardobjekte und ihre Beziehung zueinander auf der Grundlage jahrelanger bewährter Branchenpraktiken entwickelt. Es ist wichtig, dass Sie Ihren Vertriebs- und Service-Geschäftsprozess so genau wie möglich auf die von Salesforce unterstützten Standard-Geschäftsprozesse abbilden, damit Sie den größten Nutzen aus den Standardobjekten und den von allen Standardobjekten unterstützten Standardfunktionen ziehen können. Die Salesforce-Zuordnungsregeln funktionieren beispielsweise nur mit dem Standard-Lead-Objekt oder dem Fall-Objekt und können nicht mit benutzerdefinierten Objekten verwendet werden.

Das erste und wichtigste Standardobjekt, mit dem Sie beginnen sollten, ist das Account-Objekt. Sie können das Account-Objekt in Salesforce nicht ignorieren, da Salesforce ein Account-basiertes System ist und als ultimative Muttergesellschaft der meisten Standardobjekte und benutzerdefinierten Objekte verwaltet wird, die in jeder Salesforce-Organisation existieren. Viele der Regeln für die gemeinsame Nutzung in Salesforce werden auch auf der Grundlage der Zugriffsebene eines bestimmten Benutzers oder des Eigentums an den Datensätzen innerhalb des Account-Objekts festgelegt. Ein Account-Objekt kann sich auf ein Unternehmen oder eine Person beziehen. In den Fällen, in denen sich das Konto auf Einzelpersonen bezieht, z. B. auf einzelne Kunden, wird die Datensatzart des Kontos als „Personen-Konto" bezeichnet. Ein Personenkonto kann für jede Salesforce-Organisation aktiviert werden, indem ein Fall mit Salesforce eröffnet wird.

Das nächste Kernobjekt, das leicht mit fast jedem Geschäftsprozess verknüpft werden kann, ist das Kontaktobjekt, das die Details von Einzelpersonen wie Kunden enthält, die mit einem oder mehreren Konten verbunden sind *(z. B. Mitarbeiter von Kundenunternehmen)*.

Die Account- und Kontaktobjekte sind universell verfügbare Standardobjekte für alle Salesforce-Lizenztypen. Obwohl es eine erhebliche Überschneidung zwischen den Standardobjekten gibt, die mit Sales Cloud- und Service Cloud-Lizenzen verfügbar sind, hängt die Verfügbarkeit vieler Standardobjekte von Salesforce vollständig von den Salesforce-Lizenzen ab, die Sie in Ihrer Organisation zur Verfügung haben. Ein wichtiger Faktor für ein optimiertes Datenmodell mit effizienter Nutzung von Standardobjekten ist also das richtige Salesforce-Lizenzierungsmodell. Wir werden die verschiedenen Produkte und Lizenzierungsmodelle von Salesforce und die wichtigsten Unterschiede bei den Standardobjekten, die in den meisten Produkten verfügbar sind, in Kap. 3 besprechen. Für die Zwecke dieses Artefakts sind hier jedoch einige der anderen wichtigen Standardobjekte aufgeführt, die vor der Erstellung benutzerdefinierter Objekte in Betracht gezogen werden sollten:

- Blei

- Gelegenheit

- Bestellung

- Vertrag

- Fall

- Produkt

- Vermögen

- Zitat

- Preisbuch

Ein wichtiger Punkt, der bei Salesforce-Standardobjekten zu beachten ist, ist, dass die Standardobjekte und die Standardfelder innerhalb der Standardobjekte nicht geändert oder gelöscht werden können. Sie können jederzeit neue benutzerdefinierte Felder hinzufügen und die Standardfelder innerhalb des Standardobjekts nicht verwenden, wenn es sich nicht um erforderliche Standardfelder dieses Standardobjekts handelt. Auch die Beziehungen zwischen zwei Standardobjekten können nicht geändert oder gelöscht werden. Sie können immer zusätzliche Nachschlagebeziehungen zwischen zwei Standardobjekten haben. Sie können keine benutzerdefinierte Master-Detail-Beziehung zwischen zwei Standardobjekten erstellen, da eine der Einschränkungen der Standardobjekte darin besteht, dass Standardobjekte nicht auf der Detailseite (d. h. als Tochterobjekt) einer Master-Detail-Beziehung stehen können.

Salesforce bestraft Sie nicht mit Datenspeicherbegrenzungen oder Einschränkungen, wenn Sie keines oder nicht alle der Ihnen zur Verfügung stehenden Standardobjekte verwenden. Wenn Sie jedoch eines der Standardobjekte verwenden, müssen sich Ihre Daten an die Regeln dieses Standardobjekts halten. Wenn Sie beispielsweise das Standardobjekt Verkaufschance verwenden, sind bestimmte Felder des Verkaufschancenobjekts, wie z. B. „Stadium" (d. h. das Stadium der Verkaufschance), Pflichtfelder, wenn Sie eine Verkaufschance erstellen oder aktualisieren. Bei Verkaufschancen mit Produkten wird das Betragsfeld der Verkaufschance automatisch auf die Summe aller mit der Verkaufschance verknüpften Produkte gesetzt, und das Betragsfeld kann von den Benutzern nicht direkt bearbeitet werden, es sei denn, der Verkaufschance sind keine Produkte zugeordnet.

Aufgrund einiger dieser Bedingungen und Einschränkungen, die mit der Verwendung von Standardobjekten verbunden sind, kann ein Architekt berechtigterweise die Erstellung benutzerdefinierter Objekte in Erwägung ziehen, anstatt eine Reihe von Standardobjekten zu verwenden. Ein weiterer berechtigter Grund, benutzerdefinierte Objekte in Betracht zu ziehen, liegt vor, wenn der Architekt alle Möglichkeiten der Datenverwaltung mit Standardobjekten ausgeschöpft hat und die Daten Merkmale aufweisen, die von keinem verfügbaren Standardobjekt abgedeckt werden können. Wir werden die verschiedenen Objekttypen im nächsten Abschnitt besprechen.

Objekttypen

Vereinfacht ausgedrückt werden die von Salesforce erstellten Objekte als Standardobjekte bezeichnet, die von Ihnen in Salesforce erstellten Objekte als benutzerdefinierte Objekte und alle von Ihnen erstellten Objekte, die Daten zugeordnet sind, die außerhalb Ihrer Salesforce-Organisation in einem externen System gespeichert sind, als externe Objekte.

Im vorangegangenen Abschnitt haben wir Standardobjekte besprochen, daher werden wir hier die Überlegungen zur Verwendung von benutzerdefinierten und externen Objekten erörtern.

Im Folgenden finden Sie einige Überlegungen zur Erstellung und Verwendung benutzerdefinierter Objekte:

- Jeder Name eines benutzerdefinierten Objekts sollte unter allen Standard- oder benutzerdefinierten oder externen Objekten, die in Ihrer Salesforce-Organisation vorhanden sind, **eindeutig** sein und wird automatisch mit dem Suffix „__C" versehen, um sich von allen Standardobjekten zu unterscheiden.

- Ein **Sharing-Rule-Objekt** wird automatisch für jedes benutzerdefinierte Objekt erstellt, das keine Master-Detail-Beziehung zu einem anderen Objekt hat. Das Sharing-Rule-Objekt verwaltet alle Sharing-Regeln, die auf das benutzerdefinierte Objekt angewendet werden, wie z. B. eine kriterienbasierte Sharing-Regel (CBS), die die gemeinsame Nutzung der Objektdatensätze mit einem anderen Benutzer ermöglicht, wenn ein bestimmtes benutzerdefiniertes Sharing-Kriterium durch den Datensatz erfüllt wird. Alle Freigabeobjekte erben denselben Namen wie das benutzerdefinierte Objekt, werden aber mit dem Suffix „__Share" anstelle von „__C" versehen, das als Suffix an die Namen benutzerdefinierter Objekte angehängt wird.

Externe Objekte ähneln benutzerdefinierten Objekten, mit dem Unterschied, dass die Daten in einem externen System außerhalb Ihrer Salesforce-Organisation gespeichert sind. Externe Objekte sind eine großartige Möglichkeit, das Salesforce-Datenmodell über Salesforce hinaus zu erweitern, indem eine Verbindung mit extern gespeicherten Daten hergestellt wird, ohne dass die Daten in Salesforce eingebracht oder dort gespeichert werden müssen. Jedes externe Objekt, das Sie erstellen, basiert auf einer von Ihnen konfigurierten Datenzuordnung, die die Salesforce-Daten mit den in einer Datentabelle des externen Systems gespeicherten Daten abbildet. Jedes der Felder des externen Objekts wird einer Tabellenspalte im externen System zugeordnet.

Im Folgenden finden Sie einige Überlegungen zur Erstellung und Verwendung externer Objekte:

- Jeder Name eines externen Objekts sollte unter allen Standard- oder benutzerdefinierten oder externen Objekten, die in Ihrer Salesforce-Organisation vorhanden sind, **eindeutig** sein und wird automatisch mit dem Suffix „__X" versehen, um sich von allen Standardobjekten zu unterscheiden.

- Externe Objekte können nur Nachschlagebeziehungen mit Standard- und benutzerdefinierten Objekten in Salesforce unterhalten. Es gibt zwei Arten von Referenzbeziehungen für externe Objekte: externe Referenzbeziehungen und indirekte Referenzbeziehungen. (Beide werden in einem späteren Abschnitt dieses Kapitels behandelt).

- Formeln und Rollup-Summenfelder in Standard- oder benutzerdefinierten Objekten können nicht auf Felder in externen Objekten verweisen.

- Sie können benutzerdefinierten Feldern, die in externen Objekten erstellt wurden, keine Standardwerte zuweisen.

- Sie können keines der folgenden benutzerdefinierten Felder in externen Objekten erstellen:

  - Automatische Nummerierung (nur mit dem Cross-Org-Adapter für Salesforce Connect verfügbar)

  - Währung (nur mit dem org-übergreifenden Adapter für Salesforce Connect verfügbar)

  - Formel

  - Standort

  - Master-Detail-Beziehung

  - Auswahlliste und Mehrfachauswahlliste (nur mit dem org-übergreifenden Adapter für Salesforce Connect verfügbar)

  - Roll-up-Zusammenfassung

  - Text (verschlüsselt)

  - Textbereich (reichhaltig)

- Sie können die folgenden Standardfunktionen von Salesforce nicht mit externen Objekten verwenden:

  - Aktivitäten, Ereignisse und Aufgaben

- Genehmigungsverfahren

- Anhänge

- Verfolgung der Feldhistorie

- Felder zusammenführen

- Anmerkungen

- Sicherheit auf Datensatzebene (gemeinsame Nutzung)

- Satzarten

- Schema-Ersteller

- Validierungsregeln

- Workflow-Regeln

- Wenn Sie ein externes Objekt, das über OAuth 2.0 verbunden ist, von einer Sandbox-Organisation zu einer Produktions-Organisation bereitstellen, müssen Sie den Authentifizierungsanbieter bei jeder Bereitstellung aktualisieren.

Datensatztypen innerhalb jedes Objekts

Bei der Datenmodellierung werden oft mehrere Datenquellen mit ähnlichen Merkmalen identifiziert, die die Wiederverwendung eines bereits verwendeten Standard- oder benutzerdefinierten Objekts erfordern. Ein Beispiel für eine solche Situation ist, wenn Sie Daten über Partnerunternehmen und B2B-Kundenunternehmen sowohl im Kontoobjekt speichern möchten.

Dies ist ein klassisches Szenario für die Erstellung einer Datensatzart eines gemeinsamen Objekts, in dem zwei Arten von Daten gespeichert werden müssen. Datensatztypen können als verschiedene Varianten desselben Objekts betrachtet werden, die aufgrund von Unterschieden in den Geschäftsprozessen und den Anforderungen der Benutzer an die Sichtbarkeit voneinander getrennt sind. Sie können verschiedene Felder für verschiedene Benutzer über verschiedene Datensatztypen desselben Objekts sichtbar machen. Alle Felder in den verschiedenen Datensatztypen eines einzelnen Objekts werden nach wie vor zusammen in demselben Objekt gespeichert. Die Datensatztypen ermöglichen es Ihnen jedoch, unterschiedliche

Anforderungen an die Benutzerfreundlichkeit zu erfüllen, die sich aus den unterschiedlichen Geschäftsprozessen ergeben. Eine weitere wichtige Anwendung von Datensatztypen ist die Darstellung unterschiedlicher Werte in einem Auswahllistenfeld für verschiedene Benutzer, ohne redundante oder doppelte Auswahllistenfelder in einem Objekt zu erstellen. Werte in Auswahllisten sind innerhalb eines Objekts oft von entscheidender Bedeutung, da sie zur Erfassung von Informationen wie Datensatzstatus, Datensatzstadium, Benutzerpräferenzen und Datensatzauswahlen verwendet werden. Die Duplizierung dieser Felder kann zu erheblichen Problemen bei der Datenintegrität und Datenberichterstattung führen.

Datensätze innerhalb einer Datensatzart können auch in eine andere Datensatzart umgewandelt werden *(wenn dies durch die Geschäftsanforderungen gerechtfertigt ist)*. Dieses Maß an Flexibilität macht Datensatztypen zu einem entscheidenden Designelement beim Entwurf des Datenmodells für Salesforce.

Im Folgenden finden Sie einige Überlegungen zur Erstellung und Verwendung von Datensatztypen:

- Geschäfts- und Personenkonten erfordern mindestens eine aktive Datensatzart. Personen-Accounts sind Account-Datensätze, denen von Salesforce eine spezielle Art von Datensatzart zugewiesen wird. Personen-Account-Datensatztypen ermöglichen es, dass Kontaktfelder für das Konto verfügbar sind und dass das Konto wie ein Kontakt verwendet werden kann. Eine Standard-Datensatzart für Personenkonten namens „Personenkonto" wird automatisch erstellt, wenn Personenkonten für Ihre Organisation aktiviert werden. Sie können mehrere Personenkonto-Datensatztypen erstellen, nachdem Salesforce das erste Personenkonto in Ihrer Salesforce-Organisation aktiviert hat. Benutzer können eine „Personenkonto"-Datensatzart in eine andere „Personenkonto"-Datensatzart oder eine Geschäftskonto-Datensatzart in eine andere Geschäftskonto-Datensatzart über die Benutzeroberfläche ändern. Eine Personenkonto-Datensatzart kann jedoch nur programmatisch in eine Geschäftskonto-Datensatzart geändert werden und umgekehrt.

- Ein Benutzer kann mit mehreren Datensatztypen verbunden sein. Zum Beispiel kann ein Benutzer, der sowohl für B2C- als auch für B2B-Verkäufe Opportunities erstellt, bei der Erstellung neuer

Opportunities sowohl die B2C-als auch die B2B-Opportunity-Datensatztypen für denselben Benutzer verfügbar machen.

- Sie müssen alle Regeln für die gemeinsame Nutzung, die mit einigen Datensatztypen verbunden sind, aktualisieren, wenn Sie die gleiche Regel für die gemeinsame Nutzung auf andere Datensatztypen desselben Objekts anwenden möchten. Nehmen wir zum Beispiel an, Sie haben eine Datensatzart namens „B2C-Opportunity" und Sie haben eine kriterienbasierte Teilungsregel erstellt, die alle Opportunity-Datensatzarten für Ihr Vertriebsteam freigibt. Wenn Sie nun eine weitere Datensatzart namens „B2B-Opportunität" haben, die Sie ebenfalls für dasselbe Vertriebsteam freigeben möchten, müssen Sie die Freigaberegel aktualisieren, um die Datensatzart „B2B-Opportunität" in die Kriterien aufzunehmen; andernfalls wird sie nicht automatisch für das Vertriebsteam freigegeben.

- Durch die Deaktivierung einer Datensatzart wird diese nicht aus Benutzerprofilen oder Berechtigungsgruppen entfernt. Das Deaktivieren einer Datensatzart bedeutet lediglich, dass keine neuen Datensätze mit dieser Datensatzart erstellt werden können. Alle Datensätze, die zuvor für diese Datensatzart erstellt wurden, sind jedoch weiterhin mit ihr verknüpft, ebenso wie alle Seitenlayouts, die mit dieser Datensatzart verknüpft sind.

- Beim Konvertieren, Klonen oder Erstellen neuer Datensätze gelten diese zusätzlichen Überlegungen für Objekte mit mehreren Datensatztypen:

  - Bei der Konvertierung eines Leads verwenden die neuen Konto-, Kontakt- und Opportunity-Datensätze die Standard-Datensatzart für den Eigentümer der neuen Datensätze. Der Benutzer kann während der Konvertierung eine andere Datensatzart wählen.

  - Wenn ein Datensatz geklont wird, hat der neue Datensatz die Datensatzart des geklonten Datensatzes. Wenn das Profil des Benutzers keinen Zugriff auf die Datensatzart des geklonten Datensatzes hat, nimmt der neue Datensatz die Standard-Datensatzart des Benutzers an.

- Wenn ein Benutzer einen Fall oder Lead erstellt und Zuordnungsregeln anwendet, kann der neue Datensatz die Standard-Datensatzart des Erstellers beibehalten oder die Datensatzart des Empfängers übernehmen, je nach den vom Administrator festgelegten Einstellungen für Fälle und Leads.

Beziehung zwischen Objekten und anderen Objekten

Ein Standard- oder benutzerdefiniertes Objekt kann die folgenden Arten von Beziehungen zu anderen Objekten haben:

Master-Detail-Beziehung

- Verknüpfung eines Objekts mit einem anderen in einer hierarchischen Beziehung, so dass ein Objekt ein Hauptobjekt (auch als übergeordnetes Objekt bezeichnet) und das andere ein Detailobjekt (auch als untergeordnetes Objekt bezeichnet) ist. Das übergeordnete Objekt in einer solchen Beziehung bestimmt das Verhalten des untergeordneten Objekts, einschließlich der Zugänglichkeit des untergeordneten Objekts.

- Detail- und Unterdetaildatensätze erben die Sicherheitseinstellungen und Berechtigungen des Stammsatzes. Sie können die Berechtigungen für den Detaildatensatz nicht unabhängig festlegen.

- Der Eigentümer des Stammobjektdatensatzes erbt automatisch das Eigentum an den mit ihm verbundenen Detailobjektdatensätzen; das Eigentum kann nicht geändert werden.

- Die Datensätze in einem Detailobjekt können keine Regeln für die gemeinsame Nutzung haben, die ausschließlich für sie selbst gelten. Alle Aufteilungsregeln für einen Detailsatz werden von seinem Stammsatz geerbt.

- Ein Stammsatz muss vorhanden sein und wird benötigt, um einen Detailsatz anzulegen und zu speichern.

- Das Löschen eines Detaildatensatzes verschiebt diesen in den Papierkorb und lässt den Stammsatz intakt; das Löschen eines Stammsatzes löscht auch die zugehörigen Detail- und Subdetaildatensätze. Das Rückgängigmachen des Löschens eines Detailsatzes stellt diesen wieder her, und das Rückgängigmachen des Löschens eines Stammsatzes löscht auch die zugehörigen Detail- und Subdetail-Sätze. Wenn Sie jedoch einen Einzeldatensatz löschen und später separat den dazugehörigen Stammsatz löschen, können Sie den Einzeldatensatz nicht wiederherstellen, da er keinen Stammsatz mehr hat, auf den er sich beziehen kann.

Beziehung nachschlagen

- Verbindet zwei Objekte miteinander. Lookup-Beziehungen ähneln Master-Detail-Beziehungen, außer dass sie keine gemeinsame Nutzung oder Rollup-Summenfelder unterstützen.

- Kann erforderlich sein, die Löschung verhindern und eine Kaskadenlöschung bewirken, wenn sie eingerichtet ist.

Many-to-many-Beziehungen

- Erstellt durch Erstellen eines benutzerdefinierten Objekts mit zwei Master-Detail- oder Lookup-Beziehungen. Ein solches benutzerdefiniertes Objekt, das sich zwischen zwei Objekten befindet, wird als „Kreuzungsobjekt" bezeichnet.

Hierarchische Beziehung

- Eine spezielle Nachschlagebeziehung ist nur für das Benutzerobjekt verfügbar. Damit können Benutzer ein Nachschlagefeld verwenden, um einen Benutzer mit einem anderen zu verknüpfen, der sich nicht direkt oder indirekt auf sich selbst bezieht. Sie können zum Beispiel ein benutzerdefiniertes hierarchisches Beziehungsfeld erstellen, um den direkten Vorgesetzten eines jeden Benutzers zu speichern.

Die folgenden Arten von Beziehungen gelten nur für Beziehungen zwischen externen Objekten und Standard- oder benutzerdefinierten Objekten:

Externe Nachschlagebeziehung

- Eine externe Nachschlagebeziehung verbindet ein untergeordnetes Standard-, benutzerdefiniertes oder externes Objekt mit einem übergeordneten externen Objekt.

- Das externe Standard-ID-Feld des übergeordneten externen Objekts wird mit den Werten des externen Nachschlage-Beziehungsfelds des untergeordneten Objekts abgeglichen. Die Feldwerte des externen Objekts stammen aus einer externen Datenquelle.

Indirekte Nachschlagebeziehung

- Verknüpft das externe Objekt eines untergeordneten Objekts mit einem übergeordneten Standard- oder benutzerdefinierten Objekt.

- Wenn Sie ein indirektes Nachschlage-Beziehungsfeld für ein externes Objekt erstellen, geben Sie das Feld des übergeordneten Objekts und das Feld des untergeordneten Objekts an, um Datensätze in der Beziehung abzugleichen und zu verknüpfen. Insbesondere wählen Sie ein benutzerdefiniertes, eindeutiges externes ID-Feld auf dem übergeordneten Objekt, das mit dem indirekten Nachschlagebeziehungsfeld des untergeordneten Objekts abgeglichen werden soll, dessen Werte aus einer externen Datenquelle stammen.

Die unternehmensweiten Standardeinstellungen für die Sichtbarkeit von Objekten

Die Standardeinstellungen für die organisationsweite Freigabe legen die grundlegende Zugänglichkeit für jedes Ihrer Standard- oder benutzerdefinierten Objekte für alle Benutzer in Ihrer Salesforce-Organisation fest. Sie können die organisationsweiten Standardeinstellungen für die gemeinsame Nutzung für jedes Objekt auf eine der folgenden Optionen festlegen:

- **Privat**

  Wenn diese Einstellung für das Objekt aktiviert ist, können nur der Datensatzeigentümer und Benutzer, die in der Rollenhierarchie höher stehen, diese Datensätze anzeigen, bearbeiten und Berichte darüber erstellen.

- **Öffentlich Schreibgeschützt**

  Wenn diese Einstellung für das Objekt aktiviert ist, können alle Benutzer innerhalb Ihrer Salesforce-Organisation *(d. h. sowohl interne als auch externe Benutzer mit Zugriff)* die Datensätze anzeigen und Berichte erstellen, sie aber nicht bearbeiten. Nur der Eigentümer und Benutzer, die in der Hierarchie über dieser Rolle stehen, können diese Datensätze bearbeiten.

- **Öffentlich Lesen/Schreiben**

  Wenn diese Einstellung für das Objekt aktiviert ist, können alle Benutzer innerhalb Ihrer Salesforce-Organisation (d. h. sowohl interne als auch externe Benutzer mit Zugriff) alle Datensätze anzeigen, bearbeiten und Berichte darüber erstellen.

- **Kontrolliert durch Eltern**

  (gilt nur für untergeordnete Objekte in einer Master-Detail-Beziehung)
  Wenn diese Einstellung für ein Objekt aktiviert ist, das ein untergeordnetes Objekt in einer Master-Detail-Beziehung zu einem anderen Objekt ist, dann wird dem Benutzer, der auf dieses untergeordnete Objekt zugreift, der gleiche Zugriff gewährt wie dem Benutzer, der auf das übergeordnete Objekt zugreift.

- **Öffentlich Lesen/Schreiben/Übertragen**

  (gilt nur für das Lead-Objekt und das Case-Objekt)
  Wenn diese Einstellung für das Lead-Objekt oder das Case-Objekt aktiviert ist, können alle Benutzer alle Lead- und Case-Datensätze anzeigen, bearbeiten, übertragen und Berichte darüber erstellen.

- **Öffentlicher Vollzugriff**

  (gilt nur für das Kampagnenobjekt)
  Wenn diese Einstellung für das Kampagnenobjekt aktiviert ist, können alle Benutzer alle Kampagnendatensätze anzeigen, bearbeiten, übertragen, löschen und Berichte darüber erstellen.

In Kap. 5 werden wir mehr über die Notwendigkeit von Sichtbarkeit und Freigabe unter Verwendung von organisationsweiten Standardfreigabeeinstellungen diskutieren. Diese Freigabeeinstellung muss jedoch im Datenmodell-Artefakt identifiziert werden, da sie die einzige Sicherheitseinstellung ist, die die Sichtbarkeit und Sicherheit auf Objektebene in Salesforce bestimmt.

Eigentümer der Datensätze innerhalb jedes Objekts

Die Eigentümerschaft von Datensätzen innerhalb jedes Objekts ist ein wichtiges Detail, das in einem Salesforce-Datenmodell identifiziert werden muss, da in Salesforce die Eigentümerschaft von Datensätzen die Sichtbarkeit und Sicherheit von Daten auf Datensatzebene bestimmt. Der Datensatzbesitz bestimmt, welche Benutzer auf welche Datensätze und Datensatztypen in Bezug auf das Objekt zugreifen können.

Die eigentumsbasierte Sichtbarkeit auf Datensatzebene und die Freigabefunktionen in Salesforce werden durch drei Schlüsselelemente unterstützt:

1. Ein **Eigentümerfeld** wird automatisch in jedem Objekt angelegt, außer bei einem untergeordneten Objekt in einer Master-Detail-Beziehung.

2. Für jedes benutzerdefinierte Objekt wird ein **Freigabe-Regelobjekt** erstellt, das bereits für Standardobjekte existiert und definiert, welche Benutzer und Gruppen auf Datensätze zugreifen können.

3. Ein **Gruppenmitgliedschaftsobjekt** verwaltet den Zugriff auf Datensätze über Regeln zur gemeinsamen Nutzung, die einer Gruppe von Benutzern über private und öffentliche Gruppen, Warteschlangen, die Rollenhierarchie und die Gebietshierarchie gewährt werden.

In Kap. 5 werden wir mehr über die Sichtbarkeit und gemeinsame Nutzung auf Datensatzebene auf der Grundlage der eigentumsbasierten gemeinsamen Nutzung (OBS) erfahren. Eine wichtige Fähigkeit ist die Identifizierung der Datensatzeigentümer für Datensätze innerhalb jedes Objekts. Wenn Sie während des Entwurfs des Datenmodells feststellen, welcher Benutzer welche Daten sehen kann, können Sie Probleme mit großen Datenmengen erkennen. Dieses Problem wird als „Schieflage der

Eigentumsdaten" bezeichnet. Eine Datenschieflage entsteht, wenn ein einzelner Benutzer mehr als 10.000 Datensätze eines einzelnen Objekts besitzt. Im nächsten Abschnitt und auch in Kap. 4 werden wir mehr über die Probleme im Zusammenhang mit großen Datenmengen erfahren.

Eine geschätzte Anzahl von Datensätzen pro Objekt, die in einem bestimmten Zeitraum existieren können

Sie müssen die in den einzelnen Salesforce-Objekten gespeicherten Datenmengen ermitteln. Die Speicherung und Verwaltung großer Datenmengen in Salesforce erfordert zusätzliche Sorgfalt. Der Entwurf eines großen Datenvolumens erfordert besondere Überlegungen in Bezug auf Eigentum, gemeinsame Nutzung, Abfragen und Rollenhierarchien.

Wenn große Datenmengen in Salesforce gespeichert oder verwaltet werden, führt dies zu einer erheblichen Leistungsverschlechterung Ihrer Salesforce-Organisation, einschließlich langsamerer SOQL-Abfragen, zeitaufwändigerer Suchen und langsamerer Darstellung von Listenansichten.

Zum Zeitpunkt der Erstellung dieses Dokuments geht Salesforce von einem großen Datenvolumen aus, wenn

- In dem Kontoobjekt sind mehr als 50 Millionen Datensätze gespeichert.

- In dem Kontaktobjekt sind mehr als 20 Millionen Datensätze gespeichert.

- In einem einzigen benutzerdefinierten Objekt sind mehr als 100 Millionen Datensätze gespeichert.

- Die Gesamtzahl der internen Benutzer innerhalb einer einzelnen Salesforce-Organisation übersteigt 10.000 Benutzer.

- Ein einzelner Benutzer in Salesforce ist Eigentümer von mehr als 10.000 Datensätzen innerhalb eines einzigen Objekts.

- Die Speicherkapazität von 100 GB für Datensätze ist erreicht, ohne Dateien und Anhänge.

Es gibt verschiedene Ansätze zur Eindämmung großer Datenmengen in Salesforce. Die meisten Ansätze beginnen mit der Identifizierung der Objekte, bei denen sich im Laufe der Zeit große Datenmengen ansammeln können. Dies ist der Schlüssel zur Vorgabe geeigneter Maßnahmen zur Verbesserung der Systemleistung von Salesforce.

Mit den vorangegangenen Überlegungen sollten Sie gut gerüstet sein, um Salesforce-Datenmodelle zu zeichnen. Wenn wir jedoch in den folgenden Kapiteln dieses Buches die Kernkonzepte von Salesforce besprechen, werden Sie in der Lage sein, produktivere und detailliertere Artefakte zu erstellen, einschließlich der optionalen Artefakte, die wir zu Beginn dieses Kapitels erwähnt haben.

Zusammenfassung

In diesem Kapitel haben wir Folgendes behandelt

- Die drei wichtigsten Artefakte, die Sie als Salesforce-Architekt für jede Lösung erstellen müssen. Diese bestehen aus der FUSIAOLA-Analyse, der Systemlandschaft und dem Datenmodell.

- Die FUSIAOLA-Analyse zerlegt die geschäftlichen Anforderungen in Funktionen und Merkmale, Benutzer und Benutzergruppen, andere Systeme, die mit der Lösung interagieren, Integrationsmethoden zwischen den anderen Systemen und Salesforce, Authentifizierungs- und Autorisierungsmethoden für Benutzer und Systeme, um Zugriff auf die Lösung zu erhalten, Objekte innerhalb von Salesforce, in denen verschiedene Datensätze gespeichert werden, die für die Lösung erstellt werden, die für Benutzer erforderlichen Salesforce-Lizenzen und schließlich die Annahmen, die bei der Entwicklung der Lösung getroffen wurden.

- Die Geschäftsanforderungen müssen zerlegt werden, um die Funktionen und Merkmale zu bestimmen, indem sie in einen der drei technischen Kontexte eingeordnet werden. Die drei technischen Kontexte sind der Datenkontext, der Geschäftslogikkontext und der Schnittstellenkontext.

- Benutzer und Benutzergruppen können anhand von vier Attributen gruppiert werden: Informationsrollenattribut,

Geschäftsfunktionsattribut, internes vs. externes Attribut und Rollenhierarchieindexattribut.

- Bei den anderen Systemen, die mit der Lösung interagieren, kann es sich um bestehende Systeme oder um neue Systeme handeln, die als Teil der endgültigen Lösung eingerichtet werden müssen.

- Integrationen zwischen bestehenden und neuen Systemen und Salesforce müssen für jedes System auf der Grundlage seiner Interaktionsebene mit Salesforce entworfen werden.

- Die Authentifizierung und Autorisierung muss für jede Benutzergruppe und jedes System, das Zugriff auf die Salesforce-Lösung benötigt, entwickelt werden.

- Der Entwurf eines Objektmodells in Salesforce legt fest, wie Daten in Salesforce gespeichert, organisiert und genutzt werden, um eine optimale Nutzung und Effizienz der Lösung zu gewährleisten.

- Annahmen sollten dokumentiert werden, um Ihre Designüberlegungen zu rechtfertigen, die fehlende oder implizite Details abdecken, die für die Lösung relevant sind.

- Ein Artefakt der Systemlandschaft sollte auf der Grundlage von sieben Überlegungen auf Unternehmensebene entwickelt werden.

- Ein Datenmodell-Artefakt sollte auf der Grundlage von sieben Überlegungen auf Unternehmensebene entwickelt werden.

KAPITEL 3

Salesforce-Anwendungsarchitektur

Lassen Sie uns direkt in das Designdenken eintauchen, das für die Entwicklung einer Salesforce-Anwendung erforderlich ist.

In diesem Kapitel behandeln wir

- Das Lizenzierungsmodell von Salesforce und die Auswahl der richtigen Lizenzen

- Vergleiche der gängigen Salesforce-Produkte

- Wie man die richtigen Salesforce-Funktionen auswählt und wann man deklarative und wann programmatische Funktionen für die Entwicklung einer Anwendung verwendet

- Die Reihenfolge der Ausführung von Salesforce-Ereignissen

- Überlegungen und Strategien für eine Multi-Org-gegenüber einer Single-Org-Umgebung von Salesforce

- Verschiedene Möglichkeiten zur Erweiterung der Salesforce-Funktionen durch die Verwendung von Anwendungen von Drittanbietern, die auf dem AppExchange-Marktplatz von Salesforce verfügbar sind

- Wann sollte die Verwaltung von Funktionen außerhalb der Salesforce-Plattform in Betracht gezogen werden und wie lassen sich plattformfremde Dienste so integrieren, dass sie nahtlos mit Salesforce zusammenarbeiten?

89

© Der/die Autor(en), exklusiv lizenziert an APress Media, LLC, ein Teil von Springer Nature 2022
D. Jyoti, J. A. Hutcherson, *Handbuch für Salesforce-Architekten*, https://doi.org/10.1007/978-3-662-66534-3_3

Salesforce-Lizenzen

Das Lizenzierungsmodell von Salesforce kann auf den ersten Blick komplex und nicht intuitiv sein. Die Wahl des richtigen Lizenzierungsmodells ist für die Gestaltung einer Salesforce-Lösung von entscheidender Bedeutung, da es fast vollständig bestimmt, was ein Benutzer innerhalb von Salesforce tun kann oder nicht. Verschiedene Salesforce-Lizenzen ermöglichen oder beschränken den Zugriff auf verschiedene Salesforce-Funktionen und -Objekte.

Im Kern bietet Salesforce fünf verschiedene Lizenztypen an:

- Lizenzen auf Organisationsebene

- Benutzerbasierte Lizenzen

- Berechtigungssatzbasierte Lizenzen

- Funktionsbasierte Lizenzen

- Nutzungsabhängige Ansprüche

Salesforce aktualisiert und ändert regelmäßig Produktnamen, Funktionen und Einschränkungen. Es ist wichtig, dass Sie vor dem Kauf von Lizenzen direkt mit Ihrem Salesforce-Kundenbetreuer oder Programmarchitekten zusammenarbeiten.

Lizenzen auf Organisationsebene

Lizenzen auf Organisationsebene werden oft auch als Salesforce-Editionen bezeichnet.[1] Dies ist die Art von Lizenz, die ein Unternehmen zum ersten Mal auswählen muss. Die Org-Level-Lizenzen bestimmen die Infrastrukturressourcen wie Speicher und API-Zugriff, die Salesforce Ihrem Unternehmen zuweist. Die Editionen bestimmen auch das Niveau der SaaS- oder PaaS-Funktionen, die für diese Umgebung (Org) von Salesforce zur Verfügung stehen werden. Salesforce bietet fünf Lizenz-Editionen auf Org-Ebene an. Für die geschäftliche Nutzung beginnen die Editionen in der Regel mit der Essentials Edition (ES), und jede darüber hinausgehende Edition ist ein Upgrade von dieser. Die einzige Ausnahme bei den Editionen ist die Developer Edition (DE), eine kostenlose

---

[1] https://help.salesforce.com/articleView?id=overview_when_you_buy.htm&type=5.

Edition, die jedem zur Verfügung steht und ähnliche Funktionen wie die Enterprise Edition (EE)-Lizenzen bietet. Die Developer Edition ist in erster Linie für Entwickler und Drittanbieter gedacht, die beabsichtigen, Anwendungen für das AppExchange-Ökosystem von Salesforce zu erstellen (mehr zu AppExchange später in diesem Kapitel), oder für alle, die Salesforce einfach nur kostenlos ausprobieren möchten.

Die fünf von Salesforce erhältlichen Lizenzen auf Orgebene, in der Reihenfolge von am wenigsten robust bis am robustesten, sind

1. Grundlegende Ausgabe (ES)

2. Professionelle Ausgabe (PE)

3. Entwickler-Edition (DE)

4. Enterprise Edition (EE)

5. Unbegrenzte Ausgabe (UE)

Siehe Abb. 3-1 für eine Darstellung der fünf Org-Lizenzen.

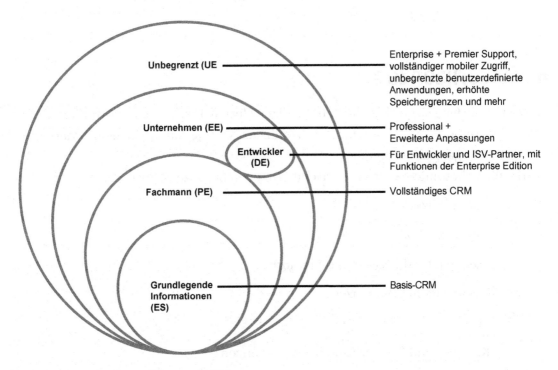

Abb. 3-1. *Salesforce-Lizenz-Editionen*

Einen detaillierten Vergleich der Editionen finden Sie unter www.salesforce.com/editions-pricing/sales-and-service-cloud/.

Im Folgenden finden Sie einige wichtige Punkte, die Sie bei der Auswahl der richtigen Salesforce-Edition beachten sollten:

- Für jede Salesforce-Organisation ist eine Lizenz für die Orgebene erforderlich, und jede Salesforce-Organisation kann nur zu einer Edition von Salesforce gehören.

- Die Edition gilt für die gesamte Organisation und alle Lizenzen innerhalb dieser Organisation.

- Sie können von einer niedrigeren Edition von Salesforce zu einer höheren Edition wechseln, aber Sie können kein Downgrade von einer höheren Edition zu einer niedrigeren Edition durchführen. (Beispiel: Sie können nicht von einer Professional Edition zu einer Essentials Edition wechseln.)

Benutzerlizenzen

Genau wie die Org-Lizenz legt die Benutzerlizenz fest, worauf jeder Benutzer innerhalb Ihrer Organisation Zugriff hat. Eine Benutzerlizenz ist für jeden Benutzer erforderlich, der auf Ihre Organisation zugreift.

Es gibt insbesondere sechs spezifische Arten von Benutzerlizenzen:

1. Chatter-Lizenzen

2. Salesforce-Lizenzen

3. Lizenzen für die Salesforce-Plattform

4. Externe Identitätslizenzen

5. Lizenzen für externe Apps

6. Kunden- und Partner-Community-Lizenzen

Chatter-Lizenzen

Chatter-Lizenzen sind Lizenzen, die mit allen Standard-Salesforce-Lizenzen erhältlich sind und dem zugewiesenen Benutzer nur Zugriff auf die als „Chatter" bekannte Kollaborationsfunktion von Salesforce geben, ähnlich wie die Benutzererfahrung bei Facebook oder LinkedIn. Chatter-Lizenzen sind für eine Sache und nur für eine Sache gedacht, nämlich die Zusammenarbeit mit anderen Salesforce-Benutzern.

Es gibt drei Arten von Chatter-Lizenzen[2] :

1. Chatter Extern

2. Chatter Free

3. Nur Geplapper

Chatter Externe Lizenzen

Diese Lizenzen sind für externe Benutzer wie Interessenten, Kunden, Partner und alle Personen außerhalb der Domäne Ihres Unternehmens gedacht. Benutzer mit diesen Lizenzen haben keinen Zugriff auf Salesforce-Objekte oder Daten, die innerhalb Ihrer Salesforce-Organisation gespeichert sind. Sie können nur Nachrichten in Chatter-Gruppen sehen und posten, zu denen sie eingeladen wurden.

Chatter Free

Wie der Name schon sagt, sind Chatter Free-Lizenzen kostenlose Benutzerlizenzen, die jedem internen Benutzer innerhalb der Domäne Ihres Unternehmens zugewiesen werden können, der keine kostenpflichtige Benutzerlizenz zur Nutzung von Salesforce benötigt, aber mit allen Salesforce-Benutzern innerhalb Ihrer Organisation zusammenarbeiten muss. Diese Benutzer können auf grundlegende Chatter-Elemente wie Personen, Profile, Gruppen und in Chatter-Posts veröffentlichte Dateien zugreifen, jedoch nicht auf Salesforce-Objekte oder -Daten. Chatter Free-Benutzern kann jedoch die Moderationsberechtigung erteilt werden, um beliebige Chatter-Gruppen zu moderieren.

---

[2] https://help.salesforce.com/articleView?id=users_license_types_chatter.htm&type=5.

Chatter Only Lizenz (auch bekannt als Chatter Plus)

Entgegen der allgemeinen Meinung sind Chatter Only-Lizenzen nicht kostenlos und nur für interne Nutzer bestimmt. Zusätzlich zu allen Funktionalitäten, die über die Chatter Free-Lizenzen verfügbar sind, haben Nutzer mit dieser Lizenz den folgenden zusätzlichen Zugang:

1. Zugriff auf Konto- und Kontaktobjekte nur zur Ansicht.

2. Sie können bis zu zehn benutzerdefinierte Objekte anzeigen und bearbeiten.

3. Berichte und Dashboards anzeigen.

4. Sie werden als Genehmigender zugewiesen und genehmigen einen Genehmigungsprozess von Salesforce.

5. Sie können von anderen Benutzern Aufgaben zugewiesen bekommen.

6. Ihre eigenen Ereignisse, Aktivitäten und Aufgaben erstellen/ anzeigen/bearbeiten.

7. Fügen Sie alle Datensätze hinzu, auf die sie in den Chatter-Gruppen, denen sie angehören, zugreifen.

8. Nutzen Sie Inhalte, Ideen und Antworten von Salesforce CRM.

Salesforce-Lizenzen

Salesforce-Lizenzen sind nur für interne Benutzer innerhalb Ihres Unternehmens verfügbar. Sie bieten Zugriff auf die SaaS-basierten Customer Relationship Management (CRM)-Produkte von Salesforce, zu denen in erster Linie Sales Cloud, Service Cloud und Lightning CRM Cloud gehören. Für den Zugriff auf jede Standard-CRM-Anwendung innerhalb von Salesforce sind diese Lizenzen erforderlich.[3]

Die Lightning CRM Cloud-Lizenz umfasst alle Sales Cloud- und Service Cloud-Funktionen. Die Service Cloud-Lizenz umfasst die meisten Funktionen von Sales Cloud mit Ausnahme einiger Funktionen und Standardobjekte, die nur mit Sales Cloud-

---

[3] https://help.salesforce.com/articleView?id=users_license_types_available. htm&type=5.

Lizenzen *(oder den Lightning CRM-Lizenzen)* verfügbar sind, z. B. Angebote und Verkaufsverträge. Service Cloud verfügt jedoch über viele weitere Funktionen und Standardobjekte, die in Sales Cloud nicht verfügbar sind, wie z. B. Berechtigungen, Arbeitsaufträge und Serviceverträge. Eine gute Quelle, um herauszufinden, welche Objekte in Sales Cloud und Service Cloud verfügbar sind, ist der Abschnitt zum Datenmodell im offiziell veröffentlichten *SOAP API Developer Guide* von Salesforce.[4]

Zusätzlich zu den Lizenzen für Sales, Service und Lightning CRM Cloud bietet Salesforce Zusatzprodukte an, die entweder mit einer Sales Cloud- oder einer Service Cloud-Lizenz gekoppelt werden können. Einige gängige Add-on-Produkte, die mindestens die Sales Cloud-Lizenz erfordern, sind Salesforce CPQ, Pardot und Financial Services Cloud, und das Add-on-Produkt, das mindestens die Service Cloud-Lizenz erfordert, ist Salesforce Field Service Lightning. Eine detaillierte Liste aller Add-ons, die mit Salesforce-Lizenzen gekoppelt werden können, finden Sie in der Salesforce Add-on-Preisübersicht auf der offiziellen Website von Salesforce.[5]

Lizenzen für die Salesforce-Plattform

Salesforce-Plattformlizenzen sind ebenfalls nur für die internen Benutzer in Ihrem Unternehmen verfügbar. Sie bieten Zugriff auf die Plattform von Salesforce, wobei der Zugriff auf die Standard-Kernobjekte (in der Branche auch als „Hero"-Objekte bekannt) von Salesforce beschränkt ist. Diese Kernobjekte sind Accounts, Kontakte, Vorgänge, Aktivitäten, Aufgaben, Ereignisse, Inhalte und Dokumente. Salesforce-Plattformlizenzen gibt es in zwei Arten von Angeboten: Lightning Platform Starter und Lightning Platform Plus.

Nur Fälle, die sich auf interne Nutzer beziehen, sind zulässig, und alle Fälle, die sich auf externe Nutzer beziehen, sind vertraglich verboten.

Der Hauptunterschied zwischen den beiden Plattformangeboten ist die Begrenzung der Anzahl der benutzerdefinierten Objekte, die mit jedem Typ erstellt werden können. Mit der Lightning Platform Plus Lizenz können Sie bis zu 110 benutzerdefinierte Objekte

---

[4] https://developer.salesforce.com/docs/atlas.en-us.api.meta/api/data_model.htm.
[5] www.salesforce.com/content/dam/web/en_us/www/documents/pricing/all-add-ons.pdf.

erstellen, während Sie mit der Lightning Platform Starter Lizenz nur bis zu zehn benutzerdefinierte Objekte erstellen können. Diese benutzerdefinierten Objekte werden zusätzlich zu den Standard-Kernobjekten erstellt, die bei beiden Optionen verfügbar sind.

Externe Identitätslizenzen

Externe Identitätslizenzen bieten eine CIAM-Lösung (Customer Identity and Access Management) speziell für die Verwaltung der Identitätsdienste externer Benutzer. Es handelt sich um eine eigenständige Lizenz, die von Salesforce angeboten wird, um Ihren externen Benutzern die Authentifizierung über Standard-Benutzername/Passwort, passwortlose Anmeldungen oder Social Sign-on zu ermöglichen oder sogar als Single Sign-on-Service für die externen Anwendungen zu fungieren, denen sie ausgesetzt sind.

Die External Identity-Lizenz bietet Zugriff[6] auf die folgenden Standardobjekte (meist im Nur-Lese-Modus): Accounts, Assets, Kontakte, Dokumente, Personen und Dateien. Salesforce erlaubt die Erstellung von bis zu zehn benutzerdefinierten Objekten mit diesem Lizenztyp.

Lizenzen für externe Apps

Die Lizenzen für externe Apps von Salesforce ähneln den Lizenzen für die Salesforce-Plattform, sind jedoch für externe Benutzer Ihres Unternehmens bestimmt. Salesforce unterliegt vertraglichen Beschränkungen, die die Zuweisung der zuvor genannten Salesforce-Lizenzen oder der Salesforce-Plattformlizenzen an externe Benutzer Ihres Unternehmens untersagen. Für externe Benutzer, die Zugriff auf Ihre Salesforce-Plattform-Funktionen und nicht auf die Salesforce-CRM-Funktionen benötigen, können Sie diesen externen Benutzern External Apps-Lizenzen zuweisen. Wir werden in einem späteren Abschnitt über die Salesforce CRM-Funktionen sprechen, wenn wir über Kunden- und Partner-Community-Lizenzen sprechen.

Externe App-Lizenzen können für jeden Benutzer eindeutig als benannte Benutzerlizenz oder als nutzungsbasierte Berechtigungen zugewiesen werden, die auf der Anzahl der Benutzeranmeldungen pro Monat basieren. Mehr über Benutzerlizenztypen erfahren Sie etwas später in diesem Kapitel.

---

[6]https://help.salesforce.com/articleView?id=users_license_types_external_identity.
htm&type=5.

Ähnlich wie bei den bereits erwähnten Lizenzen für die Salesforce-Plattform sind Lizenzen für externe Apps in zwei Arten von Angeboten erhältlich: Lightning External Apps und Lightning External Apps Plus. Die Unterscheidung zwischen den beiden Arten von Angeboten ist identisch mit der Unterscheidung zwischen Lightning Platform Starter und Lightning Platform Plus Angeboten von Salesforce Plattformlizenzen. Es ist jedoch wichtig zu beachten, dass Lizenzen für External Apps nicht unabhängig voneinander erworben und genutzt werden können. Externe Apps-Lizenzen sind davon abhängig, dass mindestens eine Salesforce- oder Salesforce-Plattform- oder externe Identitätslizenz in der Organisation vorhanden ist.

Kunden- und Partner-Community-Lizenzen

Kunden- und Partner-Communities sind natürlich Lizenzen für externe Benutzer, wie z. B. Ihre Kunden und Partner, und bieten ihnen Zugriff auf die Standard- und benutzerdefinierten Anwendungen, die Sie ihnen für Support und Self-Service zur Verfügung stellen möchten. Zum Zeitpunkt der Erstellung dieses Artikels hat Salesforce sein Community Cloud-Produkt in „Experience Cloud" umbenannt.[7]

Salesforce hat sein Produkt **Community Cloud** in **Experience Cloud** umbenannt.

Die beliebtesten Community-Lizenzangebote sind Customer Community, Customer Community Plus und Partner Community. Am besten lassen sich diese drei Optionen so betrachten, dass die Customer Community im Vergleich zu den anderen beiden die geringste Anzahl an Funktionen/Fähigkeiten aufweist. Customer Community Plus bietet alle Funktionen der Customer Community-Lizenz sowie zusätzliche Funktionen wie erweiterte Freigabe und Zugriff externer Benutzer auf standardmäßige Salesforce-Berichte und Dashboards. Partner-Community-Lizenzen bieten alle Funktionen/ Funktionalitäten, die über Customer Community Plus-Lizenzen verfügbar sind, sowie zusätzliche Funktionen, einschließlich des Zugriffs auf zusätzliche Standardobjekte, die nur für externe Benutzer über die Partner-Community verfügbar sind, wie Leads, Opportunities und Kampagnenobjekte. Abb. 3-2 zeigt einen Vergleich der drei Community-Lizenztypen auf hoher Ebene.

---

[7] `www.salesforce.com/products/community-cloud/overview`.

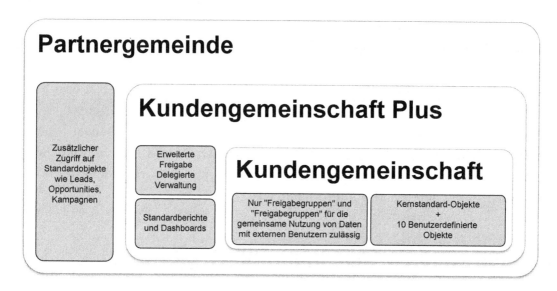

Abb. 3-2. *Vergleich der Experience Cloud-Lizenzen auf hoher Ebene*

Als weiterführende Lektüre zu Salesforce Community-Lizenzen empfehlen wir das Buch *Practical Guide to Salesforce Communities* von Philip Weinmeister (Apress, 2018). Auch hier ist es wichtig zu beachten, dass, ähnlich wie bei External Apps, Experience Cloud-Lizenzen davon abhängig sind, dass mindestens eine Salesforce- oder Salesforce-Plattform- oder External Identity-Lizenz in der Organisation vorhanden ist.

Lizenzen für Experience Cloud (früher bekannt als Community Cloud) sind davon abhängig, dass mindestens eine Salesforce- oder Salesforce-Plattform- oder externe Identitätslizenz in der Organisation vorhanden ist.

Erlaubnissatz Lizenzen

Berechtigungssatzlizenzen wurden erstmals in der Winterversion 2014 eingeführt. Das Hauptziel von Berechtigungssatzlizenzen bestand darin, die Zuweisung von Add-on-Lizenzen an einen einzelnen Benutzer zu ermöglichen. Add-on-Produktangebote wie *Salesforce Field Service Lightning, Salesforce CPQ, Salesforce Health Cloud* und *Salesforce Financial Services Cloud* können zusätzlich zu Ihren Salesforce-Lizenzen hinzugefügt werden.

In Abb. 3-3 haben wir unsere Sichtweise dargestellt, um die bisher besprochenen Salesforce-Lizenzen und einige der gängigen Salesforce-Produkt-Add-ons für Sales und Service Cloud zu veranschaulichen.

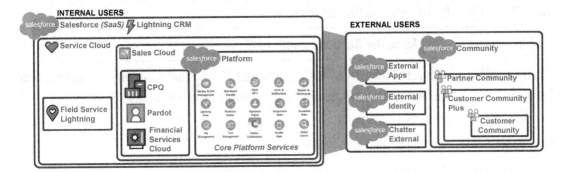

Abb. 3-3. *Salesforce-Lizenzen und Common Add-On Permission Set-Lizenzen*

Hinweis   Abb. 3-3 ist nur ein Überblick über die gängigen Salesforce-Lizenzen. Da Salesforce seine Produkte weiterentwickelt, kann sich die Ansicht noch ändern.

Spezifische Details zu Lizenzen und Add-Ons finden Sie auf der offiziellen Website von Salesforce. Salesforce hat früher auch ein pdf-Dokument zum Lizenzvergleich veröffentlicht, dessen URL sich ständig ändert. Um dieses Dokument zu finden, empfehlen wir eine schnelle Online-Suche mit den folgenden Stichworten: *Salesforce Benutzerlizenzvergleich PDF.*

Feature-Lizenzen

Schließlich verfügt Salesforce über 11 Funktionen, die nicht als Teil einer der zuvor genannten Lizenzen verfügbar sind. Diese Funktionslizenzen wurden vor der Einführung von Berechtigungssatzlizenzen eingeführt, die eine sehr elegante Möglichkeit darstellen, Benutzern Zusatzfunktionen zuzuweisen. Wir gehen nicht davon aus, dass Salesforce in Zukunft neue Funktionslizenzen einführt, aber es ist wichtig, dass ein Architekt erkennt, dass diese Funktionslizenzen zugewiesen werden müssen, damit der Benutzer auf diese Funktionen zugreifen kann. Wird die Zuweisung einer Funktionslizenz übersehen, kann ein Benutzer daran gehindert werden, einen Lightning Flow auszuführen oder auf Wissensartikel zuzugreifen. Bei der Fehlerbehebung beim Benutzerzugriff muss ein Architekt die dem Benutzer zugewiesenen Funktionslizenzen kennen. Die gute Nachricht ist, dass es zum Zeitpunkt der Erstellung dieses Dokuments nur 11 Feature-Lizenzen gibt. Diese sind in Tab. 3-1 aufgeführt.

Tab. 3-1. *11 Salesforce-Funktionslizenzen*

Feature-Lizenz	Was kann der Benutzer damit tun?
Chatter Answers Benutzer	Um auf „Chatter Answers" zuzugreifen. Diese Funktionslizenz wird automatisch an Portalnutzer mit hohem Volumen vergeben, die sich selbst für Chatter Answers registrieren.
Flow Benutzer	So führen Sie Lightning Flow aus.
Wissen Benutzer	So greifen Sie auf Salesforce Knowledge zu.
Chat-Benutzer	Um auf den Chat zuzugreifen.
Marketing Benutzer	Mit dem Datenimport-Assistenten können Sie Kampagnen erstellen, bearbeiten und löschen, erweiterte Kampagneneinstellungen konfigurieren, Kampagnenmitglieder hinzufügen und deren Status aktualisieren.
Offline-Benutzer	Um eine Offline-Verbindung herzustellen.
Salesforce CRM Inhalt Benutzer	So greifen Sie auf CRM-Inhalte zu, die in Salesforce gespeichert sind.
Service Cloud Benutzer	So greifen Sie auf die Servicekonsole in der Service Cloud zu.
Site.com Mitwirkender Benutzer	Um auf Site.com Studio veröffentlichte Inhalte zu bearbeiten.
Site.com Herausgeber Benutzer	Zum Erstellen und Gestalten von Websites, zum Steuern des Layouts und der Funktionalität von Seiten und Seitenelementen sowie zum Hinzufügen und Bearbeiten von Inhalten auf Site.com Studio.
WDC-Benutzer	Für den Zugriff auf Objekte und Funktionen von work.com.

https://help.salesforce.com/articleView?id=users_feature_licenses_available.htm&type=5

Verbrauchsabhängige Ansprüche

Salesforce bietet ein nutzungsbasiertes Lizenzierungsmodell (*für Produkte wie Salesforce-Communities und External Apps auch als „Login-basierte Lizenzen" bezeichnet*) als Alternative zum Erwerb einer benannten Lizenz für jeden einzelnen

Benutzer in der Organisation. Bei nutzungsbasierten Berechtigungen erwirbt ein Unternehmen pauschale Gutschriften für eine Anzahl von Anmeldungen pro Monat für seine Benutzer oder für eine Anzahl von Transaktionen pro Monat, wie im Fall von data. com[8] *(d. h. der Salesforce-Service für Datenqualität und Datenintegritätsmanagement).* Mit nutzungsbasierten Berechtigungen kann ein Unternehmen diese Lizenzen einer beliebigen Anzahl von Benutzern zuweisen. Benutzer mit diesen Lizenzen erhalten jedoch Zugriff auf Salesforce nach dem Windhundprinzip, bis die Anzahl der Anmeldungen pro Monat oder die zugewiesenen Transaktionsgrenzen für diesen Monat erreicht sind.

Nutzungsbasierte Berechtigungen sind bei der Zuweisung von Salesforce Experience Cloud-Lizenzen (früher bekannt als Community Cloud) am beliebtesten. Aus der Sicht des externen Benutzers unterscheidet sich das Erlebnis nicht, ob ihm eine benannte Benutzerlizenz oder eine nutzungsbasierte Berechtigungslizenz zugewiesen wird. Bei der Entscheidung, ob eine benannte Benutzerlizenz oder eine nutzungsbasierte Berechtigung zugewiesen werden soll. Für Benutzer, die mehr als dreimal pro Monat auf Salesforce zugreifen, bieten nutzungsbasierte Lizenzen möglicherweise keine Kosteneinsparungen gegenüber einer personengebundenen Benutzerlizenz.

Tipp   Weisen Sie eine nutzungsbasierte Lizenz zu, wenn Sie eine große Anzahl von einmaligen Nutzungen oder Zuweisungen mit sehr geringer Nutzung haben. Dies ist häufig bei Kunden-Communities und Service-Communities der Fall. Als Faustregel gilt, dass Sie jedem Benutzer, der sich dreimal oder weniger pro Monat bei Salesforce anmeldet, eine nutzungsbasierte Berechtigung zuweisen.

Plattform vs. CRM-Lizenzen

In Tab. 3-2 werden die wichtigsten Überlegungen und Einschränkungen von Plattform- gegenüber Standard-CRM-Lizenzen von Salesforce aufgeführt.

---

[8] https://help.salesforce.com/articleView?id=data_dot_com_clean_clean_overview. htm&type=5.

Tab. 3-2. *Vergleiche zwischen Plattform-, Vertriebs- und Service-Cloud-Lizenzen*

Produkttyp	Überlegungen	Beschränkungen
Plattform	Günstigste Lizenz für interne Benutzer. Zugriff auf Hero-Objekte + bis zu 110 benutzerdefinierte Objekte. Zugang zu intern generierten Standardfällen und Arbeitsaufträgen. Kontoteams können aktiviert und genutzt werden.	Keine Bulk-API oder Streaming-API. Kein Zugang zu externen Fällen und externen Arbeitsaufträgen. Kein Zugriff auf Kampagnen, Leads, Verkaufschancen, Aufträge, Produkte, Preisbücher, Anlagen, Verträge, Angebote, Berechtigungen. Keine Opportunity Teams oder Case Teams. Keine Vorhersage. Kein Omnichannel. Kein Live-Agent. Kann Workflows, Genehmigungsprozesse, Process Builder, Abläufe oder Apex-Code verwenden, aber nicht erstellen.
Vertriebswolke	Beinhaltet alles, was mit Plattform-lizenzen verfügbar ist. Zugriff auf alle Standard-CRM-Objekte und -Funktionen mit Ausnahme von Berechtigungen und Serviceverträgen. Zugang zu Kaufverträgen und An-geboten. Omnichannel ist nur für Leads, Aufträge und alle benutzerdefinierten Objekte ohne übergeordnetes Objekt verfügbar. Funktion zur Gebietsverwaltung. Opportunity Split Feature. Erforderlich für Add-ons wie CPQ, Pardot und Financial Services Cloud.	Kein Zugang zu Ansprüchen, Dienst-leistungsverträgen. Omnichannel nicht verfügbar für Fälle, Kontaktanfragen, Chat, soziale Beiträge. SOS-Funktion nicht verfügbar.

(*Fortsetzung*)

Tab. 3-2. (*Fortsetzung*)

Produkttyp	Überlegungen	Beschränkungen
Service-Wolke	Beinhaltet alles, was mit Plattform-lizenzen verfügbar ist. Zugriff auf alle Standard-CRM-Objekte und -Funktionen mit Ausnahme von Angeboten und Verträgen. Vollständige Omnichannel-Funktionen. SOS-Funktion verfügbar (nur in Classic). Erforderlich für Add-ons wie Field Service Lightning.	Kein Zugang zu Angeboten und Kaufver-trägen. Keine Gebietsverwaltung. Kein Opportunitätssplit.
Lightning CRM	Die teuerste Lizenz für interne Be-nutzer. Enthält alles, was mit der Plattform und den Lizenzen für Sales und Service Cloud verfügbar ist. Bis zu 2000 benutzerdefinierte Objekte sind erlaubt.	Keine.

Zusätzlich zu den in Tab. 3-2 aufgeführten Vergleichen sollten Sie sich mit den folgenden Salesforce-Produkten vertraut machen:

- **Experience Cloud (früher bekannt als Community Cloud)**: Wird verwendet, um externen Nutzern Zugang zu gewähren

- **Marketing Cloud und Pardot**: Entwickelt für die Verwaltung von B2C- und B2B-Marketingmaßnahmen

- **Außendienst Lightning**: Fügt der Service Cloud Funktionen hinzu, die speziell für Outbound-Service-Ressourcen gelten

- **CPQ**: Entwickelt zur Unterstützung des Konfigurations-, Preisfindungs- und Angebotsprozesses

- **B2B und B2C Commerce Cloud**: Unterstützt die Präsentation und Transaktionen im Zusammenhang mit Online-Shops

- **Tableau CRM Analytics (früher bekannt als Einstein Analytics)**: Bietet erweiterte Datenanalyse

- **Finanzdienstleistungs-Cloud**: Integriert Finanzfunktionen, wie z. B. Buchhaltung

- **Gesundheits-Cloud**: Umfasst sowohl die Patientenbetreuung als auch den medizinischen Betrieb

- **Nonprofit Cloud und Education Cloud**: Bietet Unterstützung für die Verwaltung von Zuschüssen und bildungsbezogene Funktionen wie Zulassungen und Registrierung

- **Quip**: Ermöglicht Zusammenarbeit

- **Work.com (einschließlich der neuen Version mit Pandemieunterstützung)**: Entwickelt zur Unterstützung einer sich ständig verändernden Arbeitsumgebung

- **Heroku**: Bietet eine PaaS zur Erstellung, Bereitstellung und Verwaltung in der Cloud

- **MuleSoft**: Bietet eine Integrationsplattform

Auswahlmöglichkeiten für das Salesforce-Anwendungsdesign

Salesforce verfügt über Hunderte von Out-of-the-Box-Funktionen, die zum Entwerfen einer sofort einsatzbereiten Geschäftsanwendung konfiguriert werden können. Als Architekt sollten Sie jedoch zumindest mit den 18 gängigsten deklarativen Optionen und den 16 gängigsten programmatischen Optionen vertraut sein, die für die Entwicklung einer beliebigen Anwendung auf der Salesforce-Plattform zur Verfügung stehen.

In Kap. 2 haben wir darüber gesprochen, jeder Geschäftsanforderung einen von drei technischen Kontexten zuzuordnen. Auch hier sind die drei Kontexte der Schnittstellenkontext, der Geschäftslogikkontext und der Datenkontext. Abb. 3-4 gibt einen schnellen Überblick über die deklarativen und programmatischen Optionen, die zur Verfügung stehen, um Anforderungen zu adressieren, die zu einem oder mehreren technischen Kontexten gehören.

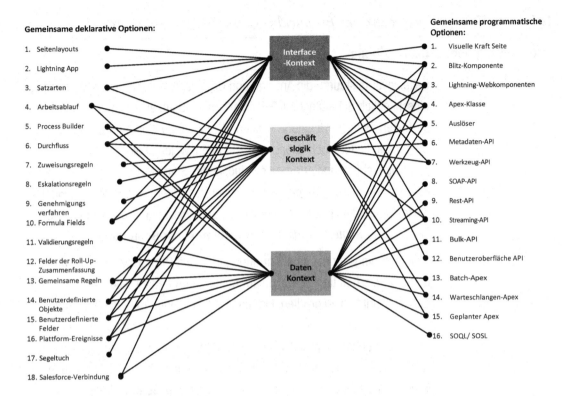

Abb. 3-4. *Optionen für das Anwendungsdesign auf der Grundlage des technischen Kontexts der Anforderungen*

Lassen Sie uns nun die einzelnen Optionen etwas ausführlicher besprechen.

Gemeinsame deklarative Optionen

Salesforce bietet viele deklarative Optionen für die Entwicklung einer Anwendung. Diese Optionen werden oft als „Zeigen und Klicken", „Ziehen und Ablegen" oder „Low Code/ kein Code"-Konfiguration bezeichnet. Dieser Ansatz sollte von einem Architekten als erste Option gewählt werden, da er eine schnellere Entwicklungszeit ermöglicht, die Gesamtkosten der Entwicklung senkt und es „Nicht-Programmierern" erlaubt, Anwendungen der Unternehmensklasse zu erstellen und zu verwalten. Tab. 3-3 zeigt verschiedene deklarative Optionen mit einer Beschreibung und dem technischen Kontext ihrer Verwendung: Schnittstellenkontext, Geschäftslogikkontext und Datenkontext.

Tab. 3-3. *Verfügbare deklarative Entwicklungsoptionen in Salesforce*

Deklarative Optionen	Beschreibung
Seitenlayouts	Seitenlayouts steuern die Anzeige und Organisation der Benutzeroberfläche, einschließlich Schaltflächen, Felder, alle in die Seite eingebetteten Visualforce-Seiten, benutzerdefinierte Links und zugehörige Elemente für jedes Objekt. Sie helfen auch dabei, zu bestimmen, welche Felder sichtbar, schreibgeschützt und erforderlich sind. Jedes Seitenlayout kann direkt einem oder mehreren Benutzerprofilen zugewiesen werden, wodurch die Ansicht dieses Objektdetails für die Benutzer im zugewiesenen Profil definiert wird. *Technischer Kontext für diese Option:* **Kontext der Schnittstelle**
Blitz-App	Eine Lightning-App ist eine Sammlung (d. h. ein Ordner) von Datensatzseiten und Benutzerfunktionen, die zusammenarbeiten, um eine bestimmte Benutzerfunktion zu erfüllen. Lightning-Apps können mit einem eigenen Branding versehen und angepasst werden. Außerdem lassen sich Hilfsleisten am unteren Rand der Seite einfügen und die Navigation anderer Registerkarten und zugehöriger Unterregisterkarten individuell gestalten. *Technischer Kontext für diese Option:* **Kontext der Schnittstelle**
Satzarten	Datensatztypen ermöglichen die Konfiguration unterschiedlicher Geschäftsprozesse, Auswahllistenwerte und Seitenlayouts für verschiedene Benutzer, die dasselbe Objekt unterschiedlich nutzen (z. B. Opportunities für verschiedene Geschäftsbereiche). *Technischer Kontext für diese Option:* **Schnittstellenkontext und/oder Geschäftslogikkontext**
Arbeitsablauf	Eine Workflow-Regel ist ein Satz von Geschäftslogik, der mithilfe eines Wenn-Dann-Kriteriums definiert wird und ausgeführt wird, wenn eine bestimmte Datenänderung (benutzerdefinierte Kriterien) in Salesforce auftritt oder zu einem bestimmten wiederkehrenden Zeitpunkt ausgelöst wird. Mit einem Workflow können Benutzer neue Aufgaben erstellen, E-Mails senden, Felder aktualisieren, eine ausgehende Nachricht an ein anderes System senden und einen Ablauf initiieren. *Technischer Kontext für diese Option:* **Datenkontext und/oder Geschäftslogikkontext**

(Fortsetzung)

Tab. 3-3. (*Fortsetzung*)

Deklarative Optionen	Beschreibung
Process Builder	Process Builder kann für alles verwendet werden, was mit einem Workflow möglich ist, außer für das Senden ausgehender Nachrichten (d. h. deklarative Webservice-Nachrichten von Salesforce an ein externes System). Darüber hinaus bietet Process Builder eine grafische Drag/Drop-Oberfläche zum Entwerfen der mit den einzelnen Objekten verbundenen Geschäftsprozesse. Im Vergleich zu Workflow-Regeln kann Process Builder auch untergeordnete Datensätze aktualisieren, an Chatter posten, Datensätze im Genehmigungsprozess automatisch einreichen und Apex-Klassen aufrufen. *Technischer Kontext für diese Option:* **Datenkontext und/oder Geschäftslogikkontext**
Durchfluss	Flow kann einfach als die deklarativste Art der Codeerstellung über eine grafische Drag-and-Drop-Benutzeroberfläche definiert werden. Ein einzelner Lightning Flow ist eine Anwendung, die einen Geschäftsprozess automatisiert, indem sie Daten sammelt und Aktionen innerhalb Ihrer Salesforce-Organisation oder direkt in einem externen System von Salesforce aus ausführt. Es ist das leistungsstärkste deklarative Tool unter allen und im Vergleich zu Workflow-Regeln und Process Builder. Dies ist eine gute Wahl, wenn die Geschäftslogik kompliziert ist oder eine Wenn-dann-Datenlogik und eine Benutzerinteraktion erforderlich sind. Ein Fluss kann jedoch ein Overkill sein, wenn nur ein einziges oder ein paar Felder geändert werden müssen oder die Geschäftslogik einfach ist. *Technischer Kontext für diese Option:* **Jede oder alle drei**
Zuweisungsregeln	Zuweisungsregeln können nur mit Leads und/oder Fallobjekten verwendet werden. Sie definieren die Regeln und ordnen einen Lead oder einen Fall dem entsprechenden Benutzer oder einer Warteschlange zu, die Leads oder Fälle verwaltet. *Technischer Kontext für diese Option:* **Geschäftslogischer Kontext**

(*Fortsetzung*)

Tab. 3-3. (*Fortsetzung*)

Deklarative Optionen	Beschreibung
Eskalationsregeln	Eskalationsregeln können nur mit dem CASE-Objekt verwendet werden. Sie definieren die Kriterien, nach denen ein Fall an einen Vorgesetzten des aktuellen Fallmanagers eskaliert wird. Die Eskalationsregeln können auf dem Fallstatus, auf Änderungen in den Fallfeldern oder auf der Zeitspanne, in der sich der Fallstatus ändert, basieren. Eskalationsregeln sind vor allem dann nützlich, wenn bestimmte Service-Level-Vereinbarungen von den Support-Mitarbeitern eingehalten werden müssen. *Technischer Kontext für diese Option:* **Geschäftslogischer Kontext**
Genehmigungsver-fahren	Genehmigungsprozesse können eingerichtet werden, um alle in Salesforce erforderlichen Datensatzgenehmigungen zu automatisieren. Ein Genehmigungsprozess legt jeden Genehmigungsschritt fest, einschließlich der Frage, bei wem die Genehmigung zu beantragen ist und was bei jedem Schritt des Genehmigungsprozesses zu tun ist (z. B. könnten Rabatte von mehr als 25 % die Genehmigung eines leitenden Angestellten erfordern). *Technischer Kontext für diese Option:* **Geschäftslogischer Kontext**
Formel-Felder	Formelfelder sind READ-ONLY-Felder, deren Wert auf der Grundlage des Wertes anderer vorhandener Felder ausgewertet wird (z. B. Berechnung von Summen, Verkettung von zwei oder mehr Feldern zur Erstellung eines kombinierten Textes, Berechnung von Daten einschließlich des aktuellen Datums usw.). *Technischer Kontext für diese Option:* **Schnittstellenkontext und/oder Geschäftslogikkontext**
Validierungsregeln	Überprüfungsregeln stellen sicher, dass die Daten, die ein Benutzer für einen Datensatz eingibt, verschiedene Datenkriterien erfüllen, die für die Datenqualität erforderlich sind, z. B. erforderliche Felder, Datenlogik, wie z. B. keine vergangenen Daten erlaubt oder Betrag nicht größer als ein anderes Betragsfeld, usw. Eine Prüfregel kann eine Formel oder einen Ausdruck enthalten, der die vom Benutzer eingegebenen Daten in einem oder mehreren Feldern auswertet und einen Wert von „Wahr" oder „Falsch" zurückgibt. *Technischer Kontext für diese Option:* **Datenkontext und/oder Geschäftslogikkontext**

(*Fortsetzung*)

Tab. 3-3. (*Fortsetzung*)

Deklarative Optionen	Beschreibung
Felder der Roll-up-Zusammenfassung	Die Roll-up-Zusammenfassung kann NUR für das Stammobjekt von Objekten verwendet werden, die über eine Stamm-Detail-Beziehung miteinander verbunden sind. Roll-up-Zusammenfassungsfelder berechnen Werte aus verwandten untergeordneten Objektdatensätzen (z. B. die Summe der Rechnungsbeträge für alle verwandten benutzerdefinierten Rechnungsdatensätze in der Liste der Rechnungen eines Kontos anzeigen). *Technischer Kontext für diese Option:* **Schnittstellenkontext und/oder Datenkontext**
Regeln für die gemeinsame Nutzung	Regeln für die gemeinsame Nutzung sind in Salesforce definierte Funktionen zur Kontrolle des Benutzerzugriffs, die einem bestimmten Benutzer den Zugriff auf die Daten auf der Grundlage von Regeln für den Besitz von Datensätzen, auf der Grundlage bestimmter Datenkriterien, der gemeinsamen Nutzung von Datensätzen mit einer Gruppe von Benutzern, verschiedenen Rollen und ihren Untergebenen, Benutzern und ihren Untergebenen in einem anderen Gebiet vorschreiben. Freigaberegeln können so definiert werden, dass sie einen Nur-Lese- oder einen Lese-/Schreibzugriff auf jeden Datensatz ermöglichen. *Technischer Kontext für diese Option:* **Datenkontext und/oder Geschäftslogikkontext**
Benutzerdefinierte Objekte	Benutzerdefinierte Objekte sind der Schlüssel zur Erweiterung von Salesforce über die Standardobjektfunktionen hinaus. Jedem benutzerdefinierten Objekt wird automatisch ein Seitenlayout zugewiesen, das eine Benutzeroberfläche wiedergibt. Zusätzlich zur Benutzeroberfläche erbt es viele der Plattformfunktionen, die allen Objekten in Salesforce zur Verfügung stehen. Aus diesem Grund kann ein benutzerdefiniertes Objekt für jeden technischen Kontext verwendet werden. *Technischer Kontext für diese Option:* **Jede oder alle drei**

(*Fortsetzung*)

Tab. 3-3. (*Fortsetzung*)

Deklarative Optionen	Beschreibung
Benutzerdefinierte Felder	In Salesforce können Sie 23 verschiedene Arten von benutzerdefinierten Feldern für jedes Objekt erstellen. Die Wahl des benutzerdefinierten Feldes bestimmt nicht nur den Datentyp, der für die Eingabe zulässig ist, sondern bietet auch verschiedene andere Funktionen wie die Möglichkeit, automatische Nummern zu generieren und Hyperlinks in einem separaten Fenster zu öffnen. Benutzerdefinierte Felder sind auch eine Option, um auf jeden technischen Kontext einzugehen. *Technischer Kontext für diese Option:* **Jede oder alle drei**
Plattform-Ereignisse	Mithilfe von Plattformereignissen können Sie Salesforce auf der Grundlage der ereignisgesteuerten Veröffentlichungs-/Abonnement-Architektur mit einem oder mehreren Remote-Systemen verbinden. In einer ereignisgesteuerten Architektur wird eine Nachricht in einem Ereignisbus veröffentlicht, und die Abonnenten dieser Nachricht, die mit dem Ereignisbus verbunden sind, können die Daten abrufen. Bei den Abonnenten kann es sich um eine Lightning-Anwendung innerhalb Ihrer Organisation oder um ein externes System handeln. Es gibt zwei Arten von Plattformereignissen, die in Salesforce konfiguriert werden können, nämlich Change Data Capture-Ereignisse und Standardplattformereignisse. Mit „Change Data Capture"-Ereignissen können Sie Änderungsereignisse veröffentlichen, die alle Änderungen an Salesforce-Datensätzen innerhalb Ihrer Organisation darstellen. Zu den Änderungen gehören die Erstellung eines Datensatzes, die Aktualisierung eines bestehenden Datensatzes, das Löschen eines Datensatzes und das Rückgängigmachen eines Datensatzes. Mit Standard-Platform-Ereignissen können Sie eine Aktion einrichten, die eine Reihe von vordefinierten Daten in einem Platform-Event-Objekt veröffentlicht. Alle im Plattformereignisobjekt gespeicherten Daten werden dann auf dem Ereignisbus veröffentlicht. *Technischer Kontext für diese Option:* **Jede oder alle drei**

(*Fortsetzung*)

Tab. 3-3. (*Fortsetzung*)

Deklarative Optionen	Beschreibung
Segeltuch	Canvas ist die Salesforce-Funktion zur Integration mit einer Remote-Anwendung über ein Datenvirtualisierungsmuster (weitere Einzelheiten zur Datenvirtualisierungsintegration finden Sie in Kap. 6). Canvas ist eine Reihe von Tools, die JavaScript-APIs verwenden, um die Remote-Anwendung nahtlos in Ihrer Salesforce-Organisation als Teil Ihrer Salesforce-Benutzeroberfläche darzustellen. *Technischer Kontext für diese Option:* **Kontext der Schnittstelle**
Salesforce-Verbindung	Salesforce Connect kann so konfiguriert werden, dass es neben den Salesforce-Daten innerhalb Ihrer Organisation auch auf Daten aus externen Quellen zugreift. Mit Salesforce Connect können Sie Daten aus externen Systemen als externe Objekte in Salesforce anzeigen. Externe Objekte ähneln benutzerdefinierten Objekten, mit dem Unterschied, dass sie Daten außerhalb Ihrer Salesforce-Organisation zuordnen. Salesforce Connect unterhält eine Live-Verbindung mit den im externen System gespeicherten externen Daten, sodass die in den externen Objekten innerhalb Ihrer Salesforce-Organisation angezeigten Daten auf dem neuesten Stand sind. Mit Salesforce Connect können Sie - Abfrage von Daten in einem externen System. - Erstellen, Aktualisieren und Löschen von Daten in einem externen System. - Zugriff auf externe Objekte über Listenansichten, Detailseiten, Datensatz-Feeds, benutzerdefinierte Registerkarten und Seitenlayouts. - Definieren Sie Beziehungen zwischen externen Objekten und Standard- oder benutzerdefinierten Objekten, um Daten aus verschiedenen Quellen zu integrieren. - Aktivieren Sie Chatter-Feeds auf externen Objektseiten für die Zusammenarbeit. - Berichte über externe Daten erstellen. - Zeigen Sie die Daten in der mobilen Salesforce-App an. *Technischer Kontext für diese Option:* **Schnittstellenkontext und/oder Datenkontext**

Gemeinsame programmatische Optionen

Salesforce bietet auch viele programmatische Optionen zur Entwicklung einer Anwendung. Diese Optionen erweitern die „Out-of-the-Box"-Funktionalität mit benutzerdefiniertem Code. Die programmatische Option sollte nur verwendet werden, wenn die Lösung nicht deklarativ ausgeführt werden kann oder um die Komplexität der Lösung nicht zu erhöhen. Tab. 3-4 zeigt verschiedene programmatische Optionen mit einer Beschreibung und dem technischen Kontext ihrer Verwendung: Schnittstellenkontext, Geschäftslogikkontext und Datenkontext.

Tab. 3-4. *Verfügbare Entwicklungsoptionen in Salesforce*

Programmatische Optionen	Beschreibung
Visualforce-Seite	Eine Visualforce-Seite ähnelt einer Standard-Webseite, enthält jedoch zusätzliche Funktionen für den Zugriff, die Anzeige und die Aktualisierung von Daten aus der Salesforce-Organisation. Seiten können über eine eindeutige URL, die speziell jeder erstellten Visualforce-Seite zugewiesen wird, referenziert und aufgerufen werden. *Technischer Kontext für diese Option:* **Kontext der Schnittstelle**
Blitzschutz-komponenten	Eine Lightning-Komponente ist ein UI-Framework (d. h. ein „Aura"-Framework), das die Entwicklung von Single-Page-Anwendungen für Mobil- und Desktop-Geräte ermöglicht. Im Gegensatz zu Apex-Klassen verfügen Lightning-Komponenten über entkoppelte Code-Ressourcen für Wiederverwendbarkeit und bessere Code-Ausführung im Browser oder in der mobilen Anwendung (d. h. clientseitige Anwendung). *Technischer Kontext für diese Option:* **Jede oder alle drei**
Lightning-Webkomponenten (LWC)	Lightning-Webkomponenten sind benutzerdefinierte HTML-Elemente, die mit HTML und modernem JavaScript erstellt werden. Lightning-Webkomponenten und Lightning-Komponenten können auf einer Seite koexistieren und interagieren. *Technischer Kontext für diese Option:* **Jede oder alle drei**

(Fortsetzung)

Tab. 3-4. (*Fortsetzung*)

Programmatische Optionen	Beschreibung
Apex-Klasse	Eine Apex-Klasse enthält den programmatischen Code zur Ausführung von Verhaltensweisen und zur Verwaltung des Zustands eines beliebigen Objekts in Salesforce. Ähnlich wie in Java ist eine Apex-Klasse eine Vorlage oder ein Entwurf, aus dem Objekte erstellt werden. Eine Apex-Klasse kann auch so geschrieben werden, dass sie als Controller fungiert. Dabei handelt es sich um eine Reihe von Anweisungen, die angeben, was der Salesforce-Server tun soll, wenn ein Benutzer oder ein entferntes System über eine Schnittstelle interagiert. Bei Controllern kann es sich um Standard-Controller handeln, die dieselbe Funktionalität und Logik enthalten, die für Standard-Salesforce-Seiten verwendet wird, oder ein Entwickler kann mithilfe von Apex benutzerdefinierte Controller-Klassen oder Controller-Erweiterungen erstellen, um vorhandene Standardfunktionen außer Kraft zu setzen, die Navigation durch eine Anwendung anzupassen, Callouts oder Webservices zu verwenden oder wenn Sie eine feinere Kontrolle darüber benötigen, wie auf Informationen von einer Seite aus zugegriffen wird. *Technischer Kontext für diese Option:* **Jede oder alle drei**
Auslöser	Trigger sind Apex-Skripte, die in Bezug auf ein beliebiges Objekt geschrieben werden, in dem Benutzer benutzerdefinierte Aktionen durchführen müssen, bevor oder nachdem Änderungen für beliebige Datensätze gespeichert werden, wie z. B. das Einfügen eines neuen Datensatzes, die Aktualisierung bestehender Datensätze oder das Löschen bestehender Datensätze. Es gibt zwei Arten von Triggern: Vorher-Trigger und Nachher-Trigger. Ein Vorher-Trigger wird verwendet, um Datensatzwerte zu aktualisieren oder zu validieren, BEVOR sie in der Datenbank gespeichert werden. Im Gegensatz dazu werden After-Trigger verwendet, um auf Feldwerte zuzugreifen, die vom System festgelegt wurden (z. B. die ID eines Datensatzes oder das Feld LastModifiedDate), nachdem der Datensatz in der Datenbank gespeichert wurde, und um Änderungen an Bezugsdatensätzen vorzunehmen. *Technischer Kontext für diese Option:* **Jede oder alle drei**

(*Fortsetzung*)

Tab. 3-4. (*Fortsetzung*)

Programmatische Optionen	Beschreibung
Metadaten-API	Die Metadaten-API kann von Benutzern zum Abrufen, Bereitstellen, Erstellen, Aktualisieren oder Löschen von Anpassungen innerhalb einer beliebigen Organisation mit der Force.com-IDE oder dem Ant-Migrationstool oder einem externen Code-Skripting-Tool wie Microsoft VS Code verwendet werden. Die häufigste Verwendung ist die Migration von Änderungen aus einer Sandbox- oder Test-Organisation in die Produktionsumgebung. Die Metadaten-API ist für die Verwaltung von Anpassungen und für die Erstellung von Tools vorgesehen, die das Metadatenmodell, nicht aber die Daten selbst verwalten können. *Technischer Kontext für diese Option:* **Kontext der Schnittstelle und/oder Kontext der Geschäftslogik**
Werkzeug-API	Mit der Tooling-API können Sie benutzerdefinierte Entwicklungstools oder benutzerdefinierte Anwendungen zur Verwendung mit Salesforce erstellen. Die Tooling-API ähnelt der Metadaten-API, d. h. Sie können damit auf die Salesforce-Metadaten zugreifen und diese aktualisieren, mit dem Unterschied, dass die mit der Tooling-API verwendeten SOQL-Abfragen kleinere Teile der Metadaten abrufen können. Kleinere Abrufe von Metadaten können die Leistung verbessern, so dass sich die Tooling-API besser als die Metadaten-API für die Entwicklung interaktiver Anwendungen eignet, die mit Ihrer Salesforce-Organisation verbunden sind. Sie können die Tooling-API verwenden, um Ihren vorhandenen Lightning Platform-Tools Funktionen und Merkmale hinzuzufügen. *Technischer Kontext für diese Option:* **Kontext der Schnittstelle und/oder Kontext der Geschäftslogik**

(*Fortsetzung*)

Tab. 3-4. (*Fortsetzung*)

Programmatische Optionen	Beschreibung
SOAP-API	Die SOAP-API von Salesforce bietet programmatischen Zugriff auf die Informationen Ihrer Organisation über eine einfache, leistungsstarke und sichere Anwendungsprogrammierschnittstelle. Benutzer und externe Systeme können SOAP API verwenden, um Datensätze zu erstellen, abzurufen, zu aktualisieren oder zu löschen, wie z. B. Accounts, Leads und benutzerdefinierte Objekte. Mit mehr als 20 verschiedenen Aufrufen ermöglicht die SOAP-API auch die Verwaltung von Passwörtern, die Durchführung von Suchvorgängen und vieles mehr. *Technischer Kontext für diese Option:* **Kontext der Daten**
REST-API	Die REST-API von Salesforce kann für Änderungen auf Feldebene verwendet werden, insbesondere wenn Benutzer Salesforce über mobile Anwendungen und umfangreiche UI-basierte Webanwendungen verwenden. Die Rest-API eignet sich am besten für die Durchführung von Feldänderungen, wenn die Gesamtzahl der zu aktualisierenden Datensätze weniger als 20 in einem einzigen Aufruf beträgt. Für Aktualisierungen großer Datenmengen können Benutzer auch die Bulk-API verwenden, die das REST-Protokoll ähnlich wie die REST-API für die Integration nutzt. Mit Rest API können externe Systeme sowie mobile und Webanwendungen auf alle Salesforce-Objekte zugreifen, die über SOAP API zugänglich sind. *Technischer Kontext für diese Option:* **Kontext der Daten**
Bulk-API	Die Bulk-API basiert auf REST-Prinzipien und ist für das Laden oder Löschen großer Datensätze optimiert. Sie können damit viele Datensätze asynchron abfragen, abfragenAlle, einfügen, aktualisieren, hochladen oder löschen, indem Sie Stapel übermitteln. Salesforce verarbeitet Stapel asynchron im Hintergrund. *Technischer Kontext für diese Option:* **Kontext der Daten**

(*Fortsetzung*)

Tab. 3-4. (*Fortsetzung*)

Programmatische Optionen	Beschreibung
Benutzeroberfläche API	Die Benutzerschnittstellen-API wird hauptsächlich verwendet, um eine Salesforce-Benutzeroberfläche ganz oder teilweise zu replizieren, und zwar auf der Grundlage einiger Kriterien und/oder Berechtigungen, die für eine Nicht-Lightning-Experience-App definiert wurden. Die Benutzeroberflächen-API bietet sogar Endpunkte zur Durchführung von CRUD-Vorgängen mit den im Layout dargestellten Daten, sodass Benutzer Daten bearbeiten, aktualisieren und löschen können. Der übliche Anwendungsfall für User Interface API ist die vollständige oder teilweise Replikation der Salesforce-Benutzeroberfläche innerhalb einer benutzerdefinierten mobilen oder Web-App. Ich empfehle nicht, die Benutzeroberflächen-API für die Datenextraktion oder das Hochladen von Daten zu verwenden, da Benutzeroberflächen-APIs kontextabhängig von der angezeigten Seite sind. *Technischer Kontext für diese Option:* **Kontext der Schnittstelle**
Batch-Apex	Entwickler können Batch Apex erstellen, um komplexe, lang andauernde Prozesse zu erstellen, die auf der Lightning Platform auf Tausenden von Datensätzen laufen. Batch Apex arbeitet mit kleinen Stapeln von Datensätzen, deckt die ausgewählten Datensatzänderungen ab und unterteilt die Verarbeitung in überschaubare Teile. Entwickler verwenden Batch Apex in erster Linie für Archivierungslösungen, die nachts nach Datensätzen suchen, die ein bestimmtes Datum überschritten haben, und diese zu einem Archiv hinzufügen, oder um einen Datenbereinigungsvorgang zu erstellen, der nachts ausgewählte Objekte durchläuft und sie bei Bedarf anhand benutzerdefinierter Kriterien aktualisiert. *Technischer Kontext für diese Option:* **Geschäftslogischer Kontext**

(*Fortsetzung*)

Tab. 3-4. (*Fortsetzung*)

Programmatische Optionen	Beschreibung
Warte-schlangen-Apex	Queueable Apex sind programmatische Aktionen (d. h. Jobs), die zur Ausführung in eine Warteschlange gestellt werden können, zusammen mit einer Job-ID, deren Ausführungsstatus überwacht werden kann. Ein weiterer Vorteil von Queueable Apex ist die Möglichkeit für Entwickler, nicht-primitive Datentypen zu verwenden, wie z. B. sObjects oder benutzerdefinierte Apex-Typen. Auf diese Objekte kann zugegriffen werden, wenn der Auftrag ausgeführt wird, was in asynchronem Apex nicht möglich ist (z. B. bei der Verwendung zukünftiger Methoden in einer Apex-Klasse). Queueable Apex ermöglicht auch die Verkettung mehrerer Jobs, indem ein Job mit einem anderen Job verkettet wird, indem ein zweiter Job von einem laufenden Job gestartet wird. Die Verkettung von Aufträgen ist nützlich, wenn Sie eine Verarbeitung durchführen müssen, die davon abhängt, dass ein anderer Prozess zuerst ausgeführt wurde. *Technischer Kontext für diese Option:* **Datenkontext und/oder Geschäftslogikkontext**
Geplanter Apex	Geplante Apex-Jobs können verwendet werden, um Apex-Klassen zu bestimmten Zeiten asynchron über die Planungsschnittstelle aufzurufen. *Technischer Kontext für diese Option:* **Datenkontext und/oder Geschäftslogikkontext**
SOQL/SOSL	Ähnlich wie die branchenbekannte Structured Query Language (SQL). Salesforce Object Query Language (SOQL) ist die Abfragesprache, die nur innerhalb von Salesforce verwendet werden kann, um beliebige/alle Daten innerhalb von Salesforce abzufragen. „Salesforce Object Search Language" (SOSL) ist eine Suchsprache, die innerhalb von Salesforce verwendet werden kann, um eine textbasierte Suche nach Daten innerhalb Ihrer Salesforce-Organisation durchzuführen. *Technischer Kontext für diese Option:* **Kontext der Daten**

Reihenfolge der Ausführung in Salesforce

Es ist eine Sache, eine deklarative oder programmatische Salesforce-Option basierend auf dem technischen Kontext zu wählen, aber es ist auch wichtig, die Reihenfolge zu verstehen, in der Salesforce jede Option ausführt. In Kap. 1 wurde kurz über die clientseitige Ausführung gegenüber der serverseitigen Ausführung in Salesforce gesprochen und wie die Apex-Laufzeit-Engine Benutzeranfragen verarbeitet.

Salesforce führt jedes Mal, wenn ein serverseitiger Aufruf zum Erstellen oder Aktualisieren eines Datensatzes in der Salesforce-Datenbank erfolgt, einen Standardsatz von Ereignissen in einer bestimmten Reihenfolge aus. Diese Reihenfolge der Ereignisse bestimmt, welche Option zuerst und welche später ausgeführt wird. Jedes Ereignis in der Reihenfolge muss vollständig ausgeführt werden, bevor Salesforce das nächste Ereignis ausführen kann. Abb. 3-5 veranschaulicht die Reihenfolge der Ereignisse, die Salesforce beim Übertragen eines Datensatzes in die Datenbank befolgt.

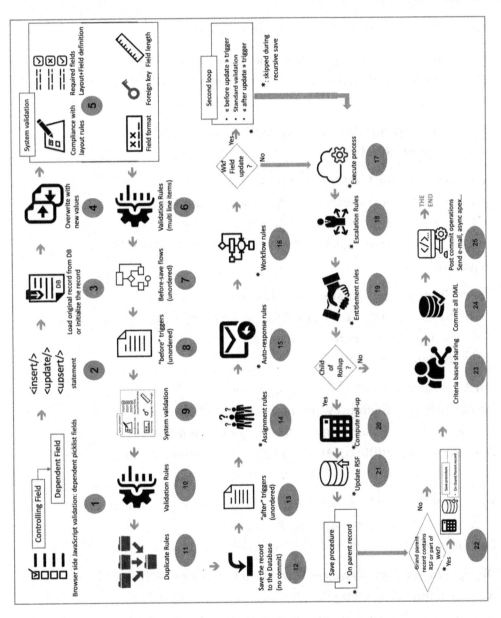

Abb. 3-5. *Reihenfolge der Ausführung in Salesforce*

1. **JavaScript-Überprüfung**: Die Validierung von abhängigen Auswahllistenfeldern wird auf der Browserseite ausgeführt und wird nur durchgesetzt, wenn für den Datensatz in der Transaktion abhängige Felder konfiguriert sind.

2. **DML-Anweisung**: Die DML-Anweisung wird gestartet.

3. **Datensatz laden**: Der Originaldatensatz wird aus Salesforce geladen; dadurch werden sowohl die vorhandenen als auch die neuen Datensätze abgeglichen.

4. **Datensatz überschreiben**: Die neuen Werte werden im alten Datensatz überschrieben.

5. **Systemvalidierung (erster Durchlauf)**: Validierungen, die vom System durchgeführt werden, um die Integrität von Feldtypen (z. B. haben Zahlenfelder keine Sonderzeichen), Seitenlayouts und die Einzigartigkeit von indizierten Feldern wie externen Id's zu gewährleisten.

6. **Überprüfungsregeln (erster Durchlauf)**: Benutzerdefinierte Validierungsregeln werden ausgeführt, wenn mehrzeilige Positionen erstellt wurden, z. B. Angebots- und Verkaufschancenpositionen.

7. **Vor Auslösern**: Bevor Speicherbewegungen ausgeführt werden. Bevor Auslöser ausgeführt werden; normalerweise werden Vor-Auslöser verwendet, um Logik in den zu verarbeitenden Datensätzen auszuführen. Auslöser werden im Massenmodus mit bis zu 200 Datensätzen pro Transaktion ausgeführt.

8. **Systemvalidierung (zweiter Durchlauf)**: Systemvalidierungen werden anhand von Layoutregeln, Pflichtfeldern, Feldformatregeln und Fremdschlüsseln durchgeführt.

9. **Überprüfungsregeln (zweiter Durchlauf)**: In diesem Schritt werden benutzerdefinierte Validierungsregeln durchgesetzt. Beachten Sie, dass sich Änderungen, die im Vorher-Auslöser vorgenommen werden, auf das Ergebnis der Validierungsregeln auswirken.

10. **Doppelte Regeln**: Führt Regeln für doppelte Datensätze aus. Wenn die Duplikatsregel den Datensatz als Duplikat identifiziert und die Blockaktion verwendet, wird der Datensatz nicht gespeichert und es werden keine weiteren Schritte, wie z. B. nach Auslösern und Workflow-Regeln, durchgeführt.

11. **Datensatz speichern**: Speichert den Datensatz in der Datenbank, führt aber noch keine Übertragung durch.

12. **Nach Auslöser**: Nach der Ausführung von Triggern; in der Regel werden After-Trigger verwendet, um die Anmeldung in anderen Datensätzen als den zu verarbeitenden durchzuführen. Trigger laufen im Massenmodus mit bis zu 200 Datensätzen pro Transaktion.

13. **Zuweisungsregeln**: Zuweisungsregeln werden ausgelöst.

14. **Auto-Response-Regeln**: Auto-Response-Regeln werden ausgeführt.

15. **Workflow-Regeln**: Workflow-Regeln werden ausgelöst. Bei einer Aktualisierung werden die folgenden Aktionen erneut ausgeführt: Auslöser vor der Aktualisierung, Standardvalidierungen und Auslöser nach der Aktualisierung.

16. **Flows ausführen**: Flows werden ausgeführt; wenn der Flow eine DML-Aktion durchführt, durchläuft der Datensatz erneut die Speicherprozedur.

17. **Eskalationsregeln**: Die Eskalationsregeln laufen.

18. **Anspruchsregeln**: Die Anspruchsregeln laufen.

- Wenn der Datensatz ein Rollup-Summenfeld enthält oder Teil eines objektübergreifenden Workflows ist, führt er Berechnungen durch und aktualisiert das Rollup-Summenfeld im übergeordneten Datensatz. Der übergeordnete Datensatz durchläuft das Speicherverfahren.

- Wenn der übergeordnete Datensatz aktualisiert wird und ein großelterlicher Datensatz ein Rollup-Summenfeld enthält oder Teil eines objektübergreifenden Workflows ist, führt er

Berechnungen durch und aktualisiert das Rollup-Summenfeld im
großelterlichen Datensatz. Der großelterliche Datensatz
durchläuft das Speicherverfahren.

19. **Kriterienbasiertes Teilen**: Die kriterienbasierte Aufteilung wird
    bewertet und berechnet.

20. **Commit DML**: Der Datensatz wird in die Datenbank übertragen.

21. **Post-Commit-Vorgänge**: Post-Commit-Vorgänge werden
    ausgelöst (Senden von E-Mails).

Salesforce AppExchange

AppExchange von Salesforce ist ein Schaufenster, das Anwendungen, Bolt-Lösungen,
Flow-Lösungen, Lightning-Daten und Komponenten anbietet, die in einer bestimmten
Salesforce-Instanz installiert werden können, um die Markteinführung von kleinen
Erweiterungen bis hin zu vollständigen Anwendungen zu beschleunigen.

AppExchange macht es einfach, die Salesforce-Software zu verbessern. **Apps** bieten
schlüsselfertige Lösungen, die als verwaltete oder nicht verwaltete Pakete installiert
werden können. Ein verwaltetes Paket wird von einem unabhängigen Softwareanbieter
(ISV) erstellt und als abgeschlossenes Paket installiert und vom ISV aktualisiert. Die
Anwendung kann geändert werden, und die Aktualisierung wird automatisch auf Ihre
Instanz übertragen. Ein nicht verwaltetes Paket wird ebenfalls von AppExchange
installiert, ist jedoch nicht gesperrt und kann von den Benutzern der Instanz geändert
werden. Updates werden nicht automatisch übertragen, da die Lösung offen für
Änderungen ist, von denen einige möglicherweise nicht von der Lösung unterstützt
werden. Das verwaltete Paket wird als verwaltetes Paket der ersten Generation (1GP)
bezeichnet. Wie zu erwarten, hat Salesforce ein verwaltetes Paket der zweiten
Generation (2GP) eingeführt, das eine neue Möglichkeit bietet, modulare Anwendungen
zu erstellen, die über Ihr Versionskontrollsystem verwaltet werden.[9]

Mit 2GP bietet Salesforce ein Paket an, das für interne Geschäftsanwendungen
entwickelt wurde und als „unlocked package" bezeichnet wird. Das freigeschaltete Paket

---

[9] Salesforce (2020). Managed Packages der zweiten Generation | Salesforce DX Developer Guide |
Salesforce Developers. Abgerufen am 21. Oktober 2020, von `https://developer.salesforce.`
`com/docs/atlas.en-us.sfdx_dev.meta/sfdx_dev/sfdx_dev_dev2gp.htm`.

verwendet ein Versionskontrollsystem zum Erstellen, Verteilen und Bereitstellen von quellbasierter Entwicklung.

Unabhängig von der Art des von Ihnen gewählten Pakets sollte AppExchange als praktikable Option zur Erstellung vollständig benutzerdefinierter Anwendungen in Betracht gezogen werden. Eine über AppExchange installierte Anwendung bietet die folgenden Vorteile, ohne dass normale Lizenz- oder Funktionsbeschränkungen, wie z. B. die Begrenzung der Objektanzahl, hinzukommen:

- Schnellerer Einsatz

- Bessere Kundenbetreuung

- Verfügbare Dokumentation

- Regelmäßige Aktualisierungen

- Qualitätssicherung und Sicherheit

Bolt-Lösungen ermöglichen es ISVs oder internen Entwicklern, mithilfe deklarativer Funktionen in Salesforce schnell Lösungen zu erstellen und diese zur Wiederverwendung zu verpacken. Dieses Design kann Unternehmen Zeit und Geld sparen. Bolt-Lösungen können auch eine der folgenden Lösungen kombinieren: Community-Vorlagen, Flusskategorien und benutzerdefinierte Anwendungen.

Flow-Lösungen nutzen die Vorteile von Lightning Flows ohne Code, die vordefinierte Geschäftsprozesse verpacken können. Flow-Lösungen ähneln den Bolt-Lösungen, da sie kombiniert werden können, um bestehende Anwendungen zu erweitern.

Lightning-Daten sind Pakete, die dazu dienen, Ihre Salesforce-Daten zu erweitern und ihnen Daten hinzuzufügen. Die Daten werden von Drittunternehmen wie Dun & Bradstreet angeboten. Die Lösung kann fehlende Felder ausfüllen oder fehlende zugehörige Datensätze wie E-Mail-Adressen und Kontokontakte hinzufügen.

Komponenten sind verfügbare Lightning-Komponenten (sowohl Aura als auch LWC), die geladen und verwendet werden können, um Ihr Lightning-Erlebnis, Ihren Prozess und Ihre Integrationen zu verbessern. Die Komponenten werden für die Verwendung mit der App Builder Canvas-App geladen.

Unabhängig davon, welche Lösung Sie verwenden, ist AppExchange eine Option, die Sie in Betracht ziehen sollten. Viele der Lösungen sind kostenlos oder sehr kostengünstig und können schnell zusätzliche Funktionen bieten.

Überlegungen zur Verwendung plattformunabhängiger Systeme anstelle von Salesforce

Als Architekt müssen Sie erkennen, wann Salesforce nicht die richtige Wahl ist, und die Entscheidung für eine plattformunabhängige Lösung treffen. Ganz gleich, ob Sie nach einer Sicherungs- und Archivierungslösung, einem Zahlungs-Gateway oder einem Data Warehouse für Unternehmen suchen, die beste Lösung ist die Verwendung einer plattformunabhängigen Lösung. Hier sind ein paar Dinge zu beachten:

- Haben Sie große Datenmengen (LDVs)? Datenvolumina, die mehrere zehn bis hundert Millionen Datensätze umfassen, können erhebliche Leistungsprobleme verursachen.

- Sind Sie auf der Suche nach einer Offline-Sicherungs- oder Archivierungslösung? Standardmäßig sollten diese Lösungen plattformunabhängig sein.

- Haben Sie unstrukturierte Daten oder benötigen Sie eine Big Data-Lösung? Salesforce hat eine Lösung, aber oft ist eine Big Data-Anwendung außerhalb der Plattform besser.

- Benötigen Sie eine Zwei-Phasen-Commit-Transaktionsverarbeitung, bei der Sie die Atomarität der Transaktion sicherstellen müssen? Das bedeutet, dass eine Transaktion zwei oder mehr unabhängige Datenbanken aktualisiert, die alle bestätigt werden müssen, bevor die Transaktion für eine der Datenbanken abgeschlossen werden kann. Salesforce unterstützt diese Anforderung nicht von Haus aus.

- Muss Ihre Lösung ein externes ERP- oder Finanzsystem unterstützen? Diese Lösungen sind oft plattformunabhängig und erfordern eine Integration. Sie sind keine Kandidaten für Lösungen in Salesforce.

- Müssen Sie Zahlungen verarbeiten? Das Zahlungsgateway und die Zahlungsverarbeitungsanwendung sind extern und kommen für Lösungen in Salesforce nicht in Frage.

- Haben Sie eine Webanwendung mit hohem Markenwert? Oft ist es
  besser, die Lösung plattformunabhängig zu halten.

- Haben Sie Altanwendungen oder spezielle Lösungen? Die Investition
  für die Übertragung dieser Anwendungen in Salesforce ist
  möglicherweise nicht sinnvoll.

- Verfügt das Unternehmen über eine Cloud-basierte
  Infrastrukturumgebung wie AWS oder Azure? Es ist ratsam, einen
  Anwendungsrationalisierungsrahmen zu verwenden, um
  Kandidaten für Salesforce zu identifizieren. Achten Sie auf die
  Gesamtbetriebskosten, den Geschäftswert und die Eignung, den
  Geschäftsbedarf und die Markteinführungszeit.

Überlegungen zur Salesforce-Organisationsstrategie

Eine „Organisation" oder „Org" im Salesforce-Ökosystem bezieht sich auf eine einzelne
Salesforce-Produktionsumgebung, die für Ihr Unternehmen partitioniert und bereitgestellt
wird. Dennoch kann ein Unternehmen aus triftigen Gründen mehrere Salesforce-
Organisationen (Salesforce-Produktionsumgebungen) abonnieren. Einige Gründe für
mehrere Salesforce-Orgs im Vergleich zu einer einzigen Salesforce-Org sind die folgenden:

- Das Risiko einer Überschreitung der Gouverneursgrenzen innerhalb
  einer einzelnen Organisation kann durch mehrere Organisationen
  gemildert werden, da jede Organisation ihre eigenen
  Gouverneursgrenzen hat.

- Logische Trennung von Daten und Geschäftsfunktionen zur
  Unterstützung gesetzlicher und behördlicher Anforderungen oder
  geschäftlicher Komplexität.

- Das Risiko großer Datenmengen innerhalb einer einzelnen Orgel
  kann die Systemleistung beeinträchtigen.

- Organisationsweite Standardeinstellungen in Bezug auf die Sicherheit auf Objektebene und die Rollenhierarchie können für jede Organisation in mehreren Organisationen unterschiedlich und eindeutig festgelegt werden.

- Die Lizenzierung muss für jede Organisation gesondert betrachtet werden; gemeinsame Benutzer in mehreren Organisationen müssen für jede Organisation mehrere Lizenzen haben.

- Die Bereitstellung eines gemeinsamen Satzes von Konfigurationen oder Code über mehrere Organisationen hinweg ist bei einem org-basierten Entwicklungsansatz nicht möglich, da die Sandboxen der einzelnen Organisationen nur für die Bereitstellung innerhalb derselben Organisation verwendet werden können.

Oft sind die Antworten auf die oben genannten Gründe zu Beginn eines Projekts nicht offensichtlich. Jede Strategie hat ihre Vor- und Nachteile, und es ist wichtig, eine Organisationsstrategie zu wählen, die den Anforderungen des Unternehmens am besten entspricht. Tab. 3-5 veranschaulicht einige der Vor- und Nachteile einer Salesforce-Single-Org- gegenüber einer Multi-Org-Strategie.

Tab. 3-5. *Single-Org vs. Multi-Org Strategie*

Organisation Strategie	Profis	Nachteile
Einzel-organisation	Geschäftsbereichsübergreifende Zusammenarbeit.	Die Komplexität der Organe könnte zu einem Hindernis für den Fortschritt werden.
	Salesforce Chatter wird im Unternehmen gemeinsam genutzt.	Die Möglichkeit, bestimmte Org-Limits zu erreichen, z. B. die Anzahl der benutzerdefinierten Registerkarten, Objekte und Codezeilen.
	Abgestimmte Prozesse, Berichte, Dashboards und Sicherheit – konsolidierte Anpassung.	Organisationsweite Einstellungen könnten schwierig zu regeln und zu verwalten sein.
	Fähigkeit zur gemeinsamen Nutzung von Daten.	Die Zeit bis zur Markteinführung und Innovation könnte durch die Anzahl der Teams, die neue Funktionen einführen, beeinträchtigt werden.
	Einheitliche Berichterstattung	Mehr Teams, die gemeinsame Konfigurationen und Codes aktualisieren, bedeuten, dass mehr Regressionstests erforderlich sind, da die Komplexität mit der Zeit zunimmt.
	Eine einzige Anmeldung für den Zugriff auf mehrere Geschäftsfunktionen.	Weniger Sandbox-Umgebungen reduzieren die Testmöglichkeiten.
	360-Blick von einem zentralen Standpunkt aus – Gesamtberichte möglich.	Die lokale Verwaltung ist schwierig.
	Schnittstellen sind leichter zu pflegen.	Kann die Einhaltung von Industriestandards verletzen, wie z. B. die EU GDPR-Datenschutzgesetze, die eine logische Trennung von Daten und Benutzersicht erfordern.

(Fortsetzung)

Tab. 3-5. (*Fortsetzung*)

Organisation Strategie	Profis	Nachteile
Mehrere Organisatio- nen	Logische Trennung der Daten.	Es ist schwieriger, eine klare globale Definition von Prozessen und Daten zu erhalten.
	Geringeres Risiko der Überschreitung von Org-Grenzwerten.	Weniger Wiederverwendung von Konfigura- tion und Code.
	Organisationsweite Einstellungen lassen sich leichter steuern und verwalten, da geringere Daten- mengen innerhalb einer einzelnen Organisation die Leistung verbessern können.	Lösungen für gemeinsame Geschäfts- anforderungen müssen in mehreren Unternehmen eingesetzt werden.
	Bessere Markteinführung und mehr Freiheit für Innovationen.	Unzureichende Zusammenarbeit zwischen den Geschäftsbereichen (kein gemeinsames Chatter).
	Weniger Teams, die von ge- meinsamen Aktualisierungen betroffen sind.	Doppelte Verwaltungsfunktionen erforder- lich.
	Geringere Komplexität innerhalb einer einzigen Organisation.	Erhöhte Komplexität für Single Sign-On.
	Mehr Sandbox-Umgebungen bedeuten mehr Testmöglichkeiten.	Die Zusammenlegung/Teilung von Organi- sationen und die Änderung von Integrations- endpunkten ist sehr schwierig.
	Lokale Verwaltung und Anpassung möglich.	Der Verwaltungsaufwand ist bei Konfigura- tionen, die nicht durch automatisierte Prozesse bereitgestellt werden können, sehr hoch (Bereitstellungsstrategie erforderlich).

Bei der Implementierung einer Multi-Org-Strategie gibt es verschiedene Ansätze zur Einrichtung und Verwaltung mehrerer Salesforce-Organisationen. Die folgenden Strategien sind die drei gebräuchlichsten Arten, wie Multi-Orgs eingerichtet werden können:

- **Unabhängige Multi-Org-Strategie:** Bei dieser Art der Einrichtung wird jede Salesforce-Organisation unabhängig eingerichtet, ohne dass eine Verbindung oder Verknüpfung mit einer anderen Salesforce-Organisation besteht.

- **Master-Child-Multi-Organisationsstrategie:** Bei dieser Art der Einrichtung wird eine Master-Organisation als zentralisierte übergeordnete Organisation behandelt, wobei alle anderen Salesforce-Organisationen mit dieser übergeordneten Organisation verbunden sind. Dabei wird die Funktion Salesforce to Salesforce verwendet, die eine nahtlose Integration und einen nahtlosen Austausch von Daten zwischen den verbundenen Salesforce-Organisationen ermöglicht. Die übergeordnete Salesforce-Organisation verwaltet die Stammsätze für alle Konten und Kontakte und verteilt eine Teilmenge aller zugehörigen Daten an jede verknüpfte Salesforce-Organisation, die als untergeordnete Organisation der übergeordneten Organisation fungiert.

- **Dezentralisierte Multi-Org-Strategie:** Bei dieser Art der Einrichtung ist jede Salesforce-Organisation mit allen anderen koexistierenden Salesforce-Organisationen verbunden, ohne dass eine einzelne Salesforce-Organisation als Master fungiert. Jede Salesforce-Organisation verwaltet die Master-Kopie aller Datensätze und Daten, die in ihrer eigenen Organisation gespeichert sind, und jede Organisation ist direkt mit anderen Salesforce-Organisationen verbunden, indem sie die Funktion „Salesforce to Salesforce" verwendet, die eine nahtlose Integration und einen nahtlosen Austausch von Daten zwischen den verbundenen Salesforce-Organisationen ermöglicht.

Sie sollten auf jeden Fall die ideale Organisationsstrategie innerhalb Ihrer Systemlandschaft auswählen und identifizieren, damit die Beteiligten den Kontext, den Wert und die Überlegungen zur Verwaltung einer einzelnen Salesforce-Organisation im Vergleich zu einer Strategie mit mehreren Organisationen bewerten können.

Kapitel Zusammenfassung

In diesem Kapitel haben wir Folgendes gelernt

- Die fünf verschiedenen Lizenztypen in Salesforce

- Die sechs Arten von Benutzerlizenzen

- Vergleiche der Produkte der Salesforce-Community

- Überlegungen und Einschränkungen von Plattformlizenzen im Vergleich zu CRM-Lizenzen

- Überlegungen zu gemeinsamen deklarativen und programmatischen Designentscheidungen für die Anwendungsentwicklung

- Reihenfolge der Ausführung aller Ereignisse in Salesforce

- Salesforce AppExchange und die verschiedenen Arten der in AppExchange verfügbaren Komponenten

- Die neun Überlegungen zur Verwendung plattformunabhängiger Systeme anstelle von Salesforce

- Wichtige Überlegungen zur Verwendung einer Single-Org- gegenüber einer Multi-Org-Strategie

- Drei gängige Ansätze zur Umsetzung einer Multiorganstrategie

KAPITEL 4

Salesforce-Datenarchitektur

Die Menge an Daten, die wir jeden Tag konsumieren, ist überwältigend. Laut Jeff Desjardins, Gründer und Herausgeber von Visual Capitalist, gibt es weltweit schätzungsweise 44 Zettabytes an Daten.[1] Ein Zettabyte ist 1000 hoch 7 oder 1 mit 21 Nullen. Glücklicherweise müssen die meisten Architekten keine so großen Daten verwalten, aber die Größe der Daten, die wir verwalten, ist immer noch atemberaubend.

Das Studium von Daten ist eine wissenschaftliche Disziplin. Im Kern lassen sich Daten in zwei große Kategorien einteilen: qualitativ und quantitativ. Quantitative Beschreibungen verwenden Zahlen und Dinge, die man objektiv messen kann und die als diskrete oder kontinuierliche Ergebnisse beschrieben werden. Qualitative Beschreibungen verwenden Elemente, die nicht direkt gemessen werden können und als nominal, ordinal und binomial beschrieben werden. Wenn wir Daten aus einer abstrakteren Perspektive betrachten, stellen wir fest, dass Daten viel mehr sind als ihre Kernbeschreibungen. Die beste Art, Daten zu beschreiben, ist, sie als Kontinuum zu betrachten. Russell Ackoff (1989) beschrieb Daten als Symbole, Informationen als verarbeitete Daten, Wissen als durch Anweisungen vermitteltes Wissen, Verstehen als durch Erklärungen vermitteltes Verstehen und Weisheit als den Wert, der durch die Ausübung von Urteilsvermögen gewonnen wird, wie in Abb. 4-1 dargestellt.[2]

---

[1] Desjardins, J. „Wie viele Daten werden jeden Tag erzeugt?" Visual Capitalist, 15. April 2019, www.visualcapitalist.com/how-much-data-is-generated-each-day/.

[2] Ackoff, R. L. „From Data to Wisdom". *Zeitschrift für angewandte Systemanalyse*, Band 16, 1989, S. 3–9.

Abb. 4-1. *Ackoffs Wissenskontinuum*

Wie passen nun all diese theoretischen Diskussionen zum Thema Salesforce-Datenarchitektur? Unsere Aufgabe als Salesforce-Architekten ist es, die Daten mit einem Verständnis für ihre Verwendung, ihre verschiedenen Kategorien und ihren letztendlichen Wert für das Unternehmen zu strukturieren. Das Verständnis der verschiedenen Datenüberlegungen, -konstrukte, -implikationen und -muster ist das Herzstück der Datenarchitektur. In diesem Kapitel konzentrieren wir uns auf drei Hauptbereiche der Datenarchitektur: **Datenmodellierung**, **große Datenmengen (LDVs)** und **Datenmigration**.

In diesem Kapitel behandeln wir

- Die Bedeutung der Datenarchitektur in Bezug auf den Gesamtentwurf der Instanz

- Die High-Level-Datenmodellierungskonzepte, die für die Auswahl des richtigen Designs in Bezug auf Geschäftsprozesse, Datenbewegungen und Optimierung erforderlich sind

- Bewährte Verfahren, Überlegungen und Tools für die Verwaltung einer Umgebung mit großem Datenvolumen (LDV)

- Bestimmung des richtigen Datenlebenszyklusmanagements im Salesforce-Ansatz zur Verbesserung der Leistung und Einhaltung der Vorschriften

- Bewertung von Datenmigrationsstrategien, Überlegungen und geeigneten Tools

Warum ist die Datenarchitektur wichtig?

Die Hauptaufgabe eines jeden Systems bei der Verwaltung von Daten besteht darin

- Eingabe von Daten durch den Benutzer oder ein anderes System über eine Benutzer- oder Systemschnittstelle.

- Daten in seiner Speicherkomponente oder in der Speicherkomponente eines anderen Systems speichern.

- Verarbeiten Sie Daten auf der Grundlage einer klar vordefinierten Geschäftslogik.

- Rückgabe der Ergebnisse der Datenverarbeitung an den Benutzer oder ein anderes System über eine Benutzer- oder Systemschnittstelle.

Ein einfaches Beispiel für die Datenverwaltung ist die Verwendung eines Taschenrechners. Um einen Taschenrechner zu benutzen, geben Sie die Zahlen über die Benutzeroberfläche ein. Der Rechner nimmt die Zahlen auf, die Sie berechnen möchten. Außerdem müssen Sie die Geschäftslogik auswählen, die auf die eingegebenen Zahlen angewendet werden soll, z. B. Addieren, Subtrahieren, Multiplizieren oder Dividieren. Während dieses Eingabevorgangs speichert der Rechner alle von Ihnen eingegebenen Daten in seinem Speicher und beginnt mit der Verarbeitung der Daten auf der Grundlage der von Ihnen gewählten vordefinierten Geschäftslogik (d. h. Addieren, Subtrahieren, Multiplizieren oder Dividieren). Schließlich gibt er die Ergebnisse der verarbeiteten Daten zurück, indem er das Endergebnis auf seiner Benutzeroberfläche anzeigt.

Salesforce verwendet eine stark typisierte objektorientierte Programmiersprache namens *Apex*. Jede Funktion in Salesforce, auch wenn sie standardmäßig mit Klicks konfiguriert wird, wird mit Apex als Codebasis erstellt.

In einer objektorientierten Programmiersprache werden Daten in einer logischen Gruppierung, die als *Objekt* bezeichnet wird, erfasst, verarbeitet und gespeichert. Zum Beispiel werden alle Daten, die sich auf ein Kundenkonto beziehen, wie Kontoname, Adresse, Telefonnummer, Website-Details und Kontostatus, in einem Konto-Objekt verwaltet und gespeichert. Ähnlich wie ein Dateiordner trennen Objekte eine bestimmte Art von Daten innerhalb des Systems logisch von einer anderen Art von Daten.

Ein typischer Verkaufsrekord für einen Bekleidungshändler könnte beispielsweise wie folgt aussehen:

- **Name des Kundenunternehmens**: ABCD Inc.

- **Name des Kundenkontakts**: Joe Smith

- **Telefonnummer des Kundenunternehmens**: (555) 555–5555

- **E-Mail-Kontaktadresse des Kunden**: joesmith@abcdinc.com

- **Der Kunde interessiert sich für**: 2000 blaue V-Ausschnitt-T-Shirts, 3000 Polo-T-Shirts mit Kragen

- **Rolle der Kontaktperson im Unternehmen**: Entscheidungsträger

- **Frühere Käufe des Kunden**: 3 Käufe

  - **Kauf-1**: 2000 Denim-Jeans

  - **Kauf-2**: 500 Winterjacken

  - **Kauf-3**: 100 Hüte

- **Serviceanfragen von Kunden**: 1 neue Anfrage, 1 offene Anfrage und 1 abgeschlossene Anfrage

  - **Neue Anfrage**: „Benötige Produktkatalog für die Sommersaison".

  - **Pending Request**: „Ich muss 100 bestellte Hüte zurückschicken, zusammen mit der vollen Rückerstattung."

  - **Erledigte Anfrage**: „Verarbeitete eine Rückerstattung für 100 Denim-Jeans für $ 2000, die von der in Purchase-1 gelieferten Gesamtsumme zurückgegeben wurden."

Auf den ersten Blick mag es einfacher erscheinen, alle Verkaufsdaten in einem einzigen Dokument zu speichern und alle Änderungen in Bezug auf diesen Kunden zu verwalten, indem man auf diese einzige Datei zugreift und sie aktualisiert. Die Dinge können jedoch sehr schnell kompliziert werden, wenn Hunderte von neuen Opportunities für mehrere Kunden und oft von mehreren Benutzern des Vertriebsteams erstellt werden, die einen typischen Kunden täglich verkaufen und betreuen.

Bei der Verwendung eines Systems wie Salesforce werden alle Daten logisch in Objekten (d. h. Datengruppen) gespeichert und verwaltet. Jedes Objekt verwendet einen eindeutigen Objektbezeichner, und dieser Objektbezeichner für jeden Datensatz verwendet eine Verknüpfung zu einem Objekt mit einem anderen, um die Eingangsverarbeitung und Darstellung von Daten in einer einheitlichen Ansicht zu synchronisieren. Abb. 4-2 veranschaulicht ein Datenobjektmodell, das für die Speicherung und Verwaltung der oben genannten Daten in Salesforce geeignet wäre.

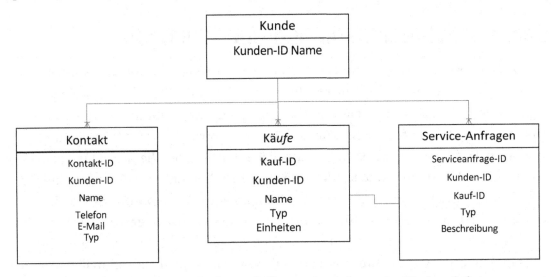

Abb. 4-2. *Salesforce-Datenobjektmodell zum Speichern der Verkaufsdaten*

Datenmodellierung in Salesforce

In Kap. 2 haben wir das Datenmodell-Artefakt vorgestellt, das die sieben Attribute beschreibt, die in Salesforce verwendet werden, um zu beschreiben, wie die Daten verwaltet werden (siehe Kap. 2 für spezifische Details zu den einzelnen Attributen):

1. Objekte, die zum Speichern und Verwalten von Daten in Salesforce benötigt werden

2. Objekttypen (d. h. ob es sich um Standard-, benutzerdefinierte oder externe Objekte handelt)

3. Satzarten innerhalb jedes Objekts

4. Objektbeziehung zu anderen Objekten

5. Die organisationsweiten Standardeinstellungen für die Objektsichtbarkeit

6. Eigentümer der Datensätze innerhalb jedes Objekts

7. Geschätzte Anzahl von Datensätzen pro Objekt, die in einem bestimmten Zeitraum existieren können

Datenmodelltechniken und Überlegungen

Datenmodellierung ist mehr als nur die Verwendung von Standardobjekten und die Erstellung oder Verknüpfung benutzerdefinierter Objekte. Die Datenmodellierung beginnt damit, dass Sie Ihren Daten eine Struktur geben. Es geht weiter mit dem Verständnis des Geschäftsprozesses und der Datentransparenz für die Benutzer und Beteiligten. Das Datenmodell ist ein ganzheitlicher Entwurf, der die Geschäftsvision, die Geschäftsberichterstattung, die KPI-Messungen, die Sicherheitsanforderungen und die Anwendungsleistungen unterstützen muss. Häufig stehen diese **Anforderungen in Konflikt miteinander, und es müssen Kompromisse in Betracht gezogen werden**. Als Salesforce-Architekt müssen Sie Ihr Datenmodell verstehen und entwerfen, um diese widersprüchlichen Anforderungen zu unterstützen. Die folgende Liste enthält einige Überlegungen, die für jedes Salesforce-Datenmodell zu prüfen sind:

- **Was ist das übergeordnete Ziel der Salesforce-Umgebung?** Häufig unterstützt Salesforce mehrere Geschäftsfunktionen mit unterschiedlichen Anwendungen, die alle die „Standard"-Objekte des Salesforce-Kerns und eine definierte Gruppe von benutzerdefinierten Objekten verwenden. Vor der Präsentation des endgültigen Entwurfs ist es wichtig, jeden geschäftlichen Anwendungsfall zu verstehen.

- **Wie wird das Unternehmen die Daten in Salesforce verwenden, um über Geschäftstrends, Ergebnisse und KPI-Prognosen zu berichten?** Wenn man mit den endgültigen Berichtsanforderungen beginnt, ändert sich oft der Gesamtentwurf des Datenmodells, um die Anforderungen zu unterstützen.

- **Muss der Benutzer die Daten auf der Detailseite oder in einer zugehörigen Liste sehen?** Die traditionelle und akademische Datenbanknormalisierung funktioniert in Salesforce nicht gut. Sie müssen verstehen, wie die Anwendung genutzt wird, und die Benutzererfahrung (UX) sowie das Seitenlayout und die Präsentation (UI) berücksichtigen.

- **Wird Ihr Datenmodell deklarative Geschäftslogik unterstützen?** Das Design des Datenmodells kann sich auch auf Ihre Fähigkeit auswirken, eine Anwendung deklarativ oder programmatisch zu erstellen. Viele Unternehmen erwarten Lösungen ohne/mit wenig Code.

Lassen Sie uns ein wenig tiefer in einige der Überlegungen zum Datenmodell eintauchen.

Top-Down-Betrachtung mit Bottom-Up-Anforderungen

Vision/Prozess/Herausforderungen/Schmerzpunkte   Bevor Sie mit dem Entwurf des Datenmodells beginnen, arbeiten Sie mit dem Führungsteam zusammen, um die Gesamtvision für Salesforce zu verstehen. Ermitteln Sie die geschäftlichen Probleme, die jeder der Beteiligten in der aktuellen Umgebung hat, und erfassen Sie die von ihnen verwendeten Geschäftsprozesse. Ermitteln Sie die Herausforderungen, die sie haben, und die möglichen Auswirkungen dieser Herausforderungen in Salesforce.

Berichterstattung und KPI   Salesforce unterstützt häufig Geschäftsprozesse und sammelt Daten zur Berichterstattung und Erfolgsmessung. Es ist wichtig, die erwarteten Berichtsanforderungen zu verstehen. Oft wird die Berichterstattung bis zum Ende eines Projekts aufgeschoben, nur um dann festzustellen, dass das Datenmodell geändert werden muss, um die Berichte zu unterstützen. Mit der Erstellung von Berichten und Dashboards zu beginnen, kann nicht nur wertvolle Geschäftseinblicke liefern, sondern auch den technischen Aufwand verringern, der dadurch entsteht, dass man die Berichtsanforderungen nicht frühzeitig kennt.

Sicherheit   Das Verständnis der allgemeinen Sicherheitslandschaft des Unternehmens und der detaillierten Anforderungen reduziert den Aufwand sowohl für das Datenmodelldesign als auch für die Sichtbarkeit und gemeinsame Nutzung von Daten innerhalb der Salesforce-Instanz.

Leistung   Es gibt drei Möglichkeiten, die Geschwindigkeit des Entwurfs zu messen: Erfassung, Verarbeitung und Berichterstattung. Bei der ersten Messung, der Erfassung, geht es um die Geschwindigkeit der Datenerfassung. Es ist von entscheidender Bedeutung zu verstehen, wie das System die vom Geschäftsprozess verwendeten Daten sammelt. Die Frustration der Benutzer steigt, wenn sie von Objekt zu Objekt springen müssen, um Daten zu sammeln, was zu Problemen mit der Datenqualität führt. Auch die Verarbeitung der Daten ist ein wichtiger Aspekt. Geschäftsprozesse, die komplexe, benutzerdefinierte Methoden erfordern, laufen langsamer und sind schwieriger zu pflegen und zu aktualisieren. Die letzte Leistungsmessung betrifft die Berichterstattung und die Art und Weise, wie die ursprünglichen und verarbeiteten Daten extrahiert und gemeldet werden können.

Geschäftsprozess   Der Entwurf des Datenmodells bestimmt oft, welche Prozesswerkzeuge das Geschäft unterstützen können. Kostspielige Änderungen entstehen, wenn das Datenmodell die im Entwurf verwendeten Prozesse nicht berücksichtigt. Das einfachste Beispiel ist die Verwendung von Rollup-Feldern. Wenn ein Nachschlage-Beziehungsfeld anstelle einer Master-Detail-Beziehung verwendet wird, erfordert die Roll-up-Summary-Lösung einen programmatischen Ansatz, um die Geschäftsanforderungen zu unterstützen. Dieses Beispiel zeigt auch die Notwendigkeit, die erforderliche Sicherheit zu verstehen, da die Verwendung des Master-Detail-Beziehungsfeldes den Zugriff auf die Daten öffnet.

Wahlmöglichkeiten und Kompromisse

Oft müssen Architekten widersprüchliche Anforderungen und verschiedene Überlegungen abwägen, um eine Lösung zu finden, die die Anwendung optimiert. Nicht jeder Ansatz oder jede Lösung ist perfekt. Oft müssen Sie Kompromisse eingehen, um die Gesamtlösung für den Kunden zu verbessern. Abb. 4-3 zeigt, wie Ihre Wahlmöglichkeiten aussehen könnten. Ihre Aufgabe ist es, die beste Mischung aus verschiedenen Möglichkeiten zu finden, um die beste Lösung für den Kunden zu finden. Es ist wichtig, dass Sie die von Ihnen empfohlenen Optionen und Kompromisse erläutern.

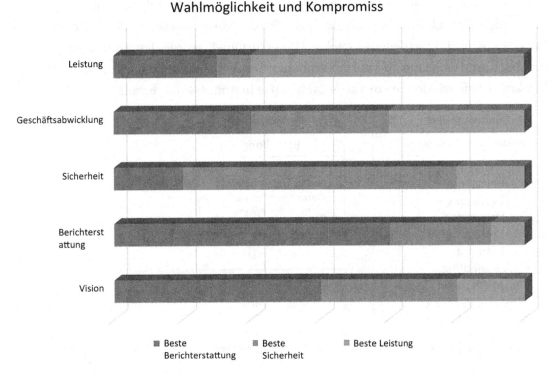

Abb. 4-3. *Wahlmöglichkeit und Kompromiss – Abwägung der Wahlmöglichkeiten*

Schauen wir uns zwei User Stories an, um zu sehen, wie sich unterschiedliche Entscheidungen auf das Ergebnis der Designauswahl auswirken können.

Anwenderbericht: Versand am selben Tag

ALS VERSANDMANAGER **WILL** ich den Prozentsatz der heute versandten Bestellungen für alle Lager verfolgen**, damit ich** einen wichtigen KPI-Bericht erstellen kann, der den Versand am selben Tag pro Quartal zeigt.

Optionen für den Ansatz: Normalisiert oder Denormalisiert

Für dieses Problem gibt es mehrere Lösungsansätze. Ein Ansatz, der eine **„flache Datei"** **oder eine denormalisierte Struktur** verwendet, besteht darin, ein einziges Objekt zu

139

verwenden, um die Daten zu erfassen, die für die Erfassung der Informationen erforderlich sind. Eine andere Möglichkeit wäre die Normalisierung oder Aufteilung des Prozesses in zwei verschiedene Objekte. Das erste Objekt würde den Auftrag erfassen, und das zweite Objekt würde die tatsächlichen Sendungen für alle Lager verfolgen. Die Objektentwürfe würden in etwa so aussehen wie in Abb. 4-4 dargestellt.

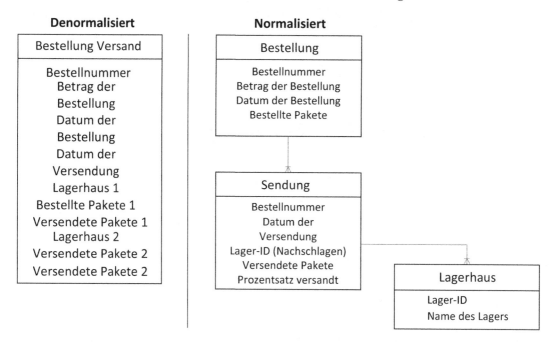

Abb. 4-4. *Denormalisiertes Datenmodell vs. flaches Datenmodell – Auftragsversand*

Für dieses Beispiel sollten wir zwei Überlegungen anstellen:

- **Analytische Anforderungen**: Ein Echtzeitbericht, der den prozentualen Anteil von Sendungen am selben Tag pro Quartal anzeigt

- **Anforderungen an die Benutzerfreundlichkeit (UX)**: Fähigkeit, die Versanddaten zu erfassen

Wahl der Architektur: Normalisiert

Der Schwerpunkt dieser Benutzergeschichte lag auf den Analyse- oder Berichtsanforderungen. Daher ist es sinnvoll, die Warehouse-Daten in ihrem Objekt zu speichern. Darüber hinaus ermöglicht die Berücksichtigung sowohl der Datenerfassung als auch der UX dem Warehouse-Objekt, die Daten zu erfassen, wenn sie anfallen.

Schauen wir uns eine zweite User Story an.

Anwenderbericht: Kontaktinformationen für Führungskräfte

ALS MARKETING-MANAGER **WILL ich** die Kontaktinformationen eines Leads schnell eingeben**, damit ich** die Kontaktnummer für einen bestimmten Lead schnell finden kann, wenn ich die Lead-Detailseite, Berichte, Listenansichten und Hervorhebungselemente betrachte.

Optionen für den Ansatz: Normalisiert oder Denormalisiert

Auch hier wäre der Ansatz, entweder ein normalisiertes oder ein denormalisiertes Design zu verwenden. Das erste Objekt würde den Lead erfassen, und das zweite Objekt würde die Kontaktnummer verfolgen. Die Objektentwürfe würden in etwa wie in Abb. 4-5 dargestellt aussehen.

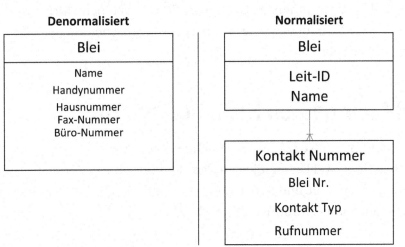

Abb. 4-5. *Denormalisiertes Datenmodell vs. flaches Datenmodell – Telefonnummern von Führungskräften*

Betrachten wir die beiden gleichen Überlegungen:

- **Analytische Anforderungen**: Für diese Geschichte ist der analytische Bedarf nicht von Bedeutung.

- **Anforderungen an die Benutzerfreundlichkeit (UX)**: Fähigkeit zur Erfassung von Informationen und zur Anzeige von Daten auf der Detailseite, im Bericht, in der Listenansicht und im Hervorhebungselement.

Wahl der Architektur: Denormalisierte

Der Schwerpunkt dieser User Story lag auf der Informationserfassung und den UX-Anforderungen. Daher ist es sinnvoll, die Lead-Daten und die Telefondaten in demselben Objekt zu speichern. Dieser Ansatz unterstützt sowohl die Datenerfassung als auch die UX-Anforderungen.

Kardinalität: Salesforce-Optionen

Salesforce bietet nur wenige Optionen für Datenbeziehungen an, nämlich eins-zu-eins, eins-zu-viele und eine abgeleitete Option für viele-zu-viele Beziehungen. Diese primären Datenkardinäle bilden die Grundlage für alle Datenentwürfe. Es ist wichtig zu verstehen, welche Auswirkungen jeder Ansatz auf die Entscheidungen zum Datenmodellentwurf hat.

Auswahl der besten Beziehungsform

Salesforce ermöglicht entweder eine **Nachschlagebeziehung** oder eine **Master-Detail-Beziehung** zwischen zwei Datenobjekten. Jede Option sollte in Betracht gezogen und ausgewählt werden, um die endgültige Lösung zu optimieren. Tab. 4-1 zeigt die wichtigsten Überlegungen für Ihre Entscheidung.

Tab. 4-1. *Unterschiede zwischen Lookup- und Master-Detail-Beziehungen in Salesforce*

Betrachtung	Nachschlagen	Master-Detail
Objektabhängige	Lose gekoppelt.	Enge Kopplung.
Anzahl der Beziehungen pro Objekt	40 insgesamt, einschließlich der Anzahl der Master-Details (kann auf Anfrage auf 50 erhöht werden).	Nur 2.
Elternteil erforderlich	Nein. Datensätze können verwaist sein oder repariert werden.	Ja. Keine Waisenkinder. Nur Löschung von Reparenting.
Teilen	Unabhängig.	Von den Eltern geerbt.
Kaskade löscht	Nein – Standardobjekt. auswählbar – benutzerdefinierte Objekte (Löschen ist nicht erlaubt bei >100.000 Datensätzen).	Ja.
Many-to-many	Nicht als Nachschlagewerk empfohlen, da es nicht standardmäßig einen Beziehungsdatensatz auf beiden Seiten vorsieht.	Ja, die gemeinsame Nutzung erfordert die Einbeziehung beider verwandter Objekte. Das Eigentum wird jedoch durch das erste M-D-Feld oder das primäre Stammobjekt kontrolliert.
Selbstbeziehungen	Ja.	Nur ein M-D. Kein M:M erlaubt.
Externes Objekt	Ja.	Nein.
Indirektes Nachschlagen (externes untergeordnetes Objekt zu Standard- oder benutzerdefiniertem SF-Objekt)	Ja.	Nein.
Hierarchisch	Nur für Benutzerobjekte.	Nein.
Roll-up-Zusammenfassung	Mit Code oder AppExchange-App.	Ja.

Die Kardinalität in Salesforce neu überdenken

Beziehungen in Salesforce werden verwaltet, indem die übergeordneten Datensätze mit einem oder mehreren untergeordneten Datensätzen verbunden werden. Die Beziehungen können entweder ein Nachschlagefeld oder ein Master-Detail-Feld verwenden. Die Beziehungen können zwischen einem einzelnen Objekt (Selbstbeziehung genannt), Standardobjekten, benutzerdefinierten Objekten, sowohl Standard- als auch benutzerdefinierten Objekten und externen Objekten bestehen. Objekte können direkte, indirekte oder hierarchische Beziehungen haben. Beziehungen können eins-zu-eins (1:1), eins-zu-viele (1:M) oder viele-zu-viele (M:M) sein. Siehe Abb. 4-6.

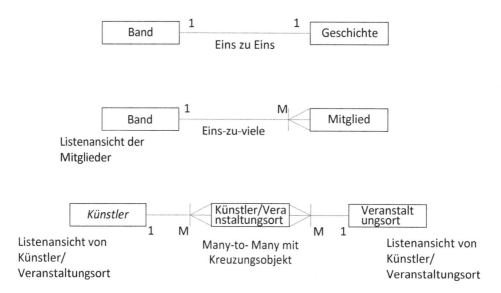

Abb. 4-6. *Kardinalität in Salesforce*

Andere Überlegungen zur Datenmodellierung

Salesforce bietet mehrere Standard-Datenmodelle an, je nachdem, welche „Cloud"-Lösung Sie Ihrem Kunden empfehlen. Jede „Cloud" setzt sich aus den Objekten zusammen, die im Software-as-a-Service-Angebot (SaaS) verwendet werden. Zum Zeitpunkt der Erstellung dieses Artikels **listet Salesforce 871 verschiedene Standardobjekte auf, die für alle seine „Cloud"-Produkte unterstützt werden.** Im Kern der beliebtesten „Cloud"-Lizenzen (Vertrieb und Service) bietet Salesforce

Standardobjekte, die das Herzstück des Gesamtdesigns bilden. **Diese Objekte werden oft als „Helden" oder Kernobjekte bezeichnet. Zu diesen Objekten gehören die Objekte Account, Contact, Opportunity, Lead und Case.**

In Abb. 4-7 sehen Sie die Beziehung zwischen den einzelnen Objekten. Das Lead-Objekt ist eine gestrichelte Linie, da es in der Regel von einem einzelnen Lead-Datensatz in Datensätze der Objekte Account, Kontakt und (oder) Lead umgewandelt wird. Ausgehend von diesen Basisobjekten fügt Salesforce die 866 zusätzlichen Objekte hinzu, um die verschiedenen SaaS-„Cloud"-Standardverfahren zu erstellen.

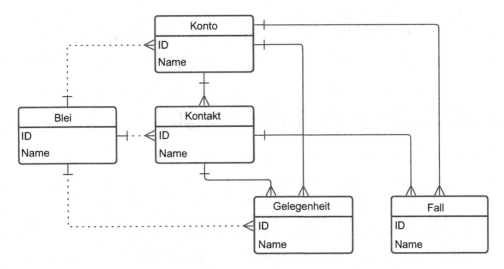

Abb. 4-7. *Salesforce Standard- oder Core-Objekte*

Architekten sollten wissen, wie Standardobjekte ein skalierbares Datenmodell erstellen, das alle Geschäftsprozesse mit einem angemessenen Maß an Anpassungen (Klick vs. Code) unterstützt und gleichzeitig die Leistung für große Datenmengen berücksichtigt. Werfen wir einen Blick auf die in Salesforce verfügbaren Objekttypen.

Benutzerdefinierte Objekte   Diese Objekte werden vom Administrator oder Architekten erstellt, um Informationen zu speichern, die für das Unternehmen oder die Anforderungen des Designs einzigartig sind. Ein benutzerdefiniertes Objekt hat ähnliche Attribute und Merkmale wie Salesforce-Standardobjekte, einschließlich Standard- und benutzerdefinierte Felder, Feldverlaufsverfolgung, Beziehungen, benutzerdefinierte Links, Suchlayouts, Seitenlayouts, Objektgrenzen und Freigabe.

Externe Objekte   Diese Objekte ähneln den benutzerdefinierten Objekten, mit dem Unterschied, dass sie Daten außerhalb von Salesforce zuordnen. Ein externes Objekt verwendet eine externe Datenquellendefinition, um sich mit dem externen System zu verbinden. In der Regel handelt es sich dabei um das optionale Produkt Salesforce Connect. Externe Objekte sind durchsuchbar und erscheinen den Salesforce-Benutzern auf die gleiche Weise. Der Zugriff auf die Daten wird nicht durch Salesforce-Freigaberegeln gesteuert, sondern durch Berechtigungssätze oder Profile. Die Beschränkungen kommen vom externen Hostsystem.

Überlegungen zur Speicherung   Salesforce hat Speicherbeschränkungen. Aufgrund dieser Beschränkungen und der Verfügbarkeit von externen Objekten kennt ein Architekt diese Optionen. (Einzelheiten finden Sie in den spezifischen Lizenzinformationen).

Architektur für große Datenmengen

Salesforce definiert ein großes Datenvolumen oder LDV als

> ein ungenauer, dehnbarer Begriff. Wenn Ihre Bereitstellung Zehntausende von Benutzern, Zehnmillionen von Datensätzen oder Hunderte von Giga-byte Gesamtspeicherplatz für Datensätze umfasst, haben Sie ein großes Datenvolumen. Auch wenn Sie mit kleineren Bereitstellungen arbeiten, können Sie aus diesen bewährten Verfahren etwas lernen.[3]

Diese Definition wirft für mich mehr Fragen auf, als sie beantwortet. In der Praxis ist die eigentliche Definition von LDV sogar noch schwerer zu fassen. LDV wirkt sich auf das gesamte Spektrum der Interaktion mit Salesforce aus, vom Importieren und Exportieren von Daten über die Einrichtung der gemeinsamen Nutzung und Sichtbarkeit bis hin zur Verwendung von Daten in der Benutzeroberfläche, in Berichten und Listenansichten sowie zur Durchführung von Geschäftsregeln und -prozessen. Die Größe der Daten ist keine pauschale Annahme. Auch die Nutzung des Datenvolumens ist sehr differenziert. Die Rolle des Architekten besteht darin, zu verstehen, wie ein LDV identifiziert werden kann, welche Ursachen es hat und vor allem, wie die Auswirkungen auf die Leistung Ihrer Salesforce-Instanz gemindert werden können.

---

[3] Best Practices for Deployments with Large Data Volumes, `https://resources.docs.salesforce.com/226/latest/en-us/sfdc/pdf/salesforce_large_data_volumes_bp.pdf`. Salesforce.com Update, 20. August 2020.

Warum sollten wir uns mit großen Datenmengen beschäftigen? Es geht vor allem um die Leistung. Betrachten Sie die folgenden Leistungsthemen für jedes moderne System:

1. Wie leistungsfähig ist das UI/UX?

2. Ist die Effizienz der zugrunde liegenden Datenbank optimiert?

3. Wird der API-Durchsatz die Anforderungen erfüllen oder übertreffen?

4. Werden Sie während des Datenlebenszyklus Probleme mit der Datenmigration haben?

Was sind die Ursachen für LDV-Probleme?

Der Zugriff auf und die Darstellung von Daten ist eine wichtige Funktion in Salesforce. Um diese wichtige Funktion zu unterstützen, verwendet Salesforce ein Datenmodell, das eine Pivot-Tabelle erstellt, um Felder zu indizieren, eindeutige Felder zu erzwingen und Fremdschlüssel zu verwalten.[4] Salesforce erstellt auch Tabellen, um die gemeinsame Nutzung und den Gruppenzugriff zu verwalten; siehe Kap. 5. Darüber hinaus verwendet Salesforce eine zugrunde liegende Datenbank zur Unterstützung seines mandantenfähigen Designs, den Lightning Platform Query Optimizer. Die Abfrageoptimierung wird automatisch ausgeführt, um Indizes zu erstellen, die beste Tabelle für die Ausführung von Abfragen auszuwählen, Daten zu ordnen, Schlüsselwerte und Verknüpfungen zu erstellen und Ausführungspläne zur Minimierung von Datenbanktransaktionen zu erstellen.[5] Aufgrund der Komplexität des Entwurfs können große Datenmengen die Gesamtleistung beeinträchtigen. Schauen wir uns die möglichen Ursachen für eine schlechte Datenbankleistung in Salesforce an.

---

[4] „Multitenancy and Metadata Overview|Best Practices for Deployments with Large Data Volumes|Salesforce Developers". Salesforce Developers Documentation, developer.salesforce. com/docs/atlas.de-us.salesforce_large_data_volumes_bp.meta/salesforce_large_data_volumes_ bp/ldv_deployments_concepts_multitenancy_and_metadata.htm.

[5] „Multitenancy and Metadata Overview|Best Practices for Deployments with Large Data Volumes|Salesforce Developers". Salesforce Developers Documentation, developer.salesforce. com/docs/atlas.de-us.salesforce_large_data_volumes_bp.meta/salesforce_large_data_volumes_ bp/ldv_deployments_concepts_multitenancy_and_metadata.htm.

Objektgröße

Einer der ersten Faktoren zur Identifizierung großer Datenmengen liegt in ihrem Namen. Ja, Sie haben es erraten. Schauen Sie sich das Volumen oder die Datengröße eines Objekts an. Salesforce veröffentlicht zwar keine Zahlen, aber eine vernünftige Faustregel lautet wie folgt:[6]

- >50 Mio. Kontodatensätze

- >20 Mio. Kontaktdatensätze

- >100 Mio. benutzerdefinierte Datensätze

- >10 K Benutzer

- >100 GB Datenspeicherung

Diese Mengen sind nicht endgültig. Vielmehr sind sie Indikatoren dafür, dass eine LDV-Auswirkung auftreten könnte. Betrachten wir das Beispiel „>100 Mio. benutzerdefinierte Datensätze". Bei dieser Faustregel wird davon ausgegangen, dass das benutzerdefinierte Objekt zur Erfassung zugehöriger Daten verwendet wird und die zugehörige Beziehung das Volumen mit einer einfachen Abfrage leicht reduziert. Denken Sie daran, dass LDV vielschichtig ist. Lassen Sie uns etwas tiefer gehen.

Wachstum der Objektgröße   Eine weitere Überlegung ist das potenzielle Wachstum eines Objektvolumens. Wenn unsere 4 Millionen Kontakte in den nächsten 36 Monaten um 20 % pro Monat wachsen sollen, haben wir in 36 Monaten mehr als 23 Millionen Kontakte.

Tipp   Untersuchen Sie das Datenwachstum für mehrere Jahre und berücksichtigen Sie die aktuellen und zukünftigen Wachstumserwartungen. Eine gute Faustregel ist, mindestens 2–3 Jahre und höchstens 5 Jahre zu betrachten.

Hinweis   Barwert * (1 + prozentuales Wachstum)^n = Zukunftswert

---

[6] Große Datenvolumina: Technology & Best Practices (15. Dezember 2012). T. K. Holmes. Salesforce.com.

Warum ist das Objektvolumen wichtig?   Was kann seine Leistung beeinflussen? In Salesforce hat jeder Datensatz einen Eigentümer. Ein bestimmter Benutzer (intern oder extern) oder eine Warteschlange (eine Gruppe von Benutzern) ist Eigentümer eines Datensatzes. Außerdem ist eine Liste von Daten oder ein Bericht die primäre Benutzererfahrung. Je größer das Datenvolumen ist, desto mehr Systemressourcen werden für die Verwaltung und Darstellung der Daten benötigt. Betrachten wir nun einige wichtige Aspekte.

Eigentumsnachweis

In Salesforce muss jeder Datensatz einen Besitzer haben. Der Eigentümer kann ein einzelner Benutzer oder eine „Warteschlange" von Benutzern sein. Salesforce schreibt dieses Design vor, um die dem Design innewohnenden Sicherheits- und Sichtbarkeitsanforderungen zu unterstützen. Der Eigentümer eines Datensatzes hat vollen Zugriff auf den Datensatz. Um die Daten sicher zu halten und nur geeigneten Benutzern den Zugriff auf diesen Datensatz zu ermöglichen, bietet Salesforce auch ein *Systemobjekt* zur Verwaltung der mit diesem Datensatz verbundenen Freigabevorschriften. Ein Systemobjekt ist nicht direkt in der Salesforce-Benutzeroberfläche sichtbar. Es ist jedoch für die Geschäftslogik in Form von deklarativen und programmatischen Steuerelementen verfügbar, die zur Bearbeitung der zugehörigen Daten verwendet werden.

Beziehungen aufzeichnen

Jeder Datensatz in Salesforce ist mit mehreren anderen Objekten verbunden. Auf der Systemebene umfassen die Beziehungen den Eigentümer, den Ersteller, den letzten Änderer, die gemeinsame Nutzung und andere Geschäftsprozessbeziehungen. Diese Beziehungen sind entweder vom Typ Master-Detail oder vom Typ Lookup.

Master-Detail-Beziehung (Tightly Coupled Relationship)   Die Verwendung der Master-Detail-Beziehung bietet eine leistungsstarke Möglichkeit zur Modellierung des Containments, bei der ein übergeordneter Objektdatensatz als Container für andere untergeordnete Datensätze dient. Hier sind einige Überlegungen:

- Die Plattform kaskadiert automatisch die Löschung von Child-Datensätzen, wenn der Parent-Datensatz gelöscht wird, und erzwingt die Notwendigkeit einer Parent-Referenz bei der Erstellung eines Child-Datensatzes.

- Standardmäßig verhindert die Plattform, dass Benutzer die untergeordneten Datensätze durch Bearbeiten des Beziehungsfeldes zu einem anderen übergeordneten Datensatz verschieben können. Sie können diese Überprüfung jedoch deaktivieren und dies zulassen, indem Sie die Option „Reparenting" für untergeordnete Datensätze auswählen.

- Mit der Verwendung von Roll-up-Summenfeldern ist es auch möglich, berechnete Felder auf der Grundlage von Werten der untergeordneten Datensatzfelder zu erstellen.

- Sie können bis zu drei Ebenen von Stamm-Detail-Beziehungen definieren.

Lookup-Beziehung (lose gekoppelte Beziehung)   Die Verwendung des Nachschlage-Beziehungstyps ermöglicht es Ihnen, Verbindungen zwischen Bezugsdatensätzen zu modellieren, die optional sind und auch andere Beziehungen haben können, die nicht notwendigerweise im Eigentum stehen oder Aspekte ihrer Eltern enthalten. Beachten Sie die folgenden Punkte, wenn Sie Nachschlagefelder zur Definition von Beziehungen verwenden:

- Die Löschung eines übergeordneten Datensatzes führt nicht zu einer Kaskadenlöschung der zugehörigen untergeordneten Datensätze; der Salesforce-Support kann diese Funktion aktivieren.

- Anders als bei Master-Detail können Sie sich dafür entscheiden, dass die Plattform die referentielle Integrität während der Erstellung des Feldes durchsetzt, indem Sie die Option *Löschen des Lookup-Datensatzes*, der Teil einer Lookup-Beziehung ist, *nicht zulassen* verwenden.

- Derzeit werden die Roll-up-Summenfelder bei Verwendung einer Nachschlagebeziehung nicht unterstützt.

- Nachschlagefelder beider Arten werden von der Plattform automatisch indiziert, was die Abfragen in einigen Fällen beschleunigt.

Externes Nachschlagen   Die externe Suche ist eine Beziehung, die ein untergeordnetes Standard-, benutzerdefiniertes oder externes Objekt mit einem übergeordneten externen Objekt verknüpft. Das Beziehungsfeld der externen Suche ist ein externes Standard-ID-Feld des übergeordneten externen Objekts, das mit den Werten der untergeordneten ID abgeglichen wird.

Indirekte Suche   Die indirekte Suche ist eine Beziehung, die das externe Objekt eines untergeordneten Objekts mit einem übergeordneten Objekt verbindet. Die Suche ist ein benutzerdefiniertes, eindeutiges, externes ID-Feld auf dem übergeordneten Objekt, das mit der indirekten Suche des untergeordneten Objekts in einer externen Datenquelle abgeglichen wird.

Hierarchische Suche   Die hierarchische Suche ist eine Beziehung, die nur für das Benutzerobjekt verfügbar ist, um die Benutzersuche sowohl für direkte als auch indirekte Beziehungen zu unterstützen.

Datenverzerrungen

Der wichtigste Faktor für eine Datenschieflage ist die Ausrichtung vieler Beziehungen auf einen einzigen Datensatz oder Eigentümer. Mit anderen Worten: Wenn Sie einem Benutzer Zehntausende von Leads oder Accounts zuordnen oder wenn Sie Zehntausende von Kontakten mit einem einzigen Account in Salesforce verknüpfen, erzeugen Sie eine Datenschieflage. Drei Faktoren wirken sich auf die Salesforce-Leistung aus: **Sperrung von Datensätzen, gemeinsame Nutzung von Daten und Schieflage bei der Suche**. Schauen wir uns die einzelnen Faktoren an.

Eine Datensatzsperre tritt auf, wenn ein bestimmtes Feld in einem Datensatz geändert wird. Salesforce sperrt den betroffenen Datensatz und den übergeordneten Datensatz, um die Datenintegrität zu wahren. Ohne die Datensatzsperre wäre es leicht möglich, dass die Daten während und direkt nach einer Aktualisierung nicht synchronisiert und ungenau sind. Es dauert nicht lange, bis die Datensatzsperre für einen einzelnen Datensatz aufgehoben ist. Wenn die Datensatzsperre jedoch bei vielen Datensätzen gleichzeitig auftritt, sind die Auswirkungen der Datensatzsperre exponentiell. Wenn die Datensatzsperre eine Aktualisierung blockiert, wiederholt das System die Transaktion, was die Systemleistung verlangsamt. Hier sind besondere Überlegungen zur Vermeidung von Sperren:

- Verwenden Sie ein öffentliches Lese- oder Lese-/Schreib-OWD-Freigabemodell für das Laden aller nicht vertraulichen Daten.

- Um die Erstellung impliziter Freigaben zu vermeiden, konfigurieren Sie untergeordnete Objekte als „Controlled by Parent".

- Konfigurieren Sie Eltern-Kind-Beziehungen mit nicht mehr als zehntausend Kindern zu einem übergeordneten Datensatz.

- Bei gelegentlichen Sperrfehlern kann die Wiederholungslogik ausreichen, um das Problem zu lösen.

- Ordnen Sie Operationen an über- und untergeordneten Objekten nach ParentID und stellen Sie sicher, dass verschiedene Threads auf eindeutigen Datensätzen arbeiten.

- Verwenden Sie die Komprimierung mit gzip für Antworten, um den Netzwerkverkehr zu reduzieren und HTTP keep-alive, um die Leistung zu verbessern.

- Optimieren Sie Ihre Aktualisierungen für maximalen Durchsatz, indem Sie mit Stapelgrößen, Timeout-Werten, Bulk-API und anderen Techniken zur Leistungsoptimierung arbeiten.

Salesforce hat in der Version ‚Winter' 21 ein verbessertes Batch-Management eingeführt, um das Laden von LDV-Daten zu unterstützen.

Die Leistung der gemeinsamen Nutzung wird beeinträchtigt, wenn eine Änderung vorgenommen wird, die kaskadenartige Auswirkungen auf viele Datensätze hat. Diese Auswirkung auf die Leistung wird besonders deutlich, wenn ein übergeordneter oder untergeordneter Datensatz geändert wird und das System Zehntausende von potenziell betroffenen Datensätzen durchlaufen muss. Die Neuberechnung der gemeinsamen Nutzung erfolgt jedes Mal, wenn ein Kriterium geändert wird, das die Anforderungen an die gemeinsame Nutzung ändern könnte oder würde, wie z. B. Eigentumsverhältnisse und kriterienbasierte Regeln für die gemeinsame Nutzung. Eine große Anzahl (mehr als 10.000) von untergeordneten Datensätzen, die mit einem einzigen Eigentümer verbunden sind, verursacht dieses Leistungsproblem.

Von einem Lookup-Skew spricht man, wenn ein umfangreicher Satz von Datensätzen mit einem Datensatz innerhalb eines Lookup-Objekts verknüpft ist. Hinter den Kulissen muss Salesforce jeden zugehörigen Nachschlage-Datensatz identifizieren und sperren. Prozesse, Arbeitsabläufe und Validierung verschärfen die Nachschlageverzerrung für ein bestimmtes Objekt.

Auseinandersetzung mit LDV-Problemen

Salesforce hebt fünf Ansätze zum Verständnis und zur Lösung von LDV-Problemen hervor:[7]

- Abteilungen

- Force.com-Abfrageplan

- Schlanke Tische

- Indizes

- Datenbank-Statistiken

Schauen wir uns die einzelnen Ansätze an.

Abteilungen   Mit Abteilungen können Sie die Daten eines Unternehmens in logische Abschnitte unterteilen, wodurch Suchen, Berichte und Listenansichten kleiner und schneller werden. Hinweis: Reichen Sie einen Fall ein, um diese Funktion zu aktivieren.

Force.com Abfrageplan   Salesforce bietet in der Entwicklerkonsole ein Tool zur Überprüfung und Bewertung der Leistung von Abfragen bei großen Datenmengen. Ziel ist es, Abfragen mit selektiven und indizierten Feldern zu optimieren und die Leistung bei großen Datenmengen zu beschleunigen. **Hinweis**: Aktivieren Sie diese Funktion in der Entwicklerkonsole.

Datenbank-Statistiken   Salesforce führt einen nächtlichen Prozess durch, um Statistiken aus der Datenbank zu sammeln. Dieser Prozess erfolgt automatisch. Das Ergebnis sind verbesserte Indexobjekte. Ein Architekt kann dieses Wissen nutzen, um

---

[7] Best Practices for Deployments with Large Data Volumes, `https://resources.docs.salesforce.com/226/latest/en-us/sfdc/pdf/salesforce_large_data_volumes_bp.pdf`. Salesforce.com, aktualisiert am 20. August 2020.

den Abfrageentwurf so abzustimmen, dass er die Vorteile dieser automatischen Berechnungen und Indizierungsdateien nutzt. Hinweis: Die Statistiken werden von Salesforce automatisch berechnet.

Skinny-Tabellen   Salesforce kann Skinny-Tabellen (denormalisierte, flache Dateien) erstellen, die häufig verwendete Felder kombinieren und Verknüpfungen entfernen. Mit Skinny-Tabellen können bestimmte lang laufende Abfragen für Objekte mit Millionen von Datensätzen gelöst werden. Skinny-Tabellen lösen langlaufende Berichte, langsame Listenansichten und SOQL-Abfragen mit Zeitüberschreitungen. Hinweis: Reichen Sie einen Fall ein, um diese Funktion zu aktivieren.

Benutzerdefinierte Indizes   Salesforce erstellt benutzerdefinierte Indizes, um Abfragen zu beschleunigen. Sie können für SOQL-Abfragen hilfreich sein, die nicht indizierte Felder verwenden müssen. Hinweis: Reichen Sie einen Fall ein, um diese Funktion zu aktivieren.

Ein letztes Wort zu Konten-, Eigentums- und Nachschlagetoleranzen

Die Auswirkungen auf die organisatorische Leistung liegen in der mangelnden Einhaltung der Richtlinien für Konto- und Eigentumsverzerrungen. Fassen wir sie hier noch einmal zusammen:

Ungleiche Besitzverhältnisse   Die Richtlinien besagen, dass ein Benutzer oder eine Warteschlange weniger als 10.000 Datensätze für jeden Eigentümer besitzen sollte.

- *Option zur Abhilfe:* Platzieren Sie den Benutzer in einer separaten Rolle an der Spitze der Hierarchie. Halten Sie den Benutzer von öffentlichen Gruppen fern.

Kontoverschiebungen   In den Leitlinien heißt es, dass ein einzelnes Konto weniger als 10 K Child-Datensätze haben sollte.

- **Option zur Abhilfe:** Aufteilung des Kontos in kleinere Konten (weniger Kinder) und Verwendung eines übergeordneten Kontos zur Konsolidierung der Informationen.

Lookup Skews   In den Leitlinien heißt es, dass ein einzelnes Objekt weniger als 10 K Nachschlagevorgänge für untergeordnete Datensätze haben sollte.

- **Option zur Abhilfe:** Teilen Sie den Datensatz des übergeordneten Objekts in kleinere (weniger untergeordnete) Datensätze auf und verwenden Sie ein übergeordnetes Konto zur Konsolidierung der Informationen.
  Hier finden Sie weitere Möglichkeiten zur Abschwächung von Datenverzerrungen:

- Vermeiden Sie Datensätze mit vielen untergeordneten Datensätzen.

- Verwenden Sie Auslöser anstelle von Workflows.

- Auswahllisten anstelle von Nachschlagewerken.

- Planen Sie Wartungsaktualisierungen zu Zeiten außerhalb der Stoßzeiten, um das Sperren von Datensätzen zu vermeiden.

Datenlebenszyklus-Management in Salesforce

Selbst nach den jüngsten Übernahmen bietet Salesforce keine Out-of-the-Box-Tools für das End-to-End-Management des Datenlebenszyklus in Unternehmen. Als Architekt ist es wichtig, einen Datenlebenszyklusplan zu implementieren, der mindestens drei Hauptziele verfolgt: Datenmigration, Datensicherung und Datenarchivierung. Abb. 4-8 zeigt einen nominalen Ansatz für das Datenlebenszyklusmanagement in Salesforce.

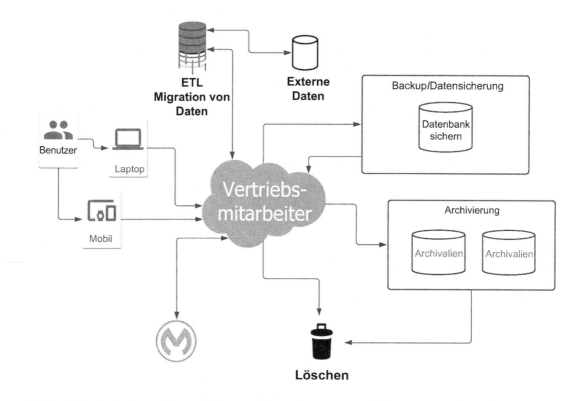

Abb. 4-8. *Salesforce-Datenlebenszyklus: Ansatz zur Sicherung und Archivierung*

Migration von Daten

Die Migration von Daten in Salesforce ist mit der verfügbaren REST- und Bulk Data-API ganz einfach. Außerdem stehen Salesforce-Administratoren mehrere Tools zur Verfügung, darunter DataLoader, DataLoader.io und Datenassistenten. Diese Tools nutzen die von Salesforce bereitgestellten Daten-APIs, um Daten in bestimmte Objekte zu importieren, zu aktualisieren, einzufügen und zu löschen. Die einfache Datenmigration in ein einzelnes Objekt ist ziemlich unkompliziert. Bevor wir beginnen, sollten wir uns einige Voraussetzungen für die Migration von Daten in Salesforce ansehen. Tab. 4-2 enthält einen Vergleich zwischen gängigen Datenladetools.

Tab. 4-2. *Vergleich gängiger Datenmigrationstools*

Werkzeug zur Datenmigration	Eigenschaften	Wann zu verwenden
DataLoader – in der Standardlizenz enthalten	- Eigenständige Anwendung. - Unterstützt das Laden von Massendaten. - Unterstützt Auto-Skripte.	Dieses Tool eignet sich für kleine bis mittlere Datenmigrationen oder wenn eine Verarbeitung über Nacht erforderlich ist. Es können DOS-Batch-Routinen verwendet werden.
DataLoader.io – in die Benutzeroberfläche integrierte Grundfunktionen	- Webbasierte Optionen. - Unterstützt das Laden von Massendaten. - Option zum Erwerb erweiterter Funktionen.	Dieses Tool eignet sich gut für die Verwaltung von Verwaltungsdaten. Es unterstützt erweiterte Datenverwaltungsfunktionen mit Zeitplanung.
Datenassistent – internes Merkmal	- Schritt-für-Schritt-Anleitung für Benutzer und Administratoren. - Begrenzt auf CSV-Dateien.	Diese Funktion wird von Endnutzern und Administratoren verwendet, um grundlegende Datenverwaltungsaufgaben wie das Laden von Leads und Kontakten durchzuführen.

Arten von Datenmanipulationsoperationen, die für die Datenmigration zur Verfügung stehen

Der Lebenszyklus der Datenmigration beginnt mit der Erstellung oder Einfügung von Daten in ein Salesforce-Objekt. Der nächste Schritt im Lebenszyklus besteht darin, die Daten bei Bedarf im Laufe der Zeit zu aktualisieren. Salesforce bietet einen Vorgang an, der das Einfügen und Aktualisieren im selben Vorgang ermöglicht: Upsert.

Einfügen   Die Einfügeoperation erstellt einen neuen Datensatz in einem Objekt und überträgt ihn in die Datenbank. Diese Operation ist die schnellste und sollte für neue Daten verwendet werden.

Aktualisierung   Der Aktualisierungsvorgang identifiziert den Bezugsdatensatz mithilfe eines Primär- oder Fremdschlüssels, um ein oder mehrere Felder im Datensatz zu ändern. Dieser Vorgang ist langsamer, da er nach vorhandenen Datensätzen suchen muss, die aktualisiert werden sollen.

Upsert   Das Upsert ist ein kombinierter Vorgang, der einen Datensatz entweder erstellt oder aktualisiert, wenn der Datensatz mit dem Primär- oder Fremdschlüssel übereinstimmt. Der Vorgang bietet einen einzigen Prozess, hat aber den Nachteil einer langsameren Transaktion. Mit der Upsert-Operation können Sie einen vorhandenen Datensatz in einem einzigen Aufruf entweder einfügen oder aktualisieren. Die Upsert-Operation ermittelt, ob ein Datensatz bereits existiert, indem sie die ID des Datensatzes als Schlüssel zum Abgleich von Datensätzen, das externe ID-Feld oder das auf true gesetzte Attribut idLookup verwendet. Dies führt zu mindestens einem der folgenden drei Ergebnisse:

1. Wenn der Schlüssel nicht übereinstimmt, wird ein neuer Datensatz angelegt.

2. Wenn der Schlüssel einmal übereinstimmt, wird ein bestehender Datensatz aktualisiert.

3. Wenn der Schlüssel mehrfach übereinstimmt, wird ein Fehler erzeugt, und der Vorgang schlägt fehl.

Ein Datensatz wird auf der Grundlage seiner Beziehung zu bestehenden Datensätzen eingefügt oder aktualisiert, wenn bereits eine Beziehung zwischen den beiden Objekten definiert wurde, entweder über eine Nachschlage- oder eine Master-Detail-Beziehung, die als Fremdschlüssel-ID betrachtet wird. Hinweis: Aktualisierungen können nicht mit demselben Vorgang Änderungen an dem Bezugsobjekt vornehmen.

Ein Datenmigrationsplan kann auch die Entfernung oder Löschung vorhandener Daten erfordern. Salesforce bietet drei Löschvorgänge, um diese Anforderung zu erfüllen. Bevor wir uns die verfügbaren Löschvorgänge ansehen, müssen wir verstehen, welche Auswirkungen ein Löschvorgang auf die direkten und Bezugsdatensätze haben kann. Wenn es sich bei einem Datensatz um einen Stammdatensatz in einer Stamm-Detail-Beziehung handelt, löscht der Prozess den Bezugsdatensatz, sofern zulässig. (Weitere Informationen darüber, was eine Löschung verhindern kann, finden Sie in der Salesforce-Regel zur referentiellen Integrität). Salesforce bietet auch einen Vorgang zur Wiederherstellung von Soft Deletes und Bezugsdatensätzen. Der Prozess hängt von der Verfügbarkeit der im Papierkorb verbleibenden Elemente ab. Die Löschvorgänge sind wie folgt:

Löschen   Der Löschvorgang ist ein sanftes Löschen von Datensätzen. Eine Wiederherstellung der Daten ist möglich.

Hartes Löschen   Die Operation „hartes Löschen" ist eine permanente Löschung, die den Datensatz und alle zugehörigen Datensätze in Bezug auf die referentielle Integrität löscht.

Massenlöschung   Der Vorgang „Massenlöschung" ist nur für benutzerdefinierte Objekte verfügbar. Wenn das gesamte benutzerdefinierte Objekt entfernt werden muss, verwenden Sie stattdessen die Trunkierung.

Prozess der Datenmigration

Die Datenmigration ist der Prozess des Wechsels von einem System zu einem anderen. Sie nutzt die beschriebenen einfachen Datenmanipulationsoperationen, erfordert aber einen bewussteren Ansatz. Auf der Basisebene erfolgt die Datenmigration in sieben Schritten:

1. Bestimmen Sie die Daten, die Sie migrieren wollen. Bestimmen Sie den Zustand der Daten und wie Sie sie in der neuen Organisation verwenden wollen.

2. Erstellen Sie Vorlagen für die Daten. Erstellen Sie die Ladevorlage, um alle erforderlichen Felder und Beziehungen zu erfassen. Vergessen Sie nicht die historischen Datenelemente wie Erstellungsdatum und Erstellungsdatum durch Benutzer. Berücksichtigen Sie auch spezielle Anforderungen wie Datensatztypen und Auswahllistenwerte.

3. Bereiten Sie Ihre Daten vor. Suchen Sie nach Duplikaten und falschen oder fehlenden Daten. Bereinigen Sie die Daten bei Bedarf, um die besten Daten in der neuen Organisation bereitzustellen. Achten Sie auf führende Nullen und auf die Groß- und Kleinschreibung der Datensatz-ID.

4. Füllen Sie Ihre Daten in die Vorlagen ein. Um Probleme zu erkennen, bevor Sie die Daten migrieren, organisieren Sie die Daten und laden Sie die Vorlage.

5. Bereiten Sie die Ziel-Organisation für die Nutzung und das Testen vor. Erwägen Sie, Informationen aus dem Altsystem hinzuzufügen, die Ihre Daten verbessern können. Das Hinzufügen einer externen ID kann die Fehlersuche erleichtern und zukünftige Aktualisierungen vereinfachen.

6. Migrieren Sie die Daten unter Verwendung geeigneter Operationen; schalten Sie, wenn möglich, Geschäftsprozesse, Workflows, Auslöser und die Neuberechnung der gemeinsamen Nutzung aus, bevor Sie beginnen. Außerdem sollten Sie zunächst einen Test in einer Sandbox-Umgebung laden, um sicherzustellen, dass die Vorlage wie erwartet funktioniert.

7. Validieren Sie die Daten. Nachdem die Daten geladen wurden, führen Sie Tests durch, um sicherzustellen, dass die Migration erfolgreich war. Vergewissern Sie sich, dass die Anzahl der geladenen Daten mit der Anzahl der neuen oder aktualisierten Datensätze übereinstimmt. Prüfen Sie stichprobenartig die zusätzliche Validierung.

Die Datenmigration ist oft viel komplizierter als eine einzelne Objektaktualisierung. In diesen Fällen umfassen die strukturierten und unstrukturierten Daten viele Legacy-Objekte mit komplexen oder normalisierten Daten. In diesem Fall ist der Prozess sehr viel komplizierter, aber die notwendigen Schritte bleiben bestehen. Die Interaktion ist eher eine Überlegung wert. Zum Beispiel können die Daten eine Reihe von Datenladungen erfordern, um die endgültige Lösung zu unterstützen. Hier müssen wir einen Schritt hinzufügen, um die Reihenfolge der Vorgänge und die vor- und nachgelagerten Auswirkungen zu verstehen. So kann es beispielsweise erforderlich sein, die Benutzer zunächst in das System zu laden, um die eindeutige Salesforce-ID zu erhalten, mit der der Benutzer der nach ID erstellten Datei zugeordnet werden kann. In Salesforce können Sie die „createdBy"-ID nur während der Erstellung eines ersten Datensatzes als Systemeingabe hinzufügen. Wenn Sie versuchen würden, den Datensatz später zu aktualisieren, würde diese Aktualisierung fehlschlagen.

Komplexe Datenmigration

Für ein komplexes Projekt ist es unerlässlich, über die richtigen Werkzeuge zu verfügen. Bei der Datenmigration ist das nicht anders. Der Architekt muss die Anforderungen prüfen und die richtigen Werkzeuge für die Aufgabe vorschlagen. Dabei kann es sich um ein einfaches Tool wie DataLoader oder um eine hochentwickelte ETL-Lösung (Extract-Transform-Load) wie Informatica handeln.

DATENMIGRATIONSANSATZ FÜR ETL – MNEMONISCH

(CS-DEV) „Als Entwickler sehen":

C: Daten bereinigen.

S: Daten standardisieren.

D: Daten entdoublieren.

E: Anreicherung der Daten über ETL.

V: Daten validieren.

ETL (Extrahieren-Transformieren-Laden)

ETL ist ein Prozess, der drei verschiedene, aber miteinander verbundene Schritte umfasst (Extrahieren, Transformieren und Laden) und dazu dient, Daten aus mehreren Quellen zusammenzuführen. Es gibt grundlegende Schritte, die zur Implementierung einer ETL-Lösung und eines Datenmigrationsflusses verwendet werden. Ein notwendiger ETL-Prozess gliedert sich in vier verschiedene Phasen. Ja, ETL lässt sich in vier (4) Schritte übersetzen. Diese sind wie folgt:

1. Datenextraktion

2. Datenbereinigung

3. Umwandlung von Daten

4. Laden von Daten

Schritt 2, die Datenbereinigung, wird in den Prozess eingefügt, da sie erforderlich ist, um die Daten für die Transformation vorzubereiten.

Datenextraktion und Datenbereinigung

Das Hauptziel des Extraktions- und Bereinigungsprozesses besteht darin, alle erforderlichen Daten aus den Quelldatensystemen abzurufen. Achten Sie darauf, welche Auswirkungen die Extraktion auf die Leistung, die Antwortzeit und die Sperrung innerhalb der Quellsysteme hat. Bei der Datenbereinigung handelt es sich um die Erkennung und Entfernung von inkonsistenten, unzureichenden oder doppelten Daten. Ziel der Bereinigung ist es, die Qualität und Verwendbarkeit der aus dem Host-System extrahierten Daten zu verbessern, bevor sie in ein Zielsystem geladen werden.

Die meisten Datenmigrationen umfassen mehr als ein System und mehr als eine Datenquelle für jedes Objekt. Es ist wichtig, Folgendes zu beachten:

- Überprüfung und Identifizierung signifikanter Datenprobleme, wie z. B. Duplikate und problematische oder fehlende Daten.

- Auswertung der Datenformatierung. Das ursprüngliche System kann ein anderes Datumsformat verwenden. Excel verwendet beispielsweise ein Basisnummerierungssystem zur Erstellung und Bearbeitung von Daten.

- Bereichern Sie Ihre Daten während des Bereinigungsprozesses. Dieser Prozess verbessert die Umwandlung und die Nützlichkeit der Daten in der neuen Umgebung.

- Bereinigen Sie die Daten mit Blick auf das Zielsystem. Konzentrieren Sie sich auf die Felder und Objekte, die sowohl im Transformations- als auch im Zielsystem verwendet werden.

- Überprüfen Sie, wie der Workflow die Daten bei der Migration in das System verändern könnte, und nehmen Sie alle erforderlichen Felder auf.

- Datenprobleme gibt es in vielen Formen, z. B. falsch geschrieben, falsch großgeschrieben, doppelt vorhanden, fehlend oder ungültig. Sie können auch Verweisfehler mit widersprüchlichen Werten, referentielle Integritätsfehler oder Verdichtungsfehler umfassen. Verwenden Sie die Bereinigungsphase, um diese Fehler zu beheben.

Datenumwandlung und -überprüfung

Der Transformationsschritt ist der Punkt im ETL-Prozess, an dem die Daten geformt, ausgerichtet und „transformiert" werden, um für das Laden in das neue System bereit zu sein. Dies ist auch der Punkt, an dem man das neue Datenmodell genau kennt und weiß, wie sich die eingehenden Daten während des Ladevorgangs verändern. Es ist auch der Zeitpunkt, an dem die Reihenfolge der Operationen für die zu ladenden Daten festgelegt wird. Die Transformation erfolgt schrittweise, und die neuen Beziehungen werden erstellt.

Ebenso wichtig ist der Verifizierungsprozess. Dieser Teil des ETL-Prozesses umfasst die Prüfung und Bewertung der Ergebnisse. In seiner einfachsten Form umfasst die Überprüfung eine „Prüfsummen"-Zählung oder -Zusammenfassung für eine bestimmte Transformation, die als Test verwendet werden kann, ob die erwartete Anzahl von Benutzern, Opportunities und Konten geladen wurde. Diese Prüfsumme hilft zu bestätigen, dass alle Datensätze verarbeitet und in die Transformation einbezogen wurden.

Je nach Komplexität der Transformation erstellt ein Architekt einen Zwischenbereich oder Staging-Bereich, in dem die Transformation stattfindet. Tabellenkalkulationen, SQL-basierte Datenbanken oder externe Transformationslösungen, einschließlich der Verwendung von Skripten für wiederkehrende Datenmigrationsprozesse, können den Staging-Prozess unterstützen. Sehen wir uns ein paar Optionen an:

Microsoft Excel-Tabellen   Für einfache Transformationen ist Excel ein einfaches Tool zur Erstellung von Tabellen mit CSV-Dateien zur Erfassung strukturierter Daten und zum Hinzufügen von Transformationen wie accountID, OwnerID und RecordTypeID. Dieses Verfahren eignet sich gut für Transformationen, die auf einzelne

Objektsuchen beschränkt sind. Sobald Ihr Prozess eine mehrstufige Transformation erfordert, wird die Excel-Option schnell unbrauchbar.

Microsoft Access, MySQL oder SQL Server DB   Mit zunehmender Komplexität der Transformation steigt auch die Notwendigkeit, Tabellen und Querverweistabellen zur Unterstützung der Transformation zu erstellen. Eine Standarddatenbank bietet dem Architekten die Möglichkeit, Transformationen zur Unterstützung einer komplexen Anforderung zu erstellen. Der Nachteil ist, dass er die Verfügbarkeit der Tools sowie das Wissen und die Erfahrung mit der ausgewählten DB voraussetzt, um die Transformationsanwendung zu erstellen. Oft erfordert dieser Ansatz einen erheblichen Arbeitsaufwand, um eine Lösung mit einem angemessenen Umfang an Tests und Validierung zu erstellen.

Informatica und Jitterbit   Diese Lösungen von Drittanbietern ermöglichen es dem Architekten, sich auf die Umwandlungen zu konzentrieren, ohne die Anwendung zur Verwaltung und Ausführung des Prozesses erstellen zu müssen. Sie verfügen in der Regel über vordefinierte Mapping- und Transformationstools, die den Zeitaufwand für die Implementierung der erforderlichen Prozesse erheblich reduzieren. Der Nachteil dieser Option sind die anfänglichen Kosten für das Tool. Sie sollten damit rechnen, dass Sie für die Werkzeuge und Prozesse, die Ihre Arbeit erleichtern, bezahlen müssen.

Unabhängig von der Herangehensweise muss der Transformationsschritt einige oder alle der folgenden Schritte und Ergebnisse berücksichtigen:

- **Daten formatieren**: Daten in bestimmte Datentypen und Längen umwandeln.

- **Population von Pflichtfeldern**: Hinzufügen von erforderlichen Informationen zu den Basisdaten zur Unterstützung der Datenvalidierungsanforderungen im Zielsystem.

- **Deduplizierung**: Löschen oder Zusammenführen doppelter Datensätze.

- **Bereinigung**: Normalisierung der Daten auf einen Standard für bestimmte Werte wie Geschlecht, Adressen und Auswahllistenwerte.

- **Fremdschlüssel-Assoziation**: Erstellen von Schlüsselbeziehungen zwischen Tabellen.

- **Datenfelder übersetzen**: Übersetzen Sie Daten aus verschiedenen Quellen in Werte, die für Geschäftsanwender sinnvoll sind.

- **Parsing komplexer Felder**: Umwandlung komplexer Felder in Einzelfelder.

- **Zusammenführung/Kombination von Daten**: Zusammenführung von Daten aus mehreren Feldern zu einer einzigen Einheit, z. B. Produkt, Preis, Typ und Beschreibung.

- **Berechnete und abgeleitete Werte**: Aggregieren oder berechnen Sie Feldwerte für die Bruchlast.

- **Verdichtung**: Konvertierung externer Daten in mehrdimensionale oder verwandte Tabellen.

Laden von Daten

Der letzte Schritt besteht darin, die Daten in die neue Instanz zu „laden". Es ist unbedingt zu beachten, dass das Laden von Daten in ein System wie Salesforce zwei Perspektiven hat. Die erste ist die Auswirkung, die eine „große Datenlast" auf das System hat, und die zweite sind die Einschränkungen beim Laden von Daten. Schauen wir uns die beiden Punkte genauer an.

Auswirkungen auf große Daten   Salesforce unterstützt eine breite Palette von Funktionen, einschließlich Freigaben, Validierungen und Prozessen, die das System während einer Migration großer Daten in die Umgebung belasten können. Es ist wichtig, dass Sie die Zielumgebung überprüfen und verstehen. Hier sind einige Punkte auf Systemebene, die vor dem Laden von Daten zu beachten sind:

- Wenn möglich, ändern Sie betroffene Objekte und verwandte Objekte während des ersten Ladevorgangs in die öffentliche Lese-/Schreibsicherheit, um einen gemeinsamen Berechnungsaufwand zu vermeiden.

- Verschieben Sie Berechnungen, indem Sie Apex-Auslöser, Workflow-Regeln und Validierungen während des Ladevorgangs deaktivieren; erwägen Sie die Verwendung von Batch Apex nach Abschluss des Ladevorgangs statt während des Datenladens.

- Minimieren Sie Sperrkonflikte bei übergeordneten Datensätzen, indem Sie die untergeordneten Datensätze nach übergeordneten Datensätzen im selben Stapel gruppieren.

- Berücksichtigen Sie die Reihenfolge der Datenladungen bei großen Anfangsladungen; füllen Sie Rollen auf, bevor Sie Regeln teilen:

  - Benutzer in Rollen laden.

  - Laden Sie Datensatzdaten mit Eigentümern, um Berechnungen zur gemeinsamen Nutzung in der Rollenhierarchie anzustoßen.

  - Konfigurieren Sie öffentliche Gruppen und Warteschlangen, und lassen Sie diese Berechnungen dann weiterlaufen.

  - Fügen Sie dann eine Teilungsregel nach der anderen hinzu und lassen Sie die Berechnungen für jede Regel abschließen, bevor Sie die nächste hinzufügen.

- Fügen Sie Personen und Daten hinzu, bevor Sie Gruppen und Warteschlangen erstellen und zuweisen:

  - Laden Sie die Benutzer und Daten.

  - Laden Sie neue öffentliche Gruppen und Warteschlangen.

  - Fügen Sie dann eine Teilungsregel nach der anderen hinzu und lassen Sie die Berechnungen für jede Regel abschließen, bevor Sie die nächste hinzufügen.

Datenbeschränkungen   Wie wir alle wissen, hat Salesforce System-Governor-Grenzen, um die Instanz zu schützen. Diese Grenzen kommen also während der Ladephase ins Spiel. Wenn Sie die API zum Laden von Daten in Salesforce verwenden, müssen Sie sowohl das tägliche API-Limit als auch die Größenbeschränkungen für Abfragen berücksichtigen. Stellen Sie sicher, dass Sie Ihre Migration anhand dieser Leitfäden planen.

Tools zum Laden von Daten   Salesforce unterstützt mehrere Datenmigrationstools, darunter den Datenassistenten, den Java-basierten Salesforce DataLoader, MuleSoft DataLoader.io und API-basierte Drittanbieteranwendungen.

Datensicherung

Am 31. Juli 2020 stellte Salesforce seine Wiederherstellungsdienste für Besitzer von Produktionsinstanzen ein. Das heißt, der Service war nicht vertretbar, da er 10.000 Dollar kostete und mehr als sechs Wochen dauerte, um Ihre verlorenen Daten wiederherzustellen. Das mag schockierend klingen, aber Daten in der Cloud sind nicht risikofrei. Es ist wichtig, einen Plan zu haben und ihn regelmäßig anzuwenden. Ein guter Architekt verfügt über eine Datenarchitektur, die einen Plan zur Datensicherung und -archivierung umfasst.

Salesforce bietet standardmäßig die Möglichkeit, Sicherungsdateien der Instanzdaten wöchentlich oder monatlich zu erstellen, je nach Edition. Die Daten werden als CSV-Dateien und Dateiblobs gespeichert und in Zip-Dateien konsolidiert. Der Systemadministrator lädt sie jeweils eine Zip-Datei herunter. Diese Daten sind nur für ein paar Tage sichtbar; Salesforce speichert die Daten nicht langfristig. Salesforce verfügt über keine Extraktionswerkzeuge, um Ihre Daten wiederherzustellen. WARNUNG: Dies ist keine praktikable Option für die Verwaltung von Unternehmensdaten.

Wir empfehlen, dass Sie in einen Sicherungs- und Wiederherstellungsdienst eines Drittanbieters wie OwnBackup.com investieren. Wir stehen in keiner Beziehung zu diesem Unternehmen, haben aber nur begrenzte Erfahrungen mit der Lösung und den hohen Bewertungen auf Salesforce AppExchange. Machen Sie Ihre Hausaufgaben.

Die Datensicherung umfasst zwei Seiten der Medaille der Datenverwaltung: die Sicherung oder Extraktion von Daten aus Ihrer Organisation und die Wiederherstellung oder den Ersatz von Daten in Ihrer Organisation nach einer Katastrophe. Jede Datensicherungslösung muss Dienste in beide Richtungen anbieten. Die Wiederherstellungsdienste sind der wichtigste Teil der Lösung. Wir erinnern uns noch an die Zeit, als On-Prem-Lösungen ein Magnetband zur Speicherung von Datenkopien als Backup verwendeten. Wenn das Unternehmen versuchte, die Daten wiederherzustellen, war das Band in den meisten Fällen schwer beschädigt, oder der Prozess funktionierte nicht.

Stellen Sie sicher, dass Ihre Sicherungsstrategie sowohl die Daten- als auch die Metadaten-API zur Durchführung vollständiger, inkrementeller und teilweiser Sicherungen verwendet. Außerdem sollte sie Sicherheitsvorkehrungen zum Schutz der Daten bieten. Die Wiederherstellungsfunktionen sollten alle der folgenden Punkte unterstützen:

- Wiederherstellung nach Datenbeschädigung.

- Stellen Sie schnell einen, einige oder alle Datensätze eines Objekts wieder her.

- Unterstützung der Massenwiederherstellung und Wiederherstellung aller zugehörigen und verwandten Daten.

- Metadaten wiederherstellen.

- Nahtlose Wiederherstellung von Prozessen und Automatisierung.

- Wiederherstellung von System-, Prozess- und Datenintegrationen.

Datenarchivierung

Ein wesentlicher Aspekt des Datenmanagements in Salesforce ist die Entwicklung einer Datenarchivierungsstrategie, um die aktive Salesforce-Instanz zu entlasten. Salesforce bietet minimale Setup-Tools zur Archivierung von Daten aus Salesforce. Siehe den Abschnitt „Datensicherung".

Datenarchivierung ist nur dann wertvoll, wenn sie auch nutzbar ist. Nützliche Datenarchivierung ist zugänglich, organisiert, abrufbar und intelligent aufbewahrt. In der Vergangenheit wurden Archive als langfristige Daten betrachtet, auf die nur selten zugegriffen wurde und die meist ignoriert und nie genutzt wurden. Dieser Ansatz vergeudet eines der wertvollsten Güter, die ein Unternehmen haben kann: seine Daten. Ein sinnvoller Datenarchivierungsplan berücksichtigt vier Hauptbereiche:

1. Organisieren Sie die Archivdaten zum Verständnis.

2. Machen Sie das Archiv für das Unternehmen zugänglich.

3. Einrichtung von Verfahren zum Abrufen von Datenelementen und Zusammenfassungen.

4. Bewahren Sie wertvolle Daten auf, nicht triviale.

Salesforce Big Object

Die Kosten für die Daten- und Dateispeicherung in Salesforce können im Vergleich zu externen Optionen teuer sein. Salesforce bietet jedoch eine Lösung für die Speicherung großer Datenmengen, um ganzheitliche Ansichten für Daten wie Kunden und Partner, die Speicherung von Prüfungs- und Nachverfolgungsdaten und historische Archive in Echtzeit zu ermöglichen. Diese Lösung nennt sich Big Objects. Salesforce verwendet standardmäßige Big Objects zur Verwaltung des FieldHistoryArchive, das Teil der Field Audit Trail-Projekte ist. Salesforce ermöglicht es einem Architekten nun, dieselbe nicht-transaktionale Datenbank für benutzerdefinierte Lösungen zu verwenden.

Die Archivierungsanforderung ist ein hervorragender Anwendungsfall für diese Datenoption. Mithilfe von benutzerdefinierten Anwendungen zum Extrahieren von Daten aus relationalen Datenbankobjekten von Salesforce können Sie Archivdaten erstellen, um den im vorangegangenen Text aufgeführten Archivierungsplan zu unterstützen. Das Big Object steht dem Benutzer nicht wie andere Objekte zur Verfügung, und zum Aktualisieren und Extrahieren der Daten im Big Object ist eine benutzerdefinierte Schnittstelle erforderlich. Es gibt jedoch mehrere AppExchange-Anwendungen, die diese Anforderungen unterstützen.

Merkmale von Big Object:

- Es verwendet eine horizontal skalierbare verteilte Datenbank.

- Es handelt sich um eine nicht-transaktionale Datenbank.

- Sie kann Hunderte von Millionen oder sogar Milliarden von Datensätzen effizient verarbeiten.

Die Grenzen von Big Object:

- Daten werden programmatisch gelöscht, nicht deklarativ.

- Sie können keine standardmäßigen Salesforce-Freigaberegeln verwenden.

- Sie müssen benutzerdefinierte Lightning- und Visualforce-Komponenten anstelle von Standard-Benutzeroberflächenelementen, Homepages, Detailseiten und Listenansichten verwenden.

- Sie können keine doppelten Datensätze in Big Objects haben.

- Sie können Big-Object-Daten nicht verschlüsseln.

Kapitel Zusammenfassung

In diesem Kapitel haben wir gelernt

- Diese Daten bewegen sich durch ein Kontinuum von Daten zu Wissen, wenn das Verständnis verbessert wird.

- Diese Datenverwaltung umfasst die Erfassung, Speicherung, Verarbeitung und Präsentation der Daten während ihres gesamten Lebenszyklus.

- Die Bedeutung der Datenarchitektur in Bezug auf das gesamte Instanzdesign und dass Datenmodellierung mehr ist als die Erstellung eines Entity-Relationship-Designs (ERD).

- Dass High-Level-Datenmodellierungskonzepte erforderlich sind, um das richtige Design in Bezug auf Geschäftsprozesse, Datenbewegung und Optimierung auszuwählen. Die Auswahl Ihres Datenmodells erfordert Entscheidungen und Kompromisse, um es für Ihr Unternehmen zu optimieren.

- Die Verwaltung großer Datenmengen (Large Data Volume, LDV) erfordert den Einsatz der zur Verfügung gestellten Werkzeuge und das Wissen, wie sie richtig angewendet werden. Wenn man versteht, was LDV-Probleme verursacht, kann man sie besser lösen.

- Das Datenlebenszyklusmanagement umfasst mehr als nur Betriebsdaten. Es beginnt mit der anfänglichen Migration und setzt sich über die Sicherung und Wiederherstellung sowie die Archivierung von Daten fort.

- Dass die Nutzung verfügbarer Salesforce-Ressourcen, wie z. B. Big Objects, schwierige Probleme im Datenlebenszyklus lösen kann.

KAPITEL 5

Salesforce-Sicherheitsarchitektur

Die Salesforce-Sicherheit umfasst mehrere wichtige Bereiche, um Sicherheit, Zugriff und Sichtbarkeit von Daten in einer bestimmten Instanz zu gewährleisten. Die Sicherheit ist ein grundlegendes Element des gesamten `Force.com`-Designs. Sie müssen das Zusammenspiel von Systemsicherheit und Datenfreigabe innerhalb der Salesforce-Plattform verstehen.

In diesem Kapitel werden drei Hauptbereiche der Sicherheitsarchitektur behandelt, darunter die **Plattformsicherheit**, die **Zugriffsmechanismen auf Datensatzebene** sowie die **Sichtbarkeit und Freigabe für interne und externe Benutzer**.

In diesem Kapitel behandeln wir

- Die Bedeutung der Salesforce-Sicherheitsarchitektur in Bezug auf die Sichtbarkeit von und den Zugriff auf Daten innerhalb einer Salesforce-Instanz

- Wie Salesforce den Zugriff auf Daten hinter den Kulissen gewährt

- Die Auswirkungen der Salesforce-Lizenz auf die Sicherheit der Instanz

- Wie man die Plattform verwaltet, um Sicherheit, Zugang und Sichtbarkeit zu kontrollieren

- Die Verwendung öffentlicher Gruppen zur Erweiterung und Verwaltung des Zugangs und der Sichtbarkeit

- Die deklarativen und programmatischen Sicherheitsmerkmale der Plattform, die zur Erfüllung der Sicherheitsanforderungen auf Datensatzebene verwendet werden können

D. Jyoti, J. A. Hutcherson, *Handbuch für Salesforce-Architekten*, https://doi.org/10.1007/978-3-662-66534-3_5

- Die Verwendung von Teams und Gebieten zur Ausweitung der gemeinsamen Nutzung auf breitere Nutzergruppen

- Wie sich die implizite gemeinsame Nutzung auf die gemeinsame Nutzung von Aufzeichnungen auswirken kann

- Optimale Freigabe- und Sichtbarkeitsoptionen zur Verfügung stellen

Warum ist eine Sicherheitsarchitektur wichtig?

Im Jahr 2020 hat sich die Weltdynamik verändert, so dass praktisch jedes Unternehmen gezwungen ist, sich schnell anzupassen, um Remote-Mitarbeiter zu unterstützen und den Zugriff auf Systeme und Daten von außerhalb der Grenzen des privaten Unternehmensnetzwerks zu ermöglichen. Die Rolle der Sicherheitsarchitektur wurde wie nie zuvor getestet.

Die Sicherheit wird häufig an drei Prinzipien ausgerichtet: Vertraulichkeit, Integrität und Verfügbarkeit, kurz CIA. Die **Vertraulichkeit** ist eine Bewertung, wie gut ein Unternehmen seine Daten geheim hält. Salesforce verwaltet die Vertraulichkeit mit unternehmensweiten Standardeinstellungen, Rollen, Profilen und Berechtigungssätzen, die einschränken, wer Zugriff auf Daten hat und – was noch wichtiger ist – wer NICHT auf bestimmte Daten zugreifen kann. **Integrität** ist der Schutz, der verwendet wird, um die Daten sicher und zuverlässig zu halten. Salesforce unterstützt digitale Signaturen und Zertifikate, Verschlüsselung, Intrusion Detection, Hashing, Auditing, Versionskontrolle und starke Zugriffs- und Authentifizierungskontrollen, um die Integrität zu gewährleisten. Die **Verfügbarkeit** bezieht sich auf die Zuverlässigkeit der Systeme und die rechtzeitige Bereitstellung von DeepL für autorisierte Benutzer. Salesforce hat einen hohen Standard für die Systemzuverlässigkeit festgelegt und setzt Gegenmaßnahmen ein, um seine Benutzer vor Denial-of-Service-Angriffen, Naturkatastrophen und allgemeinem menschlichem Versagen zu schützen, indem es redundante Systeme bereitstellt, gut verwaltete Aktualisierungsverfahren einsetzt und DR- und DOS-Schutzlösungen verwendet.

Eine der wichtigsten Aufgaben eines jeden Systems, einschließlich Salesforce, ist die Sicherheit von und der Zugriff auf Daten. Die Daten, die Ihr Unternehmen erstellt, speichert und verwendet, sind eine wertvolle Ressource. Ihre Aufgabe als Architekt ist es, eine Lösung zu entwerfen, die sie vor Ausbeutung und unbefugtem Zugriff durch externe und interne Personen schützt. Der Schutz Ihrer Daten kann dazu beitragen,

Markenerosion, Vertrauensverlust der Kunden, finanziellen Schaden und Rufschädigung zu verhindern. Darüber hinaus sind Unternehmen aufgrund von Datensicherheitsgesetzen verpflichtet, diese Regeln einzuhalten. Sicherheit umfasst mehrere Attribute und Funktionen, darunter

- **Authentifizierung, Autorisierung und Zugriffskontrolle**: Die Authentifizierung ist zusammen mit der Autorisierung die erste Verteidigungslinie für die Datensicherheit und schützt das System vor Datenverletzungen. In Kap. 7 wird dieses Thema ausführlich behandelt.

- **Backups und Wiederherstellung/Archivierung und Löschung**: Die Entwicklung eines Plans und die Anwendung dieses Plans für die Verwaltung Ihrer Daten mit Hilfe von Backups und Wiederherstellungen sowie einer klaren Archivierung und Löschung schützt Ihre Daten vor Systemausfällen, Katastrophen, Datenbeschädigungen oder Datenschutzverletzungen. Wenn Informationen nicht mehr nützlich sind oder ihren Wert verloren haben, müssen sie entfernt und archiviert oder gelöscht werden. Es ist wichtig, Richtlinien festzulegen, die Ihre rechtlichen Anforderungen unterstützen. Oft ist es genauso notwendig, Daten zu löschen, wie sie aufzubewahren. Arbeiten Sie im Rahmen der Unternehmensrichtlinien und der gesetzlichen Bestimmungen Ihrer Branche. Denken Sie daran, dass der Prozess des Löschens auch eine Löschung erfordert. Stellen Sie sicher, dass die Informationen unwiederbringlich sind.

- **Verschlüsselung**: Salesforce bietet zwei Arten der Datenverschlüsselung: die klassische Verschlüsselung und die Shield Platform-Verschlüsselung. Die klassische Verschlüsselung verwendet eine spezielle Art von benutzerdefiniertem Textfeld, das einen 128-Bit Advanced Encryption Standard (AES)-Algorithmus verwendet. Die klassische Verschlüsselung unterstützt die Maskierung und verwendet einen berechtigungsbasierten Zugriff zum Lesen verschlüsselter Felder. Die Shield-Plattformverschlüsselung bietet eine breite Palette von Verschlüsselungen von der Feldebene bis hin zu Prozessen und über

Standardobjekte hinweg. Die Shield-Plattformverschlüsselung verwendet einen 256-Bit Advanced Encryption Standard-Algorithmus. Sie unterstützt auch die Verwaltung von Verschlüsselungsberechtigungen und die HSM-basierte Schlüsselableitung.

Hinweis Der Advanced Encryption Standard oder AES ist ein symmetrischer Algorithmus, der eine Reihe von Runden verwendet, die Substitution, Shiftrows, MixColumns und Addroundrows umfassen. AES ist schneller als die herkömmliche Verschlüsselung und hat eine flexible Schlüssellänge, um die Wirksamkeit von Cyberangriffen zu begrenzen.

- **Tokenisierung**: Bei der Tokenisierung werden vertrauliche Daten durch zufällige Zeichen ersetzt, die algorithmisch nicht umkehrbar sind. Die Beziehung zwischen dem Feldwert und den Tokenwerten wird in einer geschützten Datenbanknachschlagetabelle und nicht in einem mathematischen Algorithmus gespeichert.

Drei Säulen der Salesforce-Sicherheitsstrategie

Salesforce verwendet drei Leitprinzipien, um alle Beteiligten bei der Cybersicherheit auf dem Laufenden zu halten: Grundlagen, Technik und geschäftliche Agilität sowie höhere Sicherheitsstandards.[1]

Im Rahmen der ersten Säule implementiert Salesforce Bedrohungserkennung und Schwachstellenmanagement sowie Identitäts- und Zugriffsmanagement. In der zweiten Säule verwendet Salesforce einen sicheren Entwicklungslebenszyklus, der ein sicherheitsorientiertes Rahmenwerk umfasst. In der letzten Säule nutzt und erneuert Salesforce PKI und Zertifikate, Erkennung und Plattformsicherheit. Salesforce bindet auch seine Architekten in das Salesforce-Ökosystem ein, um die Sicherheit im Blick zu behalten.

---

[1] Salesforce Approach to Security, 3. Juni 2020. https://org62.my.salesforce.com/ sfc/p/#000000000062/a/0M0000000QQz/O9TOkGo5uHou_DAeEjb8nwOe85bLIKTXYK.ruNAHn10.

Die Salesforce-Sicherheitsfunktionen schränken die Offenlegung von Daten für Unbefugte ein. Als Architekt müssen Sie Sicherheitskontrollen implementieren, die für die Sensibilität Ihrer Daten geeignet sind. Die Sicherheitsprotokolle von Salesforce schützen Ihre Daten vor unbefugtem Zugriff von außerhalb Ihres Unternehmens und vor unangemessenem Zugriff durch interne Benutzer. Schauen wir uns einige Bereiche an, in denen Salesforce Sicherheitsfunktionen bietet, die Sie berücksichtigen sollten:

- **Sicherheitsinfrastruktur**: Salesforce bietet fortschrittliche Technologie für Cybersicherheit. Salesforce verwendet die Transport Layer Security (TLS)-Technologie zum Schutz von Kundendaten durch Server-Authentifizierung und klassische Verschlüsselung.

- **Phishing und Malware**: Salesforce überwacht kontinuierlich E-Mail-Angriffe, einschließlich Phishing- und Malware-Angriffe. Zusätzlich zu Ihrem internen Sicherheitsteam können Sie Vorfälle melden und erhalten kontinuierliche Updates in Echtzeit auf security@salesforce.com. Salesforce Trust ist ein inhärenter Service.

- **Umleitungen zu externen URLs**: Salesforce schützt vor bösartigen Links, indem Benutzer gewarnt werden, wenn ein nicht vertrauenswürdiger Link die URL außerhalb der Salesforce-Domäne weiterleitet. Ihr Administrator kann vertrauenswürdige URLs verwalten und aktualisieren.

- **Überprüfungen**: Salesforce bietet umfangreiche Überwachungsfunktionen, einschließlich des Benutzeranmeldungsverlaufs, der Nachverfolgung auf Feldebene und des Änderungsprotokolls für Metadaten. Mit dieser Funktion kann ein Administrator Änderungen und potenzielle Sicherheitsverstöße überwachen.

- **Sicherheitsüberprüfung**: Health Check ist ein Assistent, mit dem Sie potenzielle Schwachstellen in Ihren Sicherheitseinstellungen identifizieren und beheben können. Das Health Check-Tool zeigt in einer zusammenfassenden Bewertung an, wie Ihre Instanz im Vergleich zu einer Sicherheits-Baseline abschneidet.

Sicherheit auf Plattformebene: Zugang und Sichtbarkeit

Salesforce hat sein Sicherheitsmodell entwickelt, um ein breites Spektrum an Sicherheits-, Zugriffs- und Sichtbarkeitsanforderungen seiner Kunden zu unterstützen. Das Sicherheitsmodell beginnt mit Kontrollen, die mit **Objekten** und zugehörigen **Feldern** verbunden sind, und dann mit den **Datensätzen**, die innerhalb eines bestimmten Objekts erstellt werden.

Objekt-, Feld- und Datensatzebene

Bei dem Salesforce-Objekt kann es sich um ein Standardobjekt handeln, das als Teil der SaaS-Lösung bereitgestellt wird, oder um ein benutzerdefiniertes Objekt, das vom Kunden erstellt wurde, um spezielle Anforderungen auf der Plattform zu unterstützen. Salesforce steuert den Zugriff auf ein Objekt über die unternehmensweiten Standardeinstellungen und das Profil und die Berechtigungen, die einem bestimmten Benutzer oder einer bestimmten Benutzergruppe zugewiesen sind.

Organisationsweite Standardeinstellungen (OWD) klassifizieren, wie die Benutzer des Systems auf ein Objekt zugreifen. Die OWD sollte so eingestellt werden, dass sie die restriktivste Zugriffsebene unterstützt, die Sie für den Benutzer mit dem geringsten Zugriff erwarten. Mit anderen Worten: Stellen Sie den OWD so ein, dass er den Benutzer mit den meisten Einschränkungen im System einschränkt. Wenn Sie möchten, dass jeder, der das System benutzt, jeden Datensatz zu einem bestimmten Objekt sehen kann, setzen Sie den OWD für dieses Objekt auf „Public". Wenn Sie jedoch die Daten für jeden Datensatz des Objekts einschränken möchten, setzen Sie den OWD für dieses Objekt auf „Privat".

Hinweis   Sie können keine Freigabe-Regeln verwenden, um den Zugriff zu beschränken. Die gemeinsame Nutzung kann nur verwendet werden, um einer größeren Gruppe von Benutzern mehr Zugriff zu gewähren.

Salesforce bietet drei primäre OWD-Einstellungen: **Öffentlich Lesen/Schreiben**, **Öffentlich Nur Lesen** und **Privat** sowohl für Standard- als auch für benutzerdefinierte Objekte. Die Namen sind selbsterklärend. Öffentlich Lesen/Schreiben bedeutet, dass jeder die Datensätze in diesen Objekten anzeigen und erstellen kann. Öffentlich schreibgeschützt bedeutet, dass jeder die Datensätze in diesen Objekten anzeigen, aber keine neuen Datensätze erstellen kann. Privat bedeutet, dass niemand außer dem Eigentümer des Datensatzes den Datensatz anzeigen kann. Salesforce unterstützt zwei zusätzliche Optionen: Öffentlicher Vollzugriff für das Standard-Kampagnenobjekt und Lesen/Schreiben/Übertragen für die Standardobjekte Lead und Case. Das Salesforce-Standardpreisobjekt verwendet keinen Zugriff und nur Ansicht und verwendet OWD-Einstellungen zur Unterstützung ihrer Verwendung.

Hinweis   Der Eigentümer eines Datensatzes kann entweder der Benutzer oder die Warteschlange sein, der/die das Recht hat, auf einen Datensatz zuzugreifen. Zu den Eigentumsrechten gehören (1) Anzeigen und Bearbeiten, (2) Übertragen, (3) Ändern der Eigentumsrechte für einen Datensatz und (4) Löschen eines Datensatzes.

Ein **Entscheidungsbaum** zur Bestimmung des OWD-Sets umfasst drei Fragen:

1. Welcher Benutzer oder welche Benutzergruppe hat die meisten Einschränkungen bei der Anzeige und Erstellung von Datensätzen im Objekt?

2. Soll der Benutzer aus der ersten Frage daran gehindert werden, die Datensätze des Objekts zu sehen? Wenn ja, setzen Sie den OWD auf Privat.

3. Soll der Benutzer aus der ersten Frage an der Bearbeitung eines bestimmten Datensatzes gehindert werden? Wenn ja, setzen Sie den OWD auf Public Read-only; andernfalls setzen Sie den OWD auf Public Read/Write.

Ein Objekt umfasst eine beliebige Anzahl von Datensätzen, die einen definierten Satz von Standard- und benutzerdefinierten Feldern enthalten. Das Objekt OWD bestimmt, ob ein Benutzer Zugriff und Sichtbarkeit auf ein bestimmtes Feld hat, das für ein bestimmtes Objekt definiert ist. Dies wird als Sichtbarkeit auf Feldebene bezeichnet. Die Objektberechtigungen steuern den Zugriff auf Objektebene und werden in Profilen und Berechtigungssätzen verwaltet. Zu den Kontrollen gehört das Zulassen oder Nichtzulassen der folgenden Funktionen: **Lesen, Erstellen, Bearbeiten, Löschen, Alle anzeigen und Alle ändern**.

Der Zugriff auf einzelne Datensätze für ein bestimmtes Objekt wird durch das Freigabemodell oder den Eigentümer des Datensatzes gesteuert. Wie bereits erwähnt, ist ein bestimmter Datensatz entweder auf der Grundlage der OWD-, Eigentums- oder Freigaberegeln sichtbar.

Zugriff über Hierarchien gewähren   Die Salesforce-Rollenhierarchie gewährt standardmäßig automatisch Zugriff auf Datensätze, die Benutzern gehören, die in der Hierarchie unter ihnen stehen. Salesforce-Standardobjekte können nicht geändert werden. Bei benutzerdefinierten Objekten kann diese automatische Freigabe jedoch aufgehoben werden, indem ihre Auswahl während der Objekterstellung und -verwaltung gesteuert wird.

Teilen

Salesforce erleichtert die Verwaltung der gemeinsamen Nutzung von Datensätzen durch eine Reihe von deklarativen und programmatischen Funktionen und Tools, wie in Abb. 5-1 dargestellt. Es ist wichtig zu verstehen, wie Freigabeansätze angewendet werden können, um eine optimale Lösung zu erhalten. In diesem Abschnitt wird untersucht, wie Salesforce den Zugriff vom restriktivsten OWD bis zur gewünschten Lösung aufbaut. Eine Architektur zur gemeinsamen Nutzung kann sowohl die Präzision als auch den Zugriff auf einen bestimmten Datensatz in Ihrer Umgebung steuern.

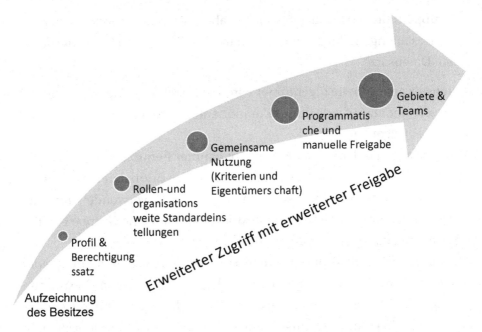

Abb. 5-1. *Ansatz zur gemeinsamen Nutzung – Zugriff auf Datensätze wird mit jeder Funktion erweitert*

Besitzer des Datensatzes

Der Besitz eines Datensatzes ist der Ausgangspunkt für die Sichtbarkeit und gemeinsame Nutzung in Salesforce. Der Datensatzbesitz ermöglicht es einem bestimmten Benutzer, den zugewiesenen Datensatz gemäß dem Benutzerprofil und den zugewiesenen Berechtigungssätzen anzuzeigen. Die gesamte Infrastruktur für den Datensatzzugriff basiert auf dem Datensatzbesitz.

Die eigentumsbasierte Architektur für die gemeinsame Nutzung nutzt drei Schlüsselkomponenten zur Unterstützung der gemeinsamen Nutzung von Daten auf der Plattform:

- Jeder Datensatz hat einen Eigentümer, mit Ausnahme von „Detailsätzen" in Master-Detail-Beziehungen.

- Objektfreigabetabellen werden verwendet, um festzulegen, welche Benutzer und Gruppen Zugriff auf Datensätze erhalten sollen.

- Gruppenmitgliedschaftstabellen gewähren Benutzern über Gruppen, Warteschlangen, Rollenhierarchien und Gebietshierarchien Zugriff auf Datensätze.

Der im Datensatz angegebene Eigentümer wird zur Erstellung eines AccountShare-Datensatzes verwendet. Auf jede dieser Komponenten wird im weiteren Verlauf des Kapitels näher eingegangen.

Datensatzeigentümer kann entweder ein benannter Benutzer oder eine Warteschlange sein. Warteschlangen können Datensätze priorisieren, verteilen und Gruppen von Benutzern zuweisen. Warteschlangen werden verwendet, um Lead-, Auftrags-, Fall- und benutzerdefinierte Objektdatensätze an eine Gruppe von Benutzern weiterzuleiten, um den Geschäftsprozess durchzuführen.

Die Rollenhierarchie funktioniert genauso wie bei Warteschlangenmitgliedern, wobei Benutzer, die in einer Rollenhierarchie höher stehen, auf einen bestimmten Datensatz zugreifen können. Benutzer in einer Warteschlange oder der Rollenhierarchie können Datensätze in einer Listenansicht anzeigen, wie in Tab. 5-1 dargestellt. In der Regel übernehmen diese Benutzer die Verantwortung für den Datensatz und entfernen ihn aus der Warteschlange.

Tab. 5-1. *Überlegungen zum Eigentum an Aufzeichnungen*

Näherung	Beschreibung und Überlegungen
Eigentum an Datensätzen oder Warteschlangen	- Muss ein einzelner Benutzer oder eine Warteschlange sein. - Die Profileinstellung übersteuert den Zugriff auf Feld-/Objektebene. - Die Warteschlange hilft bei der Verteilung und Zuweisung von Mitgliedern. - Höhere Rollen können die Verantwortung für einen Datensatz übernehmen.

LDV-Überlegungen   Wenn ein Benutzer mehr als 10.000 Datensätze hat, sollte er keine Rolle haben. (Falls erforderlich, sollte es die höchste Stufe sein.)

Berechtigungssätze

Ein Berechtigungssatz erweitert die einem Benutzer oder einer Benutzergruppe erteilten „Berechtigungen", ohne die Berechtigung auf alle mit einem Profil verbundenen Benutzer auszudehnen. Die Erstellung eines Berechtigungssatzes ermöglicht den Zugriff auf Objekte, Felder und Steuerelemente, die nicht im Profil des Benutzers enthalten sind. Der Berechtigungssatz kann Einstellungen und Berechtigungen enthalten, die den Benutzern Zugriff auf verschiedene Tools und Funktionen geben, wie sie im Benutzerprofil zu finden sind.

Berechtigungssätze werden auf der Seite mit den Benutzerdetails verwaltet, d. h. hinzugefügt und entfernt. Berechtigungssätze können mit einer zugehörigen Lizenz oder ohne eine Lizenz erstellt werden. Darüber hinaus erfordern einige Berechtigungssatzfunktionen eine Berechtigungssatzlizenz, um erstellt zu werden. Diese Lizenz fügt in der Regel Funktionen hinzu, die nicht in der Basislizenz von Salesforce enthalten sind.

Sitzungsbasierte Berechtigungssätze unterstützen Funktionen, Einstellungen und Werkzeuge für eine bestimmte Benutzersitzung. Solche Berechtigungssätze erlauben den Zugriff unter bestimmten Umständen oder Situationen. Ein Architekt erstellt Lösungen mit dieser Funktion für erweiterte Anforderungen. Hier sind ein paar Beispiele:

- **Annäherung:** Zugriff auf Informationen nur, wenn sie sich in der Nähe eines Raums, Gebäudes, Standorts oder einer IP-Adresse befinden.

- **Eingeschränkte Authentifizierung:** Zugang zum Dienst nur bei Fernfreigabe.

- **Privater oder vertraulicher Zugriff unter Verwendung von VPN:** Wird aktiviert, wenn sich Benutzer mit einem Token in Ihrer Umgebung authentifizieren.

- **Gelegentlicher Zugriff erforderlich:** Verwendet den Fluss, um den laufenden Benutzer zu bestätigen und die Berechtigung während der Laufzeit zu aktivieren.

- **SOAP-API-Aktivierung:** Ermöglicht API das Setzen von Berechtigungen.

- **Selbst-Aktivierung von Berechtigungen:** Verwendet Bewegungen zum Aktivieren und Deaktivieren von Berechtigungen.

Für die Verwaltung und Organisation von Berechtigungsgruppen für Benutzergruppen stehen **Berechtigungsgruppen zur** Verfügung. Mit diesen Gruppen können Sie Berechtigungssätze bündeln, die dann den Benutzern zugewiesen werden können. Alle Änderungen in einem einzelnen Berechtigungssatz werden dann an alle zugewiesenen Berechtigungssatzgruppen weitergegeben. Salesforce unterstützt auch die Stummschaltung oder Einschränkung von Berechtigungen. Tab. 5-2 enthält die wichtigsten Überlegungen zu Berechtigungsgruppen.

***Tab. 5-2.** Überlegungen zum Berechtigungssatz*

Näherung	Überlegungen
Erlaubnissatz	- Wie Profile, aber Benutzer können mehr als eine Berechtigung haben.
	- Die Gruppe der Berechtigungen kann die Leistung verbessern.
	- Achten Sie darauf, dass die Zulassungsbeschränkungen berücksichtigt werden.
	- Jedes Benutzerprofil wird automatisch mit einem Berechtigungssatz verknüpft. Dieser Berechtigungssatz speichert die Benutzer-, Objekt- und Feldberechtigungen des Profils.
	- Kann verwendet werden, um den Zugriff auf Methoden der Apex-Klasse zuzuweisen.
	- Salesforce löst „ungültige Berechtigungen" auf, wenn der Zugriff auf einen übergeordneten Datensatz bereits besteht.
	- Die Standard-App kann nicht mit einer Berechtigung versehen werden.

Profil

Profile definieren, wie ein bestimmter Benutzer auf Objekte und Daten zugreift und was er innerhalb der Salesforce-Instanz tun kann, wie in Tab. 5-3 dargestellt. Wie der Berechtigungssatz identifiziert auch ein Profil die Berechtigungen, die einem Benutzer zugewiesen sind. Einem Benutzer kann jedoch nur ein Profil zugewiesen werden.

Tab. 5-3. *Überlegungen zum Profil*

Näherung	Wichtige Überlegungen
Profil	- CRUD-Rechte auf Datensatz/Feld.
	- View All oder Modify All ignoriert die Regeln für die gemeinsame Nutzung auf Objektebene.
	- Vorzugsweise sollten Sie „Alle Daten anzeigen" oder „Alle Daten ändern" auf Organisationsebene hinzufügen.
	- Feldebene verfügbar.
	- Verwalten Sie Berechtigungen in Berechtigungsgruppen mit einer Stummschaltungsberechtigung.

Das Profil wird verwendet, um Seitenlayouts, Datensatztypen, benutzerdefinierte Anwendungen, verbundene Anwendungen und Registerkarteneinstellungen zuzuweisen, die mit einer Gruppe von Benutzern verbunden sind. Es definiert auch die Sicherheit auf Feldebene für jedes Objekt sowie die Verwaltungseinstellungen und allgemeinen Benutzerberechtigungen für die Salesforce-Instanz.

Darüber hinaus weist ein Profil viele der Berechtigungen auf Systemebene zu, einschließlich des Anmelde-IP-Bereichs, des Zugriffs auf Visualforce-Seiten, des Zugriffs auf externe Daten, der benannten Anmeldeinformationen, des Zugriffs auf benutzerdefinierte Metadaten, der benutzerdefinierten Einstellungen, des Flow-Zugriffs, des Zugriffs auf den Service-Präsenzstatus und der benutzerdefinierten Berechtigungen. Das Profil legt auch die Sitzungseinstellungen, Kennwortrichtlinien und Anmeldezeiten fest.

Organisationsweite Standardwerte

Organisationsweite Standardeinstellungen (OWDs) legen die Basis für die gemeinsame Nutzung aller Standard- und benutzerdefinierten Objekte in der Salesforce-Instanz fest, wie in Tab. 5-4 dargestellt. Zu den primären Einstellungen gehören *Controlled by Parent, Private, Public Read-Only, Public Read/Write, Public Read/Write/Transfer (für Vorgänge und Leads)* und *Public Full Access* and *View-Only (für Kampagnen)*.

Tab. 5-4. *Überlegungen zu OWD*

Näherung	Wichtige Überlegungen
Organisationsweite Vorgaben	- Einstellung: Öffentlich Lesen/Schreiben, Öffentlich Lesen, Kontrolliert durch Eltern und Privat.
	- Die Standard-Zugriffsebene für Datensätze: Stellen Sie die restriktivste Ebene ein, die Sie benötigen, und fügen Sie dann Berechtigungen hinzu, um den Zugriff für andere Benutzer zu ermöglichen.
	- OWD ist die einzige Möglichkeit, den Benutzerzugriff auf einen Datensatz zu beschränken.
	- Die Einstellungen können geändert werden, erfordern aber eine Neuberechnung der Freigabe.

Salesforce erfordert OWD-Einstellungen sowohl für interne als auch für externe Benutzer. Externe OWDs sind eine separate Gruppe von Einstellungen für externe Benutzer. Salesforce verwendet dieses Design, um die Konfiguration der Freigaberegeln zu vereinfachen und die Neuberechnungsleistung zu verbessern. Externe Einstellungen können nicht freizügiger sein als interne Einstellungen.

Rollenhierarchie

Rollenhierarchie, OWD und Freigabeeinstellungen werden verwendet, um die Zugriffsebenen zu bestimmen, die Benutzer, die in der Hierarchie weiter oben stehen, erhalten. Rollen, die in der Rollenhierarchie über der ihnen zugewiesenen Rolle stehen, haben Zugriff auf Datensätze und zugehörige Berichte für Daten von Benutzern, die in der Hierarchie unter ihnen stehen. Die Option „Zugriff über Hierarchien gewähren" kann für ein benutzerdefiniertes Objekt deaktiviert werden. Die Rolle für den zugehörigen Kontodatensatz bestimmt, wer Zugriff auf Fälle, Kontakte und Verkaufschancen hat, unabhängig davon, wer Eigentümer dieser spezifischen Datensätze ist. Tab. 5-5 enthält die wichtigsten Überlegungen zur Rollenhierarchie.

Tab. 5-5. *Überlegungen zur Rollenhierarchie*

Näherung	Wichtige Überlegungen
Rollenhierarchie	- Ermöglicht es Managern, unabhängig von den OWD-Einstellungen den gleichen Zugriff auf Datensätze zu haben wie Untergebene.
	- Die Organisationsgrenze liegt bei 500 Rollen, kann aber von Salesforce erhöht werden. Die beste Praxis ist, sie unter 25.000 für Nicht-Portalrollen und 100.000 Rollen für Portalrollen zu halten.
	- Am besten ist es, nicht mehr als zehn Verzweigungsebenen zu haben.
	- Peers garantieren keinen Zugang zu den Daten der anderen: Peers benötigen gemeinsame Regeln, Teams oder Gebietsverwaltung.
	- Das Verschieben des Benutzers in eine andere Rolle erfordert eine Neuberechnung der Teilungsregel.
	- Benutzerdefinierte Objekte haben „Zugriff über Hierarchien gewähren", um die Vererbung des Zugriffs zu verhindern.

Hinweis   Die mit dem Berichtswesen verbundene Rolle verhält sich anders. Sie erlaubt den Benutzern der Rolle den Zugriff, nicht aber der übergeordneten Rolle in der Hierarchie.

Wichtig   Nehmen Sie sich die Zeit, die Rollenhierarchie zu verstehen, denn sie ist die Grundlage des gesamten Sharing-Modells.

Gemeinsame Nutzung (Kriterien und Eigentümerschaft)

Freigaberegeln werden verwendet, um Ausnahmen von Ihren OWD-Einstellungen zu erstellen, wie in Tab. 5-6 dargestellt. Die Freigaberegel erweitert den Zugriff über die Rollenhierarchie hinaus. Es gibt zwei Arten von Freigaberegeln: solche, die auf dem Datensatzeigentümer basieren (eigentumsbasiert) und solche, die auf Feldwerten im Datensatz basieren (kriterienbasiert).

Tab. 5-6. *Überlegungen zur Freigaberegel*

Näherung	Wichtige Überlegungen
Gemeinsame Nutzung (Kriterien und Eigentum)	Regeln für die eigentumsbasierte Aufteilung (OBS): - Nur auf Basis des Rekordbesitzers. - Die Aufzeichnungen über private Kontakte gelten nicht. - Anwendungsfall(e): Der Dienst benötigt Zugriff auf Verkaufsdaten, aber nicht in der Rollenhierarchie, oder Peer-Zugriff für Personen in derselben Rolle oder demselben Gebiet oder Zugriff auf andere Gruppen (öffentliche Gruppen, Portale, Rollen und Gebiete). CBS-Regeln (CBS = Criteria Based Sharing): - Gemeinsame Nutzung auf der Grundlage eines Feldwertes (Kriteriums) unter Verwendung des gemeinsamen Datensatzes. - Der Besitz von Aufzeichnungen wird NICHT berücksichtigt.

Hinweis   Regeln für die gemeinsame Nutzung sind nicht verfügbar, wenn der OWD auf öffentliches Lesen/Schreiben eingestellt ist.

Ownership-Based-Sharing (OBS) Regeln

Eine eigentumsbasierte Freigaberegel öffnet den Zugriff auf Datensätze, die bestimmten Benutzern gehören. Zum Beispiel müssen die Manager eines Unternehmens Datensätze sehen, die Managern in einer anderen Rollenhierarchie gehören. Die Freigaberegel könnte dem Manager der anderen Rollenhierarchie Zugriff auf den Datensatz geben, der einem anderen Manager gehört, der die eigentümerbasierte Freigabe verwendet.

Kriteriengestützte Regeln für die gemeinsame Nutzung (CBS)

Eine kriterienbasierte Freigabe-Regel öffnet den Zugriff auf Datensätze basierend auf Feldwerten. Sie haben zum Beispiel ein benutzerdefiniertes Objekt mit einem benutzerdefinierten Auswahllistenfeld. Eine kriterienbasierte Freigabe-Regel könnte alle Datensätze, in denen das Feld auf einen bestimmten Wert gesetzt ist, für alle Manager in Ihrer Organisation freigeben.

OBS-Grenzwerte   Nicht mehr als 1000 OBS-Regeln pro Objekt.

CBS-Grenzen   Nicht mehr als 50 CBS-Regeln pro Objekt. Diese Grenzen sind restriktiv und müssen berücksichtigt werden. Salesforce kann diese Grenze erhöhen, aber die Anforderung muss gerechtfertigt sein und kann nicht mit anderen Optionen gelöst werden.

Manuelle und programmatische Freigabe

Oftmals gehen die geschäftlichen Anforderungen in Bezug auf Freigabe und Sichtbarkeit über die Optionen hinaus, die mit Eigentumsrechten, Berechtigungssätzen, Profilen und Freigaberegeln verfügbar sind. In diesem Fall müssen Sie eine breit angelegte Freigabe, z. B. für Teams und Gebiete, in Betracht ziehen oder eine manuelle oder programmatische Freigabe implementieren.

Manuelle Freigabe

Die manuelle Freigabe wird verwendet, um Benutzern Zugriff auf bestimmte Datensätze zu gewähren, wenn andere automatisierte Methoden nicht verfügbar sind oder wenn die Freigabe eine einmalige Aktion ist, die vom Eigentümer des Datensatzes oder vom Benutzer der Rollenhierarchie benötigt wird.

Hinweis   Die manuelle Freigabe ist nur in Salesforce Classic verfügbar. Mehrere AppExchange-Apps sind verfügbar, um die manuelle Freigabe in Lightning hinzuzufügen.

Bei der manuellen Freigabe ist Vorsicht geboten, da sie auch Zugriff auf einen bestimmten Datensatz einschließlich aller zugehörigen Datensätze gewähren kann. Beispielsweise gewährt die manuelle Freigabe eines Account-Datensatzes Zugriff auf zugehörige Datensätze in den Opportunity- und Case-Objekten. Salesforce beschränkt die manuelle Freigabe auf (1) den Datensatzeigentümer, (2) Benutzer, die in der Rollenhierarchie höher stehen (wo dies in OWD erlaubt ist), und (3) einen Systemadministrator.

Hinweis   Manuell erstellte Freigabedatensätze werden gelöscht, wenn sich der Eigentümer des Datensatzes ändert, einschließlich Freigaben, die mit verwandten Objektdatensätzen verbunden sind.

Die manuelle Freigabe ermöglicht es dem Datensatzeigentümer, Datensätze für andere Benutzer und eine breite Auswahl von Gruppentypen freizugeben, darunter **Managergruppen, Manageruntergruppen, öffentliche Gruppen, persönliche Gruppen, Rollen, Rollen und Untergebene, Rollen und interne Untergebene, Rollen und interne und Portaluntergebene, Gebiete sowie Gebiete und Untergebene**.

Programmatische oder Apex-verwaltete Freigabe

Die von Apex verwaltete Freigabe ermöglicht Entwicklern die programmgesteuerte Freigabe von Datensätzen. Benutzer mit Apex-verwalteter Freigabe können die Freigabe nur mit der Berechtigung „Alle Daten ändern" verwenden. Der Freigabezugriff wird bei Änderungen des Datensatzeigentümers beibehalten. Ein Apex-Freigabegrund ist erforderlich, um einen Apex-Freigabedatensatz zu erstellen. Der Freigabegrund ist ein Entwicklerhinweis, der die Notwendigkeit der Apex-Freigabe begründet.

Tab. 5-7 enthält die wichtigsten Überlegungen zum manuellen und programmatischen Austausch.

Tab. 5-7. *Manuelle und programmatische Erwägungen*

Näherung	Wichtige Überlegungen
Manuell und programmatisch	**Manuelle Freigabe:** - Datensatzbesitzer können anderen Benutzern und Benutzergruppen Lese- und Bearbeitungsrechte erteilen. - Die manuelle Freigabe wird jedes Mal entfernt, wenn sich der Eigentümer des Datensatzes ändert. Sie wird nicht hinzugefügt, da sie bereits mit dem OWD bereitgestellt wird. - Manuelle Freigaben können programmatisch erstellt werden. - Die „Zeile Ursache" verwendet „manuelle Freigabe". - Alle Freigabedatensätze, deren Zeilenursache auf „manuelle Freigabe" festgelegt ist, können über die Schaltfläche Freigabe (nur Classic) bearbeitet werden, auch wenn sie programmatisch erstellt wurden. **Programmatische oder Apex-verwaltete Freigabe:** - Die programmatische Freigabe (Apex-Freigabe) ermöglicht Ihnen die Verwendung von Code (Apex oder andere), um anspruchsvolle und dynamische Freigabeeinstellungen zu erstellen, wenn diese nicht auf andere Weise erfüllt werden können. - Wenn der Datensatz programmatisch mit der Zeilenursachenbeschreibung „manuelle Freigabe" erstellt wurde, wird der freigegebene Datensatz mit der Schaltfläche Freigeben verwaltet. Als solcher wird er beim Eigentümerwechsel gelöscht. - Die Berechtigung „Alle Daten ändern" ist erforderlich, um Freigaben hinzuzufügen, zu bearbeiten oder zu löschen, die einen Apex-Freigabegrund verwenden. - Wenn Sie einen Apex-Freigabegrund löschen, wird die gesamte Freigabe für das Objekt, das diesen Grund verwendet, gelöscht. - Die Objekte sind auf zehn Apex-Freigabegründe beschränkt. - Die Metadaten-API kann Apex-Freigabegründe erstellen.

Mannschaften

Teams sind ein spezieller Freigabeprozess für eine begrenzte Anzahl von Salesforce-Standardobjekten, darunter Accounts, Opportunities und Cases. Der Datensatzbesitzer weist Teammitglieder zu. Die Teammitglieder werden in Rollen definiert und erhalten eine bestimmte Zugriffsebene, z. B. nur Lesezugriff oder Lese-/Schreibzugriff. Tab. 5-8 enthält die wichtigsten Überlegungen zu Teams.

Tab. 5-8. *Überlegungen zum Team*

Näherung	Wichtige Überlegungen
Mannschaften	- Die Gruppe, die an einem Konto, einer Opportunity oder einem Fall arbeitet. - Ermöglicht den Nur-Lese-Zugriff oder den Lese-/Schreibzugriff. - Eigentümer, Benutzer in der höheren Hierarchie und Administratoren können Teammitglieder hinzufügen. - Mitglieder mit Lese-/Schreibzugriff können andere Mitglieder hinzufügen. - Beim Anlegen eines Teammitglieds werden zwei Datensätze erstellt: ein Teamdatensatz und ein zugehöriger Anteilsdatensatz. - Nur ein Team pro Datensatz (wenn mehr benötigt werden, verwenden Sie die programmatische Freigabe). - Ein Teamobjekt ist kein Objekt erster Klasse, d. h. Sie können keine benutzerdefinierten Felder, Überprüfungsregeln oder Auslöser erstellen.

Hinweis   Benutzer mit einer hohen Zugriffsstufe haben diesen Zugriff unabhängig von dem in der Teamrolle vergebenen Zugriff.

Territorien

Die Gebietsverwaltung ist ein System zur gemeinsamen Nutzung von Kontenobjekten, das den Zugriff auf Konten auf der Grundlage der Merkmale der Kontendatensätze gewährt. Es handelt sich um eine fortschrittliche Freigabestrategie, um den Zugriff auf Datensätze zu erweitern, die von anderen Freigabeoptionen nicht unterstützt werden.

Hinweis   Die gemeinsame Nutzung von Gebieten unterstützt nur Konten und Objekte, die sich auf Stammdaten und Details beziehen.

Ein Gebiet ist eine Sammlung von Konten, die einem Benutzer Zugriff auf den Kontodatensatz gewährt, unabhängig davon, wer der Eigentümer des Kontodatensatzes ist. Die Zugriffsebene wird so konfiguriert, dass sie Lese-, Lese-/Schreib- oder eigentümerähnlichen Zugriff auf die Kontendatensätze in diesem Gebiet gewährt. Kontodatensätze und Benutzer können in mehreren Gebieten vorhanden sein. Gebiete bestehen in einer Hierarchie, die mit verschachtelten Ebenen eingerichtet werden kann. Kontodatensätze werden einem Gebiet entweder manuell oder mit Zuweisungsregeln hinzugefügt, die Kontodatensätze automatisch zu Gebieten zuweisen. Kontodatensatz-Zuordnungen können über eine API hinzugefügt werden.

Zu den wichtigsten Vorteilen der Gebietsverwaltung gehören (1) die Möglichkeit, Kontokriterien zur Erweiterung eines privaten Sharing-Modells zu verwenden, (2) die Unterstützung komplexer und häufig geänderter Organisationsstrukturen, (3) die Unterstützung des Transfers von Benutzern zwischen Gebieten mit der Option, damit verbundene Opportunities beizubehalten, und (4) gebietsbasierte Berichte für Benutzer auf höherer Ebene. Tab. 5-9 zeigt die wichtigsten Überlegungen zu Territorien.

Tab. 5-9. *Überlegungen zum Territorium*

Näherung	Wichtige Überlegungen
Territorien	Eine eindimensionale Hierarchie, die nach Geschäftseinheiten in einer hierarchischen Struktur gegliedert werden kann, um Zugriff zu gewähren. - Wenn diese Funktion aktiviert ist, müssen sowohl die Rollenhierarchie als auch die Gebietshierarchie verwaltet werden. - Gebiete existieren nur auf Konto, Opportunity und den jeweiligen Master/Detail-Kindern. - Die beste Praxis ist es, nicht mehr als zehn Verzweigungsebenen in der Hierarchie zu haben. - Wenn die Zuweisungsregeln oder die Mitgliedschaft für ein Gebiet geändert werden, werden die Regeln für die gemeinsame Nutzung, die dieses Gebiet als Quelle verwenden, neu errechnet. Regeln für die gemeinsame Nutzung von Kontobereichen (wenn aktiviert): - Nur verfügbar für Konten, die mit dem Gebiet gekennzeichnet sind.

Abteilungen

Die Spartenverwaltung ist ein Attribut auf Feldebene, das angibt, zu welcher Sparte ein bestimmter Datensatz gehört. Mit Abteilungen können Sie Ihre Salesforce-Daten in logische Segmente auf Unternehmensebene unterteilen. Diese Segmentierung kann Suchvorgänge, Berichte und UI-Präsentationen erheblich verbessern. Eine Unterteilung ist auch hilfreich bei der Verwaltung großer Datenmengen, die in verschiedene Geschäftsbereiche unterteilt sind. Tab. 5-10 enthält die wichtigsten Überlegungen zu Unterteilungen.

Tab. 5-10. Überlegungen zur Aufteilung

Näherung	Beschreibung und wichtige Überlegungen
Abteilung	- Muss mit einem Salesforce-Service-Ticket aktiviert werden. - Den Benutzern wird eine Standardabteilung zugewiesen, die auf neu erstellte Datensätze angewendet wird. - Die Benutzerrechte wirken sich auf die Trennung der Abteilungen aus, und jedes Mal, wenn eine Abteilung erstellt wird, muss sie den einzelnen Benutzern manuell zugewiesen werden. - Verbessert die Suche durch Begrenzung der Ergebnismenge auf die Ebene der Abteilung. - Verringert LDV-Probleme durch Segmentierung der Daten in kleinere Teilmengen.

Zugang zu Daten hinter den Kulissen

Als Salesforce-Architekt sollten Sie wissen, wie Sie Benutzern eine angemessene Zugriffsebene auf die Daten in Ihrer Salesforce-Instanz gewähren können. Der Datenzugriff in Salesforce verwendet zwei Haupt-Zugriffskategorien: Zugriff auf Objektebene mit Zugriff auf Feldebene und Zugriff auf Datensatzebene.

Hinweis   Salesforce verfügt nicht über eine Regel zur Freigabe auf Feldebene. Stattdessen verwendet Salesforce OWD-Berechtigungen für den Zugriff auf Feldebene.

Der Zugriff auf Objektebene prüft, ob ein Benutzer Zugriff auf ein bestimmtes Objekt hat, welche spezifischen Aktionen er durchführen kann und welche Felder er sehen kann. Der Zugriff auf Objektebene wird über das Benutzerprofil oder den gegebenen Berechtigungssatz verwaltet. Der Zugriff auf Objektebene kann Benutzer mit Objektberechtigungen wie „Lesen", „Erstellen", „Bearbeiten" und „Löschen" und Sicherheit auf Feldebene einschränken, um die Sichtbarkeit zu begrenzen. Er kann auch den Zugriff für Benutzer mit Objekteinstellungen wie „Alle anzeigen" und „Alle ändern" öffnen.

Der Zugriff auf Datensatzebene wird in Salesforce „Freigabe" genannt. Der Zugriff auf Datensatzebene bestimmt, welche Datensätze ein bestimmter Benutzer für ein bestimmtes Objekt sehen kann. Wie im vorangegangenen Text gezeigt, verwendet die Freigabe organisationsweite Standardwerte, Rollenhierarchie, Freigaberegeln, manuelle Freigabe, programmatische Freigabe, Teams und Gebietshierarchie.

Es ist von entscheidender Bedeutung zu verstehen, wie Salesforce den Zugriff berechnet und gewährt, da die Freigabe des Datensatzzugriffs für Benutzer schnell kompliziert werden kann und eine Änderung der Freigabekonfiguration Auswirkungen auf die Leistung des Systems hat.

Zugangsberechtigungen und Berechnungen für den Aktenzugang

Salesforce bestimmt den Datensatzzugriff jedes Mal, wenn ein Benutzer einen Datensatz ansieht, um die Sichtbarkeit der Daten zu gewährleisten. Der Zugriff auf einen Datensatz wird anhand vieler verschiedener Faktoren gewährt, wie z. B. Eigentumsrechte, Rollenhierarchie, Freigaberegeln, implizite Freigabe und so weiter. Bei Salesforce-Implementierungen der Unternehmensklasse ist die Architektur der gemeinsamen Nutzung komplex und erfordert umfangreiche Berechnungen zur gemeinsamen Nutzung. Salesforce führt diese Berechnungen nicht in Echtzeit durch. Stattdessen berechnet Salesforce jedes Mal, wenn ein Datensatz geändert wird, einen Freigabesatz und füllt ihn auf.

Salesforce verwendet Zugriffsrechte, um die Art und den Umfang des Zugriffs eines Benutzers auf bestimmte Objektdatensätze zu bestätigen. Die Zugriffsberechtigung gibt auch das Freigabemittel an, das für die Bereitstellung des Datensatzzugriffs für den Benutzer verantwortlich ist, wie z. B. die Freigaberegel, Teams, Rollen usw. Es gibt vier Arten von Zugriffsberechtigungen:

- **Explizite Berechtigungen**: Wenn der Datensatz direkt mit dem Benutzer der Gruppe geteilt wird

- **Zuschuss zur Gruppenmitgliedschaft**: Je nach Mitgliedschaft

- **Vererbter Zuschuss**: Erlangt durch die Hierarchie

- **Implizite Gewährung**: Eingebaute gemeinsame Nutzung auf der Basis von Eltern/Kind

Salesforce-Zugriffsberechtigungen werden in drei verschiedenen Tabellen gespeichert

Salesforce gewährt den Zugriff auf Datensätze über drei verschiedene Tabellen: Objektdatensatztabellen, Freigabetabellen und Gruppenpflegetabellen. Die Datensatzzugriffsberechnung überprüft die verschiedenen Freigabeoptionen, um die erforderlichen Freigabeeinträge zu ermitteln, die in jeder der drei Tabellen (Objekte) erstellt werden müssen. Schauen wir uns die einzelnen Typen in Tab. 5-11 an.

Tab. 5-11. *Hinter den Kulissen: Freigabe- und Gruppentabellen*

Tabelle Typ	Verwendung der Tabelle in Bezug auf die gemeinsame Nutzung
Objektsatztabelle	In den Objekttabellen werden die tatsächlichen Datensätze für ein bestimmtes Objekt gespeichert. Das Objekt gibt an, welchem Benutzer, welcher Gruppe oder welcher Warteschlange der jeweilige Datensatz gehört.
Gemeinsamer Tisch	Die Freigabetabelle speichert die Daten, die explizite und implizite Freigaben unterstützen. Die meisten Objekte haben eine Objektfreigabetabelle. Zu den Ausnahmen gehören Objekte mit Public Read/Write OWD, die Detailseite einer Master-Detail-Beziehung und ausgewählte Objekte wie Aktivitäten und Dateien.
Tabelle zur Gruppenpflege	Die Gruppenpflegetabellen speichern unterstützende Gruppenmitgliedschaften und vererbte Zugriffsrechte. Unterstützende Gruppenmitgliedschaft und vererbte Zugriffsrechte werden für jeden Benutzer, jede Gruppe oder Warteschlange erstellt, die dem Datensatz zugeordnet sind. Diese Berechtigungen werden im Voraus festgelegt, wenn Sie die Mitglieder der Gruppe (oder Rolle oder Gebiet) erstellen oder ändern.

Salesforce verwendet die drei Tabellen, um festzustellen, ob der zugreifende Benutzer die richtige Berechtigung für den Zugriff hat. Salesforce beginnt mit dem Besitz des Objektdatensatzes. Dann wird die Freigabetabelle betrachtet. Anschließend wird die Gruppenverwaltungstabelle betrachtet. Salesforce verwendet SQL-Anweisungen, die anschließend angehängt werden, um die Zugriffsberechtigung zu ermitteln. Wenn eine Berechtigung gefunden wird, werden die zusätzlichen SQL-Anweisungen nicht ausgeführt. Dieser Prozess nutzt die verfügbaren Ressourcen effizient. Die SQL-Anweisung beginnt mit dem Abgleich der Datensatz-ID in der Objekt- und Objektfreigabetabelle. Wird dabei keine Antwort gefunden, wird die SQL-Anweisung dahingehend geändert, dass die Suche in den Tabellen zur gemeinsamen Nutzung von Objekten und zur Gruppenpflege anhand der Benutzer- oder Gruppenkennung erweitert wird.

Die Methode der Zugriffsgewährung ist bei den beiden Prozessen unterschiedlich. Die erste SQL-Anweisung verwendet Freigabezeilen, um den Zugriff zu gewähren. Der Prozess prüft, ob die Benutzer-ID, auf die zugegriffen werden soll, in einer Zeile der Freigabetabelle des Objekts aufgeführt ist. Die zweite SQL-Anweisung fragt die Gruppenpflegetabelle ab und gibt an, wer zu den einzelnen Gruppen gehört. In diesen Tabellen werden die Mitgliedschaftsdaten für jede Gruppe, einschließlich systemdefinierter Gruppen, gespeichert. Salesforce erstellt zwei Arten von systemdefinierten Gruppen, Rollengruppen und RoleAndSubordinates-Gruppen. Wenn die Organisation externe OWDs aktiviert hat, wird eine dritte systemdefinierte Gruppe, RoleAndInternalSubordinates, erstellt.

Die Auswirkungen der Lizenz auf die Sicherheit

Im Gegensatz zu Standard-Salesforce-Lizenzen sind Community-Benutzer mit hohem Volumen nicht in Zugriffsberechtigungstabellen mit Freigaberegeln enthalten, da sie keine Rollen oder öffentlichen Gruppen haben. Nur Benutzer mit Lizenzen, die Rollen unterstützen, sind in Freigaberegeln enthalten.

Lizenzen   Vollständiges Freigabemodell, High-Volume Portal (HVP), Chatter Free

- **Die vollständige Freigabe** ist zwar nicht für alle Module aktiviert, aber vorhanden.

- **HVP** verwendet NICHT das Sharing-Modell. Stattdessen wird ein Fremdschlüssel (FK) zwischen HVP und der Konto-/Kontaktsuche verwendet. Kunden-Community-Benutzer sind als HVP-Lizenzen enthalten, nicht als Partner-Community- und Community Plus-Lizenzen.

- **Chatter Free**: Nur Zusammenarbeit, einschließlich Chatter, Personen, Profile, Gruppen, Dateien, Chatter-Desktop und begrenzte Salesforce-Anwendungen. Kein Zugriff auf Standard- oder benutzerdefinierte Objekte – also keine Freigabe.

Sicherheit der Plattform

Die Sicherheit in Salesforce ist in zwei Stufen eingeteilt:

1. **Sicherheit auf Anwendungsebene**: Sicherheitsbereiche, die auf jeder Salesforce-Instanzebene von einem beliebigen Salesforce-Administrator entsprechend den Sicherheitsanforderungen des Unternehmens verwaltet, konfiguriert und kontrolliert werden können.

2. **Sicherheit auf Infrastruktur-Ebene**: Bereiche der Sicherheit auf der Infrastrukturebene von Salesforce, die ausschließlich von Salesforce kontrolliert und verwaltet werden. Salesforce bietet diese Sicherheitsebene allen Kunden gleichermaßen als Teil seiner mandantenfähigen Architektur an. Einzelne Salesforce-Benutzer oder Salesforce-Administratoren haben keinen Zugriff auf diese Sicherheitsebene und können diese Sicherheitsoptionen nicht ändern oder konfigurieren.

Abb. 5-2 veranschaulicht die verschiedenen Sicherheitsfunktionen auf Anwendungsebene sowie die von Salesforce verwalteten Sicherheitsfunktionen auf Infrastrukturebene.

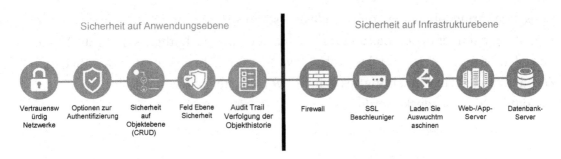

Abb. 5-2. *Salesforce-Sicherheitsebenen*

Um den Rahmen dieses Buches nicht zu sprengen, werden wir uns nur auf die Sicherheit auf Anwendungsebene konzentrieren. Wir werden die Sicherheit auf Infrastrukturebene nicht behandeln, da ein Architekt oder ein Endbenutzer keine große Kontrolle über die Sicherheit auf Infrastrukturebene von Salesforce hat.

Weitere Einzelheiten zur Sicherheit auf Infrastrukturebene finden Sie in der Salesforce-Dokumentation für die Infrastruktur- und Subprozessorebene, die unter `www.salesforce.com/content/dam/web/en_us/www/documents/legal/misc/salesforce-infrastructure-and-subprocessors.pdf` verfügbar ist.

Obwohl wir auf die einzelnen Sicherheitsmerkmale auf Anwendungsebene noch genauer eingehen werden, lassen sich die Sicherheitsmerkmale auf Anwendungsebene wie folgt zusammenfassen:

1. IP-Bereichsbeschränkungen und Durchsetzung des VPN-basierten Zugangs

2. Mehrere Optionen zur Benutzerauthentifizierung

3. Organisationsweite Standardeinstellungen

4. Regeln für die gemeinsame Nutzung

5. Profile und Berechtigungssätze

6. Objekte und Sicherheit auf Feldebene

7. Feld Audit Trail

8. Audit Trail einrichten

9. Überwachung von Ereignissen

10. Verschlüsselung der Daten

Salesforce verfügt über eine umfassende und ständig wachsende Liste von Zertifizierungen für die Einhaltung von Vorschriften und Sicherheitsstandards für seine Kernplattform und Kernprodukte. Abb. 5-3 veranschaulicht einige der wesentlichen Zertifizierungen zur Einhaltung gesetzlicher Vorschriften, die von Salesforce standardmäßig abgedeckt werden.

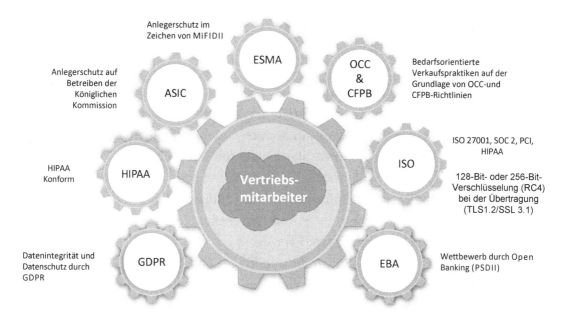

Abb. 5-3. *Salesforce-Sicherheit und Einhaltung von Vorschriften und Bestimmungen*

Weitere Einzelheiten finden Sie unter `www.salesforce.com/content/dam/web/en_us/www/documents/legal/misc/salesforce-security-privacy-and-architecture.pdf`.

Standardmäßige (sofort einsatzbereite) Salesforce-Funktionen zur Prüfung und Ereignisüberwachung

Salesforce bietet als Teil seiner Sicherheitsinfrastruktur mehrere Standard-Tools zur Prüfung und Ereignisüberwachung. Schauen wir uns ein paar wichtige Funktionen an.

Überwachung der Benutzeranmeldung

Salesforce-Administratoren können alle Anmeldeversuche für ihre Orgs und alle aktivierten Portale oder Communities überwachen, die von ihren verwalteten Orgs aus aktiviert wurden. Die Seite mit dem Anmeldeverlauf zeigt bis zu 20.000 Datensätze von Benutzeranmeldungen der letzten sechs Monate an und kann auch in einem CSV- oder Zip-Dateiformat heruntergeladen werden. Die herunterladbare Datei kann mehr als 20.000 Datensätze enthalten, was eine Einschränkung bei der Anzeige der Seite mit dem Anmeldeverlauf darstellt, die nur 20.000 Datensätze zu einem bestimmten Zeitpunkt anzeigen kann.

Verfolgung der Feldhistorie

Mit den standardmäßigen Out-of-the-Box-Funktionen können Administratoren bis zu 20 Felder für jedes Standard- oder benutzerdefinierte Objekt auswählen, um die an diesen Feldern vorgenommenen Änderungen in einer Verlaufsliste für jedes Objekt zu verfolgen und anzuzeigen. Feldverlaufsdaten werden 18 Monate lang innerhalb der Salesforce-Organisation und bis zu 24 Monate lang beim Zugriff auf den Feldverlauf über die API gespeichert.

Konfigurations- und Einrichtungsänderungen überwachen

Prüfpfade und Debug-Protokolle können eingerichtet werden, um alle Änderungen an der Konfiguration oder am Code zu verfolgen, die von einem beliebigen Benutzer der Organisation vorgenommen wurden. Die Debug-Protokolle sind in neun Kategorien von Funktionalitäten innerhalb von Salesforce kategorisiert und können sieben Debug-Ebenen bieten.

Weitere Einzelheiten zu den Standard-Debug-Protokollen in Salesforce finden Sie unter `https://help.salesforce.com/articleView?id=code_setting_debug_log_levels.htm&type=5`.

Transaktionsüberwachung und -richtlinien

Transaction Security ist ein Framework, das Salesforce-Ereignisse in Echtzeit abfängt und auf der Grundlage von Sicherheitsrichtlinien, die ein Administrator in der Organisation eingerichtet hat, entsprechende Maßnahmen und Benachrichtigungen anwendet. Wenn eine Sicherheitsrichtlinie ausgelöst wird, kann der Administrator oder jeder Benutzer eine Benachrichtigung erhalten.

Optionen für Datenverschlüsselung und Datensicherheit

Es gibt verschiedene Methoden zur Verschlüsselung und Sicherung von Daten in Salesforce. Tab. 5-12 veranschaulicht die Beschreibung, den Anwendungsfall sowie die Vor- und Nachteile der verschiedenen in Salesforce verfügbaren Verschlüsselungsmethoden.

Tab. 5-12. *Salesforce-Datenverschlüsselung und Sicherheitsoption*

Option 1	Verschlüsselte benutzerdefinierte Felder
Beschreibung	Standardfunktionalität: Feldinhalte werden über eine 128-Bit-AES-Verschlüsselung verschlüsselt; Benutzererlaubnis erforderlich, um die tatsächlichen Daten in Salesforce anzuzeigen; Schlüssel sind in Salesforce verwaltbar.
Wann zu verwenden	Die genauen Datenwerte werden für die Nutzung einiger Funktionen in salesforce.com benötigt und können von ausgewählten, angemeldeten Endbenutzern eingesehen werden.
Profis	- Verschlüsselung und Schlüsselverwaltung sind systemeigene Funktionen. - Kann in Berichte, Suchergebnisse, Validierungsregeln und Apex-Skripte aufgenommen werden.

(Fortsetzung)

Tab. 5-12. (*Fortsetzung*)

Nachteile	- Nicht verfügbar für Standardfelder.
	- Keine Suche, Filterung, Verwendung im Arbeitsablauf, mobil.
	- Begrenzt auf 175 Zeichen.
	- Felder, die noch für Administratoren zugänglich sind.
	- ECFs sind immer bearbeitbar, unabhängig davon, ob der Benutzer die richtige Berechtigung hat.
Option 2	**Maskierung von Daten**
Beschreibung	Nur ein Teil der sensiblen Daten wird in Salesforce gespeichert (z. B. die letzten vier Ziffern einer Sozialversicherungsnummer oder Kreditkartennummer).
Wann zu verwenden	Typischerweise bei Call Centern: Ein Teil der sensiblen Informationen wird für das Fallmanagement oder die Identitätsüberprüfung eines Anrufers benötigt; die Endbenutzer sollten niemals den gesamten Wert kennen.
Profis	- Sensible Daten werden „entsensibilisiert", bevor sie in Salesforce ankommen, und unschädlich gemacht, während sie weiterhin den Geschäftsprozess unterstützen können.
Nachteile	- Keine, wenn dies der richtige Anwendungsfall ist und die unmaskierten Werte noch ihre benötigte Funktion erfüllen können.
Option 3	**Datenumwandlung**
Beschreibung	Sensible Informationen werden programmatisch umgewandelt, bevor sie in Salesforce gespeichert werden (z. B. werden Bonitätsbewertungen über 750 in „Tier 1" umgewandelt).
Wann zu verwenden	In Salesforce wird eine abgeleitete Bedeutung der ursprünglichen Werte benötigt.
Profis	- Sensible Daten werden „entsensibilisiert", bevor sie in Salesforce ankommen, und unschädlich gemacht, während sie weiterhin den Geschäftsprozess unterstützen können.
Nachteile	- Wenn sich die Transformation häufig ändert, kann dieser Ansatz zusätzliche Arbeit für die Änderung des Algorithmus bedeuten. ECFs sind immer bearbeitbar, unabhängig davon, ob der Benutzer die richtige Berechtigung hat.

(Fortsetzung)

Tab. 5-12. (*Fortsetzung*)

Option 4	**Speichern eines Hash-Wertes in Salesforce**
Beschreibung	Sensible Daten werden vom Kunden in einen ungefährlichen Wert umgewandelt, bevor sie in salesforce.com gespeichert werden.
Wann zu verwenden	Der gehashte Wert wird für die Integration benötigt oder um Informationen in Salesforce mit den anderswo gespeicherten Informationen zu verknüpfen; Benutzer und Geschäftsprozesse müssen die echten Werte niemals sehen.
Profis	- Der Kunde kann den Hash in seiner Infrastruktur vollständig kontrollieren/ verwalten. - Sensible Daten sind in Salesforce in keiner Weise vorhanden.
Nachteile	- Erfordert die Implementierung in der Infrastruktur des Kunden (Hashing Agent, Hardware). - Echte Werte werden nicht über eine Salesforce-Funktionalität genutzt.
Option 5	**Mashups**
Beschreibung	Sensible Daten verbleiben innerhalb des Kundennetzwerks oder anderer genehmigter Plattformen; die Benutzeroberfläche wird bei Bedarf über einen Iframe gerendert; Daten werden niemals an Salesforce übertragen oder dort gespeichert.
Wann zu verwenden	Die Benutzer müssen sensible Daten nur vorübergehend im Zusammenhang mit den in Salesforce implementierten Geschäftsprozessen und Bildschirmen anzeigen.
Profis	- Die Daten verlassen niemals den Kunden oder das sichere Netzwerk/die Plattform. - Der Kunde hat die ultimative Kontrolle und Verantwortung dafür, wer die Daten sieht und wie er sie sieht.
Nachteile	- Echte Werte werden nicht über eine Salesforce-Funktionalität genutzt. - Möglicherweise sind SSO oder zusätzliche Änderungen an diesen Systemen erforderlich, damit sie sich leicht einrahmen lassen. - Die Benutzerfreundlichkeit und die Seitenladeleistung können darunter leiden. - Der Kunde trägt die volle Verantwortung für DR, Failover, Skalierbarkeit, Leistung usw.

(*Fortsetzung*)

Tab. 5-12. (*Fortsetzung*)

Option 6	**Webdienst-Aufruf**
Beschreibung	Sensible Daten bleiben innerhalb des Kundennetzwerks oder anderer genehmigter Plattformen; Daten werden nur bei Bedarf mit Visualforce gerendert (um zu gewährleisten, dass sie nicht in Salesforce persistiert werden).
Wann zu verwenden	Das System, das die sensiblen Daten speichert, verfügt über einen extern aufrufbaren Webdienst und nicht über eine geeignete Mashup-Benutzeroberfläche.
Profis	- Der Kunde hat letztlich die Kontrolle und die Verantwortung dafür, wer die Daten sieht und wie er sie sieht. - Möglicherweise die beste UI/UX.
Nachteile	- Das Callout erfordert eine benutzerdefinierte Inline-Visualforce-Komponente oder -Seite. - Echte Werte werden nicht über eine Salesforce-Funktionalität genutzt. - Möglicherweise sind SSO oder zusätzliche Änderungen an diesen Systemen erforderlich, damit sie sich leicht einrahmen lassen. - Die Benutzerfreundlichkeit und die Seitenladeleistung können darunter leiden. - Der Kunde trägt die volle Verantwortung für DR, Failover, Skalierbarkeit, Leistung und so weiter.
Option 7	**Verschlüsselungs-Appliance/DRO**
Beschreibung	Eine Appliance, deren Hauptfunktion die Verschlüsselung ausgehender Daten ist, befindet sich innerhalb des Kundennetzes; alle über das Internet übertragenen Daten werden vor der Übertragung verschlüsselt.
Wann zu verwenden	Der Verlust von Funktionen/Einschränkungen bei ECFs ist für den Kunden nicht akzeptabel, und er ist bereit, eine Lösung zu hosten.
Profis	- Unterstütztes Produkt (nee Navajo, nicht GA). - Die Daten werden vollständig verschlüsselt, wenn sie die Salesforce-Server erreichen.
Nachteile	- Zusätzliche Ressourcen und Kosten für Hardware, Einrichtung, Verwaltung und Wartung. - Der Kunde/Partner trägt die volle Verantwortung für DR, Failover, Skalierbarkeit, Leistung usw. - Einige Salesforce-Funktionen sind nach wie vor verloren.

Salesforce-Schild

Obwohl Salesforce eine Vielzahl von Sicherheitskontrollen und -funktionen als Teil seiner Produktlizenzen bereitstellt, hat Salesforce auch ein spezielles Produkt für erweiterte Sicherheitsanforderungen namens Shield. Salesforce Shield befasst sich mit der Notwendigkeit, kritische Salesforce-Daten durch Plattformverschlüsselung (für Daten im Ruhezustand), Ereignisüberwachung (mit Transaction Security) und Field Audit Trail zu schützen, zu überwachen und aufzubewahren. Daher umfasst Salesforce Shield drei Kerndienste:

- Plattform-Verschlüsselung

- Ereignisüberwachung mit Transaction Security

- Feld Audit Trail

Plattform-Verschlüsselung

Die Verschlüsselung der Shield-Plattform nutzt einen HSM-basierten Schlüsselverwaltungsdienst und AES-Verschlüsselungsstandards mit 256-Bit-Schlüsseln. Mit dieser Verschlüsselungsstufe kann ein Unternehmen alle sensiblen Daten im Ruhezustand in der gesamten Salesforce-Organisation verschlüsseln. Der Hauptunterschied zwischen der standardmäßigen Salesforce-Verschlüsselung und der Shield-Plattform-Verschlüsselung besteht darin, dass die verschlüsselten Felder der Shield-Plattform für die meisten Feldtypen verfügbar sind. Darüber hinaus sind verschlüsselte Felder durchsuchbar und können in jedem Salesforce-Automatisierungstool wie Workflow-Regeln, Validierungsregeln usw. verwendet werden.

Weitere Informationen finden Sie hier:

```
https://help.salesforce.com/articleView?id=security_pe_overview.
htm&type=5
```

Überwachung von Ereignissen

Die Ereignisüberwachungsfunktion von Shield ermöglicht einem Unternehmen die detaillierte Überwachung von Leistung, Sicherheit und Nutzung in der gesamten Salesforce-Organisation. Shield verfolgt den Anmeldeverlauf, die Transaktionssicherheit und Ereignisprotokolle. Jede Interaktion wird aufgezeichnet und ist über die API zugänglich. Ereignisüberwachungsdaten können auch in jedes Datenvisualisierungs- oder Anwendungsüberwachungs-Tool wie Einstein Analytics, Splunk oder New Relic importiert werden.

Erfahren Sie hier mehr: `https://`trailhead.salesforce.com/content/learn/modules/event_monitoring.

Feld Audit Trail

Mit Field Audit Trail können Sie den Datenverlauf aufrechterhalten, um die Compliance auf forensischer Ebene zu gewährleisten und einen besseren Einblick in Ihr Unternehmen zu erhalten. Mit dem in Shield verfügbaren Field Audit Trail können Sie bis zu 60 Felder für jedes Salesforce-Objekt nachverfolgen, im Vergleich zum standardmäßigen Salesforce Audit Trail, der nur 20 Felder für jedes Objekt zulässt. Der Feldverfolgungsverlauf kann mit Shield bis zu 10 Jahre lang aufbewahrt werden.

Erfahren Sie hier mehr: `https://`help.salesforce.com/articleView?id=field_audit_trail.htm&type=5.

Sicherheit für externe Benutzererfahrungen und Salesforce-Portale

Was die Sicherheit für die Interaktion externer Benutzer über Salesforce-Communities angeht, bietet Salesforce standardmäßig die folgenden Optionen.

Clickjack-Schutz in Gemeinschaften

Diese Funktion sichert die Browserinteraktion des Benutzers, indem sie jegliches Browserverhalten unterbindet, das den Benutzer von Salesforce auf nicht autorisierte oder bösartige Websites umleitet.

Prävention von Cross-Site-Scripting (XSS)

Salesforce implementiert den Content Security Policy (CSP)-Standard, einen W3C-Industriestandard, der es Salesforce ermöglicht, die Quelle jedes Inhalts zu kontrollieren, der auf die Community-Seiten geladen werden kann. Salesforce bietet zwei verschiedene CSP-Sicherheitsstufen, je nach dem erforderlichen Sicherheitsniveau und der Flexibilität der Inhalte.

Verwendung von Gruppen zur Verwaltung von Zugriff und Sichtbarkeit

Eine Gruppe ist eine Sammlung, die einzelne Benutzer, andere Gruppen oder alle Benutzer in einer bestimmten Rolle oder einem bestimmten Gebiet umfassen kann. Sie kann auch die zugehörigen untergeordneten Benutzer in der Rollen- oder Gebietshierarchie enthalten. Gruppen an sich haben keinen Einfluss auf den Zugriff und die Sichtbarkeit. Stattdessen werden Gruppen verwendet, um die gemeinsame Nutzung zu verbessern, indem eine Sammlung von Benutzern erstellt wird, die von den Regeln für die gemeinsame Nutzung verwendet wird.

Gruppen können auch Untergebene in einer Rolle auswählen, so dass sie die Hierarchie in der entgegengesetzten Richtung der Freigabe in Bezug auf die Rollenhierarchie durchlaufen. Diese Funktion ist sehr praktisch, um einer größeren Gruppe von Benutzern Zugriff zu gewähren. Gruppen verwenden die Rollenhierarchie, um Benutzer zu identifizieren, die in die Sammlung aufgenommen werden sollen. Die Benutzer werden durch den Mitgliedstyp identifiziert. Die folgenden Mitgliedstypen sind verfügbar: Benutzer, öffentliche Gruppen, Rollen, Rollen und untergeordnete Benutzer, Rollen und interne untergeordnete Benutzer, Portalrollen, interne und untergeordnete Portalbenutzer, Portalrollen und untergeordnete Benutzer, Kundenportalbenutzer, Partnerbenutzer und persönliche Gruppen. Tab. 5-13 enthält die wichtigsten Überlegungen zu öffentlichen Gruppen.

Tab. 5-13. *Überlegungen zu öffentlichen Gruppen*

Näherung	Wichtige Überlegungen
Öffentliche Gruppen	- Sammlung von Benutzern, Rollen und Gebieten, die gemeinsame Funktionen haben. - Gruppen können bestehen aus - Benutzer, Kundenportal-Benutzer, Partner-Benutzer - Rollen, Rollen und interne Untergebene, Rollen und interne und Portaluntergebene - Portalrollen, Portalrollen und untergeordnete Rollen - Gebiete und Territorien und untergeordnete Gebiete - Es sind nicht mehr als fünf verschachtelte öffentliche Gruppen zulässig. - Nicht mehr als 100.000 öffentliche Gruppen. - Für den Datenzugriff werden Gruppen und Regeln für die gemeinsame Nutzung benötigt. - Die Zugriffsgewährung über Hierarchien kann verwendet werden, um den Rollenzugriff auf sensible Daten zu beschränken.

Hinweis   Persönliche Gruppen sind nur dazu gedacht, bestimmte Datensätze zu erstellen und manuell hinzuzufügen, die sie für eine Gruppe freigeben möchten.

Implizite Freigabe kann die gemeinsame Nutzung von Aufzeichnungen beeinflussen

Viele Freigabeverhalten sind in das Salesforce-Design integriert. Diese Art der gemeinsamen Nutzung wird als implizite gemeinsame Nutzung bezeichnet. Sie wird nicht konfiguriert; sie wird vom System definiert und verwendet, um die Zusammenarbeit zwischen verschiedenen Benutzern zu unterstützen. Die implizite Freigabe erfolgt automatisch und kann nicht geändert oder aufgehoben werden. Die implizite Freigabe durch Eltern und Kinder wird wie folgt beschrieben.

Die implizite Freigabe des übergeordneten Kontos gewährt nur Lesezugriff auf Kontodatensätze, wenn ein bestimmter Benutzer Zugriff auf einen Bezugsdatensatz des übergeordneten Kontos hat. Sie gilt für alle Datensätze in den Kontakten, Verkaufschancen und Fällen, die mit diesem Kontodatensatz verbunden sind. Diese Berechtigung gilt für alle Benutzer mit gemeinsamem Zugriff auf die untergeordneten Datensätze; sie müssen nicht Eigentümer des untergeordneten Datensatzes sein.

Darüber hinaus sieht der privilegierte Benutzer auch den Kontonamen in den gemeinsam genutzten verwandten Objekten, aber nicht die Kontodetails. Die Sichtbarkeit des Namens erstreckt sich auch auf das übergeordnete Konto. Diese implizite Freigabe gilt auch für alle anderen Objekte, einschließlich benutzerdefinierter Objekte. Die Freigabetabelle speichert automatisch alle Benutzer mit dem Freigabewert mit RowCause gleich „ImplicitParent".

Die implizite Freigabe von untergeordneten Datensätzen (Kontakt-, Opportunity- und Fallobjekte) eines übergeordneten Kontodatensatzes ermöglicht dem Eigentümer des zugehörigen Kontodatensatzes den Zugriff auf die untergeordneten Datensätze. Diese implizite Freigabe gilt sowohl für die Regeln der Kontofreigabe als auch für den Zugriff des Kontoteams. Wenn der Eigentümer des übergeordneten Kontos geändert wird, müssen alle impliziten Anteile neu berechnet werden. Die Funktion „Gesteuert durch übergeordnetes Konto" hebt diese implizite Freigabe auf.

Gemeinschaftliche Nutzung für externe Benutzer

Die Freigabe von Informationen für externe Benutzer erweitert die Salesforce-Instanz auf eine große Gruppe von Benutzern. Durch die Erstellung durchdachter Freigabeprotokolle bleiben Ihre Informationen sicher. Externe Benutzer sind Benutzer, einschließlich authentifizierter Website-Benutzer, externer Chatter-Benutzer, Community-Benutzer, Kundenportal-Benutzer, Portalbenutzer mit hohem Volumen, Partnerportal-Benutzer und Service Cloud Portal-Benutzer. Sie können auch Gastbenutzer und nicht authentifizierte Benutzer umfassen. In diesem Abschnitt werden verschiedene Möglichkeiten zur Verwaltung der Sicherheit Ihrer Instanz beschrieben.

Externe organisationsweite Vorgaben

Externe organisationsweite Standardwerte erleichtern die Unterstützung unterschiedlicher Freigabeeinstellungen für interne und externe Benutzer. Externe OWDs können die Regeln für die gemeinsame Nutzung vereinfachen und die Berechnungen für die gemeinsame Nutzung beschleunigen. Der externe OWD ist auf eine Untergruppe von Objekten beschränkt, darunter Konten-, Kontakt-, Fall-, Opportunity-, Lead-, Asset-, Kampagnen-, Einzel-, Auftrags-, Benutzer- und benutzerdefinierte Objekte.

Externer OWD muss gleich oder restriktiver sein als Interner OWD. Externe OWD-Einstellungen umfassen Controlled by Parent, Private, Public Read-Only und Public Read/Write. Freigaberegeln können das Freigabemodell erweitern, sind aber auf 50 Freigaberegeln pro Objekt begrenzt. Die Freigabe ist standardmäßig eigentumsbasiert. Freigabesätze werden verwendet, um den Zugriff auf Datensätze im Besitz anderer zu ermöglichen.

Gemeinsame Nutzung von Sets

Ein Freigabeset gewährt externen Benutzern, die mit einem Datensatz verknüpft sind, den Zugriff entweder über das Benutzerkonto oder die Kontakt-ID des Benutzers. Freigabesets sind nur für externe Benutzer verfügbar.

Freigabesets funktionieren anders als andere Freigabemethoden in Salesforce. Der Sharing-Ansatz verwendet den erstellten Community-Benutzer, der von einem mit einem Account verbundenen Kontaktdatensatz abgeleitet ist. Erinnern Sie sich daran, wie man einen Community-Benutzer erstellt? Ein Freigabeset verwendet diese Variablen: User.ContactID und Contact.AccountID. Ein Freigabeset erstellt den Eintrag in der Freigabetabelle auf der Grundlage der zugewiesenen Variablen.

Freigabesets sind auf die wichtigsten Standardobjekte und benutzerdefinierten Objekte beschränkt. Die Option, ein Freigabeset zu erstellen, ist nur für benutzerdefinierte Objekte verfügbar, die mit einem Kontakt oder Konto verbunden sind. Der externe OWD für das Objekt muss privat sein.

Gruppen freigeben (für interne Benutzer)

High Volume Portal (HVP)-Benutzer haben keine Rollen und können nicht zur Rollenhierarchie hinzugefügt werden. Daher ist für die gemeinsame Nutzung von Datensätzen, die HVP-Benutzern gehören, ein spezielles Freigabetool erforderlich. Dieses Werkzeug ist die Freigabegruppe. Eine Freigabegruppe ist mit einem Freigabeset verbunden, und es kann nur eine Freigabegruppe pro Freigabeset geben. Die Freigabe schafft vollen Lese-/Schreibzugriff.

Externe Rollenhierarchie

Externe Benutzer haben nicht die gleiche Rollenhierarchie wie Standard-Salesforce-Benutzer. Der Umfang und die Art der Rolle werden durch den verwendeten Lizenztyp gesteuert. Schauen wir uns die Lizenzoptionen und die damit verbundenen Rollenoptionen an.

Kunden-Community-Lizenzen unterstützen keine Rollen, und die rollenbasierte Freigabe funktioniert nicht. Öffentliche Gruppen und manuelle Freigabe sind nicht erlaubt.

Customer Community   Plus-Lizenzen haben drei Rollentypen: Benutzer, Manager und Führungskraft. Öffentliche Gruppen und manuelle Freigabe sind erlaubt.

Partner-Community-Lizenzen haben drei Rollentypen: Benutzer, Manager und Führungskräfte. Öffentliche Gruppen und manuelle Freigabe sind erlaubt.

Hier sind einige Überlegungen zu externen Rollen:

- Die Benutzerhierarchie der Gemeinschaft ist durch einen zugehörigen Kontodatensatz oder eine Eigentümerschaft verbunden.

- Die Sichtbarkeit der Rollenhierarchie ermöglicht Berichte und regelmäßige Roll-up-Ansichten.

- Externe Kontorollen werden bei der Erstellung des ersten mit dem Konto verbundenen Benutzers erstellt.

- Community Plus und Partner Community haben eine Standardrolle. Es sind bis zu drei Rollen verfügbar.

- Standardmäßig können 50.000 Rollen erstellt werden, bei Bedarf sind auch mehr möglich.

Optimale Entscheidungen treffen

In diesem Kapitel wurden viele verschiedene Konzepte im Zusammenhang mit der Sicherheit, gemeinsamen Nutzung und Sichtbarkeit von Plattformen vorgestellt. In Tab. 5-14 finden Sie eine Reihe von Zugriffs- und Sichtbarkeitsanforderungen mit möglichen optimalen Lösungen.

Tab. 5-14. *Mögliche optimale Lösungen für verschiedene Sicherheits-, Freigabe- und Sichtbarkeitsszenarien*

Anforderung	Umgebungseinstellungen	Lösung(en)
Zwei in einer Box: Ein rollenbasierter Benutzer möchte Zugang zu einer anderen Rolle, um die	Privater OWD, rollenbasiert	Eigentumsbasierte Freigaberegel: Grenzfall, vertrauenswürdige Benutzer.
Benutzer benötigt Zugang zu verschiedenen Abteilungsdaten (Datensätzen)	Privater OWD, rollenbasiert	Eigentumsbasierte Teilungsregel: Allgemeiner Anwendungsfall, andere Teams benötigen Zugang.
Kernteam (eine Gruppe von verschiedenen Rollen) auf Rechnung	Privater OWD, rollenbasiert	Mannschaften: Nur ein Team pro Konto erforderlich.
Zugang von Managern zu unterstellten Mitarbeitern	Privater OWD, rollenbasiert	Rollenhierarchie: Unterstützt den Zugriff auf untergeordnete Datensätze.

(Fortsetzung)

Tab. 5-14. (*Fortsetzung*)

Anforderung	Umgebungseinstellungen	Lösung(en)
Eingeschränkte Berechtigung: Das Team kann kein Teammitglied ändern	Zugang zur Team-Taste	Schaltfläche aus dem Layout entfernen.
Buddy-Unterstützung: Erlauben Sie den Zugriff auf dasselbe Profil	Privater OWD, rollenbasiert	Teams (ungeachtet des vorangehenden Textes).
Spezialist zu einer Opportunity hinzufügen	Privater OWD, rollenbasiert	Mannschaften: Manuell hinzugefügt.Auslöser: Wenn immer bekannt.
Zwei Teams benötigen Zugriff auf dasselbe Konto	Privater OWD, rollenbasiert	Gebietsmanagement: Das Account-Team ist zu granular.
Separate Einheit benötigt Zugang zum Konto für ein bestimmtes Opportunity-Team. Einheit ist eine gemeinsam genutzte Ressource	Privater OWD, rollenbasiert	Gebietsverwaltung: Die Einheit der Benutzer wird mit einem Untergebiet unterstützt, wenn TM für Teams verwendet wird.
Zugriff auf das Konto auf einmaliger Basis	Privater OWD, rollenbasiert	Teams: Ein ursprünglicher Aspekt von Teams.
Die Abteilung benötigt Zugang zu den Daten einer bestimmten Geschäftseinheit	Privater OWD, rollenbasiert	Eigentumsbasierte Freigaberegel: Freigaberegel, die eine Gruppe, einen Rollenzweig oder eine Rolle und einen Untergebenen verwendet.
VIP-Kunden, die direkt von einem Manager verwaltet werden und vom Manager und höher bearbeitet werden können	Privater OWD, rollenbasiert	Eigentumsverhältnisse und Rollenhierarchie.
Nur der Manager kann ein Konto als VIP-Kunde einrichten	Privater OWD, rollenbasiert	OWD privat, Profil mit RecType.

(*Fortsetzung*)

Tab. 5-14. *(Fortsetzung)*

Anforderung	Umgebungseinstellungen	Lösung(en)
Nur der angegebene Akteur kann das Produkt einrichten und aktivieren	Privat OWD	OWD: Berechtigung zum Hinzufügen, Erstellen und Bearbeiten von Produkten.
Nur aktive Produkte, die der Kunde kaufen kann	Gemeinschaft	OWD privat, PB erstellen, über Rolle freigeben.
Kunde kann eigenes Konto und Kontakt einsehen	Gemeinschaft	Kunden können auf der Grundlage der impliziten Freigabe auf ihre eigenen Konto- und Kontaktdatensätze zugreifen.
Kunden können Fälle erstellen und einsehen	Gemeinschaft	Fügen Sie die Registerkarte „Fall" hinzu und setzen Sie die Sichtbarkeit auf „Lesen", „Erstellen" und „Bearbeiten mit Berechtigung" oder „Berechtigung gesetzt".
Der Kunde kann den Versandstatus einsehen	Gemeinschaft	Fügen Sie die Registerkarte Shipment__c hinzu und setzen Sie die Sichtbarkeit auf „Lesen mit Berechtigung" oder „Berechtigung gesetzt". Aktualisieren Sie die Registerkarte Gemeinschaft verwalten für.
Nur ein bestimmter Akteur kann Leads erstellen, verwalten und in Opportunities umwandeln	Privater OWD, rollenbasiert	Berechtigungssatz (Berechtigung zum Umwandeln von Leads) mit Berechtigung für Konto, Kontakt und Verkaufschance.
Blei nur für den Eigentümer sichtbar	Privater OWD, rollenbasiert	OWD privat

(Fortsetzung)

Tab. 5-14. (*Fortsetzung*)

Anforderung	Umgebungseinstellungen	Lösung(en)
Der Hauptverantwortliche kann das Kennzeichen „Sichtbar für alle" ändern, um anderen CRs die Verwaltung zu ermöglichen	Privater OWD, rollenbasiert	OWD auf Leitung ist privat.Profil. Kriterienbasierte Teilungsregel auf Feld.
Ein erfahrener Benutzer möchte einen monatlichen zusammenfassenden Bericht über Versandaufträge für alle Regionen	Privater OWD, rollenbasiert	Rolle über Sendungseigentümer, laufende Benutzereinstellungen.
(a) Interner Fall, der von einem Mitarbeiter erstellt wurde (b) Interner Fall, der nur für VP und CIO und höher sichtbar ist (c) Interner Fall, der für den Manager nicht sichtbar ist	Privater OWD, rollenbasiert	OWD privat.Mitarbeiter = anlegen und bearbeiten.Manager = kein Zugriff.VP/CIO = lesen.
Bei Bedarf bezieht der jeweilige Akteur den Partnermanager oder den Partnerbenutzer bei Gelegenheit mit ein	Partnergemeinde	Externer OWD = privat, On-Demand kann die manuelle Teilung von Chancen nutzen.
Das Partnerunternehmen möchte mit den Partnerteams bei Geschäften, Sendungen und Aktualisierungsmöglichkeiten zusammenarbeiten, die jedem Mitglied des Partners gehören.	Partnergemeinde	Externer OWD.Erstellen Sie Partnerrollen.Erstellen Sie ein Sharing-Set für eine Partnerfirma und ein Partnerteam.
Der globale Partner hat Franchisesysteme. Der Eigentümer möchte, dass alle Kunden von Franchisenehmern betreut werden	Partnergemeinde	Externer OWD.Erstellen Sie Partnerrollen.Erstellen Sie ein Sharing-Set für eine Partnerfirma und ein Partnerteam.

(*Fortsetzung*)

Tab. 5-14. (*Fortsetzung*)

Anforderung	Umgebungseinstellungen	Lösung(en)
Alle Partnermanager können Opportunities, Fälle und Sendungen einsehen	Partnergemeinde	Externer OWD.Erstellen Sie Partnerrollen.Erstellen Sie ein Sharing-Set für eine Partnerfirma und ein Partnerteam.
Der interne Akteur schafft Möglichkeiten, die er verwalten und mit einem externen Partner teilen möchte	Partnergemeinde	Externer OWD = privat, On-Demand kann die manuelle Teilung von Chancen nutzen.
Die Sendungsdaten für einen ausgewählten Kunden dürfen nicht sichtbar sein, außer für die Führungskraft.	Partnergemeinde	Profile ändern, um den Zugriff auf das Transportobjekt zu beschränken/entfernen. Berechtigungssatz für Führungskräfte hinzufügen.
Partner-Manager in den Vereinigten Staaten zur Verwaltung aller Benutzer in ihrem Partnerkonto	Partnergemeinde	Aktivieren Sie den Partner-Superuser-Zugriff; weisen Sie ihn einzelnen Benutzern zu; fügen Sie die Berechtigung „Portal-Superuser" zu einem Berechtigungssatz hinzu.
Globaler interner Benutzer kann Benutzer anlegen und sperren	Systemverwalter	Verwalten Sie die „Berechtigung" des Benutzers oder richten Sie ihn als delegierten Administrator ein.
einem Partner saisonal erlauben, Fälle eines beliebigen Kunden zu unterstützen	Partnergemeinde	Externer OWD.Erstellen Sie Partnerrollen.Erstellen Sie ein Sharing-Set für eine Partnerfirma und ein Partnerteam.

(*Fortsetzung*)

Tab. 5-14. (*Fortsetzung*)

Anforderung	Umgebungseinstellungen	Lösung(en)
Der Benutzer sollte in der Lage sein, eine Opportunity in der Geschwisterrolle für NUR EINE WOCHE zu teilen	Interner Benutzer	Kriterienbasierte Teilungsregel mit zeitbasiertem Auslöser.
Ein erfahrener Benutzer möchte mit einzelnen Kunden zusammenarbeiten können.	Gemeinschaft	Geschwätz.
Ein erfahrener Benutzer möchte mit einem externen Partner, einer Person oder einem Geschäftskunden zusammenarbeiten	Interner Benutzer	Private Gruppen und Chatter.
Das Preisbuch sollte für den Kunden über die Community sichtbar sein. Andere Ansichten des Preisbuchs einschränken	Gemeinschaft	OWD = Kein Zugang. Teilungsregel.
Beschränken Sie den Zugriff auf intern erstellte Fälle auf interne Benutzer. Kein Zugriff auf das Kundenportal	Gemeinschaft	Entfernen Sie den externen OWD, um Bücher auszuzeichnen.
Der Support möchte einen Fall mit den Vertriebsmitarbeitern teilen, aber nicht mit der Vertriebsleitung	Intern	Freigabe durch private Gruppe, Hierarchieprüfung entfernen.
Vertriebsbenutzer dürfen Opportunities löschen, die sie besitzen, wenn sie weniger als 100.000 $ betragen.	Intern	Validierungsregel für eine Opportunity.
Der leitende Angestellte möchte Zugang zu Fällen für Kunden mit einer Summe von OPPORTUNITIES von mehr als 100.000 $.	Intern	Kriterienbasierte Teilungsregel mit Opportunitäts-Rollup-Wert.

Hinweis   Die Lösungen sind fiktiv, da die Einzelheiten der Szenarien nicht bekannt sind.

Kapitel Zusammenfassung

In diesem Kapitel haben wir gelernt

- Die drei Säulen, die Salesforce nutzt, um den ständigen Cyberbedrohungen einen Schritt voraus zu sein: Grundlagen, Technik und geschäftliche Agilität

- Die Sicherheitsattribute, die Salesforce zum Schutz des Datenzugriffs, der gemeinsamen Nutzung und der Transparenz einsetzt

- Die Bausteine, die zur Erstellung eines skalierbaren und effizienten Sicherheitsmodells verwendet werden, einschließlich eines Blicks hinter die Kulissen auf die Freigabetabellen auf Systemebene und die Gruppenpflegetabellen, die zur Verwaltung von Freigabeberechtigungen verwendet werden

- Wie Salesforce immer umfangreichere Freigabefunktionen nutzt, um den Zugriff auf Geschäftsdaten von Berechtigungssätzen auf Gebiete auszuweiten

- Die Auswirkungen von Lizenzen sowie internen und externen Benutzern auf die gemeinsame Nutzung innerhalb der Salesforce-Instanz

- dass Salesforce sowohl Sicherheitsfunktionen auf Anwendungs- als auch auf Infrastrukturebene bietet

- Die acht verfügbaren Optionen zur Verschlüsselung und Sicherung Ihrer Daten

- Die mit Salesforce Shield verfügbaren Funktionen

- Die für Salesforce-Communities verfügbare Sicherheit

- Verwendung von Gruppen zur Optimierung des Zugriffs und der Sichtbarkeit

- Die Arten von impliziten Freigabeberechtigungen, die automatisch von Salesforce erstellt werden

- Verwendung von externem OWD, externer Rollenhierarchie, Freigabesets und Freigabegruppen zur Erweiterung der Freigabe auf externe Benutzer

- Wie man die verschiedenen Freigabeoptionen nutzt, um gute Designentscheidungen zu treffen

KAPITEL 6

Salesforce-Integrationsarchitektur

Die Salesforce-Integration umfasst mehrere Disziplinen, um umfassende und skalierbare technische Lösungen bereitzustellen, die die Anforderungen an eine End-to-End-Integration und bewährte Verfahren erfüllen. Sie müssen die Funktionen, Muster, Konzepte und Tools verstehen, die innerhalb der Salesforce-Plattform verfügbar sind und verwendet werden.

In diesem Kapitel werden vier Hauptbereiche der Integrationsarchitektur untersucht: **Integrationsstrategie**, **Optionen**, **Entwurfsmuster** und **angemessene Verwendung**.

In diesem Kapitel behandeln wir

1. Die wichtigsten Überlegungen bei der Entwicklung der Integrationsstrategie für Cloud-to-Cloud-, Cloud-to-On-Premise- und Multi-Salesforce-Org-Integrationsszenarien.

2. Wann sollte man Canvas-Apps verwenden, wann die Integration mit Heroku-Apps, wann die Integration mit Salesforce Connect, wann die Integration mit einer Middleware, wann die Integration mit externen Diensten?

3. Die verschiedenen Integrationsmuster und die Rechtfertigung ihrer Verwendung als Teil der gesamten Integrationsarchitektur

4. Welche Integration wann eingesetzt werden soll und wie die geeignete Integrationsstrategie und die Integrationsmuster zu begründen sind

© Der/die Autor(en), exklusiv lizenziert an APress Media, LLC, ein Teil von Springer Nature 2022
D. Jyoti, J. A. Hutcherson, *Handbuch für Salesforce-Architekten*, https://doi.org/10.1007/978-3-662-66534-3_6

Strategien zur Integration

Während der Systementwurfsphase und während der gesamten Systemerweiterung muss ein Architekt die am besten geeignete Systemintegrationsstrategie prüfen, bewerten und auswählen. Dabei geht es um mehr als nur die Kenntnis der API-Protokolle und -Muster. Es geht darum, zu erkennen, wie das Integrationsdesign durchgeführt wird und wie die Integrationen erfolgen.

Die Integrationsarchitektur muss mit der bestehenden IT-Umgebung, den Geschäftszielen und den Lösungsmöglichkeiten in Einklang gebracht werden, um die Geschäftsergebnisse zu maximieren. Die Integrationsarchitektur sollte nicht um der Konsistenz willen den Branchenrahmen folgen. Stattdessen sollte die Architektur die optimale Integrationsauswahl zur Erfüllung der Geschäftsanforderungen „mischen und anpassen". Der Gesamtgeschäftswert der gewählten Integrationslösung muss berücksichtigt werden. Die Integrationsarchitektur sollte die verschiedenen Anwendungsfälle unterstützen, die zur Erfüllung der aktuellen und zukünftigen Anforderungen erforderlich sind.

Abb. 6-1 mag zunächst überwältigend erscheinen, da sie die vielen in Salesforce verfügbaren Integrationsfunktionen zeigt. Beziehen Sie sich auf diese Abbildung, wenn Sie die folgenden Abschnitte lesen, um zu sehen, wie sie mit der Umgebung interagieren.

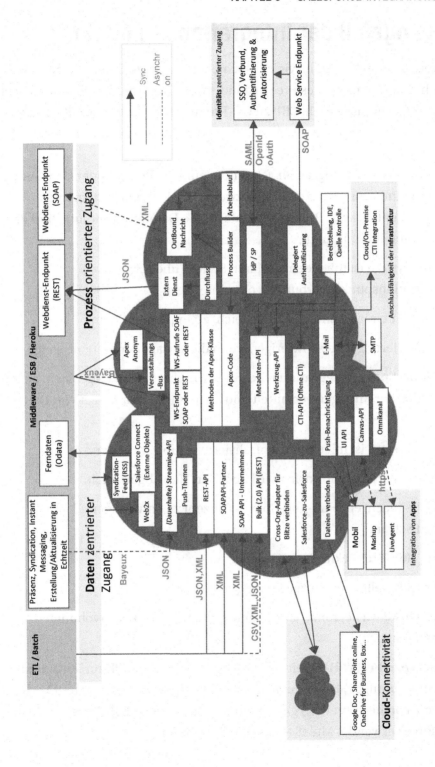

Abb. 6-1. *Mix- und Match-Integration in Salesforce*

Anwendungsfall der Integrationsarchitektur

Eine Integrationsarchitektur sollte viele verschiedene Ansätze unterstützen, z. B. Cloud-to-Cloud (d. h. Salesforce zu Salesforce), Cloud-to-on-Premise (d. h. Salesforce zu ERP), On-Premise-to-On-Premise (d. h. ERP zu On-Premise EDW) und spezielle Integration (d. h. Middleware oder Tools). Betrachten wir die einzelnen Integrationsdesigns im Detail.

Die Punkt-zu-Punkt-Integration verwendet eine Art Prozess oder Code, um die gemeinsame Nutzung von Daten zwischen zwei verschiedenen Systemen zu ermöglichen. Der entwickelte Prozess vereinfacht die Datenumwandlung und die Methode der Datenübermittlung:

- Jedes System ist mit jedem anderen System über direkte Integrationspunkte verbunden oder integriert.

- Sie ist für einige wenige Systeme leicht zu implementieren.

- Die Skalierung wird schwieriger, wenn die Anzahl der Systeme steigt.

Bei der Hub-and-Spoke-Integration wird ein Verbindungspunkt mit einem zentralen „Hub" verwendet, der Anfragen vermittelt und Sender und Empfänger von Daten entkoppelt:

- Jedes System ist mit einem zentralisierten Hub verbunden.

- Der gesamte Datentransfer wird über den Hub abgewickelt.

- Es ist einfach, ein Hub-and-Spoke-Konzept zu entwerfen und umzusetzen.

- Jede Hub-Architektur ist proprietär.

- Der Hub stellt eine einzige Fehlerquelle dar.

- Es ist insofern begrenzt, als es keine großen Transaktionsvolumen unterstützt.

Enterprise Service Bus (ESB) ist eine dienstorientierte Methodik zur Verbindung zahlreicher Anwendungen, Datenquellen und API, um die Integration und Verbindung von Systemen zu orchestrieren. Es gibt mehrere verschiedene ESB-Systeme auf dem Markt. Salesforce verwendet MuleSoft als sein ESB-System:

- Der Bus verwendet eine Architektur mit verteilten Diensten.

- Setzt verteilte Adapter ein.

- Hochgradig skalierbar.

- Erheblich höhere Kosten als einige wenige Punkt-zu-Punkt-Integrationen.

Abb. 6-2 zeigt ein Beispiel für verschiedene Designanforderungen.

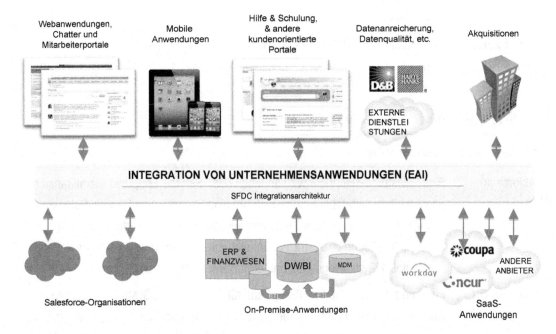

Abb. 6-2. *Skalierbare Architektur*

Abb. 6-2 zeigt, wie ein Architekt unsere salesforce.com-Organisationen, lokalen Anwendungen und Cloud-basierten Geschäftsanwendungen synchronisieren muss, wobei der Schwerpunkt auf den Integrationsanforderungen liegt:

- **Interne Webanwendungen**: Die Möglichkeit, Datendienste für den internen Gebrauch zu veröffentlichen (z. B. interne Webanwendungen, interne mobile Anwendungen usw.)

- **Interne mobile Anwendungen**: Fähigkeit zur Bereitstellung von Datendiensten für interne mobile Anwendungen

- **Kundenseitige Webanwendungen**: Fähigkeit zur Bereitstellung von Datendiensten für kundenorientierte Webanwendungen wie Hilfe und Schulung, Webshop und andere Portale

- **Datenanreicherung und -qualität**: Fähigkeit zur Verbindung mit externen Diensten zur Datenanreicherung und Datenqualität

- **Akquisitionen**: Fähigkeit zur schnellen Integration von Daten aus organisationsübergreifenden Systemen, z. B. aus verschiedenen Abteilungen, Niederlassungen und Unternehmen

Tab. 6-1 zeigt einige Anwendungsfälle für die Integration, die in Unternehmen üblich sind.

Tab. 6-1. *Gemeinsame Anwendungsfälle für die Integration*

Anwendungsfall	Beschreibung
Salesforce an DMZ	Eine Salesforce-Nachricht wird an einen DMZ-Service-Endpunkt (demilitarisierte Zone) weitergeleitet, bei dem es sich um eine Firewall, eine Service-Gateway-Appliance oder einen Reverse-Proxy handeln kann. Die Architektur muss den Zugriff auf die DMZ-Ebene unterstützen, um sich mit internen Ressourcen wie IPs auf der Whitelist, Zwei-Wege-SSL und einfachem HTTP zu authentifizieren.
DMZ zu vor-Ort	Ein Enterprise Service Bus (ESB) kann alle vom lokalen System benötigten Orchestrierungs-, Transformations- und Vermittlungsdienste übernehmen. Der ESB leitet die externe Nachricht über die DMZ an das vertrauenswürdige lokale System weiter.
Salesforce zu SOA-Webdiensten	Ein Enterprise Service Bus (ESB) kann eine Nachricht an eine SOA-Infrastruktur wie Unternehmensdaten und Geschäftsdienste weiterleiten. Viele Unternehmen bieten SOA-Webdienste an, um den Zeit- und Kostenaufwand zu verringern und die Wiederverwendung von Standardintegrationen in Altsystemen zu fördern.
Salesforce zur lokalen Datenbank	Der lokale Datenbankzugriff ermöglicht es Salesforce, Daten aus Unternehmensdatenbanksystemen in Echtzeit oder nahezu in Echtzeit zu lesen. Häufig sind diese Daten in einem Enterprise Data Warehouse (EDW) oder einem betrieblichen Datenspeicher verfügbar. Dieser Anwendungsfall unterstützt externe Objekte in Salesforce.

(Fortsetzung)

Tab. 6-1. (*Fortsetzung*)

Anwendungsfall	Beschreibung
Vor-Ort zu Salesforce	Häufig verfügen Unternehmen nicht über ESB-Middleware, um Orchestrierungs-, Transformations- und Vermittlungsdienste für und von Systemen zu handhaben. Stattdessen verlassen sie sich auf eine Punkt-zu-Punkt-Integration von der lokalen Anwendung zu Salesforce. Bei dieser Art von Salesforce-Web-Service-Call-in-Integration muss der Authentifizierungsfluss berücksichtigt werden.
Chargendaten	Batch-Datenintegrationen sind oft der schnellste Weg, um Daten in und aus Salesforce zu erhalten. Eine ETL-Lösung (Extrahieren, Transformieren und Laden) unterstützt Stapeldatenintegrationen. ETL verschiebt große Datenmengen mithilfe der Bulk-API in Salesforce. Es gibt auch kommerzielle Tools zur Unterstützung dieses Anwendungsfalls.
Datensicherung und Archivierung	Dieser Anwendungsfall wird oft übersehen. Die Aufgabe des Architekten ist es, eine Sicherungslösung für Ihre Salesforce-Daten in einer replizierten oder Archivkopie bereitzustellen. Es ist von entscheidender Bedeutung, eine Lösung zu schaffen, die Change Data Capture verwendet, anstatt ständig das gesamte Datenvolumen zu sichern.
Datenmigration zu Salesforce	Eine ETL-Lösung kann Daten in und aus Ihrer Datenumgebung verschieben. Das ETL-Tool kann Daten, die aus dem EDW in Salesforce importiert wurden (z. B. Konten, Kontakte und Opportunities), verarbeiten. Das vorhergehende Stapelverarbeitungsmuster kann berücksichtigt werden.
Mehrere Organisationen	Organisationen, die mehrere Salesforce-Organisationen haben, benötigen oft eine Integration zwischen den verschiedenen Salesforce-Organisationen. Salesforce bietet ein Salesforce-to-Salesforce-Tool zur Unterstützung dieses Anwendungsfalls. Alternativ kann eine Salesforce-Organisation mit einer anderen Organisation über eine REST-Webservice-Integration integriert werden. Dieser Anwendungsfall erfordert häufig die Synchronisierung von Daten in den verschiedenen Salesforce-Umgebungen. Ein Hub-and-Spoke-Design kann auch eine hervorragende Möglichkeit sein, einen Nur-Lese-Zugriff in Ihrer Umgebung zu ermöglichen.

(*Fortsetzung*)

Tab. 6-1. (*Fortsetzung*)

Anwendungsfall	Beschreibung
Salesforce- oder externe Web-dienste	Der Anwendungsfall einer Punkt-zu-Punkt-Integration wird in Salesforce problemlos unterstützt. Je mehr Salesforce jedoch als Drehscheibe für Integrationsaktivitäten genutzt wird, desto mehr Zeit wird für die Erstellung, Wartung und Fehlerbehebung benötigt. Es ist keine optimale Vorgehensweise, Apex als primäre Integrationstechnologie zu verwenden. Stattdessen sollten diese Arten von Anwendungsfallanforderungen nach Möglichkeit mit Middle-ware erfüllt werden.
Integration als Dienstleistung	Integration as a Service bietet Cloud-to-Cloud-Integration. Obwohl es sich technisch gesehen nicht um einen ESB handelt, bietet Integration as a Service Lösungen, die speziell auf Salesforce und andere beliebte SaaS-Anbieter zugeschnitten sind. Integration as a Service kann die Zeit für den Aufbau und die Bereitstellung einer Integration verkürzen, anstatt ESB-Lösungen vor Ort zu verwenden. Der Cloud Service Bus kann die Dienstumwandlung, das Routing, die Mediation und die Fehlerbehandlung für andere Cloud-basierte Endpunkte übernehmen.

Integrationsebenen

Die Integrationsstufen geben an, wie eng die integrierten Systeme zwischen der Benutzeroberfläche, der Anwendungslogik und den Daten gekoppelt sind. Die Benutzeroberfläche stellt Informationen aus einem externen System in den Salesforce-Anwendungen dar. Lösungen, die Mashups und Canvas-Anwendungen verwenden, sind eng an die Benutzeroberfläche gekoppelt. Die Anwendungslogik nutzt Schnittstellen, wie z. B. APIs, um mit externen Daten und Geschäftsprozessen zu interagieren. REST- und SOAP-basierte API-Lösungen sind Beispiele dafür. Die Datenintegrationsebene verwaltet die Extraktion, Transformation und das Laden von Daten zwischen Datenspeichern.

Die Verbindung zwischen dem MVC Salesforce-Modell und den Integrationstypen ist in Abb. 6-3 dargestellt. Die Ansicht verwendet Visualforce-Seiten, Web-Steuerelemente, Websites und Canvas-Apps zur Unterstützung der Integration der Benutzeroberfläche. Der Controller verwendet Visualforce-Controller, Lightning Aura und LWC, Apex und Webservice-APIs, um die Integration der Geschäftslogik zu unterstützen. Das Modell verwendet OData und Metadaten sowie Webservice-APIs für den Datenzugriff.

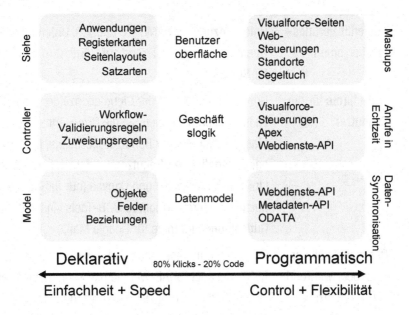

Abb. 6-3. *Integrationsebenen in Salesforce*

Die Salesforce-Architektur ist so konzipiert, dass sie die Integration sowohl mit deklarativen als auch mit programmatischen Services unterstützt. Das deklarative Framework kann die meisten Integrationsprozesse mit leistungsstarken Tools wie Plattformereignissen, Abläufen, Workflows, Process Builder und externen Services unterstützen. Abb. 6-3 zeigt die verfügbaren Funktionen zur Unterstützung aller drei MVC-Schichten mit deklarativen und programmatischen Optionen.

Integrationsschicht

Salesforce verfügt über einen umfangreichen Satz von Integrations-APIs für alle verschiedenen Integrationsebenen. Diese Schichten erstrecken sich über die gesamte Umgebung, einschließlich Sicherheit, Benutzeroberfläche, Anwendungslogik, Daten und Infrastruktur. Tab. 6-2 ordnet jede Schicht den verschiedenen Salesforce-Funktionen zu.

Tab. 6-2. *Salesforce-Integrationsfähigkeiten*

Integrations-schicht	Ebene Beispiel	Salesforce-Fähigkeit
Sicherheit	Authentifizierungs-mechanismen	Unterstützung für SAML 1.0 und 2.0. Unterstützung für OpenID Connect (basierend auf OAuth 2.0). Unterstützung für SCIM.
Benutzerober-fläche	Bildschirme für die Endnutzer	Um Daten außerhalb der Cloud anzuzeigen bzw. mit ihnen zu interagieren, können Sie die Browserintegration durch Mashups mit eigener Benutzeroberfläche, Mashups mit benutzerdefinierter Benutzeroberfläche, kontextbezogene Links, Registerkarten und Canvas (nur für interne Benutzer) nutzen. Weitere verfügbare OOB-Tools sind Lightning für Outlook und Lightning für Google Mail.
Anwendungs-schicht	Geschäftslogik vor, nach oder während der Datenanzeige	Es verwendet eingehende und ausgehende Anrufe. Sowohl REST- als auch SOAP-Webdienste können mit Apex individuell entwickelt werden. Einige Anwendungen, die über AppExchange installiert werden, könnten ebenfalls zu dieser Kategorie gezählt werden.
Daten	Datenmodell umfasst Batch und Echtzeit	Salesforce verfügt über native, sofort verfügbare APIs: REST API, SOAP API (Unternehmen und Partner), Bulk API, Streaming API. Salesforce unterstützt auch CDC- und Plattformereignisse. Ein Pub/Sub- (Veröffentlichen und Abonnieren) Ereignisabonnement- und -veröffentlichungsdienst auf der Grundlage des Bayeux-Protokolls sowie CometD und OData V2.0 und V4.0 werden ebenfalls unterstützt. Die Datenreplikation wird über Salesforce zu Salesforce, Heroku Connect und MuleSoft sowie eine breite Palette von Middleware von Drittanbietern (wie Informatica, Jitterbit usw.) unterstützt.
Infrastruktur	Omnichannel-Konnektivität	Unterstützung von Kanälen wie E-Mail und CTI mit Open CTI.

Hinweis   Jede entwickelte Punkt-zu-Punkt-Verbindung müsste jedoch noch Mechanismen für die Behandlung von Ausnahmen, Wiederholungen usw. entwickeln.

API-Protokolltypen

Wie in Kap. 2 erläutert, beziehen sich Integrationen auf die Verbindungen, die zwischen externen Systemen und Salesforce hergestellt werden. Salesforce verfolgt einen API-first-Ansatz bei der Entwicklung aller Funktionen auf der Salesforce-Plattform. Mit diesem Ansatz kann praktisch jede Funktion und die zugrunde liegenden Daten innerhalb von Salesforce direkt von einem anderen System oder einer anderen Anwendung aufgerufen werden, ohne eine grafische Benutzeroberfläche (GUI) zu verwenden. Dieser Ansatz ermöglicht es uns, alle Nicht-Salesforce-Systeme mit Salesforce zu verbinden und umgekehrt, indem wir eine der vielen APIs von Salesforce verwenden. Zu den gängigsten API-Protokollen, die von Salesforce unterstützt werden, gehören

- REST-API
- SOAP-API
- Bulk-API
- Streaming-API

Diese vier APIs bilden zusammen die Grundlage für Daten-APIs, mit denen Sie Datenänderungen in Salesforce und anderen Systemen verwalten können. Es gibt noch weitere APIs, die von Salesforce zur Verfügung gestellt werden, die wir später in diesem Kapitel besprechen werden. Diese vier API-Typen sind die wesentlichen APIs, mit denen die meisten Architekten bestens vertraut sein müssen. Lassen Sie uns daher etwas näher darauf eingehen, um die geeignete Integration zwischen Salesforce und allen anderen in der Systemlandschaft aufgeführten Systemen zu ermitteln.

REST API ist ein leichtgewichtiger, aber robuster Webservice, der auf RESTful-Prinzipien basiert. Salesforce stellt alle Funktionen und Daten entweder im XML- oder JSON-Format mithilfe der REST-API über ein sicheres HTTP-basiertes Web-Transportprotokoll zur Verfügung. Die REST-API unterstützt die Möglichkeit, Datensätze zu erstellen, zu lesen, zu aktualisieren und zu löschen. Sie ermöglicht auch die Suche oder Abfrage beliebiger Daten in Salesforce von einem externen System aus. Sie können Objekt-Metadaten abrufen und von einer externen Anwendung aus auf Informationen über die Begrenzungen Ihrer Salesforce-Instanz zugreifen. Aufgrund des leichtgewichtigen Schreibstils und des einfachen Anfrage- und Antwort-Frameworks ist es die beste Wahl für die Erstellung und Integration von mobilen Anwendungen und Websites.

Die SOAP-API ist ein formales und eng gefasstes Webservice-Protokoll, das auf einem Industriestandardprotokoll basiert. Es handelt sich um einen leistungsstarken Webservice, der Salesforce-Daten nur über eine streng typisierte WSDL-Datei (Web Services Description Language) zugänglich macht, in der alle Parameter für den Zugriff auf Daten mit dieser API genau definiert sind. Die WSDL-Datei hat das Format einer XML-Datei, und daher unterstützt die SOAP-API nur XML-Dateiformate. Fast alle Salesforce-Funktionen, die über SOAP verfügbar sind, sind auch über die REST-API verfügbar. Dennoch verwenden die meisten Architekten die SOAP-API aufgrund des formalen und einheitlichen Schreibstils und der obligatorischen Verwendung einer WSDL-Datei als formaler Vertrag zwischen Salesforce und den externen Systemen. Sie ermöglicht Einheitlichkeit und Struktur der Interaktionen zwischen Salesforce und den externen Systemen.

Es gibt zwei WSDL-Typen, Enterprise und Partner:

- **Enterprise WSDL**: Vor allem für Kunden gedacht:

  - Die Enterprise WSDL ist stark typisiert und einfach zu verwenden.

  - Die Enterprise WSDL ist an die spezifische Konfiguration von Salesforce gebunden.

  - Die Enterprise WSDL-Änderungen werden an der Salesforce-Konfiguration einer Organisation vorgenommen.

- **Partner WSDL**: Vor allem für Partner gedacht:

  - Die Partner-WSDL ist locker typisiert und schwieriger zu verwenden.

  - Die Partner-WSDL kann für die Kommunikation mit jeder Konfiguration von Salesforce verwendet werden.

  - Die Partner-WSDL ist statisch und ändert sich nicht, wenn Änderungen an der Salesforce-Konfiguration einer Organisation vorgenommen werden.

Aus diesem Grund eignet sich die SOAP-API hervorragend für die Verwendung mit System-zu-System-Integrationen, die sich nicht dynamisch ändern und während ihres Lebenszyklus beständig bleiben müssen.

Die Bulk-API ist eine spezielle API, die auf denselben Prinzipien wie die REST-API beruht. Sie ist in erster Linie für das Laden und Durchsuchen großer Datenmengen innerhalb einer einzigen Transaktion gedacht. Große Datenmengen können 50.000 Datensätze oder mehr bedeuten. Bulk-API-Services sind asynchron, d. h. Sie können eine Anfrage übermitteln, mit Ihrer Arbeit fortfahren und die Bulk-API-Ergebnisse später erhalten, wenn sie bereit sind. Dieser Ansatz befreit Salesforce und den Endbenutzer davon, lediglich auf die Ergebnisse der Verarbeitung großer Datenmengen zu warten. Stattdessen wird die Bulk-API im Hintergrund ausgeführt, während der Endbenutzer an anderen Elementen in Salesforce arbeitet. Salesforce verfügt derzeit über zwei Versionen von Bulk API, Bulk API 1.0 und Bulk API 2.0. Beide Versionen leisten dasselbe bei der Verarbeitung großer Datenmengen, aber ich empfehle die Verwendung von Bulk API 2.0, weil sie beim Schreiben des Integrationscodes viel einfacher zu verwenden ist. Die Bulk-API wird vor allem für Aufgaben verwendet, die große Datenmengen betreffen, wie z. B. bei der anfänglichen Datenmigration von einer älteren Anwendung in Salesforce.

Die Streaming-API ist eine spezialisierte API, die auf der Grundlage des kürzlich populären Industriestandards „Publish and Subscribe" (Pub/Sub) arbeitet. Im Pub/Sub-Modell werden Benachrichtigungen eingerichtet, um nach Datenänderungen zu suchen. Wenn Änderungen im Datensatz auftreten, wird eine Benachrichtigung an alle Abonnenten der Benachrichtigung gesendet. Eine Benachrichtigung, die so eingerichtet ist, dass sie auf Datenänderungen wartet, wird als „Thema" bezeichnet. Abonnenten des Pub/Sub-Nachrichtenservice können alle Systeme oder Anwendungen sein, die eine beliebige Anzahl von Themen abonnieren, die in Salesforce mithilfe der Streaming-API erstellt wurden. Die benachrichtigende Nachricht kann die Details der Datenänderungen oder jede andere Nachricht enthalten, die für die Systeme, die dieses Thema abonniert haben, relevant ist. Die Streaming-API ist außerdem asynchron. Sie reduziert die Anzahl der erforderlichen API-Anfragen zwischen Salesforce und anderen Systemen erheblich, da keine ständigen Abfragen zwischen mehreren Systemen erforderlich sind, um Datenänderungen zu ermitteln. Streaming-API eignet sich hervorragend für Integrationen, bei denen Systeme nur dann miteinander interagieren müssen, wenn in einem System eine Datenänderung auftritt. Es ist auch eine hervorragende Integrationsoption für die Erstellung und Verwaltung entkoppelter Anwendungen, die synchron und effizient mit anderen Systemen arbeiten müssen, ohne dass ständig Systemänderungen abgefragt werden.

An dieser Stelle ist es wichtig zu betonen, dass alle Integrationen eine Authentifizierung für den Zugriff auf Salesforce erfordern. Die SOAP-API-Authentifizierung funktioniert ein wenig anders als bei allen anderen APIs. Die SOAP-API verwendet in ihrem ersten Integrationsaufruf eine „login()-Methode", um eine sichere Sitzung mit dem anderen System aufzubauen, bevor Daten offengelegt oder extrahiert werden. Wir werden die verschiedenen Authentifizierungsmethoden in Kap. 7 erörtern. Während der FUSIAOLA-Analyse ist es wichtig zu ermitteln, welche Systeme integriert werden müssen und welche Integrationstechnik für die Integration am besten geeignet ist. Häufig führt diese Übung zu einer gut bewerteten Rechtfertigung der Investition in Integrationswerkzeuge wie einen Enterprise Service Bus (ESB) oder zu der Frage, ob ein Extract-Load-Transform (ETL)-Tool geeignet ist oder nicht.

Middleware

Middleware wird eingesetzt, um den Aufwand für die Integration verschiedener Systeme zu verringern. Sie ist eine Schicht, die für die Kommunikation zwischen zwei Systemen geschaffen wird. Diese Schicht ermöglicht die Kommunikation zwischen zwei Systemen, ohne dass eine direkte Verbindung besteht. Middleware spielt in einer verteilten Umgebung eine entscheidende Rolle.

Middleware gibt es in vielen Formen, darunter APIs, Integration von Unternehmensanwendungen, Punkt-zu-Punkt, Datenintegration (ETL), nachrichtenorientierte Middleware (MOM), inhaltszentrierte Middleware (Pub-Sub), Objektanforderungs-Broker (ORBs) und der Enterprise Service Bus (ESB). Als nächstes werden wir einige beliebte Middleware-Tools in Salesforce besprechen.

Punkt-zu-Punkt

In einem Punkt-zu-Punkt-Integrationsmodell wird für jedes Paar von Anwendungen oder Systemen, die miteinander kommunizieren müssen, eine eigene Verbindungskomponente implementiert. Dieser Konnektor wickelt alle

Datenumwandlungen, die Integration und alle anderen nachrichtenbezogenen Dienste ab, die nur zwischen dem spezifischen Komponentenpaar, das er integrieren soll, stattfinden müssen. Dieser Konnektor bewältigt in der Regel anspruchsvolle Aufgaben wie

- Warteschlangenmechanismen

- Wiederholungsmechanismen

- Behandlung von Ausnahmen

- Handhabung unterschiedlicher Losgrößen

- Bereitstellung einer sicheren Möglichkeit zur Verknüpfung von Cloud-basierten Lösungen mit On-Premise- oder Private-Cloud-Lösungen

Punkt-zu-Punkt-Integrationen funktionieren gut in einfachen Szenarien, wenn es nur eine minimale Anzahl verbundener Systeme gibt. Bei komplexen Szenarien mit mehreren verbundenen Systemen und der Möglichkeit, in Zukunft weitere hinzuzufügen, steigt die Anzahl der Punkt-zu-Punkt-Verbindungen, die für eine umfassende Integrationsarchitektur erforderlich sind, exponentiell an – und damit auch die Kosten für Entwicklung und Wartung.

Jede dieser Punkt-zu-Punkt-Verbindungen muss separat entwickelt und gewartet oder in einigen Fällen sogar zu hohen Kosten von einem Anbieter erworben werden, und zwar bei Änderungen der Systemversion, der Skalierbarkeit, des zugrunde liegenden Datenmodells und mehr.

Kundenspezifisch entwickelte Konnektoren sind von Natur aus weniger zuverlässig und teurer in der Wartung. Diese Entwicklung erfordert die Verfügbarkeit eines eigenen Entwicklungsteams.

ETL: Extrahieren, Transformieren und Laden

ETL-Middleware-Tools unterstützen den Prozess des Extrahierens, Transformierens und Ladens großer Datenmengen in und aus Ihrer Salesforce-Umgebung. Der ETL-Prozess, der in Abb. 6-4 dargestellt ist, bezieht sich auf den Prozess, der Folgendes umfasst

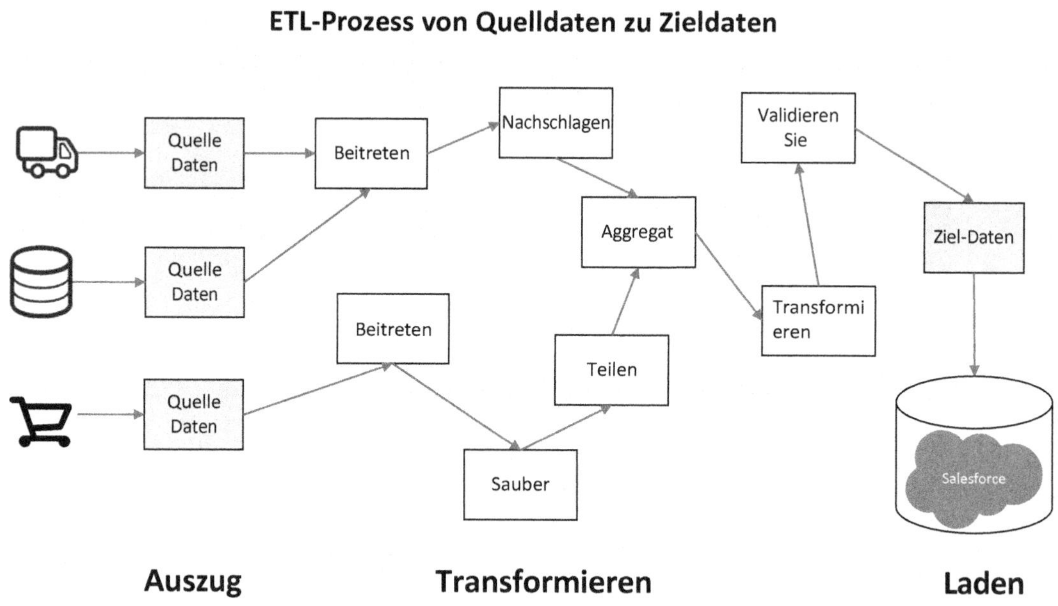

ETL-Prozess von Quelldaten zu Zieldaten

Auszug   **Transformieren**   **Laden**

Abb. 6-4. *Prozess des Extrahierens, Transformierens und Ladens*

- Extrahieren von Daten aus einer Ursprungsquelle. Häufig stammen die Daten aus relationalen und nicht-relationalen Datenbanken. Die Middleware verwendet Quelladapter, um Daten aus Legacy-Anwendungen und Datenbankdateien zu extrahieren.

- Umwandlung der extrahierten Daten zur Anpassung an die betrieblichen Anforderungen des Zielsystems. Der Transformationsprozess verwendet Regeln, Nachschlagetabellen und andere Quellen, um die Zieldaten zu erstellen.

- Laden der transformierten Daten in das Zielsystem mithilfe von Zieladaptern. Bei den geladenen Daten kann es sich um Anwendungen, Datenbanken, Datenspeicher, Marts und Warehouses handeln.

ETL wird für stapelweise, geplante und Ad-hoc-Datenoperationen verwendet. Die Transformation soll die Manipulation von Daten auf dem Zielsystem reduzieren. Die Quell- und Zieladapter sind im Allgemeinen für das zugehörige System proprietär. Kap. 4 enthält zusätzliche Informationen.

ESB: Unternehmensservicebus

Ein Enterprise Service Bus (ESB) bietet die Möglichkeit, Arbeit zwischen verschiedenen Systemen zu verschieben, ohne dass die jeweiligen Systeme von dem ESB wissen. Jede Anwendung ist über verschiedene Protokolle mit dem Bus verbunden und sendet oder empfängt Informationen, indem sie das Nachrichtensystem des ESB abonniert. Dies ist eine einheitliche Methode zum Senden und Empfangen von Informationen und Daten.

Die Integrationsarchitektur ermöglicht die Kommunikation über den Bus und die angeschlossenen Systeme. Der Bus kann praktisch alle API-Protokolle und viele andere proprietäre Systeme unterstützen. Der Bus verwendet ein dienstorientiertes Design mit drei heterogenen Hauptkomponenten: die Dienstkonsumenten, ein Unternehmensbus und die Dienstanbieter. Abb. 6-5 zeigt, wie der Service Consumer und der Service Provider mit dem ESB interagieren.

Abb. 6-5. *ESB-Komponenten*

Der ESB kann eine von vielen Designarchitekturen verwenden:

- **Nachrichtenorientierte Middleware (MOM)**: Kann über mehrere Knoten hinweg mit Nachrichten und ereignisgesteuerten Prozessen kommunizieren. Das angeschlossene System ist sich der Middleware nicht bewusst, da sie Industriestandardprotokolle wie eine SOAP-basierte WSDL verwendet.

- **Integrations-Broker**: Wird als zentraler Hub verwendet, der den gesamten Nachrichtenverkehr verbindet. Er nutzt sowohl die Standard-MOM-Konnektivität als auch neuere Webdienste.

- **Anwendungsdienste**: Middleware, die Unterstützung für die Anwendungserstellung wie Java EE nutzt, um angepasste Integrationsendpunkte zu unterstützen.

- **System zur Verwaltung von Geschäftsprozessen**: Es unterstützt
  Orchestrierungs-, Transformations- und Automatisierungsprozesse
  zur Erweiterung des traditionellen ESB-Designs.

Ein ESB kann mehrere Protokolle unterstützen, darunter HTTP REST, SOAP und FTP,
um Nachrichten zu empfangen und zu verarbeiten. Durch die Umwandlung des
Datenverkehrs in ein Standardprotokoll kann der ESB Nachrichten empfangen,
verarbeiten und produzieren, die von einem Service-Konsumenten verwendet
werden können.

ESB ist nicht für große Datenmengen geeignet und sollte nicht als Ersatz für ETL-
Lösungen verwendet werden. Der ESB verwaltet Nachrichten von vielen verschiedenen
Systemen und Prozessen als für den Verbraucher. Große Datenmengen werden die
typische ESB-Transaktion behindern und die Gesamtleistung beeinträchtigen.

Optionen für die Integration

Wann sollte ein Architekt eine bestimmte Middleware-Lösung verwenden? Salesforce
bietet Optionen wie Canvas-Apps, Heroku-Apps, Salesforce Connect und Files Connect.
Welche Option ist die beste? Die Auswahl der besten Integration hängt von einem
bestimmten Anwendungsfall ab, einschließlich der verfügbaren Zeit, der mit der
Integration verbundenen Kosten und der Kosten bzw. des ROI, die für die Pflege der
Integrationen erforderlich sind. Die Antwort ist nicht immer sofort ersichtlich. Oft muss
ein Gleichgewicht zwischen Zeit, Kosten und Qualität gefunden werden. Dieser
Abwägungsprozess wird als „Triple Constraint" bezeichnet. Schauen wir uns einige
Anwendungsfälle in Tab. 6-3 an.

Tab. 6-3. *Middleware-Optionen mit Anwendungsfällen*

Middleware-Option	Anwendungsfälle	Überlegungen
Integration von Canvas-Anwendungen und Mashups	Integrieren Sie Anwendungen von Drittanbietern in Salesforce.	- Wird mit benutzerdefinierter Webanwendung verwendet. - App-Rationalisierung zur Konsolidierung vieler Apps mit Salesforce App Launcher. - Die externe Anwendung sollte webbasiert sein und die kundenspezifische Entwicklung zur Integration unterstützen.
Integration von Heroku-Anwendungen	Verbessertes Branding für Webanwendungen, verbesserte mobile/IOT-Dienste mit API-Service und Datenmanipulation.	- Muss Benutzer außerhalb von Salesforce verwalten. - Ein guter Anwendungsfall für Datensicherungs- und Archivierungslösungen.
Salesforce-Verbindung	Integration in externe Datenbanktabellen mit vollständigem CRUD-Zugriff über SOAP, REST oder OData und externer Datensuche.	- Begrenzt auf 100 externe Objekte. - Nicht mehr als vier Joins pro Tabelle. - 2000 Zeilen sichtbar.
Apex-Integration	Punkt-zu-Punkt-Integration mit externen Systemen, wie z. B. Zahlungsgateway-Dienste.	- Grenzen des Salesforce-Governors.
Dateien verbinden	Integration in externe Cloud-basierte Dateispeichersysteme, wie Google, Box und Office 365.	- Fehlende Sortierung innerhalb von Salesforce. - Niedrige tägliche API-Grenzwerte.

Hinweis   Jede Middleware-Lösung erfordert eine Authentifizierung und Autorisierung, um Dienste zu initiieren.

Überblick über die Integrationsmuster

Bevor wir uns mit den verschiedenen Integrationsmustern befassen, die in Salesforce verfügbar sind, müssen wir eine Grundlage für die Überprüfung und Bewertung ihrer Eignung für einen bestimmten Anwendungsfall schaffen. Diese Muster-Grundlage umfasst die folgenden Komponenten: Ansatz, Timing, Quelle-Ziel und Richtung, Aufrufmechanismus, idempotente Designüberlegungen, Fehlerbehandlung und Wiederherstellung, Sicherheitsüberlegungen sowie Zustandsmanagement und -überlegungen.

Näherung

Ein Integrationsmuster hat drei primäre Ansatzkategorien: Datenintegration, Prozessintegration und virtuelle Integration. Jedes Ansatzmuster konzentriert sich auf mehrere Bereiche, z. B. den Umfang der Daten, die Behandlung von Ausnahmen und Fehlern, die Art des verwendeten Systems und den Grad der Transaktionalität der Lösung.

Die **Datenintegration** dient der Synchronisierung von Daten zwischen zwei oder mehr Systemen. Sie kann als Kombination von Daten aus verschiedenen Quellen in einer zusammenhängenden Ansicht beschrieben werden. Die Datenintegration ist die häufigste Art der Integration zwischen unterschiedlichen Datenquellen. Das Ergebnis der Datenintegration sollten vertrauenswürdige Daten sein, die sinnvoll und wertvoll für den Geschäftsprozess sind.

Bei der Prozessintegration werden Geschäftsprozesse aus zwei oder mehr Systemen kombiniert, um eine bestimmte Prozessaufgabe zu erfüllen. Die Prozessintegration ist komplizierter, da sie die Prozesse von einem zentralen Auslösepunkt aus orchestrieren oder die Prozesse über mehrere Geschäftsprozesssysteme hinweg choreographieren muss. Dieser Ansatz erfordert einen umfangreichen Designaufwand, einschließlich Tests und Ausnahmebehandlung, um die große Anzahl möglicher Ergebnisse zu verwalten. Die Prozessintegration erfordert robustere Systeme und eine längere Transaktionszeit, um die Integration abzuschließen.

Die virtuelle Integration wird verwendet, um Daten in einem oder mehreren externen Systemen zu suchen, zu melden und zu aktualisieren. Die Integration ermöglicht dem Zielsystem den Zugriff auf Echtzeitdaten durch Remote-Aufrufe des Quellsystems oder der Quellsysteme. Da die Integration virtuell ist, müssen die Daten nicht repliziert werden. Diese Art der Integration erfordert den Echtzeit-Zugriff auf und den Abruf von Daten aus dem Quellsystem.

Zeitmessung

Der Integrationsprozess erfordert, dass die Systeme miteinander kommunizieren. Wie diese Kommunikation abläuft, wird als Timing bezeichnet. Sie kann synchron, asynchron oder in einer Kombination aus beidem erfolgen.

Von synchroner Kommunikation spricht man, wenn ein System eine Anfrage an ein anderes System sendet und auf die Antwort des empfangenden Systems warten muss. Ein Beispiel hierfür ist, wenn das anfragende Transaktionssystem nach einer Kreditkartengenehmigung sucht, um einen Verkauf abzuschließen. Das anfragende System muss warten, bis es eine Antwort erhält, um mit der Transaktion fortfahren zu können. Synchrones Timing wird im Allgemeinen in Echtzeit erwartet.

Asynchrone Kommunikation liegt vor, wenn ein System eine Anfrage an ein anderes System sendet und nicht auf die Antwort des empfangenden Systems wartet. Ein Beispiel hierfür ist, wenn das anfordernde Auftragssystem eine Transaktion zur Bearbeitung an das ERP-System sendet. Das anfragende System braucht nicht auf eine Antwort zu warten, um die Transaktion abzuschließen. Asynchrone Zeitsteuerung erfordert keine Echtzeitkommunikation.

Warum ist das wichtig? Als Architekt geben Sie mit Ihrem Entwurf das erforderliche Timing vor. Das Integrationsmuster muss das Timing unterstützen, ohne die zugrunde liegenden Systeme übermäßig zu belasten.

Quelle, Ziel und Richtung

Die Integration kann je nach Bezugspunkt unterschiedlich sein. Es ist wichtig zu verstehen, wie die Systeme miteinander interagieren, was Quelle, Ziel und Richtung des Daten- und Informationsflusses betrifft. Jede Integration muss ein Quell- oder Sendesystem und ein Ziel- oder Empfangssystem haben. Die Richtung gibt an, wie die Daten fließen. Es ist wichtig, die Richtung für jede Interaktion zu kennen. Die Richtung kann mehr sein als ein Zeiger. Die Integration kann unidirektional (einseitig), bidirektional (zweiseitig), omnidirektional (broadcast oder one-to-many), korrelierend (many-to-one, wenn TRUE) oder aggregierend (many-to-one) sein.

Mechanismus des Aufrufs

Die Integration ist ein aktiver Prozess, der nur dann stattfindet, wenn er angefordert wird. Der Aufrufmechanismus sind die spezifischen Aktionen, die verwendet werden können, um den Ablauf des Integrationsprozesses zu starten. Salesforce bietet mehrere Möglichkeiten, Integrationen zu initiieren, darunter Auslöser, Controller, Workflows, Prozesse, Abläufe, Plattformereignisse und Batch-Prozesse. Jedes Integrationsmuster kann einen oder mehrere Aufrufmechanismen haben. Tab. 6-4 enthält Beschreibungen für viele verschiedene Aufrufmechanismen.

Tab. 6-4. *Aufrufmechanismen in Salesforce*

Mechanismus	Beschreibung
Apex-Rufzeichen	Rufen Sie externe SOAP-, REST- und andere Webdienste von Apex aus auf.
Bulk-API	Extrahieren und Laden großer Datenmengen in und aus Salesforce.
Segeltuch	Canvas integriert Anwendungen von Drittanbietern in Salesforce mithilfe von Tools und JavaScript-APIs, um eine Anwendung als Canvas-Anwendung darzustellen. Canvas stellt bestehende Anwendungen in Salesforce dar.
Chatter REST API	Chatter REST API präsentiert Chatter-Feeds, Benutzer, Gruppen und Follower in externen Anwendungen.
E-Mail	Integration durch Senden und Empfangen von E-Mails mit InboundEmail-Handler.
Externe Objekte	Virtuelle Integration, bei der Salesforce Connect verwendet wird, um Daten aus einem externen System abzurufen.
Metadaten-API	Ein Integrationsmechanismus, der das Metadatenmodell, nicht aber die im System gespeicherten Daten selbst manipuliert.
Middleware	Jede Integrationsanwendung, jedes Tool oder System, das die Interaktion zwischen zwei oder mehreren unterschiedlichen Systemen erleichtert.
Ausgehende Nachrichten	Er wird verwendet, um SOAP-Nachrichten über HTTP an einen empfangenden Endpunkt zu senden. Ausgehende Nachrichten werden durch einen bestimmten Workflow oder ein Plattformereignis ausgelöst.

(*Fortsetzung*)

Tab. 6-4. (*Fortsetzung*)

Mechanismus	Beschreibung
Plattform-Ereignis	Bei der Verwendung einer ereignisgesteuerten Architektur (EDA) zur Verarbeitung von Ereignissen sind die Plattformereignisse eine besondere Einheit, die verwaltet, wie Ereignisse von den Erstellern konsumiert werden.
Push-Benachrichtigungen	Form der ausgehenden Nachricht, um Push-Nachrichten an externe Geräte und Systeme zu senden.
RESTful-API	Es verwendet einen robusten, leichtgewichtigen RESTful-Webservice. Salesforce stellt alle seine Funktionen und Daten entweder im XML- oder JSON-Format mithilfe der REST-API über ein sicheres HTTP-basiertes Web-Transportprotokoll zur Verfügung. Die REST-API unterstützt die Möglichkeit, Datensätze zu erstellen, zu lesen, zu aktualisieren und zu löschen.
SOAP-basierte API	Er verwendet einen eng gefassten Webservice. Er stellt Salesforce-Daten nur über eine WSDL-Datei (Web Services Description Language) zur Verfügung, in der alle Parameter für den Zugriff auf die Daten definiert sind.
Streaming-API	Spezialisierte API, die auf dem kürzlich populären Industriestandard Pub/Sub (Publish and Subscribe) Messaging Model basiert und von PushTopics unterstützt wird.
Werkzeug-API	Bietet einen „fein abgestuften" Zugriff auf Salesforce-Metadaten über REST oder SOAP.

Fehlerbehandlung und Wiederherstellung

Integrationsmuster reagieren auf Fehler und führen Rollbacks auf unterschiedliche Weise durch. Der Ansatz, der für die Fehlerbehandlung und -wiederherstellung verwendet wird, ist entscheidend für die Auswahl und Verwaltung eines bestimmten Integrationsmusters.

Idempotente Designüberlegungen

Um eine idempotente Integrationsmethode zu erstellen, müssen Sie das gleiche Ergebnis erzeugen, egal ob Sie die Methode einmal oder mehrmals ausführen. Dieser

Prozess bedeutet, dass das erwartete Ergebnis auch dann erzeugt wird, wenn die Quelle dieselbe Information mehrmals sendet, selbst wenn es sich um einen Fehler handelt. Eine Integrationsmethode ist idempotent, wenn sie das Ergebnis verwaltet und testet, um zu verhindern, dass dieselbe Transaktion mehrmals ausgeführt wird oder die Ergebnisse fehlerhaft dupliziert werden. Die gängigste Methode zur Schaffung eines idempotenten Empfängers ist die Suche und Verfolgung von Duplikaten auf der Grundlage eindeutiger, vom Konsumenten gesendeter Message-Identifikatoren. Wenn möglich, wird empfohlen, dass das Remote-System die Fehlerbehandlung und das idempotente Design verwaltet. Nicht alle Muster erfordern idempotente Methoden.

Berücksichtigung der Sicherheit

Wie bei jeder Systemverbindung müssen auch bei Integrationsmustern die entsprechenden Sicherheitsprotokolle eingehalten werden. Zu diesen Protokollen gehören häufig Reverse-Proxy-Server, Verschlüsselung und die Unterstützung spezieller WS-*-Protokolle. Salesforce unterstützt diese Protokolle nicht direkt. Wenden Sie sich an die externen Systeme, wenn diese in Ihrer Umgebung benötigt werden. Salesforce empfiehlt Zwei-Wege-SSL und geeignete Firewall-Mechanismen, um die Vertraulichkeit, Integrität und Verfügbarkeit von Integrationsanfragen zu gewährleisten.

Staatliches Management

Die Verwendung von Primär- und eindeutigen Fremdschlüsseln ermöglicht es verschiedenen Systemen, den Stand der Datensynchronisation aufrechtzuerhalten. Das Integrationsmuster verwaltet das Master-System oder das System, das den eindeutigen Schlüssel speichert. Wenn Salesforce das Master-System ist, muss das Remote-System die Salesforce-ID speichern, und wenn das Remote-System das Master-System ist, muss Salesforce die eindeutige Remote-ID speichern.

Integration von Mustern

In Tab. 6-5 sind die von Salesforce unterstützten Integrationsmuster aufgeführt.

Tab. 6-5. *Liste von sechs Integrationsmustern, die in Salesforce verwendet werden*

Muster	Beschreibung
Antrag und Antwort	Als anforderndes System ruft Salesforce einen Remote-Systemaufruf für Daten auf und wartet, bis der Integrationsprozess abgeschlossen ist.
Feuer und Vergessen	Als anforderndes System ruft Salesforce ein entferntes System auf, um Daten abzurufen, wird vom entfernten System bestätigt und wartet nicht darauf, den Integrationsprozess abzuschließen.
Batch-Daten-Synchronisation	Entweder Salesforce oder ein entferntes System ruft einen Stapeldatenaufruf oder ein veröffentlichtes Ereignis auf, um Daten in beide Richtungen mit einer ETL-Lösung eines Drittanbieters oder Salesforce Change Data Capture zu synchronisieren.
Ferneinwahl	Als Zielsystem erhält Salesforce einen Remote-Systemaufruf an Erstellen, Abrufen, Aktualisieren oder Löschen von Daten durch ein entferntes System.
UI-Aktualisierung aufgrund von Datenänderungen	Als anforderndes System hört Salesforce auf ein PushTopic (CometD-Protokoll) und aktualisiert die Benutzeroberfläche (UI), um die empfangene Änderung darzustellen.
Datenvirtualisierung	Als anfragendes System stellt Salesforce mit Salesforce Connect eine virtuelle Verbindung her, um ein externes Objekt für den Zugriff auf Echtzeitdaten zu erstellen.

Integrationsmuster, Anwendungsfälle und Rechtfertigung

Tab. 6-6 zeigt die verschiedenen verfügbaren Integrationsmuster und die Begründung für ihre Verwendung als Teil der gesamten Integrationsarchitektur.

Tab. 6-6. *Auswahl des idealen Integrationsmusters*

Quelle/Ziel	Typ	Timing	Optimales Muster
SF ➤ Fernbedienung	Prozess	Sync	Antrag und Antwort
SF ➤ Fernbedienung	Prozess	Asynchron	Feuer und Vergessen
SF ➤ Fernbedienung	Daten	Sync	Antrag und Antwort
SF ➤ Fernbedienung	Daten	Asynchron	UI-Update mit CDC
SF ➤ Fernbedienung	Virtuell	Sync	Datenvirtualisierung
Entfernt ➤ SF	Prozess	Sync	Ferneinwahl
Entfernt ➤ SF	Prozess	Asynchron	Ferneinwahl
Entfernt ➤ SF	Daten	Sync	Ferneinwahl
Entfernt ➤ SF	Daten	Asynchron	Batch-Daten-Synchronisation
Kneipe ➤ Sub	Prozess	Asynchron	Fire and Forget mit Bahnsteigereignissen

Legende: SF = Salesforce, Remote = Remote-System, CDC = Change Data Capture, UI = Benutzeroberfläche

Auswahl einer geeigneten Integrationsstrategie und eines geeigneten Integrationsmusters

Dieser Abschnitt des Kapitels soll Ihnen helfen zu verstehen, wann Sie eine bestimmte Strategie und ein bestimmtes Muster für Ihre Integrationsanforderungen auswählen und verwenden sollten. Wie bei vielen Optionen in Salesforce ist es möglich, mehr als eine Wahl zu haben. In den Tab. 6-7, 6-8, 6-9, 6-10, 6-11 und 6-12 werden die Optionen einheitlich dargestellt, um Sie bei der Suche und Auswahl der richtigen Strategie und des richtigen Musters zu unterstützen und Ihre Wahl zu begründen. Die Tabellen enthalten die folgenden Angaben:

Tab. 6-7. *Integrationsmuster für Anfrage und Antwort*

Muster	Integration von Anfrage und Antwort in ein externes System.
Beschreibung	Als anforderndes System ruft Salesforce einen Remote-Systemaufruf für Daten auf und wartet, bis der Integrationsprozess abgeschlossen ist.
Richtung	Salesforce ➤ Entferntes System ➤ Salesforce wartet auf Antwort
Betrachtung	1. Was ist das Remote-System? 2. Wie groß ist die Nutzlast der Daten? Wie groß ist die Rücksendegröße? 3. Muss das Ergebnis nach Erhalt verarbeitet werden? 4. Erfolgt der Integrationsaufruf nach einem Ereignis oder einer DML? 5. Hat das entfernte System Durchsatzprobleme oder Spitzenzeiten, die zu Verzögerungen bei der Antwort führen können? 6. Ist die Antwort konsistent? Muss sie umgewandelt werden, um nützlich zu sein?
Idempotent und Zustandsverwaltung	Idempotent ist erforderlich, da die Antwort mit einer bestimmten Anfrage verbunden ist. Das Ergebnis ist an einen bestimmten Status gebunden. Der Status kann in Salesforce als eindeutige Remote-ID oder im Remote-System unter Verwendung der Salesforce-ID gespeichert werden. Der Prozess muss die Antwort begrenzen, um die Ergebnisse zu ändern, wenn er fehlschlägt und erneut versucht wird oder mehrere Antworten empfangen werden.

Lösungen	Mechanismus des Aufrufs	Fit	Betrachtung
	Externen REST-API-Aufruf verwenden	Am besten	- Kann deklarativ aufgerufen werden. - Am besten geeignet, wenn der Host REST und Open API 2.0 unterstützt. - Die Antwort hat ein ähnliches Feld wie die Salesforce-Objekte. - Kann vom Fluss aus aufgerufen werden. - Die Transaktionsgröße wird die Synchronisierungsgrenzen nicht überschreiten.

(Fortsetzung)

Tab. 6-7. (*Fortsetzung*)

Muster	Integration von Anfrage und Antwort in ein externes System.		
	Lightning-Komponente oder Visualforce-Seite initiiert SOAP- oder REST-Aufruf	Am besten	- Unterstützung des WSDL-Verbrauchs. - Unterstützt REST-Methoden. - Benutzerinitiierte Aktionen führen einen Anruf aus.
	Benutzerdefinierte Visualforce-Seite oder -Schaltfläche initiiert Sync Apex HTTP-Aufruf	Am besten	- Unterstützt REST-Methoden. - Kann SOAP unterstützen. - Verwendet die Apex-Klasse, um einen Anruf zu tätigen.
	Auslöser bei Daten-änderung verwenden, um einen SOAP- oder REST-Aufruf zur Synchro-nisierung durchzuführen	Suboptimal	- Ein Trigger kann eine Automatisierung durchführen, aber alle im Trigger gemachten Aufrufe müssen asynchron ausgeführt werden. - Diese Lösung wird nicht empfohlen.
	Verwenden Sie einen Batch-Apex-Auftrag, um einen SOAP- oder REST-Aufruf zur Synchro-nisierung durchzuführen.	Suboptimal	- Ein Batch kann eine Automatisierung durchführen, hat aber Grenzen für die Anzahl der Aufrufe. - Diese Lösung wird nicht empfohlen.
Fehler-behandlung und Wieder-herstellung	- Apex muss die Behandlung des Fehlers und die Verhinderung der DML-Ausfüh-rung bis zum Erhalt der Remote-Antwort einschließen, um den erforderlichen Idempotent zu unterstützen. Eine Klasse sollte die Möglichkeit bieten, die Anfrage zu wiederholen.		
Fluss der Integration	**Anfrage und Antwort**: Synchron, kleine Datenmengen, Fehlerbehandlung, Orchestrierung über Middleware		

(*Fortsetzung*)

Tab. 6-7. (*Fortsetzung*)

Muster	Integration von Anfrage und Antwort in ein externes System.
Zusätzliche Faktoren	- Rufen Sie entfernte Systeme auf, die sichere Apex-SOAP- oder REST-Aufrufe mit ein- oder zweiseitigem SSL erfordern, ziehen Sie die Verwendung von Methoden der Crypto-Klasse in Betracht und unterstützen Sie Firewall-Mechanismen. - Erfordert ein geringes Datenvolumen. - Die Antwort aus der Ferne muss zeitnah erfolgen.

Tab. 6-8. *Fire-and-Forget-Integrationsmuster*

Muster	Integration von Feuer und Vergessen in ein externes System.
Beschreibung	Als anforderndes System ruft Salesforce ein entferntes System auf, um Daten abzurufen, wird vom entfernten System bestätigt und wartet nicht darauf, den Integrationsprozess abzuschließen. Es wird eine Bestätigung vom entfernten System erwartet.
Richtung	Salesforce ➤ Remote-System (optionale Antwort in einem anderen Prozess)
Betrachtung	1. Muss das entfernte System antworten? 2. Das entfernte System bestätigt den Empfang. 3. Kann Salesforce den Prozess ohne Ergebnisse fortsetzen? 4. Wenn eine Aktualisierung asynchron ablaufen kann, sendet das entfernte System die Informationen später mit einem anderen Prozess.
Idempotent und Zustandsverwaltung	In Salesforce ist idempotent nicht erforderlich. Ist das entfernte Verfahren idempotent? Wenn ja, muss das entfernte System den Zustand verwalten, indem es die Salesforce-ID speichert, falls erforderlich. Das entfernte System muss die Auswirkungen mehrerer Anfragen, die für dieselbe Transaktion auftreten, verwalten.

(Fortsetzung)

Tab. 6-8. (*Fortsetzung*)

Lösungen	Mechanismus des Aufrufs	Fit	Betrachtung
	Prozessgesteuerte Plattformereignisse verwenden	Am besten	- Die empfohlene deklarative Lösung mit einer Fernabfrage wird von einem Einfüge- oder Aktualisierungsereignis aus durchgeführt. - Verwendet Pub/Sub/CometD.
	Verwenden Sie eine benutzerdefinierte Aktion wie eine Komponente, einen Trigger, Apex-Aufrufe oder VF	Gut	- Verwendet einen Trigger beim Einfügen oder Aktualisieren, um eine Fernabfrage aufzurufen. - Verwendet Pub/Sub.
	Workflow-gesteuerte ausgehende Nachrichten verwenden	Gut	- Verwendet eine deklarative Lösung mit ausgehenden Workflow-Nachrichten. - Der Vorgang wird so lange wiederholt, bis eine Quittung eingeht.
	Ausgehende Nachricht mit Rückruf mit einer Sitzungs-ID verwenden	Gut	- Entschärfung von idempotentem Verhalten außerhalb der Sequenz. - Kann weitere Informationen anfordern oder zur Verfügung stellen.
	Lightning-Komponente oder Visualforce-Seite oder Trigger initiiert Aufruf oder Batch	Suboptimal	- Der Prozess wartet nicht auf eine Antwort.

(*Fortsetzung*)

Tab. 6-8. (*Fortsetzung*)

Fehlerbehandlung und Wiederherstellung	Da Salesforce nicht auf die daraus resultierende Verarbeitung wartet, wird die primäre Fehlerbehandlung an das entfernte System delegiert. Die Wiederherstellung ist komplexer, da das entfernte System feststellen muss, ob ein erneuter Versuch erforderlich ist, und dann einen Rückruf an Salesforce vornehmen muss. Salesforce muss Bestätigungsfehler wie Zeitüberschreitungen und Serviceverfügbarkeit behandeln.
Fluss der Integration	**Feuer und Vergessen**: Asynchron, kleine Datenmengen, Fehlerbehandlung, Trigger-initiierter Prozess, Orchestrierung über Middleware

Zusätzliche Faktoren	- Die Reaktionszeit ist nicht entscheidend. - Das Datenvolumen sollte aufgrund der Grenzen des Salesforce-Governors gering sein.

Tab. 6-9. *Muster für die Integration von Batch Data Sync*

Muster	Batch-Datensynchronisierung zum Importieren von Daten in Salesforce oder Exportieren von Daten aus Salesforce.
Beschreibung	Entweder Salesforce oder ein entferntes System ruft einen Stapeldatenaufruf oder ein veröffentlichtes Ereignis auf, um Daten in beide Richtungen mit einer ETL-Lösung eines Drittanbieters oder Salesforce Change Data Capture zu synchronisieren.
Richtung	Salesforce ➤ Remote-System oder Entferntes System ➤ Salesforce
Betrachtung	1. Wo sollen die Daten gespeichert werden? Ist Salesforce die primäre Quelle? 2. Können die Daten infolge einer Änderung in Salesforce oder dem entfernten System aktualisiert werden? 3. Verwendet das Remote-System Salesforce-Daten für geschäftskritische Berichte oder Analysen? 4. Erfolgen die Datenänderungen nach einem bestimmten Zeitplan?

(*Fortsetzung*)

Tab. 6-9. (*Fortsetzung*)

Idempotent und Zustandsverwaltung	Idempotent ist kein Problem. Der Zustand wird durch die Verwendung von Fremdschlüsseln zwischen den beiden Systemen verwaltet. Wenn eine spezifische Transaktionsverwaltung erforderlich ist, verwenden Sie stattdessen ein Remote-Call-In-Muster.		
Lösungen	**Mechanismus des Aufrufs**	**Fit**	**Betrachtung**
	Extrahieren von Salesforce-Daten mit Change Data Capture (CDC)	Am besten	- Die CDC veröffentlicht Änderungen, die nahezu in Echtzeit verarbeitet werden können. - Erfordert die Integration mit einem entfernten System für Aktualisierungen und Ereignisse.
	Extrahieren von Salesforce-Daten mit ETL-Tools wie DataLoader.io oder Informatica	Gut	- Verwendet ETL-Tools von Drittanbietern zur Ausführung von CDC. - CDC reagiert auf Änderungen in Salesforce-Daten und ruft die Salesforce-Bulk-API auf.
	Laden von Daten in Salesforce mit ETL-Tools	Am besten	- Verwendet ETL-Tools von Drittanbietern zur Ausführung von CDC. - CDC reagiert auf die Änderung und ruft die Salesforce-Bulk-API auf.

(*Fortsetzung*)

Tab. 6-9. (*Fortsetzung*)

Fernabruf vom externen System zur Datenextraktion	Suboptimal	- Benutzerdefinierte Integration auf der Fernbedienungsseite. - Erfordert einen erheblichen Datenverkehr zwischen den Systemen. - Salesforce benötigt eine bessere Fehlerbehandlung und -behebung.
Ein Remote-Prozess von Salesforce zum Extrahieren oder Laden von Daten in ein Remote-System	Suboptimal	- Erfordert einen erheblichen Datenverkehr zwischen den Systemen. - Salesforce benötigt eine bessere Fehlerbehandlung und -behebung.
Fehlerbehandlung und Wiederherstellung	Die Fehlerbehandlung und -behebung muss vom entfernten System übernommen werden, da der Prozess asynchron ist.	
Fluss der Integration	**Eingehende Batch-Synchronisierung**: Datenintegration, asynchrone, einmalige Migration von Daten *in* BDE, Änderungsdatenerfassung (CDC) in nahezu Echtzeit mittels ETL	

Ausgehende Batch-Synchronisierung: Datenintegration, asynchrone, einmalige Migration von Daten *aus* SFDC, Change Data Capture (CDC) in nahezu Echtzeit mittels ETL

Zusätzliche Faktoren	- Der Zeitpunkt des Prozesses ist nicht entscheidend. Da jedoch die Leistung beider Systeme beeinträchtigt werden kann, sollte der Zeitpunkt der Einleitung des Prozesses sorgfältig gewählt werden.	

Tab. 6-10. *Muster für die Integration von Remote Call-Ins*

Muster	Fernzugriff auf Salesforce von einem externen System aus.
Beschreibung	Als Zielsystem erhält Salesforce einen Remote-Systemaufruf an Erstellen, Abrufen, Aktualisieren oder Löschen von Daten durch ein entferntes System.
Richtung	Entferntes System ➤ Salesforce
Betrachtung	1. Welches Integrationsmuster wird das entfernte System verwenden? 2. Betrifft der Aufruf ein Objekt oder mehrere Objekte? Sind die Objekte miteinander verbunden? 3. Ist die Antwortgröße klein oder groß? 4. Kann das entfernte System SOAP unterstützen?
Idempotent und Zustandsver-waltung	Idempotische Überlegungen sind erforderlich. Das Ergebnis wird oft an einen bestimmten Prozess oder Datensatz gebunden sein. Der Prozess muss die Antwort begrenzen, um die Ergebnisse zu ändern, wenn er fehlschlägt und erneut versucht wird oder mehrere Antworten eingehen. Die Besorgnis bezieht sich auf die Duplizierung.

Lösungen	**Mechanismus des Aufrufs**	**Fit**	**Betrachtung**
	Aufrufen von Salesforce über SOAP-API	Am besten	- Definiert mit WSDL. - Sicher durch erforderliche Autorisierung und Authentifizierung. - Alles-oder-nichts-Zusagen. - Unterstützung für Massen- und PE-basierte Transaktionen.
	Aufrufen von Salesforce über REST API	Am besten	- Verwendet eine unkomplizierte, leichtgewichtige Integration. - Synchroner Prozess. - Sicher durch erforderliche Autorisierung und Authentifizierung. - Alles-oder-nichts-Zusagen. - Unterstützung für Massen- und PE-basierte Transaktionen.

(*Fortsetzung*)

Tab. 6-10. (*Fortsetzung*)

Aufrufen von Salesforce über einen Apex-Webservice	Suboptimal	- Eine komplexe Apex-Anwendung muss in Salesforce verwaltet werden. - Erfordert Prozesslogik, um Daten zu übertragen. - Unterstützt keine PE.
Aufrufen von Salesforce über Apex-REST-Dienste	Suboptimal	- Eine komplexe Apex-Anwendung muss in Salesforce verwaltet werden. - Wenn sie verwendet werden muss, ist sie besser als die SOAP-API, da mehrere Aktualisierungen unterstützt werden können und die WSDL von der Gegenstelle nicht benötigt wird. - Unterstützt keine PE.
Bulk-API verwenden	Am besten für Massendaten	- Externe Tools und Systeme können über eine REST-basierte API, die für große Datensätze ausgelegt ist, Massenaktionen durchführen.

Fehlerbehandlung und Wieder-herstellung - Das entfernte System verwaltet die gesamte Fehlerbehandlung und -behebung.

Fluss der Integra-tion **Ferneinwahl**: Synchrone Einwahl von gehosteten Systemen zum Aufrufen von Salesforce-Services.

Zusätzliche Akteure - Zur Unterstützung der Ferneinwahl müssen OAuth-Flows verwendet werden.
- Die Transaktionszeit ist bei diesem Muster entscheidend, da es zu Zeitüber-schreitungen kommen kann.

Tab. 6-11. *UI-Update-Integrationsmuster*

Muster	Aktualisierung der Benutzeroberfläche (UI) aufgrund von Datenänderungen.
Beschreibung	Als anforderndes System hört Salesforce auf ein PushTopic (CometD-Protokoll) und aktualisiert die Benutzeroberfläche (UI), um die empfangene Änderung darzustellen.
Richtung	Salesforce ➤ Salesforce mit UI-Update oder Salesforce ➤ Remote-System ➤ Salesforce mit UI-Update
Betrachtung	1. Muss die Aktualisierung für den Benutzer sichtbar sein, da Änderungen ohne Aktualisierung vorgenommen werden? 2. Wo werden die aktualisierten Daten gespeichert?
Idempotent und Zustandsverwaltung	Die Fehlerbehandlung und -behebung muss vom entfernten System übernommen werden, da der Prozess asynchron ist.

Lösungen	Mechanismus des Aufrufs	Fit	Betrachtung
	Salesforce anrufen Verwendung der Streaming-API und Darstellung über eine Komponente oder VF-Seite	Gut	- Verwendet eine PushTopic-, VF/LC- und statische JS-Bibliothek. - Bietet Aktualisierungen ohne Aktualisierung. - Die Lieferung und die Reihenfolge der Ausführung werden nicht garantiert.
	Verwenden Sie Plattformereignisse, um eine Aktualisierung zu veröffentlichen, und eine andere PE, um sich für Aktualisierungen zu abonnieren.	Am besten	- Vollständig deklarativer Ansatz. - Bietet Aktualisierungen ohne Aktualisierung. - Lieferung und Reihenfolge der Ausführung sind nicht garantiert.

(Fortsetzung)

Tab. 6-11. (*Fortsetzung*)

	Einen benutzerdefinierten Abfragemechanismus erstellen	Suboptimal	- Hochgradig kundenspezifische Lösung, die eine kundenspezifische Abfrage und Rückkopplungsschleife erfordert.
Fehlerbehandlung und Wiederherstellung	Die Zustellung und die Reihenfolge der Ausführung sind nicht garantiert. Daher sollte geprüft werden, welche Auswirkungen ein Fehler hat und wie er behoben werden kann.		
Fluss der Integration	**UI Update – Salesforce Streaming API:** Wird verwendet, um die UI-Schicht mit asynchronen Aktualisierungen der Salesforce-Datenelemente zu versorgen.		

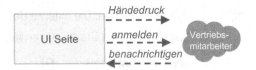

Zusätzliche Faktoren	- Nutzt die interne Sicherheit zur Unterstützung der Anforderungen auf Organebene. - Der Browser des Benutzers kann das Ergebnis der Aktualisierung und die Anzeige der Benutzeroberfläche beeinflussen.

Tab. 6-12. *Integrationsmuster der Datenvirtualisierung*

Muster	Datenvirtualisierung zur Unterstützung externer Objekte in Salesforce.
Beschreibung	Als anfragendes System stellt Salesforce mit Salesforce Connect eine virtuelle Verbindung her, um ein externes Objekt für den Zugriff auf Echtzeitdaten zu erstellen.
Richtung	Salesforce ➤ Remote-System ➤ Salesforce mit Virtualisierung
Betrachtung	1. Wo sollen die Daten gespeichert werden? Innerhalb von Salesforce oder in einer entfernten Umgebung? 2. Müssen die Daten in Echtzeit angezeigt werden? 3. Wie groß ist das erforderliche Datenvolumen? 4. Wird ein deklarativer oder programmatischer Ansatz benötigt?
Idempotent und Zustandsverwaltung	Idempotent ist nicht erforderlich, da sich die Daten auf dem externen System befinden. Die externe Datensatz-ID wird in Salesforce verwendet, um den Status zu verwalten.

Lösungen	Mechanismus des Aufrufs	Fit	Betrachtung
	Verwendung von Salesforce Connect für den Zugriff auf externe(s) Objekt(e)	Am besten	- Die kostenpflichtige Option von Salesforce unterstützt OData, Cross-Org und benutzerdefinierte Adapter. - Stellt ein externes Objekt in Salesforce bereit, indem es externe Salesforce-Objekte auf Datentabellen in externen Systemen abbildet.
	Antwort- und Anfragemuster für den Zugriff auf externe Daten verwenden	Suboptimal	- Eine komplexe Apex-Anwendung muss in Salesforce verwaltet werden. - Erfordert Prozesslogik, um Daten zu übertragen. - Unterstützt keine PE.

(*Fortsetzung*)

Tab. 6-12. (*Fortsetzung*)

Fehlerbehandlung und Wiederherstellung	Für Salesforce Connect gelten standardmäßige Systemfehlerbehandlungsprozesse. Benutzerdefinierte Lösungen erfordern zusätzlichen Code zur Unterstützung der Fehlerbehandlung und -behebung. Salesforce Connect Validator kann zum Testen von Verbindungen verwendet werden.
Fluss der Integration	**Datenvirtualisierung – Externes Objekt:** Wird verwendet, um Daten in externen Systemen in Echtzeit sichtbar zu machen, so dass Benutzer Daten anzeigen, suchen und ändern können, die außerhalb ihrer Salesforce-Umgebung gespeichert sind. 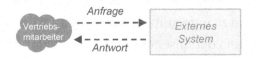
Zusätzliche Faktoren	- Nutzt die interne Sicherheit zur Unterstützung der Anforderungen auf Orgebene. - Erfordert ein geringes Datenvolumen. - Die Antwort aus der Ferne muss zeitnah erfolgen. - Komplizierte externe Designs müssen von der Remote-Lösung unterstützt werden.

- **Muster:** Der Name des Integrationsmusters

- **Richtung:** Die Quelle und das Ziel mit der Richtung des Integrationsflusses

- **Überlegungen:** Die Gründe und Kräfte, die zu diesem Muster führen können

- **Idempotent:** Der Ansatz zur Abschwächung der idempotenten Anforderung

- **Lösungen:** Der Aufrufmechanismus, die Passform und die Überlegungen für jede

- **Aufrufender Mechanismus:** Die Art(en) der Mechanismen, die zum Starten des Integrationsmusters verwendet werden

- **Fehlerbehandlung und Wiederherstellung**: Wie die Fehlerbehandlung mit Wiederherstellungsoptionen verwaltet werden kann, wenn sie auftreten

- **Integrationsfluss**: Eine visuelle Schwimmspur des Integrationsprozesses

- **Zusätzliche Faktoren**: Verschiedene Faktoren für das Muster, die berücksichtigt werden müssen, wie z. B. Zeitlimits, Größe der Datenmengen, Sicherheit und verfügbare Endpunkte

Antrag und Antwort

Das Request-and-Reply-Integrationsmuster wird verwendet, um synchrone Kommunikation zu unterstützen, bei der eine Nachricht an ein externes System gesendet wird und der Absender eine Rückmeldung von Informationen erwartet. Tab. 6-7 zeigt einen einheitlichen Überblick über das Muster, um seine Anforderungen zu identifizieren.

Feuer und Vergessen

Das Fire-and-Forget-Integrationsmuster wird verwendet, um eine asynchrone Kommunikation zu unterstützen, bei der eine Nachricht an ein externes System gesendet wird und der Absender **keine** Rückgabe von Informationen erwartet. Tab. 6-8 zeigt einen einheitlichen Überblick über das Muster, um seine Anforderungen zu identifizieren.

Batch-Daten-Synchronisation

Das Integrationsmuster „Batch Data Sync" ist ein gängiges Muster zur Unterstützung der Datenmigration in und aus einem Empfangssystem. Tab. 6-9 zeigt eine einheitliche Überprüfung des Musters, um seine Anforderungen zu identifizieren.

Ferneinwahl

Das Integrationsmuster Remote Call-In dient der Unterstützung synchroner Kommunikation, bei der eine Nachricht von einem externen System an das empfangende System gesendet wird. Tab. 6-10 zeigt eine einheitliche Übersicht über das Muster, um seine Anforderungen zu identifizieren.

UI-Update

Das UI-Update-Integrationsmuster wird verwendet, um die Benutzeroberfläche des empfangenden Systems auf der Grundlage von Änderungen im sendenden System zu aktualisieren. Tab. 6-11 zeigt eine einheitliche Überprüfung des Musters, um seine Anforderungen zu identifizieren.

Datenvirtualisierung

Das Integrationsmuster „Datenvirtualisierung" wird zur Unterstützung synchroner Kommunikation verwendet, bei der eine Nachricht von einem externen System an das empfangende System gesendet und als virtuelles Objekt dargestellt wird. Tab. 6-12 zeigt eine einheitliche Übersicht über das Muster, um seine Anforderungen zu identifizieren.

Andere Optionen für die Integration externer Dienste

Salesforce bietet viele vorgefertigte oder ISV-unterstützte Lösungen, um die Integrationsanforderungen zu reduzieren. Ab Anfang 2021 fördert Salesforce Lösungen für Google Cloud, Slack, QuickBooks, MailChimp, LinkedIn, DocuSign, Jira, HelloSign, Code Science, ActiveCampaign und Dropbox.

Hinweis Unter www.salesforce.com/solutions/small-business-solutions/integrations/#!page=1 finden Sie die neuesten Optionen.

Salesforce bietet auch native Integrationstools zur Beschleunigung der Integration. Ein Beispiel ist Files Connect. Files Connect kann verwendet werden, um Dateien zwischen Google Drive oder SharePoint und Salesforce freizugeben.

Salesforce bietet eine Integration für branchenführende E-Mail-Systeme, einschließlich Outlook und Google Mail. Bei dieser Integration handelt es sich um einen deklarativen Prozess, der einen Assistenten und die erforderlichen Anweisungen zur Unterstützung einer einseitigen oder bidirektionalen Integration bereitstellt.

Salesforce ermöglicht es Datenunternehmen von Drittanbietern, Datenservices anzubieten, um Ihre Salesforce-Daten bereitzustellen, zu aktualisieren, zu pflegen und zu erweitern. Die Anbieter bieten deklarative Datenintegrationsregeln für den Zugriff auf und die Aktualisierung von Daten in Ihrer Instanz. Unternehmen wie Dun & Bradstreet oder ESRI können geografische und organisatorische Daten schnell verbessern.

Hinweis   Die hier aufgeführten deklarativen Optionen verwenden die Punkt-zu-Punkt-Integration.

Eine Vielzahl von Integrationsoptionen verfügbar

Wenn Sie sich an den Anfang des Kapitels erinnern, wo Abb. 6-1 überwältigend erschien, sollte Abb. 6-6 helfen, die verfügbaren Optionen zusammenzufassen, die in der Salesforce-Umgebung verwendet werden können. Als Architekt müssen Sie jede Option verstehen und diejenigen auswählen und implementieren, die die geschäftlichen und technischen Anforderungen unterstützen.

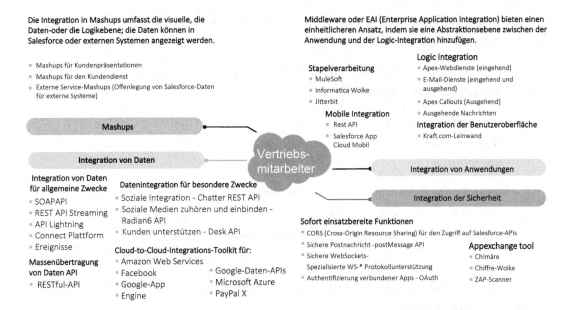

Abb. 6-6. *Verfügbare Integrationsoptionen innerhalb der Salesforce-Umgebung*

Kapitel Zusammenfassung

In diesem Kapitel haben wir Folgendes gelernt

- Die wichtigsten Überlegungen bei der Entwicklung einer Integrationsstrategie

- Die drei verschiedenen Integrationsarchitekturen: Punkt-zu-Punkt, Hub-and-Spoke und Enterprise Service Bus

- Mehrere Standard-Integrationsfälle, die im Unternehmen verwendet werden

- Die drei Ebenen der Integration: Benutzeroberfläche, Geschäftslogik und Datenmodell

- Die Integrationsschichten, die berücksichtigt werden sollten

- Die vier am häufigsten verwendeten Integrationsprotokolle bei der Salesforce-Integration

- Wie Middleware verwendet wird, um Verbindungen zwischen Systemen zu unterstützen

- Die Faktoren, die bei der Auswahl eines Integrationsmusters berücksichtigt werden sollten

- Die verschiedenen Integrationsmuster und wie man ihre Verwendung als Teil der gesamten Integrationsarchitektur rechtfertigt

- Wann andere Middleware-Ansätze wie Canvas-Apps, die Integration mit Heroku-Apps, die Integration mit Salesforce Connect und die Integration mit Middleware verwendet werden sollten

- Welche Integration wann eingesetzt werden soll und wie die geeignete Integrationsstrategie und die Integrationsmuster zu begründen sind

## KAPITEL 7

Salesforce Identitäts- und Zugriffsmanagement-Architektur

Tauchen wir tiefer in den Bereich der Identitäts- und Zugangsverwaltung ein. Wie Sie wissen, hat die Cloud-Technologie dafür gesorgt, dass Unternehmensanwendungen und Geschäftstransaktionen allgegenwärtig und für jeden von überall aus zugänglich sind – mit nur einem Webbrowser und einer Internetverbindung. Diese Bequemlichkeit geht mit einer Vielzahl von Sicherheitsüberlegungen für die Entwicklung und Verwaltung von Cloud-basierten Lösungen einher. Die potenziellen Bedrohungen reichen von gehackten Benutzerkonten und Datenverletzungen bis hin zu böswilligen Angriffen, die das gesamte System lahm legen können. Kommt es in einem Cloud-basierten System zu einer Sicherheitsverletzung, ist die Wiederherstellbarkeit des Systems nicht die einzige Sorge. Das Risiko einer Rufschädigung und eines Vertrauensverlusts bei den Kunden kann weitaus verheerender sein als nur die Wiederherstellung für das Unternehmen. Ein Verstoß gegen das Identitäts- und Zugriffsmanagement erfordert oft eine komplette Überarbeitung des Systems, da die meisten Verstöße gegen das Identitäts- und Zugriffsmanagement tief verwurzelt sind. Die Identitäts- und Zugriffsverwaltung wird im Laufe der Zeit immer komplizierter, da die Zahl der Benutzer immer größer wird und die Benutzer unterschiedliche Bedürfnisse haben. Die Identitäts- und Zugangsverwaltung ist der kritischste Sicherheitsaspekt eines jeden Systems und für die gesamte Lebensdauer des Systems ausgelegt, die bis zu zehn Jahre betragen kann.

Identitäts- und Zugriffsmanagement rationalisiert und automatisiert die kritischen Aspekte der Verwaltung von Benutzern, Systemidentitäten und Zugriffsrechten auf ein oder mehrere Systeme im Unternehmen. Die verschiedenen Schutzelemente, die Identitäts- und Zugriffsmanagement (IAM)-Lösungen bieten, sind ein wichtiger Ausgangspunkt für den Aufbau eines robusten Rahmens für die Informationssicherheit in Ihrem Unternehmen.

Wenn wir Menschen bitten, Identitäts- und Zugriffsmanagement zu beschreiben, hören wir Ausdrücke wie „SSO", „SAML", „OAuth", „Benutzername/Passwort", „Benutzerbereitstellung" und so weiter. Identitätsmanagement ist nicht nur einer dieser Begriffe, sondern alle. Identitäts- und Zugriffsmanagement ist ein Lebenszyklus von Sicherheitsmaßnahmen, die sich über die gesamte Nutzungsdauer eines Systems durch einen Benutzer erstrecken.

In diesem Kapitel behandeln wir

- Die neun Phasen eines Identitäts- und Zugangsmanagement-Lebenszyklus

- Ein Überblick über die wichtigsten Konzepte wie Bereitstellung, Zugriff, Authentifizierung, Autorisierung, Sitzungsverwaltung, Single Sign-On (SSO), Abmeldungen und Umleitungen, Deprovisionierung und Verwaltung von Benutzerkonten

- Die in Salesforce verfügbaren Optionen für die Gestaltung des Identitäts- und Zugriffsmanagements für jede Phase des Lebenszyklus des Identitäts- und Zugriffsmanagements

Phasen eines Identitäts- und Zugangsmanagement-Lebenszyklus

Um die grundlegenden Konzepte des Identitäts- und Zugriffsmanagements vorzustellen, möchte ich (James) zunächst eine Geschichte über meine Reiseerfahrung erzählen.

Ich besuchte Barcelona, Spanien, um dort Urlaub zu machen, und meine Reise begann damit, dass ich auf www.expedia.com ein fantastisches Angebot für einen Hin- und Rückflug mit mehreren Fluggesellschaften von Washington, DC, nach Barcelona, Spanien, fand. Abb. 7-1 zeigt die verschiedenen Etappen meiner Flugreise.

Abb. 7-1. *Erfahrungen auf dem Flug von Washington, DC, nach Barcelona, Spanien*

Meine Flugerfahrung war wie folgt:

1. **Buchung und Flugregistrierung**: Ich habe auf Expedia ein Angebot für einen Flug mit mehreren Fluggesellschaften gefunden. Ich habe mich als neuer Benutzer registriert und dann meine Buchung abgeschlossen, indem ich die persönlichen Daten aus meinem Reisepass eingegeben habe. Ich erhielt eine Bestätigungsnummer von der Fluggesellschaft, die auch einen Link enthielt, um den Check-in vor meinem Flugdatum abzuschließen.

2. **Einchecken und Bordkarte**: Am Tag meines Fluges kam ich am Flughafen an und checkte an einem Kiosk von United Airlines ein, um meine Bordkarte zu erhalten. Die Bordkarte enthielt alle Angaben zu meiner Buchung. Darüber hinaus enthielt die Karte weitere Informationen wie meine TSA-Vorabkontrolle,[1] das Terminal und den Flugsteig, von dem mein Flug abging. Sie

---

[1] *TSA pre✓ ist ein beschleunigtes Sicherheitsscreening-Programm, das von der Transportation Security Administration in den Vereinigten Staaten angeboten wird.*

enthielt auch meine Sitzplatzzuweisung und Angaben zu meiner Boarding-Gruppe.

3. **Passieren der Sicherheitskontrolle**: Als ich am vorgesehenen Terminal ankam, stellte ich fest, dass ich die Wahl hatte, entweder die TSA-Sicherheitslinie zu passieren, die kürzer und schneller war, oder die allgemeine Sicherheitslinie, die länger und langsamer war. Ich entschied mich für die TSA-Sicherheitslinie. Als ich die Sicherheitsbeamtin erreichte, verlangte sie einen Lichtbildausweis und eine gültige Bordkarte. Sie bestätigte meine Identität anhand der bereits in der TSA-Datenbank gespeicherten Informationen und erlaubte mir, das Terminal zu betreten.

4. **Auffinden des Abflug-Gates**: Nachdem ich die Sicherheitskontrolle passiert hatte, kontrollierte ich meine Bordkarte, um das zugewiesene Gate für meinen Flug zu finden. Als ich an dem auf meiner Bordkarte aufgedruckten Flugsteig ankam, teilte mir der Flugsteigbeamte mit, dass sich die Flugsteigzuweisung geändert habe und ich einen neu zugewiesenen Flugsteig habe. Man versicherte mir auch, dass ich nicht noch einmal durch die Sicherheitskontrolle gehen müsse, um zu meinem neuen Flugsteig zu gelangen, da alle Flugsteige und Terminals des Flughafens nahtlos von der Sicherheitskontrolle aus zugänglich seien.

5. **Erfahrung während des Fluges**: Ich kam am neuen Abfluggate an und ging an Bord des Flugzeugs. Nach dem Einsteigen schloss der Flugbegleiter die Flugzeugtüren, bevor das Flugzeug das Terminal verlassen konnte. Anhand der Sitzplatzzuweisung auf meiner Bordkarte kannten die Flugbegleiter bereits meine Essensvorlieben. Sie boten mir während des Fluges ein auf meine Vorlieben abgestimmtes Erlebnis im Zusammenhang mit meiner Sitzklasse.

6. **Anschlussflüge mit verschiedenen Fluggesellschaften**: Mein Flug landete bei der ersten Zwischenlandung auf dem Flughafen Heathrow in London. Für meinen nächsten Flug wechselte ich die Fluggesellschaft von United zu British Airways in einem separaten Terminal. Als ich am Flugsteig von British Airways ankam, wurde ich keiner zusätzlichen Sicherheitskontrolle unterzogen.

7. **Verlassen des Terminals mit „Wiedereinreise verboten"**: Ich landete auf dem Flughafen BCN in Barcelona, Spanien, und als ich den Zollbereich verließ, sah ich das Schild „Wiedereinreise verboten". Ich bestätigte, dass ich alles, was ich brauchte, in den Einrichtungen des Terminals hatte, und verließ das Terminal.

8. **Änderungen an meiner Rückreise**: Barcelona hat mir gut gefallen, und deshalb beschloss ich, länger zu bleiben als geplant. Um meinen Rückflug zu ändern, ging ich online auf Expedia und änderte mein Rückreisedatum und wählte neue Flüge. Expedia bestätigte meine Änderungen sowie das Datum und die Uhrzeit meines Rückflugs. Sie stellten mir auch neue Bordkarten zur Verfügung.

9. **Der Zugang zu meinen früheren Flügen wurde entfernt**: Als ich nach meiner Rückkehr von meiner Reise versuchte, mich einzuloggen, um meine vergangenen Flüge online einzusehen, konnte ich nicht auf meine aktuellen Fluginformationen zugreifen. Auf der Website wurde eine Meldung angezeigt, dass ich keinen Zugriff auf meine früheren Flüge habe und dass ich den Kundendienst anrufen soll, wenn ich weitere Informationen benötige.

Ich weiß, Sie fragen sich, was das mit Identitäts- und Zugriffsmanagement zu tun hat. Bevor ich das kläre, möchte ich die neun Phasen eines Identitäts- und Zugriffsmanagement-Lebenszyklus erörtern, die für jede Salesforce-Lösung berücksichtigt werden müssen. Abb. 7-2 skizziert die neun Phasen, über die wir im Detail sprechen.

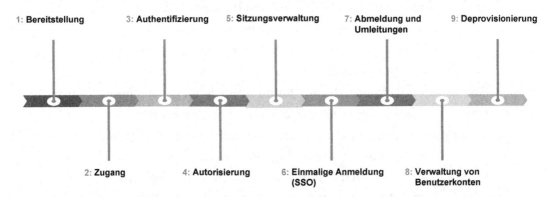

Abb. 7-2. *Lebenszyklus von Identitäts- und Zugriffsmanagement (IAM)*

1. **Provisionierung**: Der Prozess der Einrichtung eines Benutzers in Salesforce, einschließlich des Sammelns und Speicherns persönlicher und systembezogener Registrierungsdaten über den Benutzer oder ein externes System. In meiner Flugerfahrungsgeschichte ähnelt die Bereitstellung der Erfahrung bei der Buchung meines Fluges auf Expedia, wo ich mein Benutzerkonto selbst registrierte und persönliche Daten angab, um mich auch in der Datenbank der Fluggesellschaft zu registrieren, die die Reiseinteressen verwaltet.

2. **Zugriff**: Die Einrichtung definiert den Zugriff oder die Systemberechtigung eines Benutzers auf bestimmte Ressourcen in Salesforce wie Objekte, Datensätze, Felder und UI-Seiten. Ein Administrator muss den Zugriff definieren und einrichten, bevor ein Benutzer in Salesforce authentifiziert oder autorisiert wird. Salesforce setzt die Zuweisung eines Benutzerprofils und eines Lizenztyps für jeden Benutzer strikt durch, was die minimal erforderliche Zugriffskonfiguration für jeden Benutzer darstellt. Wir können zusätzlichen Zugriff in Salesforce über Berechtigungssätze, Rollenhierarchie, Gruppenmitgliedschaften, Warteschlangen, Teams und eine Vielzahl konfigurierbarer Freigaberegeln bereitstellen. Der Zugriff kann vor, während und nach der Benutzerautorisierung geändert werden. In dem Flugbeispiel enthielt meine Bordkarte alle Details wie Terminal, Flugsteig und Sitzplatzdetails des Fluges.

3. **Authentifizierung**: Bezieht sich auf den Prozess der Überprüfung der Identität des Benutzers oder eines entfernten Systems, das Zugriff auf Salesforce anfordert. Der Authentifizierungsprozess überprüft eine Reihe von Identifikationsnachweisen, die in Salesforce oder einem externen Identitätsspeicher gespeichert sind, um zu bestätigen, dass der Benutzer oder das entfernte System authentisch ist. Dieser Prozess ähnelt meiner Erfahrung an der Sicherheitskontrolle am Flughafen, wo der TSA-Sicherheitsbeamte mich aufforderte, mich zu identifizieren, indem er einen Lichtbildausweis und eine gültige Bordkarte

verlangte. Ich habe die TSA-Pre-Line verwendet, was einer hochsicheren Authentifizierungsmethode in Salesforce gleichkommt. Ich passierte die Sicherheitskontrolle, ohne dass zusätzliche Sicherheitsmaßnahmen wie das Herausnehmen meines Laptops aus meiner Tasche oder das Ablegen meiner Schuhe, meines Gürtels und meiner Uhr erforderlich waren. Der Sicherheitsbeamte vergewisserte sich auch, dass ich mich im richtigen Flughafen und am richtigen Terminal für meinen Flug befand.

4. **Autorisierung**: Die Überprüfung der Zugriffsrechte/Privilegien des Benutzers auf Ressourcen in Salesforce, wie z. B. Objekte, Datensätze, Felder und UI-Seiten, zum Zeitpunkt des Zugriffs. Bei der Autorisierung überprüft Salesforce mindestens den Lizenztyp, das Benutzerprofil, die Berechtigungssätze (falls vorhanden) und die Rollenhierarchie (falls vorhanden), die dem Benutzer zugewiesen sind. Anhand der Flug- und Terminalangaben in meiner Bordkarte konnten die Sicherheitsbeamten überprüfen, ob ich den Zutritt zum richtigen Terminal zum richtigen Datum und zur richtigen Uhrzeit beantragt hatte, wie auf meiner Bordkarte angegeben.

5. **Sitzungsmanagement**: Die Dauer einer nahtlosen Benutzer- oder Systemerfahrung während der aktiven Nutzung von Salesforce. Nach der Authentifizierung und Autorisierung in Salesforce kann ein Benutzer über mehrere Bildschirme navigieren, auf verschiedene Daten zugreifen und eine Vielzahl von Transaktionen durchführen, ohne dass Salesforce den Benutzer nach jeder einzelnen Benutzeraktivität erneut authentifizieren und autorisieren muss. Das Sitzungsmanagement ist vergleichbar mit dem Zugriff auf den Service für die Dauer des im Flugbeispiel beschriebenen Fluges. Sitzungen für jeden Benutzer werden eindeutig auf der Grundlage eines Sitzungs-Tokens verwaltet, das spezifische Details über die Sitzungen des Benutzers enthält. Im Flugbeispiel ist ein Sitzungs-Token so etwas wie die eindeutige Sitznummer, die meinem Flug zugewiesen wurde. Meine

Sitzplatznummer auf dem Flug wurde von der Flugbegleiterin verwendet, um meine Essenswünsche zu erkennen und um meine gesamte Flugerfahrung zu verfolgen.

6. **Einmalige Anmeldung (SSO):** Die Methode der Zentralisierung von Benutzerauthentifizierungsprozessen durch die Verwendung eines einzigen identitätsbereitstellenden Systems, das als „Identitätsanbieter" (IPD) bezeichnet wird. Der IDP ermöglicht es den Benutzern, sich bei mehreren Systemen zu authentifizieren, indem sie sich einmal anmelden. In meinem Flugbeispiel kam ich mit United Airlines am Terminal 3 des Flughafens Heathrow in London an, und mein nächster Anschlussflug vom Flughafen Heathrow ging mit British Airways vom Terminal 3, Gate D17. Ich ging zu dem mir zugewiesenen Flugsteig meines nächsten Fluges, ohne erneut die Sicherheitskontrolle passieren zu müssen. Obwohl ich für meinen nächsten Flug mit einer anderen Fluggesellschaft flog, konnte ich alle Sicherheitskontrollen am Flughafen umgehen und nahtlos meinen nächsten Flug mit British Airways antreten. In diesem Fall fungierte der Buchungsdienst als Identitätsanbieter und registrierte meine Daten bei beiden Fluggesellschaften, Flughäfen und Terminals, um sicherzustellen, dass mein Übergang von einem Flug zum anderen Teil einer nahtlosen, einheitlichen Erfahrung war.

7. **Abmeldungen und Weiterleitungen:** Die Beendigung der aktuellen aktiven Sitzung eines Benutzers erfolgt sicher gemäß der Absicht des Benutzers, seine aktuelle Sitzung zu beenden, oder aufgrund der Deprovisionierung des Benutzers während einer aktiven Sitzung von Salesforce. Bei der Beendigung der aktiven Sitzung des Benutzers wird der Benutzer zu einer externen alternativen Website weitergeleitet. Die Navigation des Benutzers nach der Abmeldung kann so angepasst werden, dass der Benutzer zu einer benutzerdefinierten Webadresse umgeleitet wird oder dass die Standardumleitung von Salesforce verwendet wird. In meinem Flugbeispiel kam ich in Barcelona an und holte mein Gepäck ab. Am Ausgang bemerkte ich ein Schild mit der

Aufschrift „No reentry after this point". Als ich den sicheren Teil des Flughafens verließ, betrat ich den öffentlich zugänglichen Bereich des Flughafens, ohne dass ich eine Bordkarte oder ein Ticket benötigte.

8. **Verwaltung von Benutzerkonten**: Der Prozess der Unterstützung des Benutzerzugangs zu einer sicheren Umgebung. Die Verwaltung von Benutzerkonten kann die Wiederherstellung der Anmeldung und das Zurücksetzen von Kennwörtern, das vorübergehende Einfrieren eines Benutzerkontos oder die Deaktivierung eines Benutzers erfordern. Häufig bezieht sich die Wiederherstellung der Anmeldung auf die Entsperrung eines Benutzerkontos nach fehlgeschlagenen Authentifizierungs- oder Autorisierungsversuchen. Es kann auch erforderlich sein, die dem Benutzer zugewiesenen Anmeldezeiten und IP-Beschränkungen zu ändern. In meiner Flugerfahrung ist dies vergleichbar mit den Flugänderungen, die ich an meinem Rückflug vorgenommen habe, wodurch sich mein Zugang und meine Berechtigung gegenüber dem ursprünglich geplanten Flug geändert haben.

9. **Deprovisionierung**: Die Deaktivierung des Benutzerzugriffs in der Salesforce-Instanz. In Salesforce können Benutzer nicht gelöscht oder entfernt werden. Sie können nur deaktiviert werden. Durch die Deaktivierung eines Benutzers wird der Zugriff des Benutzers auf die Salesforce-Instanz deaktiviert. Außerdem wird die zuvor zugewiesene Salesforce-Lizenz zur Verwendung durch andere Benutzer oder neue Benutzer, die der Salesforce-Umgebung hinzugefügt werden, freigegeben. In meinem Flugbeispiel hat die Fluggesellschaft den Zugriff auf meine früheren Reisen entfernt. Der Zugriff auf die Daten wurde deprovisioniert.

Ich hoffe, Sie haben inzwischen Ähnlichkeiten zwischen meiner Flugerfahrung und den neun Phasen des Identitäts- und Zugriffsmanagement-Lebenszyklus erkannt. In Abb. 7-3 habe ich die neun Phasen des Identitäts- und Zugriffsmanagements auf meine jüngsten Flugerfahrungen übertragen.

Abb. 7-3. *Abbildung der Identitäts- und Zugriffsmanagementphasen auf das Flugerlebnis*

Nachdem wir nun die neun Stufen des Identitäts- und Zugriffsmanagements in groben Zügen kennengelernt haben, wollen wir die einzelnen Stufen näher betrachten. Lassen Sie uns die Überlegungen verstehen, die ein Architekt anstellen sollte, wenn er eine ideale Lösung für das Identitäts- und Zugriffsmanagement in Salesforce entwirft.

Architektur des Identitäts- und Zugriffsmanagements in Salesforce

Identität ist in der Technologiebranche ein belasteter Begriff. Für die einen bedeutet er die Überprüfung von Benutzern, für die anderen ist er nur ein Sicherheitsparameter. Identitäts- und Zugriffsmanagement ist jedoch kein singuläres Konzept, sondern ein Lebenszyklus, der alle Aspekte des Zugriffs auf ein System während der gesamten Lebensdauer des Systems abdeckt. Auf der grundlegenden Ebene stellt das Identitäts- und Zugriffsmanagement sicher, dass der Benutzer oder das entfernte System, das auf das System zugreift, authentisch ist, nur Zugriff auf die Systemressourcen hat, zu denen er berechtigt ist, und alle im System festgelegten Sicherheitsparameter beachtet.

Bereitstellung

Provisioning bezieht sich auf den Prozess, mit dem Benutzer in Salesforce für den Zugriff eingerichtet werden. Ein Architekt muss einen idealen Ansatz für die Benutzerbereitstellung planen und einbeziehen, da die Benutzerbereitstellung für die meisten Unternehmen schnell zu einem teuren Verwaltungsaufwand werden kann. Wenn viele Benutzer provisioniert werden müssen oder in einem Unternehmen mit einer ständig wachsenden Anzahl von Salesforce-Benutzern, macht die ideale Einrichtung für die Benutzerbereitstellung den Unterschied aus.

Zum Zeitpunkt der Erstellung dieses Dokuments bietet Salesforce neun Methoden für die Bereitstellung an, die in Tab. 7-1 aufgeführt sind.

Tab. 7-1. *Bereitstellungsmethoden in Salesforce*

Methode der Benutzer-bereitstellung	Wie funktioniert es?
Interne Benutzer	
Manuelle Bereitstellung	Der Administrator legt Benutzer manuell an.
API-Bereitstellung	Benutzer werden individuell von einem externen System oder einer externen Anwendung durch Integration über die SOAP-API oder die REST-API für das Benutzerobjekt bereitgestellt.
Programmatische Bereit-stellung	Benutzer werden programmatisch mit Apex-Code bereitgestellt.
JIT-Bereitstellung mit SAML	Benutzer, die mit der Just-in-Time (JIT)-Bereitstellungsmethode bereitgestellt werden, zusammen mit einer SAML-Assertion, um Benutzer sofort zu erstellen, wenn sie zum ersten Mal versuchen, sich bei Salesforce anzumelden. Eine erweiterte Erstellung von Benutzer-konten ist nicht erforderlich. Diese Methode ist abhängig von der Implementierung von Single Sign-On.
Bereitstellung von Massen-benutzern	Benutzer können in großen Mengen erstellt werden, entweder über die Bulk-API eines anderen Systems oder einer anderen Anwendung oder über eine CSV-Datei, die mit dem Salesforce Data Loader hochgeladen wird.

(Fortsetzung)

Tab. 7-1. (*Fortsetzung*)

Methode der Benutzer-bereitstellung	Wie funktioniert es?
Identity Connect mit AD	Bei dieser Methode wird die Funktion Salesforce Identity Connect verwendet, die Microsoft Active Directory (AD) mit Salesforce integriert. Bei dieser Methode werden die Benutzerinformationen in Microsoft Active Directory (AD) verwaltet, und alle Änderungen an den Benutzern werden in Salesforce übernommen.
Externe Benutzer (über Salesforce Community Cloud)	
Manuelle Einrichtung	Benutzern, die als Kontakte eingerichtet sind, kann der Zugang zu Community Cloud durch interne Benutzer oder Community Plus-Superuser oder Partner-Superuser gewährt werden.
Selbstregistrierung	Die Nutzer können sich beim ersten Besuch der Website selbst registrieren.
Bereitstellung von Social Sign-On	Benutzer können sich mit den Anmeldedaten sozialer Websites wie LinkedIn, Facebook, Twitter oder Google anmelden. Diese Dienste implementieren das OpenID Connect oder OAuth 2.0 Framework.

SOAP API Developer Guide, `https://developer.salesforce.com/docs/atlas.en-us.api.`
`meta/api/sforce_api_objects_userprovisioningrequest.htm.`

Zugang

Zugriff bezieht sich auf die aufgeschlüsselte Liste aller Dinge, die ein bereitgestellter Benutzer in Salesforce gemäß der Kapazität seiner Sicherheitsrechte tun kann. Die „Kapazität" des Zugriffs bezieht sich auf das feinkörnige Detail, ob er nur Lesezugriff, Lese-Schreib-Zugriff, Lese-Schreib-Transfer-Zugriff oder Änderungszugriff auf ein bestimmtes Objekt, einen Datensatz oder ein Feld in Salesforce erhält. Der Zugriff bestimmt den Zugriff des Benutzers auf Objekte, Datensätze und Felder.

Salesforce definiert den Zugriff für einen Benutzer auf der Grundlage der folgenden Sicherheitseinstellungen:

1. Salesforce-Benutzerlizenz

2. Benutzerprofil

3. Rollenhierarchie

4. Erlaubnissätze

5. Regeln für die gemeinsame Nutzung

6. Mitgliedschaft in der Warteschlange

7. Mitgliedschaft in der Gruppe

8. Mitgliedschaft im Team

9. Gebietshierarchie

10. Implizite Freigabe

11. Apex-Teilung

12. Manuelle Freigabe

13. Kontobasierte Regeln für die gemeinsame Nutzung von Daten

14. Externe Kontenhierarchie

15. Gemeinsame Nutzung von Sets

16. Gruppe teilen

Sichtbarkeit und Freigabe ist die Bezeichnung für den „Zugriff" im Salesforce-Ökosystem. Wir haben Sichtbarkeit und Freigabe in Kap. 5 ausführlicher behandelt.

Authentifizierung

Die Authentifizierung in Salesforce besteht aus zwei verschiedenen Schritten, der Identifizierung und der Authentifizierung als Teil eines einzigen Prozesses. Der Identifizierungsschritt erfordert, dass ein bereitgestellter Benutzer Salesforce nachweist, wer er ist, indem er eine Reihe von identifizierbaren Anmeldeinformationen bereitstellt, die nur vom tatsächlichen Benutzer erstellt werden können. Salesforce prüft die vom Benutzer bereitgestellten Anmeldeinformationen, zu denen im einfachsten Fall eine eindeutige Benutzer-ID und ein vom Benutzer erstelltes Kennwort gehören. Salesforce gleicht die vom Benutzer zur Verfügung gestellten Anmeldeinformationen mit den in Salesforce gespeicherten Anmeldeinformationen des Benutzers ab. Sobald die Identität des Benutzers überprüft wurde, führt Salesforce im zweiten Schritt die Authentifizierung des Benutzers durch, indem es die folgenden Prüfungen durchführt:

- **Domänenzugang**: Überprüfung der Salesforce-Instanz(en), auf die der Benutzer Zugriff hat, und Überprüfung, ob die vom Benutzer angeforderte Salesforce-Instanz eine ist, auf die der Benutzer zugreifen kann.

- **IP-Beschränkungen**: Überprüfung auf IP-Bereichseinschränkungen des Benutzers. Salesforce verweigert den Zugriff, wenn der Benutzer von einem IP-Bereich außerhalb des für den Benutzer festgelegten IP-Bereichs zugreift oder die IP-Adresse nicht Teil einer Whitelist-IP-Adresse für die Organisation ist.

- **Login-Stunden**: Überprüfung, ob für den Benutzer vom Administrator festgelegte Anmeldezeitenbeschränkungen gelten. Wenn der Benutzer außerhalb der für ihn festgelegten Anmeldezeiten auf Salesforce zugreift, wird der Zugriff des Benutzers auf Salesforce verweigert.

- **Zwei-Faktoren-Authentifizierung (2FA)**: Überprüfung, ob der Benutzer sich über eine zusätzliche, alternative Form der Authentifizierung authentifizieren muss. Beispielsweise wird ein von Salesforce generierter dynamischer Code an das Mobilgerät des Benutzers gesendet, oder ein Einmalpasswort (OTP) wird an die E-Mail oder das Mobilgerät des Benutzers gesendet.

Wenn der Benutzer die Anforderungen des Authentifizierungsschritts nicht erfüllt, schlägt die Benutzerauthentifizierung fehl, und der Benutzer erhält keinen Zugriff auf Salesforce.

Salesforce nutzt die drei gängigsten Standard-Authentifizierungs-Frameworks der Branche für die Verwaltung der Benutzerauthentifizierung. Die drei verwendeten Frameworks sind

1. **Benutzername/Passwort-Framework**

   Dies ist das gängigste und einfachste Verfahren, bei dem Benutzer
   ihre eindeutige Benutzer-ID und ein selbst erstelltes geheimes
   Kennwort auf der Anmeldeseite von Salesforce eingeben. Diese
   Authentifizierungsmethode gilt im Vergleich zu anderen
   Verfahren als die am wenigsten sichere Form der
   Authentifizierung, da die Anmeldeinformationen des Benutzers
   leicht kompromittiert werden können und die Verletzung
   unbemerkt bleiben kann, bis im Konto des Benutzers ein
   erheblicher Schaden entsteht. Ein Ansatz zur Sicherung dieser
   Authentifizierungsmethode ist die Aktivierung der Multifaktor-
   Authentifizierung zusammen mit dieser
   Authentifizierungsmethode, da sie den Benutzer dazu zwingt, sich
   über eine alternative Quelle zu verifizieren, z. B. über das
   Mobilgerät oder die E-Mail-Adresse des Benutzers, auf die nur der
   echte Benutzer zugreifen kann.

2. **Das Security Assertion Markup Language (SAML) 2.0
   Framework**

   Security Assertion Markup Language (SAML) ist ein XML-
   basierter Rahmen für den Austausch von
   Benutzerauthentifizierungsinformationen zwischen zwei oder
   mehr Systemen, die eine Vertrauensbeziehung zueinander
   aufgebaut haben. In SAML wird das System, das die Identität des
   Benutzers bereitstellt, als „Identitätsanbieter" bezeichnet, und das
   System, das die Authentifizierungsfunktion des Identitätsanbieters
   nutzt, um dem Benutzer Zugang zu seinen Diensten und
   Ressourcen zu gewähren, wird als „Dienstanbieter" bezeichnet.
   Bei SAML delegiert der Dienstanbieter seine Funktion der
   Benutzerauthentifizierung vollständig an den Identitätsanbieter.
   Der SAML-Identitätsanbieter führt die Authentifizierung des
   Benutzers durch und sendet die Ergebnisse des
   Authentifizierungsversuchs des Benutzers in einer XML-basierten
   Nachricht, der so genannten SAML-Assertion, an den

Dienstanbieter zurück. Die SAML-Assertion enthält Details darüber, wer der Benutzer ist und wie der Identitätsanbieter den Benutzer authentifiziert hat.

In den meisten Fällen kann ein Identitätsanbieter ein Identitätsbroker wie Microsoft Active Directory (AD) oder Okta sein, und der Serviceanbieter ist Salesforce. Aber in anderen Fällen, wenn Benutzerdetails nur in Salesforce gespeichert und verwaltet werden, kann die eigentliche Quelle der Benutzeridentität, Salesforce, als Identitätsanbieter für andere Systeme fungieren, die als Serviceanbieter dienen.

3. **OpenID Connect Framework für die Authentifizierung**

   Das OpenID Connect-Framework ermöglicht Salesforce die Nutzung der Benutzerauthentifizierung, die in einem externen System gespeichert ist, das in diesem Zusammenhang als „OpenID-Authentifizierungsanbieter" bezeichnet wird. Das OpenID Connect-Framework kombiniert die Benutzerauthentifizierung mit der OAuth-basierten Autorisierung *(mehr zu OAuth-basierter Autorisierung später in diesem Kapitel)*. Das OpenID-Framework geht davon aus, dass Salesforce sich auf die im OpenID-Authentifizierungsanbieter eingerichtete Authentifizierungsmethode verlassen kann, wie z. B. das Amazon-, Twitter-, Google-, PayPal- oder Janrain-Konto eines Benutzers oder die in Microsoft Active Directory Federation Services (ADFS) gespeicherte Identität des Benutzers. In Salesforce muss ein Registrierungshandler eingerichtet werden, um die vom OpenID-Anbieter angeforderten Benutzerdaten abzugleichen.

Basierend auf den Grundsätzen der drei in den Frameworks erwähnten Authentifizierungen gibt es sieben Ansätze für die Authentifizierung von Benutzern in Salesforce, d. h. vier Methoden für die Authentifizierung interner Benutzer und drei Methoden für die Authentifizierung externer Benutzer über die Verwendung der Salesforce Community Cloud. Siehe Tab. 7-2.

Tab. 7-2. *Methoden zur Authentifizierung von Benutzern in Salesforce*

# Methode der Authentifizierung	Wie funktioniert es?	Verwendeter Rahmen
Interne Benutzer		
1 Salesforce-Benutzername/ Kennwort	Benutzer werden mit ihrem eindeutigen Benutzernamen und Kennwort authentifiziert, die auf der standardmäßigen oder benutzerdefinierten Anmeldeseite von Salesforce eingegeben werden.	Benutzername/ Passwort
2 Salesforce-Authentifizierung für mehrere Organisationen	SSO kann über eine einfache, sofort einsatzbereite Konfiguration zwischen mehreren im Unternehmen vorhandenen Instanzen von Salesforce eingerichtet werden.	SAML 2.0
3 Föderierte Authentifizierung	Bei dieser Methode erhält Salesforce eine SAML-Assertion über eine HTTP-POST-Anfrage von einem Identitätsmanagementsystem oder einem externen System mit Identitätsmanagementfunktionen. Die SAML-Assertion enthält einen eindeutigen Bezeichner und eine Gültigkeitsdauer und wird von dem externen System digital signiert.	SAML 2.0
4 Delegierte Authentifizierung	Ein interner Webservice authentifiziert Benutzer anhand von Informationen, die von einem externen System gespeichert und bereitgestellt werden. Das externe System stellt Salesforce einen Salesforce-Benutzernamen, ein Passwort und eine Quell-IP-Adresse zur Verfügung, um den Benutzer in Salesforce zu authentifizieren.	Webdienst
Externe Benutzer (über Salesforce Community Cloud)		
5 Salesforce-Benutzername/ Passwort	Benutzer werden mit ihrem eindeutigen Benutzernamen und Kennwort authentifiziert, die auf der standardmäßigen oder benutzerdefinierten Anmeldeseite der Salesforce Community Cloud eingegeben werden.	Benutzername/ Passwort

(*Fortsetzung*)

Tab. 7-2. (*Fortsetzung*)

# Methode der Authentifizierung	Wie funktioniert es?	Verwendeter Rahmen
6 Zugang zum Social Sign-On	Benutzer können sich mit den Anmeldedaten einer sozialen Website anmelden. Zu den unterstützten Websites gehören LinkedIn, Facebook, Twitter, Google, Janrain, Salesforce und alle Dienste, die das OpenID Connect-Protokoll oder das OAuth 2.0-Protokoll implementieren.	OpenID-Verbindung
7 Kundenidentitäts- und Zugriffsmanagement (CIAM)	Authentifizierung durch ein externes Tool wie Okta, das als CIAM-Verzeichnis fungiert, das alle Kundenidentitätsinformationen hostet und den Zugriff auf Salesforce mit SAML SSO für externe Benutzer authentifiziert.	SAML 2.0

Autorisierung

Die Autorisierung bezieht sich auf die Überprüfung der Zugriffsrechte/Privilegien auf Ressourcen in Salesforce. Bei der Autorisierung prüft Salesforce den Lizenztyp, das Benutzerprofil, die Berechtigungssätze und die Rollenhierarchie (falls vorhanden), die dem Benutzer zugewiesen sind, auf deren Grundlage der Zugriff des Benutzers auf die angeforderten Ressourcen in Salesforce bestimmt wird. Viele Menschen glauben, dass Zugriff und Autorisierung gleichbedeutend sind. Das sind sie aber nicht.

Der Zugriff ist eine detaillierte Liste aller Funktionen, die ein Benutzer in Salesforce ausführen kann, während die Autorisierung die Validierung des definierten Zugriffs zum Zeitpunkt der Eingabe in Salesforce ist. Der Zugriff unterscheidet sich von der Autorisierung in der gleichen Weise, wie sich die Bestellung eines Essens zur Abholung in einem Restaurant von der Abholung des Essens im Restaurant unterscheidet, wenn es fertig ist. Was Sie abholen, ist das, was Sie bestellt haben, aber es ist nicht dasselbe. Der Zugriff ist die Definition dessen, was ein Benutzer tun kann, während die Autorisierung die Ausführung dessen ist, was der Benutzer in Salesforce tun kann. Genauso wie Sie nichts im Restaurant abholen können, ohne vorher eine Bestellung aufzugeben, kann die Benutzerautorisierung nicht funktionieren, wenn Sie nicht zuerst den Zugriff des Benutzers in Salesforce definieren. Der Zugriff eines Benutzers muss definiert und abgeschlossen werden, bevor ein Benutzer in Salesforce autorisiert wird. Glücklicherweise lässt Salesforce nicht zu, dass ein neuer Benutzer eingerichtet oder erfolgreich gespeichert wird, ohne dass zumindest ein Benutzerprofil und eine Salesforce-Lizenz zugewiesen wurden. Jedem Benutzer muss mindestens ein Benutzerprofil und eine Salesforce-Lizenz zugewiesen werden. Durch die Anforderung dieser beiden Zugriffskonfigurationselemente zum Zeitpunkt der Benutzererstellung wird sichergestellt, dass kein Benutzer erstellt wird, ohne dass zumindest einige grundlegende Zugriffsrechte definiert wurden.

Um bei der Analogie der Essensbestellung zu bleiben: Wenn Sie im Restaurant ankommen und mehr bestellen oder einige Änderungen an der aktuellen Bestellung vornehmen möchten, können Sie die Bestellung in Echtzeit ändern, während Sie im Restaurant sind, vorausgesetzt, das Restaurant ist mit den Änderungen einverstanden. Es wäre eine furchtbare Erfahrung, wenn das Restaurant Sie bitten würde, das Restaurant sofort zu verlassen, erneut anzurufen, um die Bestellung zu ändern, und erst wieder ins Restaurant zu kommen, wenn die Änderungen vorgenommen wurden. Ähnlich verhält es sich, wenn der Benutzer bereits in Salesforce autorisiert ist und der Zugriff des Benutzers geändert wird: Die Erfahrung des Benutzers wird sofort und nahtlos vom System geändert, um der neuen Zugriffskonfiguration des Benutzers zu entsprechen.

Es ist wichtig, einen weiteren Aspekt der Autorisierung zu behandeln, der sich auf die Autorisierung eines externen Systems bezieht, im Namen eines bestimmten Benutzers Zugriff auf Salesforce zu erhalten. Nehmen wir ein Szenario an, in dem ein Benutzer eines externen ERP-Systems eine Transaktion im ERP-System durchführt. Die ERP-Transaktion muss dann ein Feld in Salesforce im Namen desselben Benutzers aktualisieren, sofern der Benutzer über die Berechtigungen zur Aktualisierung des Feldes verfügt. In solchen Fällen muss die Autorisierung des externen Systems in Salesforce im Namen eines bestimmten Benutzers einem Systemautorisierungsrahmen folgen.

Systemberechtigungen in Salesforce können mit zwei branchenüblichen Berechtigungs-Frameworks verwaltet werden. Die beiden Frameworks sind

- OpenID Connect Rahmenwerk

- OAuth 2.0 Rahmenwerk

OpenID Connect Framework für die Autorisierung

Wie bereits erwähnt, kombiniert das OpenID Connect-Framework die Funktionen der Benutzerauthentifizierung durch delegierte Authentifizierung über einen OpenID-Authentifizierungsanbieter (auch als Identitätsanbieter bekannt) mit den Autorisierungsfunktionen, die das OAuth 2.0-Framework nutzen. Daher befasst sich das OpenID Connect Framework sowohl mit der Authentifizierung als auch mit der Autorisierung für den Benutzer oder das System, das auf Salesforce zugreift.

Das OpenID-Framework geht davon aus, dass Salesforce sich auf die Authentifizierungsmethode verlassen kann, die zwischen dem Benutzer und dem OpenID-Authentifizierungsanbieter eingerichtet wurde, z. B. das Google-Konto, das Amazon-Konto oder das Twitter-Konto des Benutzers. Da sich Salesforce bei der Authentifizierung auf den OpenID-Authentifizierungsanbieter verlässt, wird Salesforce in diesem Zusammenhang als vertrauende Partei bezeichnet.

Zur Unterstützung der Authentifizierungsmethode unter Verwendung des OpenID-Frameworks empfängt Salesforce (die vertrauende Partei) ein ID-Token und einen UserInfo-Endpunkt vom „Identitätsanbieter", um die Authentizität des Benutzers zu übermitteln. In Salesforce (der vertrauenden Partei) muss ein Registrierungshandler eingerichtet werden, um die vom „Identitätsanbieter" empfangene UserInfo mit den in Salesforce gespeicherten persönlichen Daten des Benutzers abzugleichen, z. B. mit der E-Mail-Adresse oder Telefonnummer des Benutzers.

Sobald der Authentifizierungsprozess zwischen Salesforce (vertrauende Partei) und dem Identitätsanbieter abgeschlossen ist, folgt Salesforce einem der im nächsten Abschnitt genannten OAuth 2.0-Flüsse.

OAuth 2.0

Das OAuth 2.0-Autorisierungsframework ermöglicht es einem System, im Namen eines bestimmten Benutzers auf Salesforce zuzugreifen, ohne die Identität des Benutzers oder seine Anmeldedaten an die externen Anwendungen weiterzugeben. Wenn ein externes System im Namen eines bestimmten Benutzers auf Salesforce zugreift, gewährt Salesforce den Zugriff basierend auf dem Umfang des Zugriffs dieses Benutzers in Salesforce.

Zu diesem Zweck muss das externe System, das den Zugriff auf Salesforce beantragt, zunächst eine Vertrauensbeziehung zwischen sich und Salesforce herstellen. Es ist wichtig zu beachten, dass der Prozess der Autorisierung eines externen Systems für den

Zugriff auf Salesforce im Namen eines authentifizierten Benutzers ein komplexer, mehrstufiger Prozess ist, der einen umfangreichen API-basierten Austausch zwischen Salesforce und dem externen System, das die Autorisierung beantragt, erfordert. Dieser mehrstufige Prozess der Autorisierung eines externen Systems in Salesforce wird als „OAuth-Flow" bezeichnet.

Es ist wichtig zu beachten, dass OAuth keine Benutzerauthentifizierung für den Benutzer durchführt, da es die Identität oder die Anmeldedaten des Benutzers nicht einsehen kann. Es verwaltet lediglich die im Namen des Benutzers erforderlichen Autorisierungsfunktionen. Es verlässt sich vollständig auf Salesforce, das die Authentifizierung selbst oder über einen OpenID-Authentifizierungsanbieter unter Verwendung des OpenID Connect Frameworks bestätigt.

Zum Zeitpunkt der Erstellung dieses Dokuments unterstützt Salesforce 13 Autorisierungsabläufe, die in Tab. 7-3 aufgeführt sind. Detaillierte Ablaufdiagramme mit gängigen Szenarien für die häufig verwendeten Autorisierungsabläufe finden Sie in Anhang A.

Tab. 7-3. *Autorisierungsflüsse*

#	OAuth 2.0 Autorisierungs- ablauf	Beschreibung	Wann zu verwenden
1	Webserver-Ablauf	Dieser Ablauf wird verwendet, wenn eine serverseitige Anwendung ein vertrauens- würdiger Dienst ist und das Client-Geheimnis schützen kann. Der User-Agent wird an einen Autorisierungs- server weitergeleitet, der zuvor mit dem Client-Geheimnis konfiguriert wurde. Der Ablauf beruht auf einer vertrauens- würdigen Verbindung, bei der das Zugriffstoken nicht durch einen Browser geht.	Machine-to-Machine-Autorisie- rung, bei der die Anwendungen auf einem sicheren Server gehostet werden, wie z. B. Einzelseitige Anwendungen Native mobile Anwendungen Dies ist der häufigste Fluss.

(Fortsetzung)

Tab. 7-3. (*Fortsetzung*)

#	OAuth 2.0 Autorisierungs- ablauf	Beschreibung	Wann zu verwenden
2	Benutzer-Agent-Fluss	Bei diesem Ablauf wird kein Autorisierungscode verwendet; statt-dessen übermittelt der Ressourceneigen-tümer die Anmeldeinformationen direkt an den Client, und das Zugriffstoken ist der Client. Der Fluss verwendet weder eine Umleitung noch tauscht er direkt Anmeldeinformationen aus.	Aufbau von Vertrauen zwischen dem Eigentümer der Ressource und der Client-Anwendung, z. B. Desktop- oder mobile Integrationsanwendung
3	JWT Bearer Flow	Dieser Fluss ermöglicht es einem autorisierten Server, auf die Daten eines bestimmten Systems zuzugreifen, ohne sich jedes Mal anzumelden. Er verwendet ein Zertifikat zum Signieren der JSON-Web-Token (JWT)-Anforderung und erfordert keine explizite Benutzerinter-aktion. Dieser Fluss ist zustandslos; es werden keine Token verwendet.	Erstellt für die Server-zu-Ser-ver-API-Integration, z. B. Innerbetriebliche Anwendungen LDAP-Lösungen
4	Gerätefluss	Oft sind Geräte nur begrenzt in der Lage, Eingaben zu akzeptieren oder Informatio-nen anzuzeigen, und können direkte Eingaben des Benutzers unterstützen. Dieser Fluss leitet den User-Agent zu einer bestimmten URL weiter, um den Zugriff anzufordern und zu bestätigen.	Hauptsächlich verwendet mit IoT-Geräten wie Intelligente Fernsehgeräte Geräte Bluetooth-Geräte Kommandozeilen-Anwendungen

(*Fortsetzung*)

Tab. 7-3. (*Fortsetzung*)

#	OAuth 2.0 Autorisierungsablauf	Beschreibung	Wann zu verwenden
5	Vermögenswert Token Flow	In diesem Ablauf wird ein Asset-Token verwendet, das einem JWT-Token nach dem offenen Standard ähnelt. Nach der Autorisierung werden ein OAuth-Zugangs-Token und ein Akteur-Token gegen ein Asset-Token ausgetauscht.	In erster Linie zur Kombination von Ausgabe und Registrierung von Asset-Tokens für einen effizienten Token-Austausch und die automatische Verknüpfung von Geräten mit Salesforce-Daten (https://help.salesforce.com/articleView?id=sso_delauthentication.htm&type=5asset), z. B. Scanner, RFID usw.
6	Fluss von Benutzername und Passwort	Bei diesem Ablauf muss der Benutzer einen Client autorisieren. Er wird für verbundene Anwendungen unterstützt, und sowohl der Benutzername als auch das Passwort werden an die Anwendung weitergegeben. Dieser Fluss sollte vermieden werden, da seine Anmeldeinformationen nicht sicher sind. Der Ressourcenbesitzer und der Client müssen ein hohes Maß an Vertrauen haben. Wenn Sie diesen Fluss verwenden müssen, nutzen Sie die Funktion für benannte Anmeldeinformationen, um Ihren Benutzernamen und Ihr Kennwort über die API zu speichern und zu verwalten.	Hauptsächlich verwendet, wenn eine Client-Legacy-Anwendung keine andere Option unterstützt, wie z. B. Vom Kunden erstellte benutzerdefinierte Anwendung Interne Anwendung ohne die Möglichkeit, Zugangstoken oder Anmeldedaten zu speichern

(*Fortsetzung*)

Tab. 7-3. (*Fortsetzung*)

#	OAuth 2.0 Autorisierungs-ablauf	Beschreibung	Wann zu verwenden
7	OAuth 2.0 Token Fluss aktualisieren	Dieser Fluss unterstützt andere Flüsse wie die Webserver- und User-Agent-Flüsse bei der Erneuerung ihrer Zugriffstoken. Sobald der Client für den Zugriff autorisiert ist, verwendet er ein Refresh-Token, um ein neues Zugriffstoken zu erhalten. Mit diesem Ablauf wird die Notwendigkeit verringert, den gesamten Autorisierungsablauf ständig zu wiederholen.	Erneuert die Sitzung mit einer neuen Sitzungs-ID für Webserver und User-Agent-Flows, ohne dass eine erneute Autorisierung erforderlich ist.
8	Canvas App User Flow – Signierte Anfrage	Dieser Fluss unterstützt eine Funktion in Salesforce namens Canvas, die zur Integration von Drittanbieteranwendungen in Salesforce verwendet wird. Die signierte Anfrage ist der Standard.	Es wird verwendet, um den Zugang zu einer Anwendung mit Administratorzugriff oder Benutzerautorität zu ermöglichen.
9	Canvas-App-Benutzerfluss – OAuth 2.0	Dieser Fluss ist die Standardautorisierungsmethode für Canvas-Anwendungen. Der Autorisierungsfluss für signierte Anfragen hängt davon ab, ob das Feld „Zugelassene Benutzer" der Canvas-App auf „Vom Administrator genehmigte Benutzer werden vorautorisiert" oder „Alle Benutzer können sich selbst autorisieren" eingestellt ist.	Er verwendet entweder den OAuth-Authentifizierungsfluss des Webservers oder den OAuth-Authentifizierungsfluss des Benutzeragenten.

(*Fortsetzung*)

Tab. 7-3. (*Fortsetzung*)

#	OAuth 2.0 Autorisierungs- ablauf	Beschreibung	Wann zu verwenden
10	SAML-Assertion Fluss	Dieser Ablauf wird für den Zugriff auf eine Webdienst-API mit einer SAML-Assertion verwendet. In diesem Fluss kann eine App eine bestehende SAML-Authentifizierung verwenden. Dieser Fluss kann ohne eine verbundene App verwendet werden.	Dieser Ablauf erweitert eine bestehende Web SSO-Ver-bindung, um eine angeforderte API zu authentifizieren.
11	SAML Bearer Assertion Fluss	Eine Anwendung kann eine bestehende Autorisierung wiederverwenden. Eine signierte SAML 2.0-Assertion kann zur Erneuerung verwendet werden, wobei eine digitale Signatur auf die SAML-As-sertion angewendet wird.	Erneuert die Assertion mit einer neuen Sitzungs-ID für SAML Assertion Flow.
12	SAML Single Sign-On für Canvas Apps Flow	Unabhängig davon, ob Sie eine signierte Anfrage oder eine OAuth-Autorisierung verwenden, können Sie SAML-basiertes Single Sign-On (SSO) nutzen, um Ihren Authentifizierungsfluss bereitzustellen.	Nutzt Salesforce als ID-Anbieter oder SP. SAML SSO kann eine automatische Authentifizierung bei Ihrer Canvas-App über SAML ermöglichen.
13	Social Sign-On mit Social Agent-Autorisierung	Dieser Fluss erleichtert es der Salesfor-ce-Identität, eine standardmäßige öffentliche OpenID-Authentifizierung zu verwenden, z. B. Facebook, LinkedIn, Twitter, Google. Diese Provider-Ver-bindungen werden in Salesforce erstellt und verwendet, um den Zugriff auf bekannte und unbekannte Benutzer zu ermöglichen.	Social Sign-on kann auch zum Erstellen und Aktualisieren von Benutzern verwendet werden, indem die Benutzeridentitäts-informationen an Salesforce übermittelt werden.

Berechtigungsbereiche

Zum Zeitpunkt der Erstellung dieses Artikels können in Salesforce zehn verschiedene Bereiche erstellt werden. Tab. 7-4 gibt einen Überblick über die verschiedenen Bereichstypen in Salesforce.

Tab. 7-4. *Autorisierungsabläufe mit OAuth 2.0*

#	Umfang Typ	Beschreibung
1	api	Ermöglicht den Zugriff auf das Konto des aktuellen Benutzers über die API.
2	chatter_api	Ermöglicht nur den Zugriff auf die Chatter REST API.
3	benutzerdefinierte_Zulassungen	Ermöglicht den Zugriff auf benutzerdefinierte Berechtigungen, die mit einer verbundenen App verbunden sind.
4	vollständig	Bietet vollen Zugriff auf alle Daten, auf die der angemeldete Benutzer zugreifen kann.
5	Id	Ermöglicht den Zugriff auf die Identität, wie Profil, E-Mail, Adresse oder Telefon.
6	openid	Ermöglicht den Zugang zur OpenID-Kennung.
7	refresh_token	Gibt das zurückzugebende Aktualisierungs-Token an.
8	visualforce	Ermöglicht den Zugriff auf Visualforce-Seiten.
9	Web	Bietet die Verwendung von access_token im Web.
10	Benutzerdefinierter Umfang	Benutzerdefinierter Bereich, wie von einem Administrator oder Entwickler definiert.

Sitzungsmanagement

Die Interaktion eines Benutzers mit Salesforce über einen bestimmten Zeitraum ist eine Sitzung. Nach der Authentifizierung und nach der Autorisierung mit dem zulässigen Zugriffsumfang wird eine Benutzersitzung eingerichtet. Eine Sitzung enthält Details über den Benutzer, den Sitzungstyp und die Dauer der Sitzung sowie weitere Sitzungsdetails,[2]

---

[2] https://help.salesforce.com/articleView?id=security_user_session_info.htm&type=5.

die alle im Browser des Benutzers als Sitzungscookies gespeichert werden. Eine Sitzung ist also vergleichbar mit der Erfahrung, die ich während eines Fluges mache. Alles, was ich für die Dauer meines Fluges benötigte, wurde gespeichert und als Teil meines Flugerlebnisses bereitgestellt. Die Sitzung sichert und begrenzt die Exposition des Benutzers und verhindert die unbefugte und unbeabsichtigte Nutzung des Systems durch andere Benutzer als den Benutzer, der für die Nutzung des Systems zu einem bestimmten Zeitpunkt authentifiziert und autorisiert ist. Salesforce verwendet TLS (Transport Layer Security) und erfordert standardmäßig sichere Verbindungen (HTTPS) für die gesamte Kommunikation.

Jede Sitzung in Salesforce verwaltet einen „Sitzungsstatus", der Informationen über den Benutzer und die Authentifizierungsstufe enthält, die der Benutzer verwendet, um sich in Salesforce zu authentifizieren. Es gibt zwei Arten von Sicherheitsstufen für die Authentifizierung, die sich auf die Sitzungssicherheit auswirken. Es handelt sich um Standard- und Hochsicherheits-Authentifizierungsstufen. Bei der High-Assurance-Authentifizierung müssen sich die Benutzer mit einer Zwei-Faktor-Authentifizierung bei Salesforce authentifizieren.

Zwei-Faktoren-Authentifizierung

Diese Form der Authentifizierung erfordert einen zweistufigen Verifizierungsprozess, der nicht nur einen Benutzernamen und ein Passwort erfordert, sondern auch einen zusätzlichen vertraulichen Satz von Informationen, die nur der echte Benutzer besitzt. Die Zwei-Faktor-Authentifizierung kann auch so eingerichtet werden, dass sie erforderlich ist, wenn ein Benutzer bestimmte Kriterien erfüllt, z. B. wenn er versucht, Berichte anzuzeigen oder auf eine verbundene App zuzugreifen. Wenn ein Benutzer von außerhalb eines vertrauenswürdigen IP-Bereichs auf Salesforce zugreift oder einen Browser oder eine App verwendet, die Salesforce nicht erkennt, wird der Benutzer aufgefordert, seine Identität zu überprüfen.

Es gibt fünf verschiedene Möglichkeiten, die Zwei-Faktor-Authentifizierung in Salesforce einzurichten:

1. Push-Benachrichtigung oder standortbasierte Benachrichtigung, die mit der mobilen Salesforce Authenticator-App automatisiert wird, die mit dem Benutzerkonto verbunden ist

2. U2F-Sicherheitsschlüssel, der auf dem Benutzerkonto registriert ist

3. Code, der von einer mobilen Authentifizierungs-App wie der Google Authenticator-App generiert wird

4. Code wird per SMS an das Mobiltelefon gesendet

5. Code wird per E-Mail an die E-Mail-Adresse des Nutzers gesendet

Nach erfolgreicher Überprüfung muss der Nutzer seine Identität in diesem Browser oder dieser App nicht erneut überprüfen, da der Browser oder die App die Sitzungs-ID, die die gesamte Sitzung für den Nutzer authentifiziert, für die Dauer dieser Sitzung beibehält.

Die einzige Situation, in der ein verifizierter Benutzer sich erneut verifizieren muss, ist, wenn der Benutzer

- Manuelles Löschen von Browser-Cookies und Anweisung an den Browser, Cookies zu löschen

- Surft im privaten oder Inkognito-Modus und öffnet dann neue Browser oder Browser-Registerkarten, um auf dieselben Seiten zuzugreifen

- Entfernt „**Nicht mehr nachfragen**" auf der Seite zur Identitätsüberprüfung und beendet die Sitzung entsprechend der konfigurierten Zeitüberschreitung

Ein Administrator kann den Zugriff auf bestimmte Arten von Ressourcen in Salesforce auf der Grundlage der Authentifizierungsstufe einschränken, die der Benutzer zur Authentifizierung in Salesforce verwendet. Der Administrator kann Zugriffsrichtlinien definieren, die für den Zugriff auf bestimmte sensible Daten oder sensible Vorgänge in Salesforce eine Authentifizierung mit hoher Sicherheit erfordern. Wenn sich ein Benutzer mit einer Standard-Authentifizierung in Salesforce authentifiziert, wird ihm der Zugriff auf sensible Daten oder sensible Vorgänge, die eine Authentifizierung mit hoher Sicherheit erfordern, verwehrt. In solchen Fällen müssen sich die Benutzer abmelden und erneut mit einer Hochsicherheits-Authentifizierung anmelden, z. B. mit einer Zwei-Faktor-Authentifizierung. Die Benutzer, die sich bereits mit einer Hochsicherheitsauthentifizierung authentifiziert haben, erhalten nahtlosen Zugriff auf alle Daten, einschließlich sensibler Daten und sensibler Vorgänge, ohne dass eine erneute Authentifizierung und Autorisierung erforderlich ist. Obwohl außer dem Benutzer selbst kein anderer Benutzer auf die aktive Sitzung eines Benutzers zugreifen kann, kann ein Salesforce-Administrator die Art der Sitzung anzeigen, an der der Benutzer beteiligt ist.

Zum Zeitpunkt der Erstellung dieses Artikels gibt es 23 verschiedene Sitzungstypen, die in Salesforce erstellt werden können. Tab. 7-5 gibt einen Überblick über die verschiedenen Sitzungstypen in Salesforce.

Tab. 7-5. *Sitzungstypen in Salesforce*

#	Sitzungstyp	Beschreibung
1	API	Wird beim Zugriff auf eine Organisation über die API erstellt.
2	APIOnlyUser	Erstellt, um das Zurücksetzen des Passworts in der Benutzeroberfläche für reine API-Benutzer zu ermöglichen.
3	Aura	Erstellt für den Zugriff auf Lightning Experience-Funktionen.
4	ChatterNetworks	Erstellt bei der Verwendung von Chatter Networks oder Chatter Communities.
5	ChatterNetworksAPIOnly	Erstellt bei Verwendung der Chatter Networks oder Chatter Communities API.
6	ChatterNetworksAPIOnlyOAuth	Wird bei der Genehmigung des OAuth-Zugriffs durch einen Chatter Communities-Benutzer erstellt.
7	Inhalt	Wird erstellt, wenn vom Benutzer hochgeladene Inhalte bereitgestellt werden.
8	DataDownloadOnly	Eine Sitzung, die nur zum Herunterladen von Daten verwendet werden kann.
9	LightningContainerComponent	Erstellt für die Verwendung mit Lightning-Container-Komponenten.
10	LivePreview	Erstellt, um die Live-Vorschau-Funktion in Experience Builder zu nutzen.
11	Knotenpunkt	Erstellt für NodeJS-Zugang.
12	OAuthApprovalUI	Eine Sitzung, die nur den Zugriff auf die OAuth-Genehmigungsseite erlaubt.
13	OAuth2	Erstellt mit OAuth-Flows. Wenn Sie z. B. OAuth-Authentifizierung für eine verbundene App verwenden, wird diese Art von Sitzung erstellt.

(Fortsetzung)

Tab. 7-5. (*Fortsetzung*)

#	Sitzungstyp	Beschreibung
14	SamlOAuthApprovalUi	Wird bei der Genehmigung des OAuth-Zugriffs während eines SAML-Flusses erstellt.
15	SiteStudio	Wird bei Verwendung der Benutzeroberfläche des Experience Builders erstellt.
16	SitePreview	Wird ausgelöst, wenn eine interne Canvas-Anwendung aufgerufen wird.
17	STREAMING_API	Erstellt zur Verwendung durch die Streaming-API.
18	StellvertreterBenutzer	Wird erstellt, wenn sich ein Benutzer als ein anderer Benutzer anmeldet. Wenn sich zum Beispiel ein Administrator als ein anderer Benutzer anmeldet, wird eine SubstituteUser-Sitzung erstellt.
19	UI	Wird für den Zugriff auf die klassische Salesforce-Benutzeroberfläche erstellt. Stellt die Hauptsitzung für eine Anmeldung an der Benutzeroberfläche dar.
20	Nicht spezifizierterTyp	Erstellt von einer unbekannten Quelle.
21	UserSite	Wird ausgelöst, wenn eine Canvas-Anwendung aufgerufen wird.
22	Visualforce	Erstellt für den Zugriff auf Visualforce-Seiten.
23	WDC_API	Eine Sitzung mit Work.com API.

Wenn sich Benutzer über Single Sign-On bei Salesforce authentifiziert haben, können sie mehrere Sitzungen gleichzeitig aktiv haben.

Die Zeitspanne, die ein Benutzer aktiv bleiben darf, bevor er sich erneut authentifiziert, wird als Sitzungsdauer bezeichnet. Ein Administrator kann eine Sitzungs-Timeout-Dauer einrichten, die automatisch die Sitzung eines Benutzers aufgrund von Inaktivität für die vom Administrator gewählte Sitzungs-Timeout-Dauer beendet. Die Standard-Sitzungszeitüberschreitung in Salesforce beträgt zwei Stunden Inaktivität. Wenn die Sitzungsdauer erreicht ist, wird dem Benutzer eine Meldung auf dem Bildschirm angezeigt, in der er gefragt wird, ob er sich abmelden oder weiterarbeiten möchte. Reagiert der Benutzer nicht auf diese Meldung, wird er einige Minuten nach der Anzeige der Meldung automatisch abgemeldet.

Ein weit verbreiteter Irrglaube vieler Salesforce-Benutzer besteht darin, dass sie glauben, dass das Schließen des Webbrowser-Fensters oder der Registerkarte mit der aktiven Sitzung von Salesforce sie automatisch abmeldet. Dies ist nicht der Fall. Eine aktive Salesforce-Sitzung bleibt auch dann aktiv, wenn alle Webbrowserfenster oder Registerkarten geschlossen werden. Sie bleibt so lange aktiv, bis entweder eine Sitzungszeitüberschreitung aufgrund von Inaktivität des Benutzers erreicht wird oder bis sich der Benutzer abmeldet, je nachdem, was früher eintritt.

Einzelanmeldung

Single Sign-On ist ein Ansatz, bei dem ein einziger Benutzerausweis, der in einem einzigen zentralen Identitätsmanagementsystem verwaltet und gespeichert wird, zur Authentifizierung und Autorisierung des Zugangs des Benutzers zu mehreren Systemen verwendet wird.

Single Sign-On arbeitet mit der Security Assertion Markup Language (SAML) 2.0, um dem Identitätsmanagementsystem, in diesem Zusammenhang als „Identitätsanbieter" bezeichnet, die Fernauthentifizierung von Benutzern zu ermöglichen, die Dienste eines anderen Systems, in diesem Zusammenhang als „Dienstanbieter" bezeichnet, anfordern. Bei dieser Art der Authentifizierung erhält der Benutzer nahtlos Zugang zu mehreren Dienstanbietern, ohne dass er sich einzeln bei einem der „Dienstanbieter" anmelden muss.

Es gibt zwei wichtige Authentifizierungsabläufe für SSO mit SAML 2.0, für die ein Architekt ein Design erstellen muss:

1. Vom Identitätsanbieter (IDP) initiierter SAML SSO-Fluss

2. Vom Dienstanbieter (SP) initiierter SAML SSO-Fluss

Es ist wichtig zu beachten, dass beide SAML-basierten SSO-Ströme benötigt werden, damit ein SSO-Ansatz funktioniert, und es geht nicht darum, sich für einen der beiden Ströme zu entscheiden, da die beiden Ströme die beiden möglichen Szenarien abdecken, mit denen ein Benutzer über SSO im System authentifiziert und autorisiert wird.

Vom Identitätsanbieter (IDP) initiierter SAML SSO-Ablauf

Bei einem vom Identitätsanbieter (IDP) initiierten SAML-SSO-Ablauf meldet sich der Benutzer zunächst beim Identitätsanbieter an und fordert dann nach erfolgreicher Authentifizierung beim Identitätsanbieter den Zugang zum Dienstanbieter an.

Abb. 7-4 veranschaulicht die Abfolge der Aktivitäten, die zwischen dem Benutzer, dem Identitätsanbieter *(in dieser Abbildung Microsoft Active Directory)* und dem Dienstanbieter *(in dieser Abbildung Salesforce)* stattfinden.

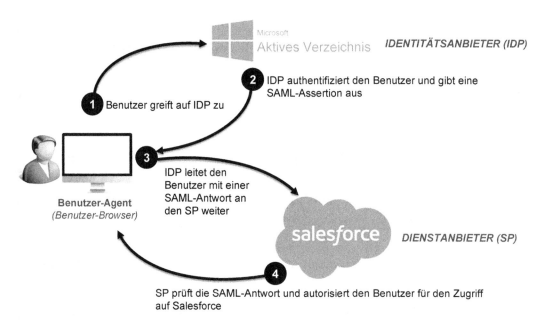

Abb. 7-4. *SAML SSO-Fluss auf Initiative des Identitätsanbieters (IDP)*

Vom Dienstanbieter (SP) initiierter SAML SSO-Ablauf

Beim SAML SSO-Flow, der vom Dienstanbieter (SP) initiiert wird, versucht der Benutzer zunächst, direkt auf den Dienstanbieter zuzugreifen. In diesem Fall leitet der Dienstanbieter den Benutzer an den Identitätsanbieter weiter, damit er die

Authentifizierung beim Identitätsanbieter abschließen kann. Der Identitätsanbieter leitet den Benutzer zurück zu der angeforderten Salesforce-Seite, auf die der Benutzer ursprünglich zugreifen wollte, und führt eine Reihe von Autorisierungsschritten durch, um Zugang zum Serviceanbieter zu erhalten. Der vom Service-Provider initiierte Ablauf ist eine Erweiterung des vom Identitäts-Provider initiierten Ablaufs, so dass letzterer eine Voraussetzung für den ersteren ist.

Abb. 7-5 veranschaulicht die Abfolge der Aktivitäten, die zwischen dem Benutzer, dem Identitätsanbieter *(in dieser Abbildung Microsoft Active Directory)* und dem Dienstanbieter *(in dieser Abbildung Salesforce)* stattfinden.

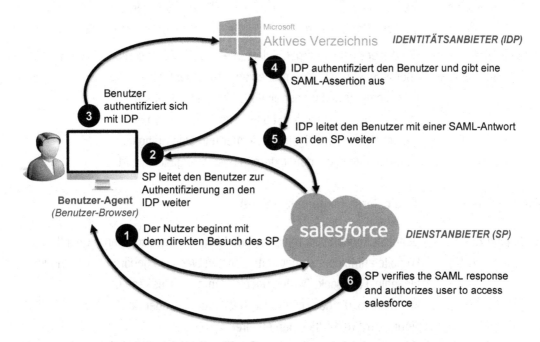

Abb. 7-5. *SAML SSO-Fluss auf Initiative des Dienstanbieters (SP)*

Es gibt vier Methoden zum Einrichten von SSO in Salesforce, d. h. drei Methoden zum Einrichten von SSO für interne Benutzer und eine Methode zum Einrichten von SSO für externe Benutzer, die sich über Salesforce Community Cloud anmelden, wie in Tab. 7-6 dargestellt.

Tab. 7-6. *In Salesforce verfügbare Single Sign-On (SSO)-Methoden*

# SSO-Methoden	Wie funktioniert es?	Verwendeter Rahmen
Interne Benutzer		
1 SSO mit mehreren Organisationen	SSO kann über eine einfache, sofort einsatzbereite Konfiguration zwischen mehreren im Unternehmen vorhandenen Instanzen von Salesforce eingerichtet werden.	SAML 2.0
2 SSO mit Microsoft Active Directory (AD)	Salesforce ist mit Microsoft Active Directory (AD) über Identity Connect oder Microsoft Active Directory Federation Services (ADFS) integriert.	OpenID-Verbindung
3 Föderierte Authentifizierung	Bei dieser Methode erhält Salesforce eine SAML-Assertion über eine HTTP-POST-Anfrage von einem Identitätsmanagementsystem oder einem externen System mit Identitätsmanagementfunktionen. Die SAML-Assertion enthält einen eindeutigen Bezeichner und eine Gültigkeitsdauer und wird von dem externen System digital signiert.	SAML 2.0
Externe Benutzer (über Salesforce Community Cloud)		
4 Zugang zum Social Sign-On	Benutzer können sich mit den Anmeldedaten einer sozialen Website anmelden. Zu den unterstützten Websites gehören LinkedIn, Facebook, Twitter, Google, Janrain, Salesforce und alle Dienste, die das OpenID Connect-Protokoll oder das OAuth 2.0-Protokoll implementieren.	OpenID-Verbindung

Abmeldungen und Umleitungen

Abmelden bezieht sich auf die Beendigung einer aktiven, authentifizierten Sitzung. Sobald der Benutzer abgemeldet ist, muss er sich erneut bei Salesforce authentifizieren, um wieder Zugriff auf Salesforce zu erhalten. Benutzer können auch auf eine der beiden folgenden Arten abgemeldet werden:

1. **Benutzerinitiierte Abmeldung**

   Bei dieser Art der Abmeldung hat der Benutzer die Abmeldung durch Anklicken einer Abmeldefunktion in Salesforce initiiert, oder der Identitätsanbieter hat sie im Fall von Single Sign-On initiiert.

2. **Systemgesteuerte Abmeldung**

   Eine vom System initiierte Abmeldung kann erfolgen, wenn das System den Benutzer automatisch von einer aktiven Sitzung abmeldet oder wenn aufgrund von Inaktivität des Benutzers eine Sitzungszeitüberschreitung erreicht wird und der Benutzer nicht auf die Meldung auf dem Sitzungszeitüberschreitung-Bildschirm reagiert, die ihn auffordert, weiterzuarbeiten oder sich abzumelden.

Einzelne Abmeldung (SLO)

Salesforce bietet auch eine „Single Logout"-Funktion an, die als Gegenstück zur Single Sign-On-Funktion für die Anmeldung gesehen werden kann. Wenn SLO aktiviert ist, werden Benutzer beim Abmelden von einer einzelnen Salesforce-Sitzung automatisch von allen anderen Salesforce-Sitzungen und allen verbundenen Anwendungen abgemeldet, die in einer der Sitzungen verwendet wurden. Um SLO zu verwenden, müssen der Identitätsanbieter, der Serviceanbieter und die vertrauenden Parteien alle für die Verwendung von Single Sign-On (SSO) konfiguriert sein.

Single Logout kann in den folgenden vier Szenarien für Salesforce eingerichtet werden:

1. Wenn Salesforce der Service Provider (SP) in einer SAML 2.0-basierten SSO-Einrichtung (Single Sign-On) ist.

   In diesem Szenario wird Salesforce als Service Provider eingerichtet, der mit einem externen SAML-basierten Identitätsanbieter verbunden ist. Der Identitätsanbieter verwendet SAML, um Benutzer bei Salesforce anzumelden. Wenn sie sich beim Identitätsanbieter oder bei der Salesforce-Sitzung abmelden, werden die Benutzer sowohl bei Salesforce als auch beim Identitätsanbieter abgemeldet.

2. Wenn Salesforce der Identitätsanbieter (IDP) in einer SAML 2.0-basierten SSO-Einrichtung (Single Sign-On) ist.
   In diesem Szenario wird Salesforce als Identitätsanbieter eingerichtet, der mit einem externen SAML-basierten Serviceanbieter verbunden ist. Salesforce verwendet SAML, um Benutzer über eine verbundene App beim Service Provider anzumelden. Wenn sich Benutzer beim Service Provider oder bei der Salesforce-Sitzung abmelden, werden die Benutzer sowohl bei Salesforce als auch beim Service Provider abgemeldet.

3. Wenn Salesforce die vertrauende Partei in einer OpenID Connect-Einrichtung ist.
   In diesem Szenario authentifizieren sich die Benutzer mit einem OpenID-Authentifizierungsanbieter wie Google oder Amazon, um sich bei Salesforce als vertrauende Partei anzumelden. Wenn sich die Benutzer in diesem Fall von der Salesforce-Sitzung oder der Sitzung des OpenID-Authentifizierungsanbieters abmelden, werden sie automatisch sowohl von Salesforce als auch vom OpenID-Authentifizierungsanbieter abgemeldet.

4. Wenn Salesforce der OpenID-Authentifizierungsanbieter in einer OpenID Connect-Einrichtung ist.
   In diesem Szenario authentifizieren sich die Benutzer mit Salesforce als OpenID-Authentifizierungsanbieter, um sich bei einer mit Salesforce verbundenen App anzumelden, die als vertrauende Partei fungiert. Wenn sich die Benutzer in diesem Fall von der Salesforce-Sitzung oder der verbundenen App, die als vertrauende Partei fungiert, abmelden, werden sie automatisch sowohl von Salesforce als auch von der vertrauenden Partei abgemeldet.

Die Abmeldung wird als Teil der aktiven Benutzererfahrung in Salesforce betrachtet, und die Benutzererfahrung ist erst abgeschlossen, wenn der Benutzer ordnungsgemäß aus Salesforce auf eine Webseite außerhalb des authentifizierten Bereichs von Salesforce umgeleitet wird. Standardmäßig leitet Salesforce die Benutzer zurück auf die Anmeldeseite von Salesforce um. Administratoren können die Benutzer jedoch an einen anderen Ort, z. B. die Website des Unternehmens, umleiten, indem sie eine Umleitungs-URL in Setup ➤ Sitzungseinstellungen ➤ Abmeldeseiteneinstellungen ➤ Abmelde-URL angeben.

Verwaltung von Benutzerkonten

Die Verwaltung von Benutzerkonten bezieht sich auf den Prozess der Unterstützung laufender Änderungen, die für den Zugriffsbereich eines Benutzers in der Salesforce-Instanz erforderlich sind. Dazu gehört auch die Gestaltung der Selbstwiederherstellung von Benutzerkonten über geführte Flüsse für vergessene Benutzernamen/Passwörter auf der Anmeldeseite. Es kann Richtlinien für die Sperrung von Benutzerkonten geben, die auf der Anzahl der fehlgeschlagenen Anmeldeversuche basieren und einen Administrator dazu verpflichten, das Benutzerkonto nach sorgfältiger Überprüfung der Anmeldeaktivitäten des Benutzers freizugeben.

Die Verwaltung von Benutzerkonten ist ein wichtiger Aspekt der Rolle eines jeden Salesforce-Administrators, und es gibt mehrere Online-Ressourcen und Bücher zum Thema Salesforce-Verwaltung, daher werden wir in diesem Buch nicht auf die Salesforce-Verwaltung im Zusammenhang mit der Verwaltung von Benutzerkonten eingehen.

Deprovisionierung

Die Deprovisionierung von Benutzern in Salesforce bezieht sich auf den Prozess der Deaktivierung des Zugriffs eines Benutzers auf die Salesforce-Instanz. In Salesforce können Benutzer nicht vollständig gelöscht oder entfernt werden; sie können nur deaktiviert werden. Durch die Deaktivierung eines Benutzers wird der Zugriff des Benutzers auf die Salesforce-Instanz deaktiviert und die zuvor zugewiesene Salesforce-Lizenz zur Verwendung durch andere Benutzer oder neue Benutzer, die der Salesforce-Umgebung hinzugefügt wurden, freigegeben. Wenn ein Benutzer deaktiviert wird, während er sich in einer aktiven Sitzung in Salesforce befindet, wird von Salesforce eine sofortige, vom System initiierte Abmeldung durchgeführt, und die Sitzung des Benutzers wird sofort beendet. In diesem Szenario bemerkt der Benutzer die Sitzungsbeendigung, wenn er versucht, in seiner aktiven Sitzung irgendwelche Aktionen durchzuführen oder wenn er versucht, zu einer anderen Seite in Salesforce zu navigieren. Alle Daten, die der Benutzer nicht eingegeben hat, werden durch die Beendigung der Sitzung automatisch entfernt.

Kapitel Zusammenfassung

In diesem Kapitel haben wir die folgenden Punkte behandelt:

- Die neun Phasen eines Identitäts- und Zugriffsmanagement-Lebenszyklus: Bereitstellung, Zugriff, Authentifizierung, Autorisierung, Sitzungsverwaltung, Single Sign-On (SSO), Abmeldungen und Umleitungen, Benutzerkontenverwaltung und Deprovisionierung.

- Die Bereitstellung bezieht sich auf den Prozess der Einrichtung eines Benutzers in Salesforce, der die Erfassung und Speicherung von persönlichen und Systemregistrierungsdaten über den Benutzer oder ein externes System umfasst. Derzeit gibt es neun Methoden der Bereitstellung in Salesforce.

- Zugriff bezieht sich auf den Prozess der Definition des Zugriffs eines Benutzers oder der Systemberechtigung auf bestimmte Ressourcen innerhalb von Salesforce, wie Objekte, Datensätze, Felder und UI-Seiten.

- Der Zugriff eines Benutzers muss definiert und eingerichtet werden, bevor ein Benutzer in Salesforce authentifiziert oder autorisiert wird. Der Zugriff kann vor, während und nach der Autorisierung des Benutzers in Salesforce geändert werden.

- Die Zugriffskonfiguration in Salesforce wird im Salesforce-Ökosystem oft als „Sichtbarkeit und Freigabe" bezeichnet.

- Die Authentifizierung bezieht sich auf die Überprüfung der Identität des Benutzers oder eines externen Systems, indem dieser aufgefordert wird, eine Reihe von identifizierenden Anmeldeinformationen als Teil seiner Anfrage für den Zugriff auf die richtige Instanz von Salesforce bereitzustellen, und diese Anmeldeinformationen dann im Rahmen der Benutzerbereitstellung anhand der in Salesforce gespeicherten Anmeldeinformationen überprüft werden.

- Die Authentifizierung in Salesforce kann mit einem von drei Industriestandard-Frameworks verwaltet werden, nämlich dem Benutzername/Passwort-Framework, dem SAML 2.0-Framework und dem OpenID Connect-Framework. Zum jetzigen Zeitpunkt gibt es sieben Methoden zur Authentifizierung in Salesforce unter Verwendung eines der drei Authentifizierungs-Frameworks.

- Die Autorisierung bezieht sich auf die Überprüfung der Zugriffsrechte/Privilegien des Benutzers auf Ressourcen in Salesforce wie Objekte, Datensätze, Felder und UI-Seiten. Wir haben auch besprochen, dass sich der Zugriff von der Autorisierung unterscheidet, da sich der Zugriff auf die Einrichtung von Benutzerprivilegien bezieht, während die Autorisierung die Ausführung der definierten Benutzerprivilegien zum Zeitpunkt des Eintritts des Benutzers in Salesforce ist.

- Die Autorisierung in Salesforce kann mit einem von zwei Industriestandard-Frameworks verwaltet werden, nämlich mit dem OpenID Connect-Framework und dem OAuth 2.0-Framework. Zum jetzigen Zeitpunkt gibt es 13 Autorisierungsabläufe für die Konfiguration von Autorisierungen mit dem OAuth 2.0-Framework.

- Jede Berechtigungsanfrage verwendet einen oder mehrere Berechtigungsbereiche, um den Umfang des Zugriffs zu bestimmen, der dem Benutzer oder einem externen System im Namen eines Benutzers gewährt wird. Derzeit gibt es in Salesforce neun Typen von Berechtigungsbereichen.

- Sitzungsmanagement bezieht sich auf die Dauer einer nahtlosen Benutzer- oder Systemerfahrung während der aktiven Nutzung von Salesforce. Nach der Authentifizierung und Autorisierung in Salesforce kann ein Benutzer über mehrere Bildschirme navigieren, auf verschiedene Daten zugreifen und eine Vielzahl von Transaktionen durchführen, ohne dass Salesforce den Benutzer nach jeder einzelnen Benutzeraktivität erneut authentifizieren und autorisieren muss. Zum jetzigen Zeitpunkt gibt es 23 verschiedene Sitzungstypen, die in Salesforce eingerichtet werden können.

- Single Sign-On (SSO) bezeichnet die Methode der Zentralisierung von Benutzerauthentifizierungsprozessen über ein einziges identitätsstiftendes System, das als „Identitätsanbieter" bekannt ist und es Benutzern ermöglicht, sich bei mehreren Systemen in Ihrem Unternehmen zu authentifizieren, indem sie sich nur einmal anmelden.

- Single Sign-On für Salesforce kann mit einem von zwei Industriestandard-Frameworks verwaltet werden, nämlich dem OpenID Connect-Framework und dem SAML 2.0-Framework.

- Es gibt zwei wichtige Authentifizierungsabläufe bei der Verwendung von Single Sign-On: den vom Identitätsanbieter (IDP) initiierten SAML SSO-Ablauf und den vom Dienstanbieter (SP) initiierten SAML SSO-Ablauf.

- Bei Verwendung des OpenID Connect-Frameworks oder des SAML 2.0-Frameworks für SSO gibt es zum jetzigen Zeitpunkt vier verschiedene Methoden zur Einrichtung von SSO in Salesforce.

- Abmeldungen und Weiterleitungen beziehen sich auf den Prozess der sicheren Beendigung der aktuellen aktiven Sitzung des Benutzers gemäß der Absicht des Benutzers, seine aktuelle Sitzung zu beenden, oder aufgrund der Deprovisionierung des Benutzers, während sich der Benutzer in einer aktiven Sitzung von Salesforce befindet. Bei der Beendigung der aktiven Sitzung des Benutzers wird der Benutzer zu einer alternativen Website außerhalb des autorisierten Zugriffs des Benutzers auf Salesforce geleitet, was als „Umleitung" bezeichnet wird. Es gibt zwei Hauptarten der Abmeldung: die vom Benutzer initiierte Abmeldung und die vom System initiierte Abmeldung.

- Salesforce bietet eine Funktion mit der Bezeichnung „Single Logout" (SLO), die aktiviert werden kann, wenn SSO für die Salesforce-Organisation aktiviert ist. Diese Funktion meldet einen Benutzer aus allen aktiven Salesforce-Sitzungen ab, wenn sich der Benutzer aus einer einzelnen aktiven Sitzung von Salesforce abmeldet.

- Die Verwaltung von Benutzerkonten bezieht sich auf den Prozess der Unterstützung laufender Änderungen, die für den Zugang eines Benutzers erforderlich sind, die Unterstützung der Wiederherstellung von Anmeldungen und der Rücksetzung von Kennwörtern oder das vorübergehende Einfrieren eines Benutzerkontos oder die vollständige Deaktivierung eines Benutzers. Die Wiederherstellung der Anmeldung bezieht sich häufig auf die Entsperrung gesperrter Benutzerkonten bei fehlgeschlagenen Authentifizierungs- oder Autorisierungsversuchen.

- Deprovisioning bezieht sich auf den Prozess der Deaktivierung des Zugriffs eines Benutzers auf die Salesforce-Instanz. In Salesforce können Benutzer nicht vollständig gelöscht oder entfernt werden. Sie können nur deaktiviert werden.

KAPITEL 8

Mobile Architektur von Salesforce

Unsere mobilen Geräte sind zu den wichtigsten Werkzeugen in unserem Leben geworden. Der Erfolg eines Unternehmens hängt heute davon ab, dass Kunden, Mitarbeiter und Interessengruppen Informationen in Echtzeit erhalten, egal wo sie arbeiten, spielen oder leben. Als Architekten müssen wir unsere Systeme so konzipieren, dass sie den Informationsbedarf und die Informationswünsche unserer Stakeholder berücksichtigen. Die Benutzer sind praktisch 24 Stunden am Tag mit den Informationen verbunden, daher müssen unsere Entwürfe den mobilen Zugriff und die Verfügbarkeit berücksichtigen.

In diesem Kapitel werden wir Folgendes behandeln

- Die Bedeutung der mobilen Architektur in Bezug auf das Gesamtdesign von Salesforce

- Die wichtigsten Konzepte, die für die Auswahl der richtigen mobilen Strategie erforderlich sind

- Wie man mobile Unternehmensanwendungen verwaltet

- Verständnis der Designansätze mit Mobile SDK, Salesforce-App und benutzerdefinierter mobiler Entwicklung

- Die Erweiterung mobiler Anwendungen durch den Einsatz von Wearables und vernetzten Geräten

D. Jyoti, J. A. Hutcherson, *Handbuch für Salesforce-Architekten*, https://doi.org/10.1007/978-3-662-66534-3_8

Warum mobile Architektur wichtig ist

Eine mobile Anwendung ist mehr als nur eine Anwendung auf einem Telefon. Es handelt sich um eine End-to-End-Lösung, die Systemdesign, Sicherheitsrahmen, Datenmanagement sowie Benutzerfreundlichkeit und Zugänglichkeit der Anwendung umfasst. Das Design muss die Art und Weise vorwegnehmen, wie die Informationen betrachtet, konsumiert und bearbeitet werden. Mobile Daten müssen hochgradig sicher sein und dem Benutzer jederzeit und überall zur Verfügung stehen, egal ob er verbunden oder nicht verbunden ist. Außerdem wird ein mobiles Gerät in erster Linie für Mikroaktivitäten wie das Lesen eines Textes, das Aufnehmen eines Fotos oder das Betrachten einer Karte verwendet. Daher muss die Schnittstelle schlank, intuitiv und einfach zu bedienen sein.

In diesem Kapitel werden die Konzepte, Überlegungen und Kompromisse, die Auswirkungen auf die Sicherheit, die Entwicklungsansätze, das Gerätemanagement sowie die verfügbare Salesforce-Architektur und -Ansätze eingehend erläutert.

Es ist ein Lebenszyklus

Mobile Architektur ist mehr als nur die Auswahl von Geräten und Anwendungen. Eine gute mobile Architektur sollte den gesamten Lebenszyklus von Informationen berücksichtigen und einbeziehen, wo und wie sie genutzt werden. Abb. 8-1 zeigt die grundlegenden Überlegungen für Elemente der mobilen Datenverwaltung und der Geräteverwaltung.

Abb. 8-1. *Überlegungen zu mobilen Daten und Geräten*

Das Mobile Device Management bezieht sich auf die direkte Verwaltung des physischen Geräts. Es umfasst den Zugang, die Sicherheit und die Datenverwaltung. Die wichtigsten Bereiche, die für die Verwaltung eines mobilen Geräts erforderlich sind, sind die folgenden:

- **Identitätsmanagement**: Woher kennt das Gerät die Identität des Benutzers?

- **Anwendungsprozess**: Wie verwendet die Anwendung das Gerät?

- **Durchsetzung von Richtlinien**: Wie setzt das Gerät Daten- und Anwendungsregeln durch?

- **Datenprotokolle und Auditing**: Wie werden Aktivitätsprotokolle erstellt und nachverfolgt?

- **Verschlüsselung**: Verschlüsselt das Gerät Daten im Ruhezustand oder bei der Übertragung?

- **Mobile Sicherheit**: Wie ist das Gerät gesichert und geschützt?

- **Daten-Souveränität**: Wie wird die Nationalität der Daten auf dem Gerät verwaltet?

- **Identitätsverbund und Benutzerzugang**: Wie verknüpft das Gerät die Daten mit dem Benutzer des Geräts?

Die Verwaltung mobiler Daten bezieht sich darauf, wie das Gerät genutzt wird. Dazu gehört, welche Daten erfasst, verwaltet und vernichtet werden. Die wichtigsten Bereiche, die für die Verwaltung mobiler Daten erforderlich sind, werden im Folgenden aufgeführt:

- **Erfassung**: Wie wird das Gerät zur Datenerfassung eingesetzt?

- **Zugang**: Wie erhält der Nutzer Zugang zu den Daten auf dem Gerät?

- **Verwendung**: Wie werden die Daten von dem Gerät verwendet?

- **Speicherung**: Wie werden die Daten gespeichert?

- **Übertragung**: Wie werden die Daten zum und vom Gerät übertragen?

- **Löschung**: Wie werden die Daten vom Gerät entfernt?

Hebelwirkung Geräte

Mobilgeräte sind nicht nur ein Kommunikationsmittel für die sprach- und textbasierte Kommunikation. Die heutigen mobilen Geräte sind robust. Sie vereinen praktisch die gesamte spezialisierte Hardware und Software, die in Geschäftsanwendungen eingesetzt wird. Zu den aktuellen mobilen Funktionen gehören

- Mobilfunk- und Wi-Fi-Zugang

- Sprache und SMS/Text

- Sprachaufzeichnung

- Fotografie

- Bilderkennung

- Sprachliche Übersetzung

- Geolokalisierung und Kartierung

- Native Anwendungen und Webanwendungen

- Suchmaschine

- Touchscreen sowie Gesichts- und Fingerabdruckerkennung

- Sprachsuche

- Handel, Geschäfte und Bezahlung

- E-Mail, Kontakte, Kalender und Aufgaben/Erinnerungen

- IoT wie Herzmonitor und Zugriff auf externe Geräte

- Musik, Fernsehen, Spiele, Bücher

- Soziale Interaktion

Eine exzellente mobile Architektur nutzt so viele native Gerätefunktionen wie möglich.

Virtuelle und mobile Sicherheit

Die Verwaltung mobiler Geräte ist eine Herausforderung. Oft befinden sich diese Geräte in persönlichem Besitz und werden von Personen mit unterschiedlichem Fachwissen und Sicherheitsniveau verwaltet. Das Gleichgewicht zwischen Zugriff und Sicherheit ist entmutigend. Ihre mobile Architektur muss berücksichtigen, wer wann, wo, warum und wie auf Daten zugreift, sie nutzt, weitergibt und vernichtet. Ihr Entwurf muss jeden dieser Bereiche berücksichtigen.

Verbindet die Welt

Wie oft haben Sie schon ein Formular ausgefüllt oder eine E-Mail geschrieben, um dann festzustellen, dass Sie „offline" waren und die Arbeit, die Sie geleistet haben, verloren ging? Mobile Benutzer verlangen nach Anwendungen und Systemen, die solche Netzwerkausfälle vorhersehen und transparent behandeln können, ohne dass der

Benutzer überhaupt weiß, dass dieses Problem besteht. Eine gut durchdachte mobile Architektur kann nahtlos zwischen der vernetzten und der nicht vernetzten Welt hin- und herwechseln.

Wichtige mobile Konzepte

Oberflächlich betrachtet mögen mobiles Design und die Entwicklung mobiler Anwendungen einfach erscheinen. Wenn Sie sich jedoch die vielen Einschränkungen im Zusammenhang mit mobilen Geräten ansehen, werden Sie schnell feststellen, wie komplex der Aufbau einer optimalen Architektur ist. Im Folgenden werden neun gängige technische Einschränkungen untersucht, die beim Design und der Entwicklung mobiler Anwendungen berücksichtigt werden sollten.

Moderne mobile Anwendungen

Bei der Anwendungsentwicklung für mobile Geräte kommen drei Haupttypen zum Einsatz: Webanwendungen, native Anwendungen und hybride Anwendungen. Jeder Ansatz bietet unterschiedliche Wertmerkmale und sollte entsprechend dem erwarteten und endgültigen Anwendungsfall ausgewählt werden. Es ist wichtig, jeden Entwicklungsansatz zu verstehen und denjenigen auszuwählen, der auf Ihre spezifischen Bedürfnisse abgestimmt ist. Die richtige Wahl zu treffen, bedeutet oft, einen Kompromiss zwischen zwei kritischen Eigenschaften zu finden. Im weiteren Verlauf des Kapitels werden wir die wichtigsten Optionen sowie die Vor- und Nachteile jedes der folgenden Entwicklungsansätze vorstellen:

Webanwendung   Ein Softwareprogramm, das über einen Webbrowser zugänglich ist und auf einem Webserver läuft. Die Anwendung läuft auf einem Back-End-Server und wird auf einem mobilen Gerät angezeigt. Das mobile Gerät benötigt immer eine Online-Verbindung, um zu funktionieren.

Native Anwendung   Ein Softwareprogramm, das mit proprietärer Entwicklungssoftware wie iOS und Android entwickelt und auf einem bestimmten mobilen Gerät installiert wird. Die Anwendung wird auf dem Gerät gespeichert und kann offline ohne Zugang zu einem Netzwerk arbeiten.

Hybride Anwendung   Ein Softwareprogramm, das sowohl native als auch
Webanwendungen als Rahmen verwendet, um Anwendungen auf mehreren Plattformen
zu unterstützen. Die Geschäftsanwendung wird in einer hybriden Rahmenumgebung
geschrieben und in die jeweiligen proprietären mobilen Umgebungen übertragen. Die
Anwendung wird auf dem Gerät gespeichert und kann ohne Zugang zu einem Netzwerk
arbeiten.

Hinweis   Die Studie und Praxis der mobilen Entwicklung ist sehr umfangreich
und würde den Rahmen dieses Buches sprengen. Es ist jedoch wichtig zu
verstehen, dass ein Architekt bei der Wahl des richtigen Designs viele verschiedene
Faktoren bewerten muss, darunter die Erfahrung des mobilen Benutzers, den
Zugang zu Gerätefunktionen, die Geschwindigkeit der Markteinführung (einzelne
Plattform oder plattformübergreifend), die Entwicklungskosten, die
Anwendungsleistung, die erforderlichen Entwicklungskenntnisse und die
Anwendungsbereitstellung.

Benutzererfahrung

Eine Schlüsselkomponente des Designs mobiler Anwendungen ist die
Benutzeroberfläche und das Benutzererlebnis. Die Schnittstelle sollte einfach zu
bedienen sein und eine effektive und angenehme Benutzererfahrung bieten. Die UX
sollte vier Hauptmerkmale berücksichtigen:

1. Informationsarchitektur oder die Integration der Anwendung und
   der Umgebung, die sie gemeinsam nutzt, wie z. B. der Browser
   und die damit verbundene Navigation.

2. Interaktionsdesign, d. h. wie der Benutzer mit der Anwendung
   interagiert.

3. Benutzerfreundlichkeit, d. h. die Art und Weise, wie der Benutzer
   die Informationen erhält oder wie sie funktionieren.

4. Visuelles Design, d. h. der visuelle Eindruck, den die Anwendung
   auf die Benutzer hat.

Alle Attribute beziehen sich auf den gesamten Menschen als Nutzer. Es geht nicht nur um den visuellen Aspekt des Designs. Berücksichtigen Sie die gesamte menschliche Erfahrung, nicht nur das, was der Benutzer tut, sondern auch, wie er sich dabei fühlt (d. h. die Benutzererfahrung, auch UX genannt).

Die drei Entwicklungstypen erfordern sehr unterschiedliche Eigenschaften mit Vor- und Nachteilen, die bei der Entscheidung über die mobile Architektur berücksichtigt werden müssen. Native Anwendungen erben die Geräte-Persona direkt für die UX-Funktionen, die in die Betriebsumgebung des Geräts eingebaut sind. Im Gegensatz dazu erbt eine hybride Anwendung die UX-Funktionen von dem in der hybriden Entwicklungsumgebung verwendeten Framework. Dieses Konzept ermöglicht es einem Entwickler, eine Anwendung zu erstellen, die auf verschiedenen Gerätetypen wie Apple- und Android-Geräten läuft. Eine Webanwendung verwendet die UX-Funktionen, die in der Cloud erstellt und präsentiert werden, und übernimmt die UX-Funktionen des Browsers und des Anwendungs-Frameworks.

Native Anwendungen ermöglichen es den Benutzern, Geräte zu verwenden, die UX-Funktionen wie die Bildschirmmanipulation (Streichen, Auf- und Zuziehen) übernehmen. Im Gegensatz dazu kann eine hybride Anwendung diese UX-Funktionen nutzen, aber sie werden im Framework emuliert oder angewendet, wodurch ein Teil des Geräteverhaltens zugunsten einer schnellen Markteinführung verloren geht.

Zugriff auf Gerätefunktionen

Unsere mobilen Geräte sind mehr als nur ein Mobiltelefon. Unsere Smartphone-Geräte verfügen über Funktionen, die von einem fortschrittlichen Kamera- und Videosystem bis hin zu einem Navigationssystem, nativem und cloudbasiertem Speicher, CRM, Spielesystem, Sprachaufzeichnungsgerät, Webbrowser, Finanztools und E-Wallet, Nachrichtenplattform, Passwortspeicher, elektronischem Maßband, TV und Musik sowie einem persönlichen Gesundheitsmonitor reichen. All diese Funktionen passen in die Hand des Benutzers. Die Nutzer erwarten, dass die Anwendungen, die sie verwenden, Zugang zu den Funktionen haben, die sie täglich nutzen. Die Entscheidungen, die Sie bezüglich des Zugangs zu den Funktionen treffen, können sich auf die Benutzerfreundlichkeit der Anwendung auswirken.

Berücksichtigen Sie bei Ihren Überlegungen zu den geplanten Verwendungszwecken und Ergebnissen Ihrer Anwendung auch die verschiedenen Nutzungsmöglichkeiten. Überlegen Sie, wie die Anwendung die Vorteile des/der Geräte(s) nutzen kann. Wenn

Ihre Geschäftsanwendung beispielsweise erfordert, dass der Benutzer Besprechungen, Routen und Ziele protokolliert, könnte ein direkter Zugriff auf die native Navigationsfunktion das Benutzererlebnis erheblich verbessern. Welche Funktionen sind für Ihre potenziellen Entwicklungsoptionen verfügbar? Natürlich bietet die native Entwicklung den vollen Funktionsumfang, allerdings um den Preis, dass Sie das Gerät kennen müssen, das Ihre Stakeholder verwenden werden. Oftmals müssen Sie für mehrere verschiedene mobile Plattformen entwickeln, was die Kosten und den Zeitaufwand für die Bereitstellung einer Lösung erhöht.

Schnelle Markteinführung

Die „Geschwindigkeit des Geschäftsverkehrs" ist nicht nur ein Klischee, sondern die Realität auf dem Markt. Verbraucher und Unternehmen verlangen nach mobilen Lösungen. Oft verlangt der geschäftliche Druck, dass eine mobile Lösung den Nutzern schnell zur Verfügung gestellt wird. Die Unternehmen stehen unter vielfältigem Druck, und die sozialen und wirtschaftlichen Bedingungen ändern sich ständig. Als Architekt müssen Sie mehr als nur die gewonnenen oder verlorenen Funktionen berücksichtigen. Sie müssen auch die sozialen und wirtschaftlichen Auswirkungen der getroffenen Entscheidungen berücksichtigen.

Wenn die Geschwindigkeit der Markteinführung im Vordergrund steht, bieten Webanwendungen oder hybride Anwendungen die besten Lösungen. Die Entwicklung nativer Anwendungen für mehrere Plattformen dauert länger. Umgekehrt bieten hybride Frameworks eine Lösung. Die Frameworks verkürzen die Zeit für die Erstellung von Anwendungen, indem sie eine Teilmenge von Funktionen unterstützen, die auf vielen mobilen Plattformen bereitgestellt werden können. Eine weitere Option ist die Verwendung einer vorgefertigten Anwendung, die bestehende SaaS-basierte Lösungen schnell auf einem mobilen Gerät nutzen kann. Eine solche Lösung ist die „Salesforce-App". Dieses proprietäre Framework kann den Zeit- und Arbeitsaufwand für die Markteinführung einer Anwendung erheblich verringern und bietet gleichzeitig die meisten Funktionen, die in einer Desktop-Version der Anwendung verwendet werden. Auf die Salesforce-App wird später in diesem Kapitel eingegangen.

Eine weitere Überlegung ist die Geschwindigkeit der benötigten Anwendungen. Sie müssen auch die Vor- und Nachteile des Design-Frameworks in Bezug auf die Anzahl der Anwendungen, die Sie erstellen, die Anzahl der Benutzer, die Sie unterstützen, und das finanzielle Budget, das das Projekt tragen kann, abwägen.

Entwicklungskosten

Die Entwicklung mobiler Anwendungen erfordert eine Investition in Menschen, Zeit, Fähigkeiten, Kreativität und Einsatz. Diese Realität war von Anfang an ein geschäftliches Dilemma. Da die Anwendungen, die wir im Büro verwenden, zu den Anwendungen wandern, die wir überall nutzen, wirkt sich der Kampf um die Unterstützung auf das Endergebnis Ihres Unternehmens aus. Sie müssen sich darüber im Klaren sein, wie diese Entscheidungen getroffen werden, über den tatsächlichen und den wahrgenommenen Wert der mobilen Lösungen und vor allem über die Möglichkeiten, die Kosten zu minimieren und gleichzeitig die Benutzerfreundlichkeit und Effizienz der Anwendung zu maximieren.

Die Wahl des richtigen Entwicklungsmodells ist teils eine technische, teils eine geschäftliche Angelegenheit und teils eine Frage des Fingerspitzengefühls. Ihre Architekturlösung muss alle drei konkurrierenden Anforderungen berücksichtigen. Stellen Sie sich die folgenden Fragen:

1. Wie wird meine Lösung verwendet?

2. Werden die Gerätefunktionen die Ziele der Anwendung verbessern oder davon ablenken?

3. Wird die Anwendung zusätzliche Einnahmen bringen oder die Kosten des Unternehmens senken?

4. Fordert das Unternehmen Funktionen an, die bereits auf mobilen Geräten verfügbar sind?

5. Unterstützt meine Entwicklungsplattform die geschäftlichen Anforderungen?

6. Wie hoch ist die Geschwindigkeit der Geschäftsanforderungen, und kann mein Team die Anforderungen erfüllen?

7. Verbessert die Benutzerfreundlichkeit die Marke des Unternehmens?

8. Muss ich Entwickler einstellen oder schulen, um das mobile Entwicklungs-Framework zu unterstützen?

9. Bietet das von mir gewählte Framework die meisten oder alle Funktionen, die unsere Benutzer wünschen?

10. Verfüge ich über das Budget, um die Anwendungen nach dem gewählten Ansatz zu erstellen?

Jede dieser Fragen wird Ihnen helfen, die Empfehlungen und Entscheidungen, die Sie treffen, besser zu verstehen. Es handelt sich nicht um einen Einheitsansatz. Jede neue Geschäftsanforderung und Anwendung muss unabhängig und gemeinsam bewertet werden.

Die Entwicklungskosten sind oft der große Unruhestifter. Die beste Lösung kann aus technischer Sicht suboptimal sein. Sie kann auch aus Kostensicht suboptimal sein. Letztendlich müssen Sie sich als Architekt der wirtschaftlichen Realitäten der Entscheidung bewusst sein.

Leistung der Anwendung

Die Nutzer erwarten leistungsfähige mobile Anwendungen. Die Geschwindigkeit des Geräts und die Reaktionsfähigkeit der Verbindung sind jedoch nicht das einzige Kriterium. Ihr Entwurf muss mehrere Leistungsfaktoren berücksichtigen, darunter die Geschwindigkeit des Geräts und der Verbindung, die Geschäftsprozesse und die Effizienz, die Nutzung des Geräts in Bezug auf Speicher, Akku und Datenplananforderungen sowie die allgemeine Stabilität. Es ist wichtig, dass Sie die folgenden Leistungsfaktoren bei Ihrem Entwurf berücksichtigen.

Hinweis   Erwägen Sie die Erstellung mobiler Microservices bei der Erstellung von Anwendungen, damit Salesforce-Anwendungen, die auf mobilen Geräten gerendert werden, nur minimale Attribute für Abfragen und die Anzeige von Daten benötigen. Dieser Ansatz kann die Gesamtleistung verbessern. Ein menschenzentrierter Designansatz kann die verschiedenen Microservices identifizieren, die in einer bestimmten Anwendung verwendet oder benötigt werden.

Anwendungsfehler, Bugs und Updates   Nichts wirkt sich stärker auf die Leistung einer mobilen Anwendung aus als die Störung einer Anwendung, die abstürzt, sich aufhängt oder ständig Updates und Patches lädt. Wie bei jedem Anwendungsentwicklungsprozess sollte auch die Entwicklung mobiler Anwendungen mit einem klaren Design für die Erfassung und Behandlung von Ausnahmen und Fehlern beginnen. Darüber hinaus sollte der Entwurf einen Wiederherstellungspfad sowohl für Ausnahmen im Zusammenhang mit der Konnektivität als auch für Fehler im Anwendungsprozess enthalten. Ihre Architektur sollte den erforderlichen Ansatz für die

Behandlung von Ausnahmen und Fehlern bereitstellen, damit Ihr Entwicklungsteam die Grundsätze der testgetriebenen Entwicklung zur Verbesserung der Anwendungsleistung anwenden kann.

Updates und Patches sind ein natürlicher und akzeptierter Bestandteil von mobilen Anwendungen. Praktisch alle Plattformen für mobile Geräte verfügen über einen Aktualisierungsprozess zur Bereitstellung von Verbesserungen und Fehlerbehebungen. Mehr dazu in ein paar Absätzen.

Startzeit und Task-Ladezeiten   Ein entscheidender Faktor für die Leistung der Benutzer ist, wie schnell die Anwendung startet und wie einfach und effizient die Anwendung die erforderlichen Aufgaben unterstützt. Ein mobiles Gerät ist „immer eingeschaltet", und so wird auch von den Anwendungen erwartet, dass sie „immer eingeschaltet" sind. Viele Faktoren können sich auf die Startzeit einer Anwendung auswirken, darunter der Authentifizierungs- und Autorisierungsprozess für den Zugriff auf die zugrundeliegenden Daten und Systeme, die Menge des verwendeten lokalen Gerätespeichers und die Datenmenge, die benötigt wird, um die Anwendung dem Benutzer zu präsentieren. Alle Faktoren müssen von Ihnen klar berücksichtigt und dokumentiert werden, um die Anforderungen durch das Design zu minimieren und nicht auf Kosten der Sicherheit und der Anwendungsfunktionen zu gehen. Es ist ein Balanceakt, der bewältigt werden kann.

Prozess und Zeiten der Informationserfassung   Wie oft wurden Sie schon von einer Anwendung aufgefordert, sich wiederholende Informationen wie Ihren Namen, Ihre E-Mail-Adresse, Telefon- und Adressdaten einzugeben? Was ist mit privaten Informationen wie Kreditkartennummern, Ablaufdaten und Sicherheitscodes? Wie kann Ihr mobiles Design die Vorteile von Gerätefunktionen wie automatisches Ausfüllen und Brieftaschenfunktionen nutzen? Gewährleistet Ihr Design die Sicherheit der Informationen?

Wie oft mussten Sie schon große Mengen an Informationen in der Anwendung über eine sehr kleine, fehleranfällige Tastatur eingeben? Ich vermute, dass Sie in Ihrer mobilen E-Mail-Anwendung einen Hinweis haben, dass Sie Tippfehler und Autokorrekturen in Ihren Nachrichten „verzeihen". Eine gute mobile Architektur betrachtet jede Anforderung an die Informationserfassung und bietet einen Designansatz zur Verbesserung der Benutzererfahrung und zur Reduzierung von Fehlern und fehlerhaften Daten.

Serverseitige Reaktionszeit zur Unterstützung der Anwendung   Beim Schreiben dieses Buches haben wir häufig Tools wie Google Drive und Google Sheets verwendet. Außerdem haben wir Zusatzfunktionen wie Online-Wörterbücher und Thesauren verwendet. Bei den Anwendungen handelt es sich um serverseitige Anwendungen, die sowohl eine Verbindung als auch einen Zugriff erfordern, um sie nutzen zu können. Die Leistung und der Zugriff auf diese Anwendungen können die Anwendungsleistung erheblich beeinflussen. Bei der Konzeption sollten Antwortzeiten, Ladezeiten und Offline-Funktionen berücksichtigt werden.

Von der Anwendung benötigter Speicherbedarf   Die mobilen Geräte werden immer leistungsfähiger und unterstützen einen größeren internen Speicher. Die Hardware des Geräts hat jedoch einen hohen Bedarf durch das Betriebssystem und andere Anwendungen, die ständig laufen. Die Anforderungen an den Anwendungsspeicher und den Online-Speicher sollten auf das Notwendige beschränkt werden. Auch hier handelt es sich um einen Balanceakt zwischen konkurrierenden Anforderungen, und Sie müssen bei der Entwicklung darauf achten, den Overhead so gering wie möglich zu halten. Der Unterschied zwischen nativen und hybriden Anwendungen liegt oft im Overhead, der für die Unterstützung der Anwendung erforderlich ist.

Batterieverbrauch und Stromverbrauchsanforderungen der Anwendung   Jeder Benutzer sieht es ungern, wenn das Batteriesymbol „niedrig" blinkt. Je mehr Geräteressourcen Ihre Anwendung beansprucht, z. B. Arbeitsspeicher, Verarbeitung und GPS-Funktionen, desto stärker wirkt sie sich auf die Akkulaufzeit aus. Beliebte Anwendungen wie GPS- und Videoanwendungen sind berüchtigt dafür, dass sie den Akku Ihres Geräts aufbrauchen. Die Entscheidung über einen Kompromiss ist möglicherweise nicht direkt möglich. Wenn Ihre Anwendung jedoch so konzipiert ist, dass der Benutzer die Standardeinstellungen ändern kann, können Sie ihm die Möglichkeit geben, zu entscheiden, welche Leistungsmerkmale für ihn wichtig sind. Ein Beispiel ist die Möglichkeit, den Benutzer über Aktualisierungen und Änderungen zu benachrichtigen, die erfordern, dass die Anwendung im aktiven Speicher bleibt und Strom verbraucht. Der Benutzer kann entscheiden, ob er die Benachrichtigungen ständig erhalten möchte oder nur, wenn er die Anwendung geöffnet hat. Diese Möglichkeit ist in nativen Anwendungen und in begrenztem Umfang in hybriden Anwendungen verfügbar. Für Webanwendungen ist diese Funktion nicht verfügbar.

Datenplan-Nutzung   Die neuen 5G-Datenübertragungsnetze werben mit einem Anstieg der Datenmenge zu geringeren Kosten. Dieser Datenzuwachs stellt jedoch eine große Konkurrenz für Geräteanwendungen dar. Bessere Bilder und 4K-Videos erfordern mehr Daten und einen höheren Datendurchsatz, und viele Geschäftsanwendungen erfordern ebenfalls erhebliche Datenpakete, um die beste Benutzererfahrung zu bieten. Der Architekturentwurf muss den Umfang der Datenanforderungen und den Durchsatz der Mobilfunk- und Wi-Fi-Netzwerke abschätzen und bewerten.

Seiten-, Bild- und Videogröße, Komprimierung und Ladezeiten   Ich erinnere mich, dass ich vor nicht allzu langer Zeit das Laden von Bildern auf meinem mobilen Gerät ausgeschaltet habe, um die Ladezeit der Anwendung zu verkürzen oder ein Ergebnis zu berechnen. Diesen Luxus gibt es heute praktisch nicht mehr. Die Nutzer erwarten hochwertige Bilder und Videos in den Anwendungen. Sie erwarten auch Geschwindigkeit. Die meisten Architekten und Entwickler von Mobilgeräten verwenden Tools, um die Ladegeschwindigkeit von Seiten zu testen und zu optimieren. Im Folgenden sind die Designüberlegungen aufgeführt, die sich auf die Ladezeiten auswirken. Sie sollten die folgenden Elemente des Anwendungsdesigns überprüfen und optimieren:

- HTTP-Anfragen.

- Verkleinern (Leerraum und Formatierung reduzieren) und Zusammenfassen von Dateien.

- Verwenden Sie asynchrones Laden für CSS und JavaScript.

- Verschieben Sie das Laden von JavaScript oder ordnen Sie es neu an, bis der Inhalt geladen ist.

- Minimieren Sie die TTFB (Zeit bis zum ersten Byte). Die erste Anfrage umfasst die DNS-Suche, die Serververarbeitung und die Antwort.

- Verkürzen Sie die Reaktionszeit des Servers durch die Bewertung und Auswahl des besten Hosting-Dienstes.

- Komprimierung der geladenen Inhalte.

- Optimieren Sie die Skripte und Dateien, die in Front-End-Webdiensten verwendet werden, und verstehen Sie die Auswirkungen des Content Delivery Network (CDN).

- Verwenden Sie nach Möglichkeit das Browser-Caching.

Hinweis   Salesforce schränkt Ihre Möglichkeiten ein, viele Teile dieser Liste zu ändern. Es ist jedoch wichtig zu verstehen, welche Auswirkungen dies auf die Ladezeiten hat.

Überlegungen zur Sicherheit (Gerät und API)

Die Anwendungs- und Datensicherheit ist für die heutigen mobilen Anwendungen von entscheidender Bedeutung. Sicherheitsbedrohungen treten in Form von Datendiebstahl, Benutzerüberwachung, Benutzeridentität, finanziellem Fehlverhalten sowie Botnet-Aktivitäten und -Angriffen auf. Ihr Design muss die Sicherheit des Benutzers, der Daten und Informationen sowie des Unternehmens gewährleisten. Die Gewährleistung dieser Sicherheit hat auch Auswirkungen auf die Anwendungsleistung. Einige wichtige Sicherheitsmaßnahmen wirken sich nicht direkt auf die Leistung aus, z. B. die Forderung nach einer längeren mobilen Pin-Länge und die Einrichtung einer Zwei-Faktor-Authentifizierung (2FA) zur Verbesserung der Benutzerauthentifizierung und der Datensicherheit. Wenn diese Funktionen zusammen mit nativen mobilen Funktionen wie der biometrischen Authentifizierung hinzugefügt werden, erhöht sich die Sicherheit ohne Leistungseinbußen. Die Entwicklung eines Unternehmensstandards kann die Sicherheit ebenfalls ohne Leistungseinbußen verbessern. In Kap. 5 haben wir verschiedene Sicherheitsarchitekturen behandelt.

Entwicklungskompetenzen

Entwickler von mobilen Anwendungen benötigen analytische, kommunikative, kreative, problemlösende und programmiertechnische Fähigkeiten. Ein Entwickler muss auch das weiter oben im Kapitel beschriebene UX-Design verstehen. Da die mobile Welt nicht auf einem einzigen Standard läuft, benötigen sie plattformübergreifende und/oder hybride Entwicklungskenntnisse. Praktisch alle mobilen Anwendungen interagieren mit Back-End-Computing; der Entwickler muss sich mit Server- und Netzwerksicherheit, Datenbankmanagement, Hardware-Interaktion sowie Speicherverwaltung und -zuweisung auskennen.

Zu den spezifischen Entwicklungsfähigkeiten gehören die folgenden:

- Programmiersprachen wie C#, Java, Objective-C, Swift und Salesforce Apex/VF, Lightning Aura und LWC

- Webentwicklungssprachen wie Angular, React, HTML5, CSS und JavaScript

- Mobile SDK

- Anwendungsprogrammierschnittstellen (API) für mobile Plattformen wie Apple iOS und Android

- Plattformübergreifende mobile Frameworks wie Ionic, React Native, Flutter, Xamarin und Node.js.

Unabhängig vom Entwicklungsmodell müssen Sie und Ihr Entwicklungsteam in die Einstellung und Schulung von Mitarbeitern für die mobile Entwicklung investieren, um das Beste aus Ihrer Architektur herauszuholen.

Einsatz

Wie in Kap. 9 erläutert wird, umfasst der Entwicklungslebenszyklus die Bereitstellung und Freigabe von Anwendungen nach einem DevOps-Rahmenwerk. Die Bereitstellung mobiler Anwendungen muss die folgenden Aspekte umfassen:

- **Umwelt**: Da es fast unmöglich ist, die individuelle Umgebung zu kennen, muss der mobile Freigabeprozess die wahrscheinlichsten Szenarien berücksichtigen. Dies kann den Freigabeprozess erschweren.

- **Risiko und Auswirkungen**: Die im vorangegangenen Text aufgeführten Komplikationen erhöhen auch die mit der Anwendungsentwicklung verbundenen Risiken.

- **Zeitplan**: Ein klarer Zeitplan für die Veröffentlichung verringert das Risiko und informiert die Benutzer über Änderungen.

- **Pilot**: Die Verwendung von Testpiloten verringert ebenfalls das Risiko, ermöglicht es aber einer kleinen Gruppe von Benutzern, die Anwendung und die Release-Funktionen zu testen und Feedback zu geben.

- **Messen:** Der Schlüssel zu erfolgreichen Freisetzungen ist die Festlegung klarer Erfolgsmessungen und die Verfolgung der Ergebnisse.

- **Rollback:** Alle Release-Pläne müssen einen Rollback-Plan enthalten, um die Anwendung auf eine frühere Version zurückzusetzen. Dieser Plan sollte es einigen oder allen Benutzern ermöglichen, zu einer früheren Version zurückzukehren.

Alles unter einen Hut bringen

Die beschriebenen Überlegungen werden alle durch das Gerät, den Entwicklungsansatz und die Wahl der Architektur beeinflusst. Tab. 8-1 enthält eine Zusammenfassung der Überlegungen für jeden der Faktoren in den verschiedenen Anwendungsarchitekturen.

Tab. 8-1. *Zusammenfassung der Faktoren, die gegen den Entwurfsansatz sprechen*

Faktoren	Einheimische	Hybride	Web-Anwendung
Benutzererfahrung	Nutzt die Gerätefunktionen wie Aussehen und Verhalten	Verwendet einen emulierten Ansatz mit Rahmenfunktionen	Bietet Anwendungsfunktionen, nutzt aber oft nicht die Vorteile der Benutzerfreundlichkeit des Geräts
Zugang zu den Gerätefunktionen	Voller Zugriff auf die Gerätefunktionen	Eingeschränkter Zugriff auf Gerätefunktionen	Eingeschränkter Zugriff auf Gerätefunktionen
Schnelle Markteinführung *	Langsam (duplizierend)	Mittel	Schnellste Option
Entwicklungskosten	Höher (duplizierend)	Unter	Niedrigste
Leistung der Anwendung	Schneller	Langsamer	Am langsamsten (abhängig von der Konnektivität)

(*Fortsetzung*)

Tab. 8-1. (*Fortsetzung*)

Faktoren	Einheimische	Hybride	Web-Anwendung
Anwendungsfehler, Bugs und Updates	Anwendungen bleiben hängen oder werden beendet	Anwendungen bleiben hängen oder werden beendet	Verlängertes Warten oder Hängen
Startzeit und Lade-zeiten für Aufgaben	Schneller	Langsamer	Am langsamsten (abhängig von der Konnektivität)
Bearbeitungszeiten der Informationserfassung	Schneller	Langsamer (ein-geschränkt)	Am langsamsten (abhängig von der Konnektivität)
Service-seitige Reaktionszeit	Langsam (abhängig von der Konnektivität)	Langsam (abhängig von der Konnektivität)	Schneller (bereits serverseitig)
Speicherverbrauch	Hoch	Sehr hoch (zusätzliche Anwendung)	Niedrig
Batterieverbrauch und Leistungsaufnahme	Anwendungsabhängig	Normalerweise höher	Hoch, aufgrund des Verbindungsbedarfs
Nutzung des Datentarifs	Unter	Unter	Höchste
Ladezeiten von Seiten, Bildern und Videos	Am schnellsten – weni-ger Lasten	Schnell – weniger Belastungen	Am langsamsten, aufgrund der Download-Geschwindigkeit
Entwicklungs-kompetenzen	Objektiv-C, Java	HTML5, CSS, Rahmen-werke und JavaScript	HTML5, CSS, JavaScript
Einsatz	Gerät speichern	Gerät speichern	Web

*Die Salesforce-App kann die Markteinführungszeit erheblich verkürzen und bietet gleichzeitig die meisten Funktionen, die in der Desktop-Version der Anwendung verwendet werden.

Verwendung und Zugriff auf mobile Funktionen

Die heutigen Mobilgeräte sind reich an Funktionen und Möglichkeiten. Die Benutzer erwarten, dass sie auf diese Funktionen zugreifen können, während sie eine Anwendung verwenden. Im Folgenden wird die mobile Nutzung eines Benutzers einer Geschäftsanwendung skizziert, und Abb. 8-2 veranschaulicht deren Anforderungen.

Auswählen einer Anwendung

Sobald das Telefon geöffnet ist, sie eine offene Anwendung auswählen oder eine neue Anwendung mit der Berührung meines Fingers öffnen möchten.

Sofortiger Zugriff auf Anwendungen und Daten

Es wird erwartet, dass die Authentifizierung und Autorisierung gespeichert werden oder dass derselbe Prozess wie beim Aufwecken des Geräts verwendet wird...

Erfassen von Daten mit integrierten Funktionen Der Benutzer erwartet, dass die Anwendung Standardfunktionen zur Erfassung und Verwendung von Daten verwendet, einschließlich Kartierung, Geolokalisierung, Fotos, Stimmen und Kopieren und Einfügen.

Versand von Benachrichtigungen per E-Mail und SMS

Bei der Verwendung eines Geräts erwartet der Nutzer, dass die Anwendung vollständig in die integrierte Kommunikation integriert ist, um anderen internen und externen Nutzern E-Mails und SMS zu senden.

Unternehmenskommunikation

Zusätzlich möchte der Nutzer mich über die verfügbaren Unternehmensfunktionen wie Telefonkonferenzen, Web-Meetings, Bildschirmfreigabe verbinden.

Anwendungen schalten

Die Benutzer wechseln täglich tausende Male zwischen Anwendungen hin und her. Sie erwarten, dass das Gerät und die Anwendungen die Verbindungen wiederherstellen und den Ort markieren, an dem sie waren.

Abb. 8-2. *Beispiel für eine typische mobile Nutzung*

Mobile Benutzer möchten ein Gerät in die Hand nehmen und sich mit den Standardfunktionen des Geräts wie Gesichtserkennung, Fingerabdruck oder Zugangs-Pin authentifizieren und autorisieren. Jede dieser Funktionen bestätigt ihre Identität und den Zugang durch gespeicherte Autorisierungs-Token auf dem Gerät.

Um diese Anforderungen in vollem Umfang zu erfüllen, muss der Anwendungsrahmen die folgenden funktionalen Anforderungen berücksichtigen.

Sofortiger Zugriff auf Anwendungen und Daten

Es wird erwartet, dass Authentifizierung und Autorisierung gespeichert werden oder dass derselbe Prozess wie beim Aufwecken des Geräts verwendet wird.

Der Zugriff auf ein mobiles Gerät wurde durch die Gesichtserkennung und die Identifizierung von Fingerabdrücken, die in die Funktionen des mobilen Geräts integriert sind, beschleunigt. Von den heutigen Anwendungen wird erwartet, dass sie diese benutzerfreundlichen Funktionen unterstützen. Beim Entwurf der Architektur muss die Unterstützung der Geräteauthentifizierungsfunktionen berücksichtigt werden. Die Benutzerakzeptanz und die allgemeine Nutzung sinken drastisch, wenn der Benutzer bei jeder Verwendung der Anwendung einen Benutzernamen und ein Passwort eingeben muss.

Anwendungszugang (Authentifizierung und Autorisierung)

In der vorangegangenen Geschichte erwartet der Benutzer, dass er sofortigen Zugriff auf die Anwendung und ihre Daten hat. Der Architekturentwurf muss die Funktionen und die Sicherheit der Anwendung und der zugehörigen Daten erleichtern. Dies beginnt mit den in Kap. 7 besprochenen Authentifizierungs- und Autorisierungsoptionen. Die meisten Frameworks und Designs verwenden einen User-Agent-Flow. In diesem Fluss können die Benutzer eine Desktop- oder mobile Anwendung für den Zugriff auf Daten autorisieren, indem sie einen User-Agent zur Authentifizierung verwenden. Auf der Anwendungsseite verwenden viele Anwendungen eine Skriptsprache, wie z. B. JavaScript. Dieser Fluss verwendet den OAuth 2.0 impliziten Gewährungstyp. Der sofortige Zugriff wird mit dem Bereich refresh_token verwaltet und mit der Gerätezugriffsberechtigung (Gesichtserkennung, Fingerabdruck und codebasierter Zugriff) verbunden, um ein Refresh-Token anzufordern, wenn die Sitzung abgelaufen ist. Weitere Informationen finden Sie in Kap. 7.

Anwendung Verwendung

Wie bereits erwähnt, muss die Anwendung in der Lage sein, auf Gerätefunktionen wie Sprachdiktat, Telefonerfassung, SMS- und E-Mail-Versand zuzugreifen. Das Anwendungsframework bestimmt, welche Gerätefunktionen verfügbar sind und wie robust und schnell die Anwendung arbeitet. Native Anwendungen haben einen Vorteil gegenüber hybriden und webbasierten Anwendungen, da dem Entwickler alle Gerätefunktionen zur Verfügung stehen. Hybride und webbasierte Anwendungen unterstützen nur eine Teilmenge der Funktionen. Eine schnelle Markteinführung und geringere Kosten für die Verwaltung mehrerer Anwendungen sind einige der Faktoren, die bei der Entwicklung einer mobilen Architektur berücksichtigt werden müssen.

Mobile Sicherheit

Wie Laptops und Desktop-Computer werden auch mobile Geräte (Smartphones und Tablets) häufig für den Zugriff auf und die Speicherung von persönlichen und organisatorischen Informationen verwendet. Aufgrund ihrer Tragbarkeit sind mobile Geräte jedoch anfälliger für Verlust und Diebstahl. Mit den folgenden Schutzmaßnahmen können Sie das Risiko verringern, dass jemand auf persönliche und organisatorische Daten zugreift, wenn Ihr mobiles Gerät verloren geht oder gestohlen wird:

- **Physische Sicherheit**: Legen Sie eine Richtlinie für Geräte fest, die Unternehmensdaten verwenden und/oder darauf zugreifen, um den physischen Besitz zu erhalten.

- **Schließvorrichtung**: Erhöhen Sie die Schließcodes von vier auf sechs Ziffern oder verlangen Sie Gesichts- oder Fingerabdruckoptionen, um die Sicherheit zu verbessern.

- **Zugriff auf Daten und Systeme**: Begrenzen oder sperren Sie das Speichern und Kopieren von Anwendungsformularen und Bildschirmfotos mit SDK-Funktionen des Geräts.

- **Hohe Sicherheit**: Verwenden Sie hochsichere 2FA-Token-Generatoren, um BYOD-Zugang zu unterstützen.

- **VPN**: Nutzen Sie den VPN-Zugang und serverseitige Anwendungen von mobilen Geräten aus.

- **Fernsperre und Datenlöschung**: Verwenden Sie Unternehmenstools oder den Zugriff des Anbieters, um Daten auf einem fehlenden oder gestohlenen Gerät zu sperren oder zu löschen.

- **Schulung**: Führen Sie fortlaufende Schulungen durch, um die Mitarbeiter über die Gefahren und Risiken bei der Verwendung von Mobilgeräten aufzuklären und zu erinnern.

Verwaltung einer mobilen Unternehmensumgebung

Die Verwaltung des Zugriffs und der Sicherheit mobiler Geräte ist ein wichtiger Aspekt. Mobile Benutzer greifen routinemäßig auf Inhalte und Anwendungen zu, die sie Sicherheitsbedrohungen aussetzen. Diese Bedrohungen können weit über die Geräte der Benutzer hinausgehen. Bei Timehop, einer mobilen Anwendung, konnten Hacker beispielsweise auf mehr als 21 Millionen Namen, E-Mails und Telefonnummern zugreifen und diese kompromittieren. Der Angriff nutzte Social Engineering, Phishing und andere soziale Mittel, um an Daten zu gelangen, und nutzte den Zugang, um private Daten zu extrahieren. Der Mobilfunknutzer wusste nicht, dass die Anwendung die Daten speicherte. Neben Social Engineering können sich Hacker auch Zugang zu Ihrem Gerät oder zu den Daten verschaffen, die in den auf dem Gerät verwendeten Anwendungen gespeichert sind.

Es wurden Lösungen entwickelt, um ein Unternehmen vor vielen dieser Bedrohungen zu schützen, insbesondere Mobile Application Management (MAM), Mobile Device Management (MDM), Enterprise Mobility Management (EMM), Mobile Content Management (MCM) und Unified Endpoint Management (UEM). Gehen wir jedes einzelne davon durch.

Tools für Unternehmen

Als Architekt sind Sie dafür verantwortlich, zu bestimmen, welcher Ansatz für die von Ihnen verwaltete Umgebung am besten geeignet ist. Welcher Ansatz (MDM, MAM, EMM, UEM oder MCM) ist der richtige für Ihre Umgebung? Beginnen wir mit einer kurzen Definition der Begriffe.

Mobile Device Management (MDM) überwacht, verwaltet und sichert mobile Geräte, die bei verschiedenen Mobilfunkanbietern eingesetzt werden. Bei diesem Prozess wird eine Anwendung auf dem Gerät installiert, die den Zugriff auf das Gerät und die Kontrolle darüber ermöglicht.

Mobile Application Management (MAM) steuert die Funktionalität der einzelnen Anwendungen. So kann ein Unternehmen kontrollieren, wie eine Anwendung auf dem Gerät funktioniert und welche Daten sie verwendet. MAM wird entweder mit vorkonfigurierten Anwendungen oder Anwendungserweiterungen bereitgestellt. Dieser Ansatz wird verwendet, wenn ein Unternehmen das mobile Gerät nicht kontrollieren will oder kann. Es ist zu beachten, dass der MAM-Ansatz zusätzlichen Entwicklungsaufwand erfordert, um die vorkonfigurierten Anwendungen oder Erweiterungen zu unterstützen.

Enterprise Mobility Management (EMM) dient der Verwaltung der Nutzung mobiler Geräte innerhalb eines Unternehmens. EMM befasst sich sowohl mit den geschäftlichen als auch mit den technischen Aspekten des Einsatzes mobiler Geräte im täglichen Geschäftsbetrieb. Es ist üblich, dass sowohl MDM- als auch MAM-Ansätze in EMM-Lösungen enthalten sind.

Unified Endpoint Management (UEM) ermöglicht die unternehmensweite Verwaltung von Endgeräten, einschließlich mobiler Geräte, Drucker, Laptops und Desktops sowie IoT-Geräte über eine einzige Verwaltungsplattform. Der UEM-Ansatz umfasst EMM und MDM in Bezug auf mobile Geräte.

Mobile Content Management (MCM) unterstützt und kontrolliert den Zugriff auf Inhalte von mobilen Geräten aus. Es verwendet entweder einen sicheren Container oder einen Content-Push. In beiden Fällen sind das Gerät und die Anwendung zweitrangig. Die Inhalte werden verschlüsselt und mit einem Passwort geschützt, um die Sicherheit zu erhöhen.

Tab. 8-2 hilft Ihnen, die Unterschiede zwischen den einzelnen Ansätzen zu verstehen.

Tab. 8-2. *Vor- und Nachteile von Mobile Management-Lösungen*

Näherung	Schwerpunkt	Vorteil(e)	Nachteil(e)
Verwaltung mobiler Geräte (MDM)	Fernsteuerung von Geräten.	Unterstützt Fernsperren und -wischen.	Keine Rückverfolgung der verwendeten spezifischen Daten. Begrenzte Kontrolle über das Gerät.
Verwaltung mobiler Anwendungen (MAM)	Anwendungen und damit verbundene Daten.	Kontrolliert die Daten. Kann Unternehmensdaten von persönlichen Daten trennen. Unterstützung von Bring-your-own-device (BYOD).	Bedenken hinsichtlich der Privatsphäre der Benutzer. Kosten der Anwendungsentwicklung.
Mobilitäts-management für Unternehmen (EMM)	Kombiniert MDM und MAM.	Das Beste aus MDM und MAM.	Erhöhte Komplexität und Kosten.
Vereinheitlichte End-punktverwaltung (UEM)	Netzwerk und Verwaltung von Unternehmensend-geräten.	Vollständige Kontrolle der Informationen und Daten auf Netz- und Endpunkt-ebene.	Kostspielig und ver-waltungsintensiv.
Verwaltung mobiler Inhalte (MCM)	Inhalte, die auf dem Gerät dargestellt und verwendet werden.	Unternehmensinhalte werden ohne Rücksicht auf das Gerät des Nutzers geschützt.	Bezieht sich nur auf den Inhalt. Anwendungen und Geräte werden nicht berücksichtigt.

Funktionen der Salesforce Mobile App

Salesforce führte eine neue mobile Anwendung ein und **stellte die** Unterstützung für sein mobiles Web-Erlebnis und das Salesforce1-Produkt mit der Produktversion Summer ,20 ein. Diese Veröffentlichung war eine bedeutende Änderung in der gesamten mobilen Strategie'. Salesforce gab als Grund für die Einstellung an, dass man sich auf eine verbesserte mobile Salesforce-App konzentrieren wollte. Salesforce Mobile App ist ein neuer Name und ein Upgrade der ursprünglichen mobilen Anwendung namens Salesforce1. Darüber hinaus bietet Salesforce auch eine neue Anwendung an, die speziell für das iPad entwickelt wurde. Was bedeuten all diese Änderungen für Sie als Unternehmensarchitekt? Ich werde die wichtigsten Änderungen wie folgt umreißen:

Änderungen in der Navigation der mobilen Benutzeroberfläche   Eines der ersten Dinge, die Sie bemerken werden, ist, dass die Navigation der mobilen Benutzeroberfläche jetzt dem Desktop-Fluss folgt. Diese Änderung ermöglicht Ihren Benutzern eine nahtlosere Erfahrung. Die Benutzer können zwischen der Desktop- und der mobilen Salesforce-Anwendung hin und her wechseln. Dies gilt auch für die Registerkarten, Anwendungen und Menüpunkte.

Mobiles Seitenlayout und Lightning-Unterstützung   Eine wichtige Verbesserung ist die Möglichkeit, Lightning-Datensatzseiten in Ihren mobilen Anwendungen zu verwenden. Dies verkürzt die Zeit bis zur Markteinführung und bietet eine nahtlose Erfahrung für Ihre Benutzer. Zum Zeitpunkt der Erstellung dieses Buches waren die Funktionen noch begrenzt, aber die Richtung für die Zukunft ist klar. Ein paar Einschränkungen sind wie folgt:

- Die Bearbeitung unterstützt keine Aktivierung per Doppelklick.
- Für mobile Geräte hinzugefügte Schaltflächen werden auch auf dem Desktop angezeigt.
- Die Verwaltung von Datensatztypen ist anders.

Das Hinzufügen von mobiler Unterstützung für Lightning-Datensatzseiten ist so einfach wie die Auswahl der Option für Desktop und Mobile während der Erstellung oder Bearbeitung der Lightning-Seite. Der Entwickler kann den Formfaktor in der Entwicklungs-UI auswählen. Wenn das mobile Erlebnis anders sein soll, ermöglicht die neue Entwicklungsoberfläche auch die Erstellung von Lightning-Seitenlayouts, die nur für den Desktop und nur für mobile Geräte geeignet sind.

329

Mit der neuen Salesforce-App sehen Benutzer auch alle konfigurierten und zugewiesenen Registerkarten auf der Lightning-Seite. Dies ändert das Seitenlayout für die Details, bietet aber eine nahtlose Erfahrung.

Desktop-Funktionen wie Pfad- und Listenansichten sind verfügbar   Durch die Hinzufügung von Lightning-Seiten sind Funktionen wie die Verwaltung von Pfaden und Listenansichten jetzt auch auf mobilen Geräten verfügbar. Bei der Pfadfunktion handelt es sich um eine grafische Anzeige eines Auswahllistenfeldes zur Darstellung eines Verlaufs, Status oder Stadiums. So kann der Benutzer schnell sehen, was sich ändert oder wo ein Datensatz steht.

Mobile Benutzer mussten bisher den Desktop verwenden, um die ausgewählte Listenansicht zu verwalten. Der mobile Benutzer würde die Listenansicht sehen, die zuletzt auf dem Desktop ausgewählt oder angeheftet wurde. Diese Funktion wurde vor der Veröffentlichung der Salesforce-App erstellt, wird aber in der neuen Umgebung beibehalten.

Sprachbefehle   Die Salesforce-App ist vollständig mit den Technologien von Apple, Google und Alexa integriert. Mit der App können Sie einen Sprachbefehl auf einem der Geräte ausführen, und die Anwendung reagiert auf den Befehl auf Ihrem Mobilgerät. Dies bietet Kontinuität für Ihre Benutzer.

Es ist wichtig, dass Sie die mit den Änderungen an der mobilen Entwicklung und der strategischen Ausrichtung von Salesforce **gewonnenen und verlorenen Funktionen** überprüfen und verstehen. Die meisten Änderungen sind positiv, können aber zu Problemen bei der Benutzerakzeptanz und dem Änderungsmanagement führen. Stellen Sie sicher, dass Sie die Umgebung und die Benutzer auf eine Reihe von mobilen Funktionen von Salesforce vorbereiten.

Überlegungen zum Anwendungsdesign

Das Anwendungsdesign beginnt sowohl mit der Benutzeroberfläche (UI) als auch mit der Benutzererfahrung (UX). Die Konzepte sind zwei verschiedene Seiten eines jeden Front-End-Designs. Die UI ermöglicht die Nutzung der Anwendung, und die UX ist die Art und Weise, wie Sie sich bei der Nutzung der Anwendung fühlen. Es ist wichtig, beide Aspekte des Designs in Ihrer endgültigen Lösung zu berücksichtigen. In Abb. 8-3 sind einige Punkte aufgeführt, die sowohl die UI als auch die UX Ihrer Anwendung beeinflussen.

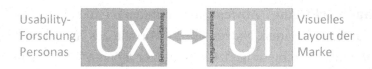

Abb. 8-3. *Interaktion zwischen UI und UX*

Reaktionsfähigkeit   Achten Sie auf die Ladezeiten und die Reaktionszeit für eine bestimmte Aktion. Benutzer sind nicht geduldig. Sie wollen sofortige Informationen und Ergebnisse.

Einfachheit   Es ist wichtig, den Unterschied zwischen einfach und minimal zu kennen. Die Nutzer suchen nach funktionsreichen Anwendungen, aber sie wollen intuitiv verstehen, wie sie die Funktionen nutzen können.

Iteration und Konsistenz   Die Nutzer wollen neue Funktionen, aber normalerweise auch ein einheitliches Erscheinungsbild. Es ist wichtig, einen iterativen Prozess des Prototypings, Testens, Analysierens und Verfeinerns Ihrer mobilen Anwendung anzuwenden. Mit diesem Designansatz können Sie die Benutzer zufrieden stellen und gleichzeitig die gewünschten Funktionen hinzufügen. Der beste Ansatz ist die Erstellung eines langfristigen Designplans und die Festlegung klarer UI/UX-Richtlinien.

Geräteseiten und Scrollen   Übermäßiges Scrollen stört die Nutzer. Das Design sollte kein langes Scrollen durch den Inhalt vorsehen. Erstellen Sie eine Salesforce-Navigation, die den Benutzer zu dem gewünschten Inhalt führt.

Aktuelle Nutzererwartungen   Effektive UX und UI bedeutet, dass man auf dem neuesten Stand des Designs bleibt und Trends nutzt, um ein benutzerfreundliches und elegantes Design zu schaffen.

Beschränkungen der Schnittstelle   Erkennen Sie die Grenzen des Geräts. Wenn ein Benutzer aufgefordert wird, ein langes Formular auszufüllen oder mehr als nur ein paar Wörter einzugeben, kann dies die Benutzerfreundlichkeit und die Akzeptanz beeinträchtigen. Stellen Sie außerdem sicher, dass Ihre Anwendung so funktioniert, wie der Benutzer das Gerät verwendet. Ich zum Beispiel benutze mein iPad am liebsten im Querformat und mein iPhone im Hochformat. Anwendungen, die sich nicht an meinen Stil anpassen, werden schnell gelöscht.

Benutzer benachrichtigen   Anwendungen brauchen manchmal Zeit, um Bildschirme und Daten zu laden. Nutzen Sie die Vorteile des „Lazy Loading", um die Benutzerinteraktion zu beschleunigen. Ein Benutzer möchte vielleicht nicht warten, bis eine Anwendung geladen ist. Ohne Rückmeldung über den Status könnte der Benutzer auch denken, dass die Anwendung fehlerhaft ist und sie schließen. Es ist wichtig, den Benutzer über den Status des Ladevorgangs sowie über den Abschluss und die Annahme von Aktionen zu informieren. Wenn der Benutzer bei jedem Anwendungsschritt benachrichtigt wird, werden Verwirrung und Frustration verringert.

Langsames Laden oder unendliches Laden   ist eine Technik zum Hinzufügen eines Ressourcenverweises oder Platzhalters zur Seite (Bild, Video usw.), der sofort geladen wird. Die endgültige Ressource wird vom Browser zwischengespeichert und ersetzt den Platzhalter, wenn der Bereich der Seite angezeigt wird. Lazy Loading ermöglicht ein schnelles Laden der Seite, so dass der Benutzer den Inhalt fast sofort sehen kann. Beim Scrollen oder Bewegen auf der Seite wird der größere und langsamer geladene Inhalt aus dem Cache abgerufen. Ein Nachteil des „Lazy Loading" ist, dass es sich auf Ihr SEO-Ranking auswirken kann, da der „Lazy-Load"-Inhalt fehlt oder ignoriert wird.

In Salesforce kann der Entwickler eine Apex-Klasse, eine Lightning-Komponente, einen JavaScript-Controller oder einen JavaScript-Helper verwenden, um das „Lazy Loading" zu implementieren. In jedem Fall unterstützen die Codesegmente die Zwischenspeicherung von Ressourcen, nachdem die erste Seite geladen wurde.

Mobile Entwicklung von Salesforce

Wie bereits erwähnt, haben mobile Geräte die Art und Weise, wie wir arbeiten und spielen, grundlegend verändert. In ähnlicher Weise hat sich auch die mobile Entwicklung von Salesforce weiterentwickelt, um diesen veränderten Anforderungen gerecht zu werden. In diesem Abschnitt werden die verfügbaren Ressourcen und Tools besprochen, die bei der Entwicklung mobiler Anwendungen in Salesforce berücksichtigt werden sollten. Dieser Abschnitt bietet eher einen Überblick über die Tools als eine Schritt-für-Schritt-Anleitung. Eine detaillierte Zusammenstellung von Tools, Schulungen

und Dokumentationen finden Sie im Mobile Development Center unter https://
developer.salesforce.com/developer-centers/mobile/.

Mobiles Entwicklungszentrum   Das Salesforce-Entwicklungszentrum ist ein
robustes mobiles Entwicklungszentrum zur Unterstützung eines mobilen
Entwicklungsteams. Zu den Hauptelementen des Entwicklungscenters gehören (1)
Entdecken, (2) Mit der Entwicklung beginnen, (3) Die Dokumente lesen, (4) Tools
erhalten, (5) Tiefer eintauchen und (6) Entwicklerforen.

Salesforce bietet zwei Möglichkeiten zur Erstellung und Bereitstellung mobiler
Anwendungen. Die erste ist das **Salesforce Mobile SDK**. Mobile SDK gibt Entwicklern
die Tools an die Hand, um mobile Anwendungen mit benutzerdefinierten
Benutzererfahrungen zu erstellen. Mit Mobile SDK können Sie benutzerdefinierte
Anwendungen erstellen. Diese Anwendungen können über den Apple App Store oder
den Google Play Store bereitgestellt werden. Die Anwendungen können entweder mit
nativen oder mit Webtechnologien entwickelt werden. Mobile SDK bietet eine Vielzahl
von Ressourcen und Tools zur Erstellung von zuverlässigen und sicheren Anwendungen.

Die zweite Möglichkeit, Salesforce-Mobilanwendungen zu entwickeln, ist die
Verwendung der **Salesforce-App**. Dies ist die schnellste Möglichkeit für Salesforce-
Administratoren und -Entwickler, mobile Anwendungen bereitzustellen. Sie verwendet
Point-and-Click-Tools für Administratoren und die Lightning-
Webentwicklungsplattform für fortgeschrittene Entwickler. Dieses Buch behandelt nicht
die Details für die Entwicklung von Salesforce-App-Lösungen.

Auch in diesem Kapitel werden keine spezifischen Details oder Schulungen zur
Verwendung einer der spezifischen Entwicklungsumgebungen angeboten. Vielmehr soll
das Kapitel einem Architekten helfen, die Unterschiede zu erkennen, um den besten
Architekturansatz für seine Umgebung zu wählen.

Neue Salesforce-App

Die Salesforce-App ist eine leistungsstarke Entwicklungsumgebung für mobile
Anwendungen, die jedoch nicht alle in Salesforce Lightning Desktop verfügbaren
Merkmale und Funktionen umfasst. In Tab. 8-3 sind die Funktionen aufgeführt, die von
der Salesforce-App nicht unterstützt werden.

Tab. 8-3. *Beschränkungen der Salesforce-App*

Lightning-Funktionalität	Nicht verfügbar in der Salesforce App (Mobile)
Datenzugriff und Ansichten	Lightning-Anwendungen.
	Konsole.
	Erweiterte Währung.
	Bereiche der Abteilungs- oder Gebietsverwaltung.
	Kombinationsfelder.
	Verhalten der Auswahlliste.
	Anzeige der Rufnummer.
	Rich-Text-Inhalte sind inkonsistent und variieren je nach Gerät.
	Anzeige der Benutzerfelder.
	Erstellung und Bearbeitung von Listenansichten, Mehrfachauswahl, Massenaktionen und automatische Aktualisierungen.
	Datensatzansicht; die Abschnitte sind nicht zusammenklappbar.
	Verwandtes Listenverhalten.
	Anmerkungen und Anhänge.
Verkaufsmerkmale	Kontofeld automatisch hinzugefügt.
	Soziale Konten.
	Verwalten Sie ein externes Konto.
	Kontohierarchie.
	Konten zusammenführen
	Bearbeiten Sie Notizen und Anhänge.
	Personenkonten bearbeiten oder löschen.
	Rolle des Kontakters.
	Account- und Opportunity-Teams – Zugang für Teammitglieder.
	Kampagnenmanagement.
	Kontakte (mehrfache und soziale).
	Verträge.
	Einstein.
	Die Prognosen sind schreibgeschützt.
	Leads (Social Leads und Lead Conversion).
	Grenzen der Nachrichten.
	Die Möglichkeiten sind begrenzt.
	Einschränkungen bei der Bestellung.
	Grenzen des Zitierens.

(Fortsetzung)

Tab. 8-3. (*Fortsetzung*)

Lightning-Funktionalität	Nicht verfügbar in der Salesforce App (Mobile)
Produktivitätsmerkmale	Salesforce Today ist auf mobilen Geräten verfügbar, aber nicht im Web oder auf dem Desktop. Einschränkungen der Aufgabe. Einschränkungen im Veranstaltungskalender. Einschränkungen bei den Anmerkungen. E-Mail-Beschränkungen. Dialer nicht verfügbar. Skype nicht verfügbar. Work.com-Einschränkungen (gilt nicht für die neu hinzugefügten Emergency Response Management (ERM)-Funktionen von Work.com).
Datenqualität und -verbesserung	Einschränkungen bei der Verwaltung von Duplikaten. Data.com Einschränkungen.
Merkmale des Kundendienstes	Beschränkungen bei der Zuführung von Fall und Fall. Berechtigungen und Meilensteine – Meilenstein und Tracker werden nicht angezeigt. Field Service Lightning Einschränkungen. Die Kenntnisse sind begrenzt. Grenzen des sozialen Kundendienstes. Nur Ansicht von Arbeitsaufträgen und verknüpften Artikeln, verknüpfte Artikel nicht verfügbar.
Berichte und Dashboards	Einschränkungen des Berichts. Einschränkungen des Dashboards. Einschränkungen der Karte.
Salesforce-Dateien	Chatter MUSS aktiviert sein. Einschränkungen beim Dateityp. Inhaltliche Bibliotheksbeschränkungen, d. h. private Bibliotheken sind nicht verfügbar.

(*Fortsetzung*)

Tab. 8-3. (*Fortsetzung*)

Lightning-Funktionalität	Nicht verfügbar in der Salesforce App (Mobile)
Chatter	Einschränkungen bei der Fütterung. Thematische Einschränkungen. Chatter Fragen Einschränkungen. Einschränkungen der Gruppen. Einschränkungen bei Personen und Profilen. Messenger ist nicht verfügbar.
Salesforce-Gemeinschaften	Gemeinschaftsverwaltung und Arbeitsraum. Webbasierte Anwendungsvorlage. Site.com Branding. Andere Einschränkungen der Gemeinschaft.
Navigation und Aktionen	Die Navigation wird im Hochformat unterstützt. Versorgungsleiste. Schaltfläche Speichern und neue Aktion. URL-Parameter übergeben. Einschränkungen für E-Mail-Aktionen.
Suche	Unterschiedliches Suchverhalten. Angepinnte Suchen. Einschränkungen der Suchergebnisse. Einschränkungen bei der Nachschlage-Suche.
Eingabe von Daten	Die Erstellung von Beschränkungen variiert je nach Objekt. Die Bearbeitungsbeschränkungen variieren je nach Objekt
Zulassungen	Kann nicht entsperrt werden. Genehmigung in Chatter Einschränkungen. Unterschied zwischen Layout und Listenansicht.
Offline-Zugang	Kann Daten für die jüngsten Datensätze der FÜNF zuletzt verwendeten Objekte zwischenspeichern. Kann offline aktualisiert werden für Schnellaktionen, Datensatztypen, Nachschlagewerke und Auswahllisten, Notizen, Ereignisse und Aufgaben. NICHT unterstützte Gemeinschaften.

(*Fortsetzung*)

Tab. 8-3. (*Fortsetzung*)

Lightning-Funktionalität	Nicht verfügbar in der Salesforce App (Mobile)
Salesforce-Anpassung	Benutzerdefinierte Homepages. Beschränkungen für benutzerdefinierte Aktionen und Schaltflächen. Benutzerdefinierte Hilfe. > 100 Blitzkomponenten. Anfrage ziehen. Web-Registerkarten und S-Steuerungen.

Die neue Salesforce-App ermöglicht es dem Architekten, die Lightning-App-Entwicklung auch für die mobile Entwicklung zu nutzen. Umgekehrt bietet das Mobile SDK dem Architekten Funktionen und Hooks zur Erstellung nativer Anwendungen, die nicht mit der Lightning-App-Builder-Umgebung verbunden sind. Der Hauptunterschied zwischen der Salesforce-App und der Salesforce Mobile SDK-Entwicklung ist in Tab. 8-4 dargestellt.

Tab. 8-4. *Vergleich zwischen Salesforce App und Salesforce Mobile SDK-Funktionen*

Funktionelle Fähigkeit	Salesforce-App	Mobile SDK
Schnittstelle	Vordefiniert.	Vollständig anpassbar.
Salesforce-Org-Zugang	Vollständiger Org-Zugang.	REST API, Visualforce, Remoting, jQuery und Ajax.
Erfahrungen der Benutzer	Integriert in Salesforce UX mit deklarativer oder programmatischer Entwicklung.	Benutzerdefinierte UX und Marke.
Benutzerdefinierte Funktionen	Lightning-Komponente, Visualforce, Canvas-Seiten.	Vollständige Palette von Entwicklungsmöglichkeiten.
Sicherheit	Integriert in die Salesforce-App.	Benutzerdefinierte Sicherheitsumhüllung.

(*Fortsetzung*)

Tab. 8-3. (*Fortsetzung*)

Funktionelle Fähigkeit	Salesforce-App	Mobile SDK
Funktionen, Benachrichtigungen und Aktionen	Aktionsleiste und inhärente Salesforce.	Push-Benachrichtigung und benutzerdefinierte Aktionen. Erhebliche Offline-Funktionalität.
Vertrieb	Die Salesforce-App ist im Apple App Store oder bei Google Play erhältlich. Windows Mobile wird nicht unterstützt. Benutzerdefinierte mobile Apps und in Salesforce verwaltet.	Muss im Apple App Store oder bei Google Play erstellt und vertrieben werden.
Unterstützung für Salesforce-Updates	Inbegriffen in Salesforce-App und Salesforce-Org-Updates.	Zusätzliche Wartung erforderlich.

Unterschiede in der Entwicklungsumgebung

Native Apps (Apple Native iOS und Google Native Android) bieten eine bessere Benutzerfreundlichkeit, mehr Funktionen und ein besseres Benutzererlebnis, da sie in der Sprache des Geräts entwickelt werden. Dieser Ansatz ermöglicht es dem Entwickler, Funktionen wie Gerätegrafiken, Animationen, integrierte Komponenten und den direkten Zugriff auf gerätespezifische Funktionen zu maximieren.

Um native Anwendungen zu entwickeln, müssen Sie die Geräteumgebung und die Tools kennen, die zum Erstellen, Testen und Bereitstellen von benutzerdefiniertem Code verwendet werden. Dies erfordert erfahrenere Entwickler. Dies gibt dem Entwickler jedoch ein höheres Maß an Freiheit, um einzigartige Anwendungen zu erstellen.

Zu den **wichtigsten Vorteilen** der nativen App-Entwicklung gehören die folgenden:

- Zugriff auf alle Gerätekomponenten und -funktionen

- Geschwindigkeit und Leistung der Anwendung

- Erweiterte Offline-Funktionen

- Wiedererkennbares und einheitliches Erscheinungsbild für die Benutzer

- Geräte-Seitenverhältnis für Bilder einfacher zu unterstützen

- Bessere Gerätesicherheit

Zu den **größten Nachteilen** der nativen App-Entwicklung gehören die folgenden:

- Die Anwendung ist an einen bestimmten Gerätetyp gebunden.

- Teure Entwicklungskosten.

- Längere Entwicklungszeiten.

- Häufige Aktualisierungen erforderlich.

- Die Gebühren für Lieferdienste wie den iOS App Store können hoch sein.

React Native ist ein hybrides App-Framework, das von Facebook entwickelt wurde. React Native verwendet JavaScript-Code und wandelt ihn in eine native Anwendung für iOS- und Android-Geräte um. Das hybride Framework verwendet native UI-Entwicklungsblöcke, die mit JavaScript und React verbunden sind.

Dieser Ansatz spart Entwicklungszeit, Aufwand und Kosten, da es möglich ist, den Code wiederzuverwenden, Funktionen hinzuzufügen und umfangreiche Bibliotheken zu verwenden. Mit dem Salesforce Mobile SDK unterstützt React native Funktionen wie Salesforce SmartStore, Mobile Sync, REST API und Salesforce Login und Authentifizierung.

Zu den **wichtigsten Vorteilen** der React Native App-Entwicklung gehören die folgenden:

- Geringere Kosten für die Entwicklung

- Unterstützt sowohl iOS- als auch Android-Entwicklung

- Höhere Geschwindigkeit als bei anderen hybriden Umgebungen

- Geschwindigkeit und Leistung der Anwendung

- Wiederverwendung von Code und große Entwicklungsgemeinschaft, auf die man zurückgreifen kann

- Modularer Aufbau

- Verwendung von scharfen oder heißen Nachladungen

Zu den **größten Nachteilen** der React Native App-Entwicklung gehören die folgenden:

- Begrenzte Versionsaktualisierungen

- Fehlersuche und Fehlerbehebung schwieriger

- Vertrauen in Facebook

- Für den Zugriff auf erweiterte Funktionen kann immer noch eine native Entwicklung erforderlich sein.

- Begrenzte Robustheit der Sicherheit

- Begrenzte Speicherverwaltung

- Keine Unterstützung für Dezimalzahlen, was die Berechnungsmöglichkeiten einschränkt

Cordova-basierte Hybrid-Apps werden mit einem Standard-Webentwicklungsansatz unter Verwendung eines gerätespezifischen Wrappers oder Containers erstellt. Dieser Container bietet Zugriff auf native Plattformfunktionen wie Gesten, GPS, Sprache und Kamerafunktionen. Hybrid-Apps können wie Web-Apps schneller entwickelt werden, während sie die Vorteile robuster nativer Funktionen nutzen. Das Salesforce Mobile SDK bietet Funktionen wie Mobile Sync, um auf Daten zuzugreifen und diese für die Offline-Nutzung zwischenzuspeichern. Diese Funktion unterstützt auch offline zwischengespeicherte Daten und die Synchronisierung mit Salesforce-Servern, sobald die Verbindung wiederhergestellt ist.

Die **wichtigsten Vorteile** der hybriden App-Entwicklung sind die folgenden:

- Entwicklungsgeschwindigkeit bis zur Marktreife

- Einfache Entwicklung mit Standard-Webentwicklung

- Flexibles UI/UX aufgrund des nativen Frameworks

- Geringere Kosten

- Einmal kompilieren, überall ausführen

Die **wichtigsten Nachteile** der hybriden App-Entwicklung sind folgende:

- Langsamere Leistung im Vergleich zur nativen Version.

- Nicht standardisierte Benutzeroberfläche.

- Aktualisierungen und Fehlerbehebungen verzögern Umgebungen.

- Verlassen Sie sich auf die hybride Schnittstelle und die Integrationen.

- Begrenzte Gerätefunktionen im Vergleich zu nativen Geräten.

Abb. 8-4 zeigt die Interaktionen zwischen der Webentwicklung, dem Framework und dem mobilen Gerät mit Adobe Cordova.

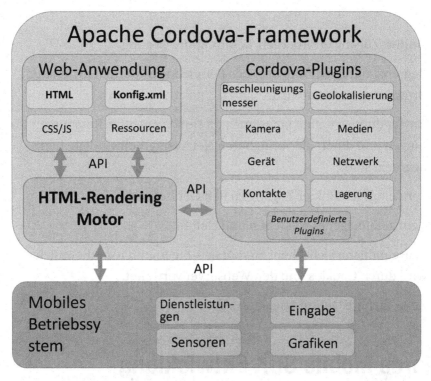

Abb. 8-4. *Rahmen der mit Adobe Cordova verwendeten Designumgebung*

Mobile HTML5- und JavaScript-Apps sind Webseiten, die für den Einsatz auf einem mobilen Gerät konzipiert sind. Web-Apps sind geräteunabhängig und unterstützen die meisten mobilen Browser. Web-Apps sind nach dem Prinzip „einmal schreiben, überall ausführen" konzipiert und lassen sich leicht entwickeln und auf einer Vielzahl von Geräten unterstützen. Sie werden mit einer einfachen URL-Adresse für die Anwendung bereitgestellt.

Zu den wichtigsten Vorteilen der Entwicklung von HTML5-Anwendungen gehören die folgenden:

- Schnelligkeit der Entwicklung bis zur Marktreife.

- Geringere Entwicklungskosten im Vergleich zu nativen Anwendungen.

- Einfache Entwicklung mit Standard-Webentwicklung.

- Leichtere Wartung, da die Anwendung zentralisiert ist.

- Die Bereitstellung der Anwendung ist einfacher.

Zu den größten Nachteilen der Entwicklung von HTML5-Anwendungen gehören die folgenden:

- Online-Zugang erforderlich, keine Offline-Lösung.

- Begrenzt durch den Browser des Benutzers; es werden nicht alle Browsertypen unterstützt.

- Anwendungen laufen langsamer, da sie serverseitige Ressourcen nutzen und durch die verfügbaren Netzwerkgeschwindigkeiten begrenzt sind.

- Sehr eingeschränkter Zugang zu den Gerätefunktionen.

- Kein geräteeigenes Aussehen und Gefühl.

- Unfreundliche Sicherheitsmerkmale – die Identitätsauthentifizierung wird durch Cookies und den Webserver verwaltet.

- Keine sichere Offline-Speicherung.

Salesforce Mobile SDK Entwicklung

Mobile SDK bietet Unterstützung für die folgenden Entwicklungsanforderungen:

- **Native Apple iOS, Native Google Android, HTML5, Hybrid und React Native Entwicklung**: Unterstützung für beide nativen mobilen Betriebssysteme, Webentwicklung, Cordova-basiertes Hybrid-Framework und React Native. Das Salesforce Mobile SDK unterstützt die Entwicklung in den folgenden Umgebungen: Apple Native iOS, Google Native Android, React Native, Cordova-basiertes Hybrid-Framework sowie HTML5 und JavaScript.

- **Mobile Dienste**: Verwendet Dienste wie Push-Benachrichtigungen, Geolokalisierung, Analysen, Tools für die Zusammenarbeit und Geschäftslogik in Salesforce.

- **Offline-Verwaltung mit SmartStore Encrypted Database**: Verwendet eine AES-256-verschlüsselte Datenbank, um Daten lokal zu speichern und abzurufen. Unterstützt die sichere Speicherung von Schlüsseln in iOS und Android.

- **Mobile Synchronisierung**: Verwendet eine einfache API für die Synchronisierung von Daten zwischen Ihrer Offline-Datenbank und der Serverseite in Salesforce.

- **Push-Benachrichtigung**: Verwendet mit Salesforce verbundene Anwendungen und SDK, um Push-Benachrichtigungen zu entwickeln und zu testen.

- **Salesforce-Gemeinschaften**: Nutzt den Zugang zu Salesforce-Communities, um Anwendungen schnell zu erstellen.

- **Unternehmensidentität und -sicherheit**: Verwendet die Salesforce-verbundene App-Richtlinie. Sie verwendet SAML und erweiterte Authentifizierungsabläufe. Unterstützt OAuth 2.0 User-Agent Flow, SSO und OpenID-Tokens für den Zugriff auf externe Dienste.

- **API für die Dateiverwaltung**: Verwendet REST-API-Open-Source-Bibliotheken, um das Hoch- und Herunterladen von Dateien zu verwalten, mit Verschlüsselung und Caching für iOS und Android.

Das Salesforce Mobile SDK unterstützt die Entwicklung in den folgenden Umgebungen: Apple Native iOS, Google Native Android, React Native, Cordova-basierter Hybrid sowie HTML5 und JavaScript.

- **Native Apps** verwenden ein bestimmtes Betriebssystem für mobile Geräte, entweder iOS oder Android.

- **React Native-Anwendungen** nutzen das Facebook-Framework, um JavaScript-Anwendungen als nativen Code auszuführen.

- **Hybride Anwendungen** verwenden ein Cordova-basiertes Framework, um die Entwicklung von HTML5-Webanwendungen mit der nativen Plattform unter Verwendung eines hybriden Containers zu kombinieren.

- **HTML5-Anwendungen** verwenden Standard-HTML5, JavaScript und CSS zur Unterstützung eines mobilen Webbrowsers.

Salesforce unterstützt IoT, Wearables und andere vernetzte Geräte

Das Internet der Dinge (Internet of Things, IoT) ist die Verbindung von Geräten oder Instrumenten mit dem Internet, so dass Benutzer die gesammelten Daten untersuchen oder auf eigenständige Steuerungen zugreifen können. Das IoT verändert die Art und Weise, wie wir mit unseren Autos, Häusern, medizinischen und geschäftlichen Systemen interagieren.

Das Internet eröffnet den Zugang zu Millionen von Systemen und Endpunkten, die bisher privaten Systemen oder Direktverbindungen vorbehalten waren. Die persönlichen und geschäftlichen Möglichkeiten sind endlos. In meinem persönlichen Leben nutze ich das IoT in vielerlei Hinsicht, z. B.

- Steuerung meines Thermostats an drei verschiedenen Orten

- Meine Haustür auf Pakete und Besucher zu überwachen

- Sicherstellen, dass meine Türen verschlossen sind, und sogar Besuchern Zugang gewähren, wenn ich nicht zu Hause bin

- Aufzeichnung der täglich zurückgelegten Schritte

- Überwachung meiner Herzfrequenz mit meiner Uhr und meinem iPhone

- Automatisches Mapping meines Radweges

- Verfolgung der Fahrgewohnheiten zur Senkung meiner Versicherungsrechnung

- Sogar meiner Frau wird geholfen, einen Ort zu finden, der Hunderte von Meilen entfernt ist.

Das Internet der Dinge (IoT) hat sich in allen Bereichen des Unternehmensumfelds etabliert, darunter im Bankwesen, in der Landwirtschaft, im Finanzwesen, in der Fertigung und im Gesundheitswesen. Die Anwendungen sind praktisch endlos.

Verstehen von IoT-Architekturmustern

Ein Verständnis der Konzepte, Vorteile und Risiken, die mit den verschiedenen IoT-Plattformlösungen verbunden sind, wird Ihnen helfen, die beste Option für die Bereitstellung auszuwählen. Beginnen wir mit dem Gerät. Das Gerät kann direkt oder indirekt mit dem Internet verbunden sein. Da die meisten Geräte bereits vor der Einführung des IoT als Architektur vorhanden waren, ist es wichtig, zu prüfen und zu verstehen, wie das Gerät derzeit Informationen sammelt. Ihr Entwurf muss berücksichtigen, wie die Informationen des Geräts zu einem angeschlossenen System gelangen.

Es gibt viele Arten von IoT-Lösungen, die Fernüberwachung und Regelerstellung unterstützen. Sie lassen sich in vier Haupttypen unterteilen:

- **Ende-zu-Ende**: Verwalten Sie alle Aspekte der IoT-Verbindung und -Nutzung

- **Cloud**: PaaS-Umgebung zur Verwaltung von Geräten.

- **Daten**: Verwenden Sie Gerätedaten zur Unterstützung von Analysen.

- **Konnektivität**: Anschluss von Geräten zur Unterstützung der Nutzung.

Verbindung von Salesforce mit IoT-Geräten

Wie in Kap. 7 beschrieben, erfordert die Verbindung zwischen einem IoT-Gerät und Salesforce eine verbundene Anwendung mit OAuth 2.0 Device Authorization Grant, die browserlose und eingabebeschränkte Geräte unterstützt. Dieser Ablauf erfordert, dass ein Architekt eine verbundene Anwendung erstellt, bevor er die Autorisierungsanfrage startet. Die Autorisierungsschritte sind wie folgt:

1. Das Gerät fordert einen Code von der IDP an.

2. Die IDP sendet eine URL und einen Autorisierungscode an das Gerät zurück.

3. Das Gerät sendet den Code und die URL über einen Browser auf einem anderen Gerät an den Nutzer.

4. Der Benutzer meldet sich an und gibt seine Zustimmung zur IDP.

5. Das Gerät fragt den IDP ab und wartet auf eine Antwort, sobald Schritt 4 abgeschlossen ist.

6. Die IDP sendet die Token-Antwort an das Gerät zurück.

7. Das Gerät verwendet das Token zur Authentifizierung bei der IDP.

8. Die Verbindung ist hergestellt.

Implementierung des IoT in Salesforce

Salesforce hat erhebliche Investitionen in das IoT-Ökosystem getätigt. Salesforce empfiehlt die Implementierung von IoT anhand eines klaren Plans, der Planung, Verbindung, Umwandlung, Aufbau und Bereitstellung umfasst. Bevor Sie beginnen, müssen Sie Salesforce IoT in Ihrer Instanz aktivieren. Es ist in der Developer Edition enthalten und ein Add-on für die Enterprise-, Performance- und Unlimited-Editionen zu einem Aufpreis. Wenn es aktiviert ist, sind die wichtigsten Schritte, die zur Implementierung von Salesforce IoT erforderlich sind, wie folgt:

- **Planungsphase**: Sie legen die Ereignisse und Auslöser fest, die verwendet werden sollen, und erstellen die Maßnahmen, die erforderlich sind, um auf die Ereignisse zu reagieren. Dazu müssen Sie den Kunden verstehen und wissen, was die besten Ergebnisse bringt.

- **Verbindungsphase**: Wählt aus, wie die Datenquellen mit den in der Planungsphase benötigten Gerätedaten verbunden werden.

- **Transformationsphase**: Hier wird festgelegt, wie die Geräteinformationen in verwertbare Daten umgewandelt werden, die in der Salesforce IoT-Umgebung genutzt werden können.

- **Erstellungsphase**: Erstellt die neue Orchestrierungsregel in Salesforce IoT. Die Orchestrierung ist ein deklarativer Prozess, der in Salesforce zur Verwaltung der Ereignisse verwendet wird.

- **Bereitstellungsphase**: Die Orchestrierungsregeln werden aktiviert und die Ergebnisse getestet. Sobald dies bestätigt ist, ist die IoT-Lösung einsatzbereit.

Kapitel Zusammenfassung

In diesem Kapitel haben wir Folgendes behandelt

- Ein Überblick über die wichtigen Aspekte der mobilen End-to-End-Architektur, einschließlich Überlegungen zur Geräte- und Datenverwaltung

- Die neun Einschränkungen im Zusammenhang mit der mobilen Architektur: mobile Anwendungen, Benutzererfahrungen, Gerätezugang, Markteinführungsgeschwindigkeit, Entwicklungskosten, Anwendungsleistung, Sicherheitsbedenken, Entwicklungskenntnisse und Anwendungsbereitstellung

- Wie man Sicherheitsbedrohungen mit Unternehmenslösungen wie Mobile Device Management (MDM), Mobile Application Management (MAM), Enterprise Mobility Management (EMM), Unified Endpoint Management (UEM) und Mobile Content Management (MCM) eindämmt

- Ein Überblick über Überlegungen zum Design der mobilen Salesforce-Architektur, Kompromisse und Risiken, einschließlich einer Übersicht über die Unterschiede zwischen Benutzererfahrung (UX) und Benutzeroberfläche (UI)

- Ein Vergleich der Entwicklung mobiler Anwendungen mit der Salesforce-App und dem Salesforce Mobile SDK, einschließlich eines tiefen Einblicks in die verfügbaren Ressourcen, die im Salesforce Mobile SDK enthalten sind

- Die Bedeutung des Internets der Dinge (IoT) in Bezug auf die mobile Architektur und Bereitstellung

KAPITEL 9

Salesforce-Entwicklung und – Bereitstellungslebenszyklus

Wenn Sie ein Restaurant auf Yelp bewerten, bewerten Sie dann nur das Essen oder auch die Umgebung, die Präsentation und den Service?

Angenommen, Sie gehen zum Brunch in ein schickes Restaurant und bestellen Eggs Benedict. Zu Ihrer Überraschung bringt Ihnen der Kellner zwei ungekochte, flüssige Eier in einer Pfanne, eine Tasse Sauce Hollandaise, zwei Scheiben gefrorener englischer Muffins mit einigen Tomaten und Spinat darauf. In Wirklichkeit hat es alle Zutaten, die auf der Speisekarte beschrieben sind, aber wir wetten, dass Ihre Yelp-Bewertung für dieses Restaurant nicht besonders gut ausfallen wird. Noch schlimmer ist es, wenn es Ihnen geschmeckt hat und das Restaurant es beim nächsten Mal nicht mehr auf die gleiche Weise zubereiten kann.

Die einmalige Erstellung eines Produkts ist nicht dasselbe wie die schrittweise und konsistente Erstellung, Integration und Bereitstellung des Produkts ohne Unterbrechung der regelmäßigen Nutzung. DevOps ist eine Praxis, die letzteres bewerkstelligt.

DevOps ist kein architektonischer Entwurf für ein bestimmtes System. Es ist eine Praxis, die von einem Architekten entworfen und von einem Unternehmen eingeführt wurde, um die End-to-End-Praxis der Entwicklung einer Anwendung, des Testens, der Freigabe für die betriebliche Nutzung und der Wiederholung des Prozesses durch kontinuierliche Integration und kontinuierliche Bereitstellung neuer Komponenten und

D. Jyoti, J. A. Hutcherson, *Handbuch für Salesforce-Architekten*, https://doi.org/10.1007/978-3-662-66534-3_9

neuerer Versionen der Anwendung zu verwalten, ohne die aktuelle betriebliche Nutzung der Lösung zu unterbrechen.

In diesem Kapitel werden wir Folgendes behandeln

- Sechs Archetypen von Standard-DevOps

- Auswahl der idealen Bereitstellungsmethodik

- Rollen, Verantwortung und Teamstruktur, die für die Bereitstellung eines Salesforce-Projekts erforderlich sind

- Umweltmanagement und Strategien zur Quellcodekontrolle

- Teststrategien und Entscheidungen für manuelle vs. Testautomatisierungsstrategien

- Einrichtung eines Center of Excellence, Governance und Überwachung für die Bereitstellung von Salesforce-Projekten

DevOps

DevOps ist ein umgangssprachlicher Begriff, der für „Development and Operations" steht. Bei unseren Recherchen haben wir keine einheitliche Standarddefinition für DevOps gefunden, aber eine einhellige Übereinstimmung darüber festgestellt, was typisches DevOps ausmacht. Einhellig bezieht sich DevOps auf die Einführung der sechs Archetypen als Teil des Modells für kontinuierliche Entwicklung und Bereitstellung.

Wie in Abb. 9-1 dargestellt, sind die sechs Archetypen für die Einrichtung eines effizienten DevOps-Prozesses

- Methodik der Lieferung

- Team Lieferung

- Umwelt- und Freigabemanagementstrategie

- Strategie für kontinuierliche Integration und Bereitstellung

- Prüfstrategie

- Governance und Überwachung

Mithilfe der sechs Archetypen kann ein Architekt steuern, wie Ihr Produkt iterativ und konsistent für den betrieblichen Einsatz in jeder Umgebung, einschließlich der

Produktionsumgebung, entwickelt, zusammengestellt und bereitgestellt wird. Wenn Ihre Lösung mit neueren Versionen und Funktionen weiterentwickelt wird, muss Ihr DevOps-Design die kontinuierliche Integration dieser Funktionen in die bestehenden Versionen Ihres Produkts in jeder Umgebung berücksichtigen. Ein hervorragendes Beispiel für eine effiziente DevOps-Praxis ist Salesforce als Unternehmen selbst. Salesforce veröffentlicht jedes Jahr Hunderte von neuen Funktionen in drei Hauptversionen für Millionen von Kunden weltweit, ohne dass deren reguläre Nutzung von Salesforce unterbrochen wird.

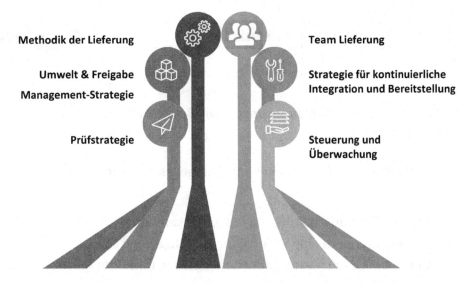

Abb. 9-1. *Sechs Archetypen von DevOps*

DevOps ist eine neue und ausgereifte Praxis im Vergleich zu traditionellen Ansätzen für die Entwicklung und Bereitstellung von Software. Bevor wir das Warum und Wie von DevOps erörtern, werfen wir einen kurzen Blick auf einige der traditionellen Ansätze zur Softwareentwicklung ohne DevOps.

Traditioneller Ansatz der Softwareentwicklung

Um dies zu verdeutlichen, werden wir den traditionellen Softwareentwicklungsansatz anhand des Entwurfs, der Entwicklung und der Lieferung eines maßgeschneiderten Autos in Abb. 9-2 veranschaulichen.

1 - Was sich die Geschäftsanwender vorgestellt haben

2 - Was als Geschäftsanforderungen erfasst wurde

3 - Was wurde als Lösungsentwurf geplant?

4 - Was wurde entwickelt?

5 - Was wurde vor der Auslieferung getestet?

6 - Was wurde als endgültige Lösung geliefert?

Abb. 9-2. *Traditionelle Entwicklungspraxis am Beispiel eines maßgeschneiderten Autos*

In Abb. 9-2 ist dargestellt, was bei einem traditionellen Softwareentwicklungsansatz geschieht:

- **Schritt 1**: Ein Produktvertriebsingenieur verkauft den Geschäftsanwendern eine Vision über die Fähigkeiten seines Produkts. Die Geschäftsanwender halten sich natürlich an die beste Version des beschriebenen Produkts als ihre gewünschte Lösung.

- **Schritt 2**: Die Business-Analysten im Team erfassen die geschäftlichen Anforderungen der Geschäftsanwender und interpretieren sie auf der Grundlage des Umfangs und der kollektiven Beschreibungen der gewünschten Funktionalität. Da all dies auf Papier festgehalten wird, gibt es für die Business-Analysten keine Möglichkeit, sich an den Vorstellungen der Geschäftsanwender zu orientieren.

- **Schritt 3**: Der Architekt prüft die erfassten Geschäftsanforderungen und gleicht sie mit den Sicherheitsanforderungen ab, die vom IT-Team des Unternehmens und anderen technischen Beteiligten angegeben wurden. Da bisher noch nichts gebaut wurde, fügt der

Architekt mit seinem Entwurf einen Grad an Raffinesse und Komplexität hinzu, der wahrscheinlich nie von den Geschäftsanwendern angesprochen wurde und auch nicht in den Geschäftsanforderungen enthalten ist.

- **Schritt 4**: Mehrere Entwickler und Administratoren werden mit der Erstellung verschiedener Geschäftsanforderungen betraut und versuchen, die Geschäftsanforderungen mit dem Lösungsentwurf des Architekten abzugleichen, um ihre Komponente nach ihrem Verständnis zu entwickeln. Da mehrere Entwickler mehrere Funktionen in einem Silo entwickeln, ist es schwierig, die verschiedenen Teile und Komponenten zu verwalten, die von den verschiedenen Entwicklern erstellt wurden, bis das Produkt fertiggestellt ist. Dies ist das erste Mal, dass ein tatsächliches Produkt für das Projektteam sichtbar wird. Dennoch ist es oft zu spät, etwas zu ändern oder zu überarbeiten, weil die gesamte Entwicklungszeit bereits verstrichen ist. Es bleibt nicht genug Zeit, um die Vorstellungen der anderen vom Endprodukt anzupassen.

- **Schritt 5**: Es wäre schön, wenn das von den Entwicklern in ihrer Entwicklungsumgebung entwickelte Produkt nahtlos mit anderen Entwicklern integriert werden könnte, aber das ist nie der Fall. Um den Code aus einer Entwicklungs-Sandbox in eine Integrations- oder Test-Sandbox zu übertragen, ist ein erheblicher Aufwand an Hin- und Herbewegungen und Koordination mit anderen Entwicklern erforderlich. Wenn das entwickelte Produkt schließlich bereitgestellt und getestet wird, stellen die Tester schnell fest, dass das Produkt nicht so funktioniert, wie es entwickelt wurde, so dass sie nur eine verkleinerte Version des entwickelten Produkts genehmigen können, die für die endgültige Auslieferung bereit ist.

- **Schritt 6**: Zu diesem Zeitpunkt muss das getestete Produkt in der endgültigen Umgebung für die Nutzung durch den Kunden bereitgestellt werden. Den Architekten und Entwicklern gelingt es nicht, die Konflikte zwischen ihrer Arbeit und den bereits vorhandenen Funktionen in der Produktionsumgebung in Einklang

zu bringen. Selbst nach einer verlängerten Zeitspanne und einer
Überschreitung des Budgets ist es eine Untertreibung zu sagen, dass
das Endprodukt, wenn es den Geschäftsanwendern übergeben wird,
sich erheblich von dem unterscheidet, was sie sich als ideale Lösung
vorgestellt haben.

Es ist leicht, dieses Beispiel als Scherz abzutun, aber Sie werden überrascht sein, wie real
dieses Szenario in der Softwarebranche ist. Es ist auch leicht zu glauben, dass DevOps
ein „nice-to-have" und kein „must-have" ist, aber Unternehmen und Fachleute, die dies
glauben, werden oft überrascht, wenn sie aufgrund des Fehlens von DevOps nicht
einmal kleine Upgrades an ihrem aktuellen System vornehmen können. Speziell bei
Salesforce ist DevOps nur dann ein „Nice-to-have", wenn Sie Salesforce nur minimal
nutzen und sich auf die Out-of-the-Box-Funktionen von Salesforce beschränken (d. h.
keine Anpassungen).

Eine effiziente DevOps-Praxis reduziert den manuellen Aufwand, der für das Testen,
Integrieren und Bereitstellen erforderlich ist, und verkürzt so die Zeit bis zur
Bereitstellung eines testbaren, lebensfähigen Produkts. Die Komplexität des Erfassens
von Geschäftsanforderungen, des Entwurfs einer Lösung und des Erstellens,
Integrierens, Testens und Bereitstellens in einer Produktionsumgebung ohne eine
Feedbackschleife zur Überwachung, Kurskorrektur und Neuausrichtung mit den
Geschäftsanwendern während des gesamten Prozesses ist das Hauptproblem, das eine
effiziente DevOps-Praxis lösen soll. Eine ideale DevOps-Praxis schafft ein
fabrikähnliches Fließband für alle beteiligten Schritte, von der Anforderungserfassung
bis zur Bereitstellung, so dass die Produktfunktionen in kleinere Teile zerlegt werden
können, um das Feedback der einzelnen Interessengruppen während der funktionalen
Design- und Entwicklungsphase zu erfassen, bevor es zu wenig oder zu spät ist.

Ein effizienter DevOps-Prozess bietet viele Vorteile; hier sind zumindest die vier
bekanntesten Vorteile aufgeführt:

1. Markteinführungszeit sowohl für die erste Version des Produkts
   als auch für inkrementelle Versionen

2. Beschleunigte Einbeziehung von Kunden- und Team-Feedback

3. Kontinuierliche Verbesserung und kontinuierliche Bereitstellung
   mit Schwerpunkt auf verbesserter Effizienz, Effektivität, Qualität
   und Häufigkeit

4. Konsistenz der Lieferung durch die Einführung eines
   Fließbandkonzepts für die Lieferung

Es ist wichtig zu beachten, dass die Einrichtung einer effizienten DevOps-Praxis nicht
billig ist und einige Zeit und Investitionen erfordert, zumindest anfangs. Eine effiziente
DevOps-Praxis ist weniger fehleranfällig, wenn sie automatisiert ist und nur wenige
menschliche Eingriffe erfordert. Eine effiziente DevOps-Praxis erfordert Investitionen in
Software-Tools wie z. B.

- Tools für die Verwaltung des Anwendungslebenszyklus

- Tools zur kontinuierlichen Verbesserung/kontinuierlichen
  Bereitstellung (CD)

- Werkzeuge zur statischen Codeanalyse

- Automatisierte Prüfwerkzeuge

Sobald eine effiziente DevOps-Pipeline eingerichtet ist, amortisieren sich die
anfänglichen Investitionen oft schon innerhalb der ersten paar über den Kanal
verwalteten Releases.

Wie können wir nun mit der Einrichtung von DevOps beginnen?

Methodik der Lieferung

Der erste Schritt bei der Einführung einer DevOps-Praxis ist eine
Implementierungsmethodik, die ausgewählt und befolgt werden muss. Eine
Implementierungsmethodik bezieht sich auf die Orchestrierung, die zwischen den
Teammitgliedern erforderlich ist, um die Geschäftsanforderungen zu erfassen, die
Analyse durchzuführen, die Analyse in ein Lösungsdesign umzuwandeln, die Lösung
gemäß dem Lösungsdesign zu erstellen, die Lösung zu testen, die Lösung in der
richtigen technischen Umgebung für die geschäftliche Nutzung bereitzustellen und
schließlich die Lösung für die vorgesehene Lebensdauer zu warten.

Die drei in der Softwarebranche am häufigsten verwendeten Methoden sind

- Wasserfall-Methodik

- Agile Methodik

- Hybride Methodik

Wir werden in diesem Buch nicht viele Details über die Vorgehensweise bei einer bestimmten Methode behandeln, da mehrere Bücher diese Methoden besser erklären. Wir werden jedoch die Grundlagen der einzelnen Methoden und die Auswahlkriterien für die eine oder andere Methode erläutern. Ein solches Buch, das Sie zu diesem Thema lesen sollten, ist *A Guide to the Project Management Body of Knowledge.*[1]

Abb. 9-3 bietet einen schnellen Überblick und eine Gegenüberstellung der Wasserfallmethodik und der agilen Methodik.

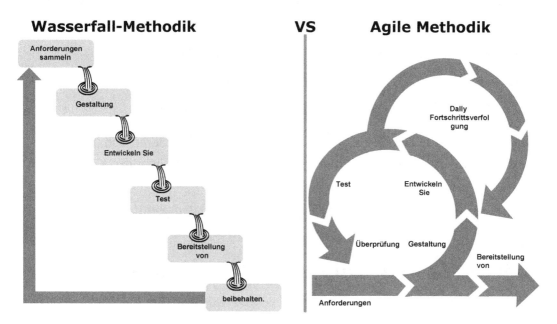

Abb. 9-3. *Wasserfallmethodik vs. Agile Methodik*

Wasserfall-Methodik

Die Wasserfall-Methode folgt einer sequentiellen, sich nicht überschneidenden Ausführungsmethode, die mit der Erfassung der Anforderungen, der Analyse, den Entwicklungstests und der Bereitstellung beginnt, so dass die nächste Phase erst dann beginnt, wenn die vorhergehende gründlich abgeschlossen ist – daher der Name

---

[1] *A Guide to the Project Management Body of Knowledge* (PMBOK® Guide) Sixth Edition, veröffentlicht vom Project Management Institute.

Wasserfall. Die Wasserfallmethode ist die gängigste und traditionellste Methode, die in der Softwarebranche verwendet wird. Auch wenn sie im Vergleich zu den moderneren Agile-Verfahren erhebliche Nachteile aufweist, gibt es doch einige bedeutende Vorteile, die für diese Methode sprechen, wie z. B. die folgenden

1. Einfacher und leicht zu handhabender Ansatz, bei dem alle Aktivitäten und Ergebnisse von Anfang an klar definiert sind.

2. Die Abhängigkeiten und die Komplexität eines Großprojekts können früher bestimmt werden, da der gesamte Umfang und die Anforderungen der Lösung bereits in der Anfangsphase definiert werden.

3. Der Personaleinsatz kann gestaffelt und über mehrere Phasen verteilt werden, da nicht von Anfang an das gesamte Team benötigt wird.

4. Die Entwicklungskosten müssen zu Beginn des Projekts festgelegt werden, wobei die Möglichkeit besteht, das Projekt nach der ersten Analyse- und Entwurfsphase zu stornieren.

5. Die Verfügbarkeit der Interessengruppen ist begrenzt, und es ist nicht sinnvoll, Feedback iterativ zu geben.

6. Am besten geeignet für Projekte mit festem Budget und Zeitplan, bei denen eine vorhersehbare, einmalige Veröffentlichung der endgültigen Lösung mit allen Funktionen erwartet wird.

7. Der formalen Dokumentation und den formalen Abnahmen wird hohe Priorität eingeräumt.

Agile Methodik

Bei einer agilen Methodik wird ein selbstorganisiertes, funktionsübergreifendes Team für eine Projektdauer zusammengestellt, die als „Scrum" bezeichnet wird. Der „Scrum" ist in zwei- bis dreiwöchige Intervalle unterteilt, die als „Sprints" bezeichnet werden. Jeder Sprint besteht aus einem vollständigen Zyklus von Anforderungserfassung, Design, Entwicklung, Testen und Überprüfung der erstellten

Funktionen mit den Projektbeteiligten und Sponsoren. In der Regel werden in jedem Sprint Live-Demos der zu entwickelnden Funktionen durchgeführt, um sofortiges Feedback von allen Interessengruppen und Teilnehmern einzuholen. Das Feedback wird dann zusammen mit den gewünschten Funktionen für künftige Sprints geplant, indem ein Backlog der Anforderungen gepflegt und priorisiert wird. Täglich gibt das Team ein kurzes Update über die Aktivitäten des Vortags, die Pläne des aktuellen Tages und alle Hindernisse, die sie von der Fortsetzung ihrer Projekte abhalten. Diese täglichen Aktualisierungen ermöglichen es den anderen Teammitgliedern, Abhängigkeiten von den Aktivitäten anderer Teammitglieder zu erkennen und die Hindernisse zu beseitigen, mit denen die anderen Teammitglieder konfrontiert sind. Die agile Methodik wurde Anfang der 2000er-Jahre entwickelt, um die Einschränkungen und Herausforderungen der Wasserfallmethodik zu überwinden, wie z. B. das Fehlen einer Feedbackschleife, die fehlende unmittelbare Sichtbarkeit des Projektfortschritts, der Hindernisse und Abhängigkeiten sowie die Unfähigkeit, Änderungen oder Kurskorrekturen an der Lösung auf der Grundlage des Feedbacks der Beteiligten vorzunehmen.

Einige der wichtigsten Vorteile der agilen Methodik gegenüber der Wasserfall-Methodik sind die folgenden

1. Die agile Methodik verfolgt einen inkrementellen Ansatz bei der Softwareentwicklung, während die Wasserfallmethode einen sequenziellen Ansatz verfolgt.

2. Bei der agilen Methodik steht die Flexibilität im Vordergrund, während bei der Wasserfallmethode die Vollständigkeit im Vordergrund steht.

3. Im Vergleich zur Wasserfallmethode ist eine hohe Beteiligung der Interessengruppen erforderlich.

4. Am besten geeignet für einfache, weniger komplexe Projekte mit keinen/wenig komplexen Integrationen.

5. Schnelle Entwicklung mit einer Feedbackschleife und Flexibilität bei Budget und Zeitplan

6. Kürzere Markteinführungszeiten durch einen schrittweisen und iterativen Entwicklungsansatz

7. Geringe Priorität für formale Dokumentation und formale Abnahmen

Hybride Methodik

Obwohl Agile heute in der Softwarebranche sehr beliebt ist, tendieren die meisten Unternehmen dazu, einen maßgeschneiderten hybriden Ansatz zu implementieren. Die hybride Methodik ist das Beste aus beiden Welten, bei der die Unternehmen den sequenziellen Wasserfall-Ansatz nutzen, um bestimmte Phasen zu verwalten, z. B. die Anforderungserfassung und bestimmte Arten von Tests und Bereitstellung. Im Gegensatz dazu werden Design und Entwicklung mit einem iterativen agilen Ansatz verwaltet.

In Abb. 9-4 haben wir eine hybride Methode empfohlen, die alle in diesem Buch vorgeschlagenen Artefakte und Ansätze umfasst. Das in Abb. 9-4 dargestellte Beispiel für eine hybride Methode sieht eine Aufteilung der Projektaktivitäten in drei Hauptphasen vor:

1. Entdeckungs- und Bestätigungsphase (Wasserfallmethodik)

2. Planen und Bauen (Agile Methodik)

3. Test und Freigabe (Agile Methodik)

Die in Abb. 9-4 dargestellte hybride Methodik sieht vor, dass die Anforderungserhebung und -analyse innerhalb eines festgelegten Zeitraums nach der Wasserfallmethode durchgeführt wird, was hier als „Discover and Confirm"-Phase bezeichnet wird. Im Anschluss an die einmalige „Discover and Confirm"-Phase wird eine iterative Reihe von „Plan and Build"-Phasen eingeleitet, um den in der „Discover and Confirm"-Phase erfassten Anforderungsbestand in voll funktionsfähige Lösungen zu verwandeln. Die iterative Reihe von Planungs- und Erstellungsphasen ist mit einer weniger häufigen, iterativen Reihe von Test- und Freigabeaktivitäten gepaart, um die Erwartungen an die Produktlieferung und die Markteinführungszeit zu erfüllen.

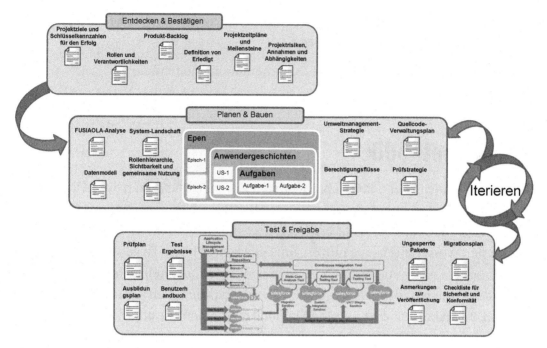

Abb. 9-4. *Beispiel für eine hybride Methodik*

Der größte Vorteil der hybriden Methodik gegenüber ihren beiden Vorgängern besteht darin, dass sie neben der Abdeckung und Vollständigkeit auch Flexibilität bietet. Sie kann so kalibriert und gestaltet werden, dass sie mit festen Budgets und festen Zeitplänen auskommt, die meisten Stakeholder einbezieht, die Entwicklung mit Feedbackschleifen wiederholt und die Ressourcenzuweisungen anpasst.

Unsere Empfehlung wäre, eine hybride Methodik zu wählen, die am besten zu Ihren Projektanforderungen passt, indem Sie die Vorteile der Wasserfallmethodik gegenüber den agilen Methoden auf- oder abwägen.

Nun, da Sie die ideale Methode für Sie gefunden und den Umfang der zu erledigenden Arbeit bestimmt haben, ist es an der Zeit, die richtigen Teammitglieder und Fachleute zusammenzustellen.

Salesforce-Bereitstellungsteam

In der Salesforce-Community herrscht eine gewisse Verwirrung über die Salesforce-Rollen und -Verantwortlichkeiten für die entsprechenden Salesforce-Fachleute. Oft wird gefragt: „Bedeutet die Rolle des Geschäftsanalysten in Salesforce das Gleiche wie die

Rolle eines Salesforce-Administrators?" oder „Was ist der Unterschied zwischen einem technischen Salesforce-Architekten und einem Salesforce-Lösungsarchitekten?"

Um diese und viele andere Fragen zu beantworten, werden in Tab. 9-1 die verschiedenen Salesforce-Berufsbezeichnungen und die entsprechenden Rollen und Verantwortlichkeiten dargestellt.

Tab. 9-1. *Salesforce-Rollen und -Verantwortlichkeiten*

Salesforce-Titel	Rollen und Zuständigkeiten
Technischer Architekt für Salesforce	- Vermittlung von Designübersichten auf Unternehmensebene an Führungskräfte und das technische Team. - Bewertung, Identifizierung und Planung von technischen Möglichkeiten und technischen Bedrohungen zur Formulierung von Unternehmensarchitekturstrategien. - Aufsicht über technische Lösungen und Designüberlegungen für Anwendungsfunktionen, die von den Mitgliedern des Projektteams entwickelt werden. - Implementierung, Steuerung und Überwachung bewährter Verfahren, um die technische Machbarkeit, Skalierbarkeit und Wartbarkeit der entwickelten Lösungen zu gewährleisten. - Sicherstellung der Solidität der Architektur auf Anwendungs- und Systemebene der zu entwickelnden Lösung. - Bereitstellung von Salesforce-spezifischer technischer Aufsicht und strategischer Anleitung. - Bereitstellung von fachkundiger Beratung zum Salesforce-Lizenzierungsmodell für die bereitgestellte Gesamtlösung. - Festlegung von Kodierungsstandards und grundlegenden Qualitätsstandards. - Gewährleistung einer Sicherheitsarchitektur für alle technischen Komponenten. - Verwaltung und Weiterentwicklung des Center of Excellence (COE) für das Unternehmen.

(Fortsetzung)

Tab. 9-1. (*Fortsetzung*)

Salesforce-Titel	Rollen und Zuständigkeiten
Salesforce-Lösungsarchitekt	- Definieren Sie die Lösung für die gesammelten Anforderungen in Abstimmung mit dem technischen Architekten von Salesforce. - Begründen Sie alle Anpassungen und den Code, der beim Entwurf der Lösung verwendet wurde. - Definieren Sie die Spezifikationen für die Systemintegration, das Salesforce-Datenmodell, die Systemlandschaft und die OAuth-Flows in Abstimmung mit dem technischen Architekten von Salesforce. - Bestätigen Sie den Umfang, den Kontext und die Vollständigkeit der Gesamtlösung. - Erleichterung der Einrichtung von Umgebungen und Überwachung der Bereitstellung in verschiedenen Umgebungen. - Durchführung von Überarbeitungen des Lösungsdesigns während des gesamten Projekts.
Salesforce-Projektleiter	- An- und Abreise von Teamressourcen. - Verwaltung der laufenden Aufgaben und Zuständigkeiten des Teams. - Verwaltung von Projektzeitplänen, Kundenleistungen und Meilensteinen. - Management von Projektrisiken, Problemen, Entscheidungen und Annahmen. - Verwaltung der täglichen Projektabläufe, des Projektstatus und der Metriken. - Verwaltung der Kommunikation mit den Beteiligten und dem Projektteam. - Verwaltung der Kommunikation mit externen Anbietern und Technologiepartnern. - Beaufsichtigung der rechtzeitigen und korrekten Umsetzung der Lösung. - Verwaltung von Projektumfang, Budget und Teamzuweisungen. - Koordinierung der formalen Abnahmen und der Kundenabnahmen. - Koordinierung von Go-Live, Systemstillstand, Kommunikationsstrategie und Umstellungsplänen für alle Releases.

(*Fortsetzung*)

Tab. 9-1. (*Fortsetzung*)

Salesforce-Titel	Rollen und Zuständigkeiten
Salesforce-Business-Analyst	- Durchführung von Erkundungs- und Bedarfsermittlungssitzungen. - Entwickeln Sie ein Anforderungsprofil und/oder User Stories. - Bewerten und erfassen Sie die Geschäftsanforderungen nach ihrer Realisierbarkeit mit den Salesforce-Technologiefunktionen. - Durchführung von Analysen und Erstellung von Dokumentationen einschließlich Prozessabläufen zur Ausarbeitung und Erläuterung kritischer und komplexer Geschäftskonzepte. - Entwicklung und Pflege der Salesforce-Konfigurationsarbeitsmappe. - Erfassen Sie UI/UX-Anforderungen im Zusammenhang mit den UI/UX-Funktionen von Salesforce. - Entwicklung und Pflege eines Datenwörterbuchs für häufig verwendete Begriffe und eine einheitliche Nomenklatur. - Koordinierung der gesamten Projektdokumentation in Abstimmung mit den Teammitgliedern. - Koordinierung der Entwicklung und Bereitstellung von Versionshinweisen unter Einbeziehung der technischen Teammitglieder. - Entwicklung und Verwaltung einer Matrix für die Rückverfolgbarkeit von Anforderungen (RTM) in Bezug auf Projektumfang, Geschäftsanforderungen, technische Entwurfsdokumente, Testdokumente und Schulungsmaterialien.
Salesforce-Administrator	- Verantwortlich für die Out-of-the-Box-Konfiguration von Salesforce sowie für Leistungs- und Sicherheitstests der Lösung. - Konfigurieren Sie die Standardeinstellungen für Sicherheit, Sichtbarkeit und Freigabe. - Bestätigen und validieren Sie alle technischen Anforderungen. - Identifizierung und Abschwächung der mit den zugewiesenen Lösungen verbundenen technischen Risiken.

(*Fortsetzung*)

Tab. 9-1. (*Fortsetzung*)

Salesforce-Titel	Rollen und Zuständigkeiten
Salesforce-Entwickler	- Verantwortlich für die programmatische Entwicklung, Leistungs- und Sicherheitstests der Lösung.
	- Befolgung von Kodierungsstandards und bewährten Verfahren für die gesamte Programmentwicklung.
	- Einhaltung der Verfahren zur Versionskontrolle und Quellcodeverwaltung.
	- Führen Sie Code-Coverage-Tests während Code-Promotions durch.
	- Behebung von Problemen bei der Bereitstellung und Code-Integration.
	- Bestätigen und validieren Sie alle technischen Anforderungen.
	- Identifizierung und Abschwächung der mit den zugewiesenen Lösungen verbundenen technischen Risiken.
Architekt für Salesforce-Integration	- Co-Design und Validierung der Integrationsspezifikationen mit dem Salesforce Solution Architect.
	- Definieren Sie Quell-Ziel-Zuordnungen für die Systemintegration.
	- Koordinierung der ETL-Konstruktion und der Datenintegrationstransformationen, die bei Verwendung eines ESB (z. B. MuleSoft) erforderlich sind.
	- Entwerfen Sie die Integrationsmuster, -protokolle, -häufigkeit und -kriterien, die für jede Integration verwendet werden.
	- Definieren Sie interne und externe IDs, die für Integrationen verwendet werden.
	- Entwerfen Sie Bedingungen für die Datenaktualisierung und die Datenüberschreibung für alle Integrationen.
	- Koordinierung und Mitgestaltung von Datenkonvertierungsplänen.

(*Fortsetzung*)

Tab. 9-1. (*Fortsetzung*)

Salesforce-Titel	Rollen und Zuständigkeiten
Salesforce-Datenarchitekt	- Entwicklung von Datenschemata und Datentypdefinitionen entsprechend den Geschäftsanforderungen. - Definieren Sie Zuordnungen zwischen Quelle und Ziel für alle Datenmigrationen. - Koordinieren Sie die Entwicklung eines Salesforce-Datenwörterbuchs. - Definieren und validieren Sie Datenattribute wie Master-Detail, Kreuzungsobjekte, Lookups, Rollup-Zusammenfassungen und Formeln. - Definieren Sie interne und externe IDs, die für Datenmigrationen verwendet werden. - Koordinierung der Einrichtung und Konfiguration von Regeln für die Datensicherheit, den Zugriff und die gemeinsame Nutzung von Daten. - Entwurf und Koordinierung der erforderlichen Validierungsregeln für Dateneingangs- und Datenintegrationspunkte zur Gewährleistung der Datenqualität. - Verwalten Sie die gemeinsame Nutzung von Daten und die Sichtbarkeit für externe Benutzer über Kunden-Community-Portale, Site.com und Visualforce-Seiten. - Entwurf von Datenaktualisierungs- vs. Datenüberschreibungsbedingungen für Datenmigrationen. - Koordinierung und Mitgestaltung von Datenkonvertierungsplänen.
Spezialist für Salesforce-Qualitätssicherung	- Entwicklung von Teststrategie, Testplan, Testskripten und Testberichten. - Verwalten Sie manuelle und automatisierte Tests. - Verwaltung der verschiedenen Testformen wie Unit-Tests, Regressionstests, Systemintegrationstests, Benutzerakzeptanztests, Leistungstests, Datenmigrationstests sowie Tests zur Benutzerfreundlichkeit und Barrierefreiheit. - Klassifizierung und Meldung von Mängeln im Vergleich zu Änderungswünschen für Anforderungen. - Koordinierung der Bearbeitung von Mängeln und Änderungswünschen mit dem Team und erneute Prüfung.

(*Fortsetzung*)

Tab. 9-1. (*Fortsetzung*)

Salesforce-Titel	Rollen und Zuständigkeiten
	- Mitverfassen, Verifizieren und Validieren aller Akzeptanzkriterien und der Definition von „done".
	- Entwicklung automatisierter Testskripte nach Bedarf.
	- Verwaltung von Testwerkzeugen zur Optimierung und Verwaltung von Testaktivitäten.
Spezialist für Salesforce-Schulungen	- Definition und Erzielung von Vereinbarungen über Schulungsleistungen, Schulungsvoraussetzungen und Schulungsvoraussetzungen.
	- Bestimmen Sie die Interessengruppen für die verschiedenen Schulungssitzungen.
	- Definieren Sie alle ermittelten Schulungsbedürfnisse der Benutzer.
	- Entwicklung von Schulungsplänen, Schulungsunterlagen, Arbeitshilfen und Kurzanleitungen.
	- Einrichtung und Konfiguration von Lernmanagement-Tools.
	- Festlegung eines Zeitplans für Schulungen und eines Plans für die Durchführung von Schulungen.
	- Durchführung von allgemeinen Salesforce-Übersichtsschulungen.
	- Durchführung von anwendungsspezifischen Schulungen.
	- Durchführung von Schulungen zur Anwendungsverwaltung.
Spezialist für Salesforce Change Management	- Definieren Sie den Bedarf an Änderungsmanagement und Benutzerakzeptanz.
	- Entwickeln Sie einen Plan für das Änderungsmanagement.
	- Definieren und dokumentieren Sie Anforderungen an die Benutzerfreundlichkeit, um die Benutzerakzeptanz zu erhöhen.
	- Leitung von Change-Management-Aktivitäten und Kommunikationsmaßnahmen.
	- Dokumentieren Sie Änderungen an Geschäftsprozessen, Systemen und Technologien im Vergleich zu früheren Szenarien.
	- Unterstützung der technischen Experten bei der Integration von Hilfetexten und Schulungsfunktionen in die Lösung.

Nachdem Sie nun die Methodik und das richtige Team für Ihr Projekt gefunden haben, wollen wir uns nun mit dem Design und der Einrichtung des nächsten DevOps-Archetyps befassen, nämlich der Strategie für das Umgebungsmanagement.

Umwelt- und Freigabemanagementstrategie

Wenn Unternehmen für Salesforce-Lizenzen bezahlen, enthalten diese Lizenzen eine Reihe von Salesforce-Sandboxen, bei denen es sich im Wesentlichen um Replikationsumgebungen für die Entwicklung und das Testen von Code handelt, ähnlich wie bei anderen Technologieanbietern wie Microsoft, AWS und anderen.

Die Anzahl der mit den Lizenzen verfügbaren Salesforce-Sandboxen hängt von den Lizenz-Editionen ab.

Weitere Informationen darüber, wie viele und welche Art von Sandboxen für jede Edition von Salesforce-Lizenzen verfügbar sind, finden Sie im Salesforce-Artikel „Sandbox-Lizenzen und Speicherbegrenzungen nach Typ".[2]

Da Salesforce eine mandantenfähige Architektur ist, müssen alle Codes und Anpassungen in einer der Sandbox-Umgebungen entwickelt und getestet werden, bevor sie in der Produktionsumgebung bereitgestellt werden. In der Tat kann kein Code direkt in einer Produktionsumgebung von Salesforce geschrieben werden. Direkte Änderungen an der Produktionsumgebung sind streng auf Point-and-Click-Konfigurationen über das Setup-Menü beschränkt. Dies liegt vor allem daran, dass jeder in Salesforce geschriebene Code einen 75 %igen Code Coverage-Test bestehen muss, bevor er in der Produktionsumgebung bereitgestellt werden kann. Die Codeabdeckung in Salesforce bezieht sich auf das Testen von Apex-Klassen, Auslösern und benutzerdefinierten Lightning-Komponenten mit entsprechenden Testklassen, die Beispiel-Testsätze enthalten, um das Verhalten der jeweiligen Klassen, Auslöser und benutzerdefinierten Lightning-Komponenten zu testen. Diese Anforderung an die Codeabdeckung schützt

---

[2] Sandbox-Lizenzen und Speicherlimits nach Typ, https://help.salesforce.com/articleView?id=data_sandbox_environments.htm&type=5.

Salesforce vor böswilligen Aktivitäten und Code-Rekursionen durch Code, der von einem beliebigen Kunden geschrieben wurde, und stellt außerdem sicher, dass der Code eines einzelnen Kunden nicht die Nutzung von Salesforce durch andere Kunden monopolisiert oder stört, da mehrere Kunden dieselbe mandantenfähige Produktionsumgebung nutzen.

Salesforce-Sandboxen unterscheiden sich voneinander in Bezug auf Typ, Speichergröße, Übertragbarkeit von Produktionsdaten bei der Aktualisierung aus der Produktionsumgebung und Aktualisierungsintervallzeit. Alle Sandboxen, die anfänglich erstellt oder im Laufe der Zeit aktualisiert werden, können nur von der Produktionsumgebung aus aufgefrischt werden. Bei der erstmaligen Erstellung oder Auffrischung werden die Metadaten und in einigen Fällen auch die eigentlichen Produktionsdaten in die neu erstellten oder aufgefrischten Sandboxen übertragen. Tab. 9-2 enthält eine Kurzübersicht über die verschiedenen Arten von Sandboxen und die wichtigsten Unterscheidungsmerkmale zwischen den einzelnen Typen.

Tab. 9-2. *Salesforce-Sandbox-Typen*

Sandkasten-Typ	Speichergröße	Was wird aus der Produktion übertragen?	Aktualisierungs-intervall	Üblicherweise verwendet für
Entwickler	Daten: 200 MB Dateien: 200 MB	Nur Metadaten	Täglich	Entwicklung und Einheitstests
Entwickler pro	Daten: 1 GB Dateien: 1 GB	Nur Metadaten	Täglich	Systemintegrations- und Regressionstests
Teilweise Kopie	Daten: 5 GB Dateien: 5 GB	Metadaten + Teilmenge der Produktionsdaten	5 Tage	Qualitätssicherungs-prüfungen
Vollständige Kopie	Gleiche Größe wie die Produktion	Metadaten + alle Produktionsdaten	29 Tage	UAT (User Acceptance Testing), Leistungstests und Datenmigrationstests

Obwohl die Sandboxen aus der Produktionsumgebung erstellt werden, sind sie vollständig von der Produktionsumgebung isoliert, die von den Änderungen, die der Entwickler oder der Administrator in einer der Sandboxen vornimmt, nicht betroffen ist. Um die Entwicklung und Konfiguration von einer Sandbox in eine andere und schließlich in die Produktionsumgebung zu verlagern, muss eine Bereitstellungsmethode verwendet werden, um von einer Umgebung in eine andere zu verlagern.

Zum Zeitpunkt der Erstellung dieses Dokuments gibt es acht Methoden zur Durchführung von Bereitstellungen in Salesforce. Tab. 9-3 bietet einen Überblick über die acht Bereitstellungsmethoden, wann sie zu verwenden sind und welche Einschränkungen (falls vorhanden) bestehen.

Tab. 9-3. *Salesforce-Bereitstellungsmethoden*

Einsatzmethode	Vorteile	Benachteiligungen
Sets ändern	- Point-and-Click-UI zum Auswählen, Hinzufügen und Bereitstellen von Komponenten aus einer Sandbox in einer anderen und auch in der Produktion. - Es ist nicht erforderlich, ein lokales Dateisystem zu verwenden oder Software auf den lokalen Rechner herunterzuladen. - Prüft alle früheren Einsätze. - Dieselben Komponenten können in mehreren Organisationen eingesetzt werden. - Ideal für partielle oder kleine Einsätze.	- Keine Optionen für die Code-Versionskontrolle. - Keine Rollback-Optionen. - Das Auswählen und Erstellen von Komponentenpaketen ist mühsam. - Die Wiederholung fehlgeschlagener Bereitstellungen ist mühsam. - Nicht ideal für große Einsätze.
Migrationswerkzeug (z. B. ANT)	- Die Bereitstellung und der Abruf des Quellcodes können als täglicher Batch-Prozess geplant werden. - Die Schritte nach der Bereitstellung können automatisiert werden. - Ideal für mehrstufige Freigabeprozesse durch skriptgesteuertes Abrufen und Bereitstellen von Komponenten.	- Erfordert eine Ersteinrichtung. - Keine einfache Möglichkeit, abhängige Komponenten zu identifizieren und auszuwählen. - Fehlermeldungen bei der Bereitstellung sind nicht intuitiv und komplex zu beheben.

(Fortsetzung)

Tab. 9-3. (*Fortsetzung*)

Einsatzmethode	Vorteile	Benachteiligungen
IDE (z. B. VS Code)	- Projektbasierte Entwicklung. - Einsatz in jeder Organisation. - Änderungen synchronisieren. - Wählen Sie nur die Komponenten aus, die Sie benötigen.	- Einige Einstellungen erforderlich. - Wird nicht immer zur gleichen Zeit wie andere Salesforce-Produkte aktualisiert. - Wiederholbare Implementierungen erfordern eine erneute Auswahl von Komponenten, was zeitaufwändig sein und Fehler verursachen kann.
Force.com Workbench	- Ad-hoc-Abfragen. - Bereitstellen oder Abrufen von Komponenten mit einer package. xml-Datei. - Metadaten beschreiben die verfügbaren Funktionen. - Leichtes Laden von Daten möglich.	- Kein offiziell unterstütztes Produkt.
Salesforce CLI	- Geskriptete Befehle und automatisierte Aufgaben. - Passwörter können versteckt werden, um den Zugriff auf Sandbox und Produktion zu authentifizieren.	- Die Unternehmensfirewall könnte Probleme verursachen und die Ausführung blockieren.
Nicht verwaltete Pakete	- Einmalige Einrichtung einer Entwicklungsumgebung. - Alle Komponenten und ihre Abhängigkeiten können in einem einzigen Paket gebündelt werden.	- Pakete können nicht mit neuen Versionen aktualisiert werden. Das gesamte Paket muss neu bereitgestellt werden. - Erfordert die Entwicklung in einer Developer Edition-Organisation.

(*Fortsetzung*)

Tab. 9-3. (*Fortsetzung*)

Einsatzmethode	Vorteile	Benachteiligungen
Verwaltete Pakete	- Am besten geeignet für die Entwicklung von AppExchange-Produkten. - Die Bereitstellung kann so einfach sein wie die Installation eines AppExchange-Produkts.	- Der Zugang zum Code ist eingeschränkt oder verborgen. - Ein eindeutiger Namensraum kann lästig sein oder ein Hindernis darstellen. - Es ist schwierig, Komponenten zu ändern oder zu löschen. - Erfordert die Entwicklung in einer Developer Edition-Organisation.
Ungesperrte Pakete	- Kombiniert die Vorteile von verwalteten und nicht verwalteten Paketbereitstellungen. - Kann mit oder ohne eindeutigen Namespace erstellt werden. - Ungesperrte Pakete können mit neueren Versionen aktualisiert werden, ohne dass das gesamte Paket ersetzt werden muss.	- Erfordert die Aktivierung von DevHub und der Paketierungsfunktion auf DevHub, was irreversible Einstellungen sind. - Abhängig vom Versionskontrollsystem. - Erfordert Entwicklung mit Scratch-Organisationen.

Nachdem wir nun die Umgebungsstrategie und die Bereitstellungsmethoden verstanden haben, lassen Sie uns über die beiden Möglichkeiten sprechen, wie der Quellcode während des Entwicklungs- und Bereitstellungsprozesses gepflegt werden kann.

Organisationsbasierter Entwicklungsansatz

Der herkömmliche Ansatz zur Verwaltung von Code bestand darin, die goldene Kopie des gesamten Codes in einer einzigen Salesforce-Sandbox zu entwickeln und zu pflegen. Diese einzelne Sandbox kann entweder die Sandbox sein, in der alle Entwickler und Administratoren ihren Code/Konfigurationen entwickeln, oder eine Integrations-

Sandbox, in der der Code aus mehreren Sandboxen zusammengeführt wird, in denen Entwickler und Administratoren ihren Code/Konfigurationen unabhängig voneinander entwickeln/konfigurieren. Dieser Ansatz, bei dem die goldene Kopie aller Salesforce-Entwicklungen in einer Salesforce-Sandbox aufbewahrt wird, wird als „org-basierter Entwicklungsansatz" (OBD) bezeichnet. Sie haben vielleicht schon geahnt, dass ein solcher Ansatz mehrere Risiken und Nachteile hat. Hier sind einige der wichtigsten Nachteile und Risiken:

- Gefahr, dass die Sandbox versehentlich mit der goldenen Kopie aktualisiert wird und der gesamte Code/die gesamte Konfiguration verloren geht.

- Gefahr des gegenseitigen Überschreibens oder Löschens von Code/Konfiguration.

- Es gibt keine Versionskontrolle und somit auch keine Möglichkeit, auf eine frühere Version zurückzugreifen.

- Das Zusammenführen von Code und das Lösen von Konflikten ist ausschließlich manuell und nur durch Versuch und Irrtum möglich.

Org-basierte Entwicklungen sind effektiv, wenn die Salesforce-Implementierung klein und einfach ist und nur die sofort einsatzbereiten Salesforce-Funktionen konfiguriert werden. Der org-basierte Entwicklungsansatz kann jedoch schnell komplex und zeitaufwändig werden, da mehrere Überarbeitungen erforderlich sind. Ganz zu schweigen davon, dass das größte Risiko der org-basierten Entwicklung darin besteht, dass einige oder alle Codes/Konfigurationen ohne Wiederherstellungs- oder Rollback-Optionen gelöscht werden. Die manuelle Nachverfolgung der Änderungen aller Entwickler und Administratoren in einer gemeinsam genutzten Entwicklungs-Sandbox ist unrealistisch, da die Änderungsprotokolle in Salesforce nur minimale Informationen über die vorgenommenen Änderungen liefern, wie beispielsweise den Benutzernamen und den Zeitstempel der Änderung. Änderungsprotokolle eignen sich hervorragend für die Bestätigung von Änderungen, aber es gibt keine automatische Option zur Rückgängigmachung von Änderungen.

Wenn ein organisationsbasierter Entwicklungsansatz nicht die beste Option ist, was dann?

Source-Driven Development (SDD)-Ansatz

In einem quellengesteuerten Entwicklungsansatz wird ein SCVM-Tool (Source Code Versioning Management) verwendet, um ein Online-Ordnerverzeichnis (auch als Repository bezeichnet) in der Struktur der Salesforce-Metadaten zu verwalten. Alle Metadaten und die entsprechenden Salesforce-Komponenten werden aus Salesforce abgerufen und in diesem Online-Repository verwaltet, so dass das externe Online-SCVM-Tool die Quelle der Wahrheit für alle Codes/Konfigurationen in allen Salesforce-Umgebungen innerhalb eines Unternehmens wird. Damit entfällt die Abhängigkeit von einer einzelnen Salesforce-Umgebung, die als Quelle für den gesamten Code/die gesamte Konfiguration beibehalten werden muss, da es sich dabei um geistiges Eigentum Ihres Unternehmens handelt. Jedes Mal, wenn eine Änderung am Code oder an der Konfiguration in Salesforce vorgenommen wird, wird auch eine Kopie der Änderung an das Online-SCVM-Tool übertragen (d. h. gespeichert). Alle von verschiedenen Entwicklern und Administratoren vorgenommenen Änderungen werden im SCVM-Tool in einer einzigen Quelle der Wahrheit konsolidiert und dann regelmäßig vom SCVM-Tool abgerufen, um die weitere Entwicklung mit der neuesten Version des Codes auf jedem Rechner der Entwickler und Administratoren fortzusetzen.

Es gibt verschiedene Tools zur Versionierung von Quellcode wie Git, Subversion (SVN), Concurrent Versions System (CVS), Team Foundation Server (TFS), Visual SourceSafe (VSS) und Mercurial; das mit Abstand beliebteste SCVM-Tool ist jedoch Git. Es sind einige anfängliche Einrichtungsschritte erforderlich, um Ihre Salesforce-Änderungen zu integrieren und ständig an das SCVM-Tool zu übertragen, aber nach der anfänglichen Einrichtung erfolgt die Codeübertragung und -versionierung nahtlos und routinemäßig.

Hier sind einige der wichtigsten Vorteile der Verwendung eines SCVM-Tools (Source Code Versioning Management):

- **Codeversionierung** und eine einzige Wahrheitsquelle, die unabhängig in einem externen Repository gepflegt wird, wodurch die Abhängigkeit von Salesforce-Sandbox(en) als Wahrheitsquelle für den gesamten Code entfällt.

- **Die frühzeitige Erkennung von Codekonflikten und Abhängigkeiten** verringert die Nacharbeit und verhindert das Überschreiben oder Brechen des Codes der anderen.

- **Die aktuellste Version des Codes steht allen** Teammitgliedern **zur Verfügung**, da häufige Übertragungen in das zentrale Code-Repository einen sofortigen Zugriff auf den neuesten Code/die neueste Konfiguration ermöglichen, um darauf aufzubauen.

- **Peer-Reviews** von Code und Konfiguration können unabhängig voneinander durchgeführt werden, ohne die Arbeit der Entwickler und Administratoren zu unterbrechen.

- **Die Codesicherung** erfolgt zentral, häufig und inkrementell anstelle einer Vollsicherung am Ende.

- **Zu den Rollback-Optionen** gehört die Möglichkeit, zu einer früheren Version des Codes zurückzukehren, der in das Repository übertragen wurde.

- Versionshistorie und Commit-Beschreibungen, die von den Entwicklern, Admins und Peer-Reviewern hinzugefügt werden, ermöglichen die einfache Erstellung von **Versionshinweisen**.

Alle SCVM-Tools verfügen über so genannte „Verzweigungsfunktionen", die es ermöglichen, unterschiedliche Codeversionen in verschiedenen Salesforce-Sandboxen in unterschiedlichen Implementierungsphasen parallel zu bearbeiten. Es unterstützt auch die Lösung von Codekonflikten und Abhängigkeiten zwischen verschiedenen Entwicklern und Administratoren, indem konfliktbehafteter Code in separaten Zweigen bereitgestellt und dann in einem einzigen Zweig zusammengeführt wird, um eine einzige konfliktfreie Version des endgültigen Codes zu erstellen. Ein weiterer Vorteil der Verzweigung ist die Unterstützung von Peer-Reviews und Architektur-Reviews von Codes, die über sogenannte Pull-Requests übertragen werden.

Im Idealfall entspricht jeder Zweig einer im Projekt verwendeten Sandbox-Umgebung. Ein fortschrittlicherer Systemansatz besteht darin, die Zweige weiter zu unterteilen, um sie mit den einzelnen Funktionen der zu entwickelnden Anwendung zu verknüpfen.

Obwohl es verschiedene Möglichkeiten gibt, die ideale Verzweigungsstrategie zu entwerfen, zeigt Abb. 9-4 ein einfaches, aber effektives Beispiel für eine Verzweigungsstrategie, die in den meisten Projekten unverändert umgesetzt werden kann.

In Abb. 9-5 zeigt die Strategie fünf Zweige, die den einzelnen Salesforce-Umgebungen entsprechen, die in einer typischen Salesforce-Implementierung benötigt werden. Hier gibt es einen Master-Zweig, der der eigentlichen Codequelle entspricht, die mit jeder kleineren Version für Nicht-Produktionsumgebungen und der Hauptversion für die Produktion übereinstimmt.

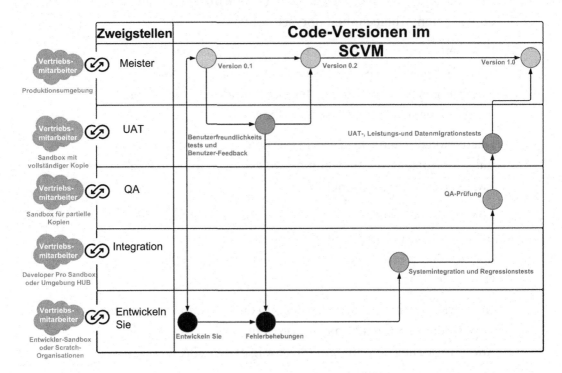

Abb. 9-5. *Beispiel für eine Verzweigungsstrategie*

Die anderen vier Zweige entsprechen den Entwicklungs-, Integrations-, QA- und UAT-Umgebungen. Ein Tag im Leben eines Entwicklers oder Administrators, der in einer Quellcode-gesteuerten Entwicklungsumgebung arbeitet, sieht folgendermaßen aus:

1. Der Entwickler beginnt seinen Tag damit, dass er Änderungen aus dem Master-Zweig in sein lokales Repository zieht, um sicherzustellen, dass er die neueste Code-/Konfigurationsversion hat, auf der er aufbauen kann.

2. Sobald der Entwickler eine Arbeitseinheit am selben Tag oder über einige Tage hinweg fertiggestellt hat, zieht er die Änderungen ein weiteres Mal aus dem Master-Zweig, um sicherzustellen, dass kein neuer Code von anderen Entwicklern eingebunden wurde, der einen Konflikt mit seiner kürzlich entwickelten Arbeitseinheit verursachen könnte. Jeder Konflikt, der zu diesem Zeitpunkt im

lokalen Repository des Entwicklers gefunden wird, wird vom Entwickler gelöst, indem er seinen eigenen Code aktualisiert oder den aus dem Master-Zweig gezogenen Code mit seiner neu entwickelten Arbeitseinheit überschreibt.

3. Wenn ein Continuous Integration (CI)-Tool *(mehr zu CI-Tools später)* eingerichtet ist, überwacht das CI-Tool alle neuen Änderungen im „Dev"-Zweig des SCVM und stellt die neuen Änderungen in der Developer Sandbox von Salesforce bereit.

4. Nach erfolgreichen Unit-Tests in der Entwickler-Sandbox werden die Änderungen im Entwicklungszweig in den „Integrations"- Zweig des SCVM zusammengeführt.

5. Auch hier überwacht das CI-Tool die neuen Änderungen im Integrationszweig und stellt die neuen Änderungen von SCVM in der Developer Pro Sandbox bereit, die für Integrationstests verwendet wird.

6. Nach erfolgreichen Integrationstests in der Sandbox für partielle Kopien, die für Integrationstests verwendet wird, werden die Änderungen aus dem Integrationszweig in den „QA"-Zweig in SCVM zusammengeführt.

7. Auch hier überwacht das CI-Tool die neuen Änderungen im QA- Zweig und stellt die neuen Änderungen in der Sandbox der Teilkopie bereit, die für die Qualitätssicherungs-Tests verwendet wird.

8. Nach erfolgreichem Qualitätssicherungs-Test werden die Änderungen aus dem QA-Zweig in den UAT-Zweig in SCVM zusammengeführt.

9. Auch hier überwacht das CI-Tool die neuen Änderungen im UAT-Zweig und stellt die neuen Änderungen in der Sandbox mit der vollständigen Kopie bereit, die für die Benutzerakzeptanztests (UAT) verwendet wird.

10. Nachdem alle Tests in der UAT-Umgebung abgeschlossen sind, wird die endgültige Version des Codes im UAT-Zweig innerhalb des SCVM für die Produktion bereitgestellt.

Die oben beschriebene Beispielverzweigungsstrategie ist eine umgebungsbasierte Verzweigungsstrategie. Sie können jedoch auch eine funktionsbasierte Verzweigungsstrategie in Betracht ziehen, insbesondere wenn Sie mit größeren Teams arbeiten, bei denen die Arbeit auf der Grundlage der zu entwickelnden Funktionen auf das Team verteilt wird.

Nachdem wir nun über die Rolle und die Vorteile der SCVM-Tools und der Verzweigungsstrategie gesprochen haben, wollen wir nun darüber sprechen, wie der DevOps-Prozess weiter automatisiert werden kann, um ein fabrikähnliches Fließband zu schaffen, das häufige Integrationen von Code/Konfigurationen und Bereitstellungen über mehrere Sandboxen und die Produktion gleichzeitig automatisiert.

Strategie für kontinuierliche Integration und kontinuierliche Bereitstellung (CI/CD)

Kontinuierliche Integration bezieht sich auf die Praxis des häufigen Zusammenführens der Arbeit aller Entwickler und Administratoren in eine einzige einheitliche Codeversion und die anschließende Verwendung eines Tools für kontinuierliche Integration und kontinuierliche Bereitstellung (CI/CD) wie Jenkins, Azure DevOps oder GitLab CI, um eine DevOps-Pipeline zu erstellen. Dies ist eine andere Art zu sagen, dass ein fabrikähnlicher Montageprozess eingerichtet wird, um die neueste Version des Codes in den verschiedenen Zweigen des SCVM zu überwachen und zu sammeln und sie in den vorgesehenen Salesforce-Sandboxen und sogar in der Produktionsumgebung mit begrenztem oder gar keinem manuellen Eingriff bereitzustellen.

Das Konzept hinter einem CI/CD-Tool besteht darin, den konstanten Fluss der Lösungsentwicklung und der Testkorrekturen mit der Bereitstellung von Lösungen auf dem Markt zu integrieren, indem es eine fabrikähnliche Fließbandkonfiguration nutzt. Die meisten CI/CD-Tools sind in der Lage, neue Codeversionen automatisch mit bestehenden Versionen zu konsolidieren, wenn keine Codekonflikte festgestellt werden. Sie sind auch in der Lage, zu jeder beliebigen Version des Codes zurückzukehren, zu der ein Rollback erforderlich ist. Ohne ein CI/CD-Tool ist es sehr mühsam und zeitaufwändig, Codefehler zu erkennen und fehlerfreie Bereitstellungen für eine einzelne Organisation zu verwalten, ganz zu schweigen von der gleichzeitigen Bereitstellung in mehreren Sandboxen.

Lassen Sie uns nun über eine aufregende und neue Funktion von Salesforce sprechen, die als „Salesforce DX" bekannt ist. Dabei handelt es sich um die lang erwartete Funktion von Salesforce zur Unterstützung der quellengesteuerten Entwicklung innerhalb einer mandantenfähigen Architektur.

Salesforce DX

Salesforce hat vor kurzem eine Funktion namens „Salesforce DX" eingeführt, die auf den Prinzipien des quellengesteuerten Entwicklungsansatzes basiert. Salesforce DX ist als kostenloses Plattform-Feature mit fast allen Editionen von Salesforce-Lizenzen verfügbar. Salesforce DX bringt vier neue Funktionen mit sich, die Salesforce DevOps in signifikanter Weise verändern; diese sind

- **Salesforce CLI**: Eine neue Befehlszeilenschnittstelle speziell zum Abrufen, Ändern und Bereitstellen von Salesforce-Metadaten

- **Pakete der zweiten Generation**: Ein neues Paketmodell mit Versions-Upgrade-Funktionen und mehr

- **Umgebungs-Hub**: Zentrale Umgebungsverwaltungskonsole zur Verwaltung aller Salesforce-Umgebungen von einem Standort aus

- **Scratch Orgs**: Temporäre Sandboxen, die für eine begrenzte Zeit mit allen Salesforce-Funktionen bereitgestellt werden, um neue Funktionen zu entwickeln, zu testen und nach Fertigstellung in einen SCVM-Zweig zu integrieren.

Salesforce CLI

Salesforce CLI ist eine Salesforce-eigene Befehlszeilenschnittstelle mit Befehlen, die die automatische Erstellung, den Abruf von Aktualisierungen, die Bereitstellung und die Verwaltung von Salesforce-Metadaten für jede damit verbundene Organisation ermöglichen. Entwickler können Salesforce CLI verwenden, um Projekte aus den SCVM-Repositories zu klonen und Code-Commits an den verbundenen SCVM vorzunehmen. Die Salesforce-Befehlszeilenschnittstelle ermöglicht auch die Erstellung von Scratch-Orgs, bei denen es sich um temporäre und wegwerfbare Salesforce-Sandboxen handelt, die eine beliebige Edition oder Version von Salesforce emulieren können, um Funktionen zu erstellen und zu testen. Salesforce CLI kann auch zum Synchronisieren von Quellcode zwischen Scratch-Orgs, Sandboxen, SCVM und dem lokalen Repository des Entwicklers verwendet werden.

Scratch-Organisationen

Eine Scratch-Org ist eine temporäre, wegwerfbare Salesforce-Umgebung, die über die Salesforce-Befehlszeilenschnittstelle sofort bereitgestellt werden kann. Scratch-Orgs werden für eine kurze Zeitspanne zwischen 7 und 30 Tagen erstellt und bereitgestellt. Scratch-Orgs sind ihrer Natur nach ephemer, d. h. eine temporäre Umgebung wird bei Bedarf für eine bestimmte Reihe von Entwicklungsaktivitäten erstellt und beendet, sobald die beabsichtigte Entwicklung abgeschlossen ist. Scratch-Orgs ähneln Sandboxen, sind aber nicht durch eine Salesforce-Edition oder einen Lizenztyp eingeschränkt. Eine Scratch-Org ist vollständig konfigurierbar und ermöglicht es Entwicklern und Administratoren, jede Edition und jede Standardfunktion von Salesforce zu emulieren. Wenn die Funktionen in der Produktion freigegeben werden, funktionieren natürlich nur die Funktionen und Merkmale, die durch die in der Produktions-Org verfügbaren Lizenztypen und Editionen erlaubt sind. Die Scratch-Org-Konfigurationsdatei, in der ein Entwickler oder Administrator arbeitet, kann kopiert und an andere Teammitglieder verteilt werden, so dass alle Entwickler und Administratoren die gleichen Einstellungen und Konfigurationen verwenden, um ihre jeweiligen Funktionen und Funktionssätze zu erstellen und zu testen. Jede Scratch-Org generiert eine eindeutige Projektkonfigurationsdatei, die in ein Salesforce-Paket innerhalb von Salesforce DX eingebunden und zusammengeführt wird.

Salesforce-Paket(e)

Pakete ähneln einem in Salesforce DX erstellten Repository, das automatisch ein Projektverzeichnis erstellt, um alle von den Scratch-Orgs generierten Konfigurationsdateien zu verwalten. Ein Paket kann für die gesamte Organisation oder eine einzelne Anwendung oder eine einzelne Funktion von Salesforce erstellt werden. Die Metadaten innerhalb eines Pakets können unabhängig voneinander getestet und in jeder Umgebung von Salesforce bereitgestellt werden. Schließlich wird das Paket zusammen mit den darin enthaltenen Salesforce-Metadaten häufig an das SCVM-Tool übergeben und von dort abgerufen.

Der paketbasierte Entwicklungsansatz ist am nützlichsten, wenn es darum geht, Salesforce-Entwicklungen in einer konfliktfreien, interoperablen Struktur von Metadaten zu organisieren und zu modularisieren, die über mehrere Versionen in der Produktion bereitgestellt werden können. Die Paketierung ist kein neues Konzept in Salesforce. Die neueste Version der Paketierung, die mit Salesforce DX verfügbar ist, ist jedoch als Pakete der zweiten Generation bekannt, auch bekannt als „2GP". Der Hauptunterschied zwischen einem Paket der zweiten Generation und seinem Vorgänger besteht darin, dass das Paket der zweiten Generation weiterentwickelt werden kann, indem neue Versionen des Pakets bereitgestellt werden, anstatt das gesamte Paket bei jedem Release neu zu verteilen. Jede Version eines Pakets der zweiten Generation ist ein unveränderliches und unabhängiges Artefakt, das zu den vorherigen Versionen des Pakets hinzugefügt werden kann.

Eine Paketversion enthält die spezifischen Metadaten und Funktionen, die mit dieser Paketversion verknüpft sind, und die Installation einer Paketversion ist ähnlich wie die Bereitstellung von Metadaten. Ein weiterer Vorteil der paketbasierten Bereitstellung ist die Möglichkeit, zu erkennen, welche Metadaten in Ihrer Salesforce-Organisation aus welchem Paket stammen, was eine isolierte und gezielte Fehlersuche ermöglicht.

Umwelt-Drehscheibe

Der Environment Hub kann als Umgebungsverwaltungskonsole betrachtet werden, die es Ihnen ermöglicht, jede Scratch- oder Salesforce-Organisation von einem zentralen Standort aus bereitzustellen, zu verbinden, anzuzeigen und sich dort anzumelden. Wenn Ihr Unternehmen über mehrere Umgebungen für Entwicklung, Tests und Versuche verfügt, können Sie mit dem Umgebungs-Hub Ihre Vorgehensweise bei der Verwaltung von Organisationen rationalisieren. Die Umgebungszentrale ähnelt der Struktur einer Salesforce-Sandbox, ist aber mehr als eine Sandbox. Er verfolgt alle aktiven Scratch-Orgs, die von Entwicklern verwendet werden, und fasst alle Übertragungen zusammen, die von Entwicklern in ihren jeweiligen Scratch-Orgs vorgenommen wurden. Der Environment Hub zentralisiert und identifiziert ständig alle Konflikte, die durch Commits von Entwicklern oder Administratoren an eine einzelne Scratch-Org entstehen.

Zusätzlich zu den vorangegangenen neuen Funktionen verwendet Salesforce DX das Migrationstool der Force.com-Plattform, um Metadaten abzurufen und in jede Salesforce-Organisation zu übertragen.

Salesforce DX ersetzt nicht die Notwendigkeit eines SCVM-Tools oder eines CI/CD-Tools; es ergänzt jedoch die Vorteile der Verwendung von SCVM. Die Idee hinter der

Pflege dieses zentralisierten Repositorys außerhalb einer Salesforce-Sandbox ist es, häufige Versionen des gesamten Codes/der gesamten Konfiguration aus allen Sandboxen zu pflegen. Es ersetzt auch nicht den Bedarf an einem CI/CD-Tool wie Jenkins, Azure DevOps oder GitLab CI, das die automatisierte Integration und Bereitstellung von Code in den verschiedenen Umgebungen ermöglicht. Zusätzlich zu einem SCVM und einem CI/CD-Tool ist es sinnvoll, ein ALM-Tool (Application Lifecycle Management) wie Jira, Trello oder Azure DevOps zu verwenden, mit dem alle Aspekte einer Implementierung von der Projektplanung über die Anforderungserfassung und das Testen bis hin zur Verfolgung der Bereitstellung verwaltet werden. Es ist ideal, das gesamte Backlog der Geschäftsanforderungen und User Stories innerhalb eines ALM-Tools zu verwalten, anstatt lose Dokumente und mehrere Versionen von Excel-Arbeitsblättern. Eine weitere Ergänzung des DevOps-Toolsets ist ein statisches Code-Analyse-Tool wie SonarQube, das den Code während des Schreibens kontinuierlich im statischen Modus überprüfen kann. Normalerweise werden Fehler im Code gefunden, nachdem er einen Compiler durchlaufen hat. Statische Code-Analyse-Tools können jedoch Code-Anomalien, Sicherheitsschwachstellen und vor allem die Frage aufdecken, ob ein Teil des Codes eine ausreichende Testabdeckung aufweist, um die Salesforce-Anforderungen von 75 % Testabdeckung zu erfüllen.

Abb. 9-6 zeigt eine Beispielimplementierung von Salesforce DX in Verbindung mit den ALM-, SCVM- und CI/CD-Tools, die einen idealen DevOps-Ansatz darstellt.

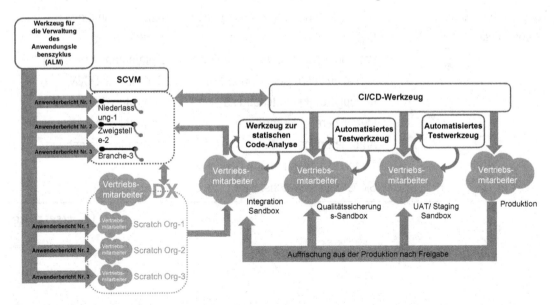

Abb. 9-6. *Beispiel einer Salesforce DX-Implementierung*

Prüfstrategie

Das Hauptziel einer effektiven Teststrategie besteht darin, vom Beginn der Entwicklung bis zur Produkteinführung sofort, kontinuierlich und häufig zu testen.

Doch bevor wir darüber sprechen, wie man die beste Teststrategie formuliert, sollten wir uns die verschiedenen Testarten ansehen, die in Betracht gezogen werden müssen.

Tab. 9-4 zeigt die neun Arten von Tests, die idealerweise für jede mittlere bis große Salesforce-Implementierung durchgeführt werden müssen.

Tab. 9-4. *Arten von Prüfungen*

Test Typ	Test Beschreibung	Wann und wo wird das gemacht?
Einheitstest	Bei dieser Form des Testens wird jede Codeeinheit einer einzelnen Komponente getestet. Diese Tests werden von den Entwicklern nach Abschluss der Entwicklung der Komponente durchgeführt.	Während der Entwicklung in der Entwicklerumgebung oder Scratch-Org.
Test zur statischen Codeanalyse	Systematische Untersuchung des Quellcodes, um übersehene Programmierfehler wie ungenutzte Variablen, leere Catch-Blöcke und unnötige Objekterstellung zu identifizieren; Überprüfung der Anforderungen an die Testcodeabdeckung und der Sicherheitsschwachstellen.	Zum Zeitpunkt des Festlegens oder Zusammenführens von Code in das SCVM-Repository in der Entwickler- oder Integrationsumgebung.

(Fortsetzung)

Tab. 9-4. (*Fortsetzung*)

Test Typ	Test Beschreibung	Wann und wo wird das gemacht?
Integrationstest	Ein hochrangiger Softwaretestprozess, bei dem die Tester überprüfen, ob alle verbundenen Systeme die Datenintegrität aufrechterhalten und mit anderen Systemen in derselben Umgebung koordiniert arbeiten können. Der Testprozess stellt sicher, dass alle Teilkomponenten erfolgreich integriert sind und die erwarteten Ergebnisse liefern.	Integrationsumgebung.
Qualitätssicherungsprüfung	Diese Tests werden von einem spezialisierten Team von Testern durchgeführt, die bescheinigen, dass die Systemkomponenten gemäß dem technischen Entwurf funktionieren. Diese Art des Testens ist die aufwendigste Art des Testens, die die Entwicklung von formalen Testfällen erfordert, die die Definition der Lösung abdecken.	Nach der Bereitstellung des Codes in der QA-Umgebung.
Benutzerakzeptanztest	Bei dieser Form des Testens testen tatsächliche Endbenutzer die Software, um sicherzustellen, dass sie die erforderlichen Aufgaben in realen Szenarien entsprechend den Geschäftsanforderungen bewältigen kann.	Nach der Bereitstellung des Codes in der UAT-Umgebung.

(*Fortsetzung*)

Tab. 9-4. (*Fortsetzung*)

Test Typ	Test Beschreibung	Wann und wo wird das gemacht?
Leistungstest	Einschließlich Stress- und Belastungstests. Koordiniert mit Salesforce. Durchgeführt mit LoadRunner, Silk Performer, RedView.	Nach der Bereitstellung des Codes in der UAT-Umgebung oder einer separaten Stage-Umgebung, vorzugsweise in einer Full-Copy-Sandbox.
Rauchtest	Vorläufige Tests zur Aufdeckung einfacher Fehler, die schwerwiegend genug sind, um eine zukünftige Softwareversion abzulehnen.	Teil der Post-Deployment-Schritte und bei jeder Bereitstellung in einer beliebigen Umgebung.
Regressionstest	Eine Art von Softwaretests, die sicherstellt, dass eine zuvor entwickelte und getestete Software auch nach einer Änderung oder einer Verknüpfung mit anderer Software noch die gleiche Leistung erbringt.	Teil der Post-Deployment-Schritte und bei der Bereitstellung in den Integrations-, QA- und UAT-Umgebungen.
Test der Datenmigration	Prüfung, ob die Daten korrekt migriert werden und ob die Datenintegrität zwischen den Systemen gewahrt bleibt.	Nach der Bereitstellung des Codes in der UAT-Umgebung oder einer separaten Stage-Umgebung, vorzugsweise in einer Full-Copy-Sandbox.

Nachdem wir nun die verschiedenen Arten von Tests kennen, gibt es zwei Möglichkeiten, alle Tests durchzuführen. Alle Tests können entweder manuell oder durch automatisierte Tests mit Testautomatisierungs-Tools wie Selenium oder Qualitia durchgeführt werden. Beide Testmethoden haben ihre Vor- und Nachteile.

Obwohl manuelle Tests arbeitsintensiv sind, ist es bei kurzen, einfachen und informellen Projekten definitiv effizienter, manuelle Tests durchzuführen. Bei großen und komplexen Projekten kann die durch automatisiertes Testen gewonnene Effizienz den Testaufwand im Vergleich zum manuellen Testen jedoch um bis zu 70 % reduzieren[3].

Automatisiertes Testen erfordert Investitionen in Testautomatisierungswerkzeuge und erhebliche Ressourcen für die Entwicklung automatisierter Testskripte. Abb. 9-7 veranschaulicht die Entscheidungskriterien, die bei der Wahl eines automatisierten Testansatzes gegenüber manuellen Tests zu berücksichtigen sind.

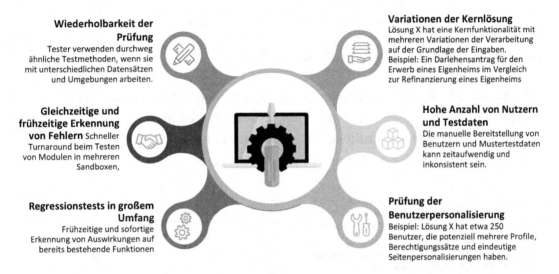

Wiederholbarkeit der Prüfung
Tester verwenden durchweg ähnliche Testmethoden, wenn sie mit unterschiedlichen Datensätzen und Umgebungen arbeiten.

Gleichzeitige und frühzeitige Erkennung von Fehlern Schneller Turnaround beim Testen von Modulen in mehreren Sandboxen,

Regressionstests in großem Umfang
Frühzeitige und sofortige Erkennung von Auswirkungen auf bereits bestehende Funktionen

Variationen der Kernlösung
Lösung X hat eine Kernfunktionalität mit mehreren Variationen der Verarbeitung auf der Grundlage der Eingaben. Beispiel: Ein Darlehensantrag für den Erwerb eines Eigenheims im Vergleich zur Refinanzierung eines Eigenheims

Hohe Anzahl von Nutzern und Testdaten
Die manuelle Bereitstellung von Benutzern und Mustertestdaten kann zeitaufwendig und inkonsistent sein.

Prüfung der Benutzerpersonalisierung
Beispiel: Lösung X hat etwa 250 Benutzer, die potenziell mehrere Profile, Berechtigungssätze und eindeutige Seitenpersonalisierungen haben.

Abb. 9-7. *Entscheidungskriterien für die Wahl von automatisierten Tests gegenüber manuellen Tests*

Obwohl automatisierte Tests eine beträchtliche Investition in ein Automatisierungstool wie Selenium oder Qualitia sowie einige Zeit für das Entwerfen und Schreiben automatisierter Testskripte erfordern, gibt es mehrere Vorteile, die innerhalb der ersten Wochen nach der Implementierung automatisierter Tests geerntet werden können. Einige dieser Vorteile sind in Abb. 9-8 skizziert.

---

[3] Die Effizienz von 70 % basiert auf unseren eigenen professionellen Erfahrungen bei der Implementierung automatisierter Tests und ist kein branchenüblicher Richtwert.

Erhöhte Testabdeckung
Umfassende End-to-End-Regression von Modulen, die mit jedem Sprint und automatisierten Test verbessert wird.

Schnelle Entdeckung und Lösung von Mängeln
Schneller Turnaround beim Testen von Modulen gegen mindestens N Sandboxen

Zusätzliche Zeit
Ermöglicht es den Testern, zusätzliche Aufgaben zu übernehmen, wie z. B. die Erweiterung des Umfangs/der Testabdeckung, die Durchführung von Negativ-/Randtests und die Verbesserung der benutzerdefinierten Konfigurationstests.

Volumendaten auffüllen
So können wir die Produktion besser nachahmen und zukünftige/kontinuierliche Tests unterstützen.

Zeitersparnis bei DevOps-Aufgaben
Die Tester sparen Zeit bei diesen sich wiederholenden und erforderlichen Aufgaben, wie z. B. der Bereitstellung von Benutzern und dem Laden von Konfigurationen/Daten.

Front-End & Backend-Validierungen
Die Automatisierungstests führen die Validierung der Daten zusammen mit der Datenkonfiguration für allgemeine Validierungstests durch.

CI/CD-Integration
Regressionssuites werden in den bestehenden Automatisierungsrahmen integriert.

Abb. 9-8. *Vorteile von automatisierten Tests*

Da Sie nun die Vorteile der Implementierung automatisierter Tests kennen, stellt sich die Frage, wie Sie einen automatisierten Testansatz implementieren können.

Abb. 9-9 skizziert einen schrittweisen Prozess zur Einrichtung eines idealen Testautomatisierungsansatzes für jede Implementierung.

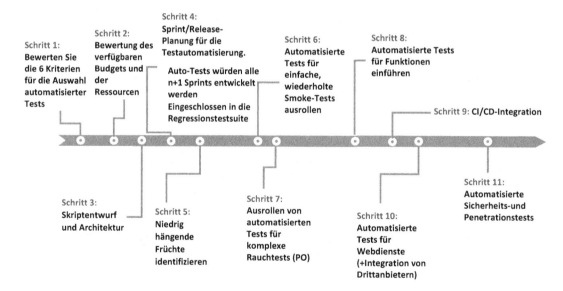

Schritt 1: Bewerten Sie die 6 Kriterien für die Auswahl automatisierter Tests

Schritt 2: Bewertung des verfügbaren Budgets und der Ressourcen

Schritt 3: Skriptentwurf und Architektur

Schritt 4: Sprint/Release-Planung für die Testautomatisierung.
Auto-Tests würden alle n+1 Sprints entwickelt werden
Eingeschlossen in die Regressionstestsuite

Schritt 5: Niedrig hängende Früchte identifizieren

Schritt 6: Automatisierte Tests für einfache, wiederholte Smoke-Tests ausrollen

Schritt 7: Ausrollen von automatisierten Tests für komplexe Rauchtests (PO)

Schritt 8: Automatisierte Tests für Funktionen einführen

Schritt 9: CI/CD-Integration

Schritt 10: Automatisierte Tests für Webdienste (+Integration von Drittanbietern)

Schritt 11: Automatisierte Sicherheits-und Penetrationstests

Abb. 9-9. *11 Schritte zur Implementierung eines erfolgreichen Ansatzes für automatisierte Tests*

Unabhängig davon, ob Ihre Teststrategie manuelle oder automatisierte Tests umfasst, ist es entscheidend, alle neun in Tab. 9-4 aufgeführten Testarten einzubeziehen, um eine gesunde und selbsttragende Lösung zu gewährleisten, die als Endergebnis der Tests geliefert wird.

Der letzte, aber entscheidende Archetyp eines effizienten DevOps-Prozesses ist die Einrichtung und Ausführung einer Governance- und Überwachungsstruktur.

Governance und Überwachung

Eine gute Führungs- und Überwachungsstruktur muss mindestens die folgenden drei Arten von Ausschüssen umfassen:

1. Lenkungsausschuss

2. Exzellenzzentrum (COE)

3. Ausschuss für Data Governance

Lenkungsausschuss

Die Mitglieder dieses Ausschusses sind für die Gesamtvision und -strategie der Salesforce-Implementierung verantwortlich. Er setzt sich in der Regel aus Projektsponsoren sowie Geschäfts- und IT-Stakeholdern zusammen. Der Lenkungsausschuss legt die Projektprioritäten fest und beaufsichtigt das Implementierungsbudget. Der Lenkungsausschuss ist auch für die Entwicklung der taktischen Roadmap für alle Phasen der Salesforce-Implementierung verantwortlich. Der Lenkungsausschuss und seine Agenda lassen sich am besten mit dem ersten Kick-off-Meeting des Projekts vergleichen. Kick-off-Meetings werden nur einmal während der Laufzeit eines Projekts durchgeführt. Die Sitzungen des Lenkungsausschusses folgen jedoch einer ähnlichen Tagesordnung wie die Kick-off-Meetings, die regelmäßig stattfinden, z. B. wöchentlich, monatlich oder vierteljährlich. Der Lenkungsausschuss nimmt Kurskorrekturen vor, z. B. wenn sich der Projektumfang vergrößert, die zu erbringenden Leistungen unzureichend sind oder der Projektfortschritt nicht zufriedenstellend ist. Der Lenkungsausschuss prüft auch die vom Center of Excellence (COE)-Team eingereichten Anfragen und setzt Prioritäten. Der Lenkungsausschuss bewertet die potenziellen Auswirkungen und Kosten der Einbeziehung von COE-Vorschlägen in das Implementierungsbudget und den Fahrplan.

Sie fungiert auch als letzte Eskalationsstelle für Unstimmigkeiten, die die Projektteams nicht selbst lösen können.

Exzellenzzentrum (COE)

Der Hauptzweck der Einrichtung eines Kompetenzzentrums (Center of Excellence, COE) besteht darin, Folgendes zu erreichen

- Identifizierung und Ausführung von Geschäftsexperten für die Salesforce-Implementierung.

- Nutzung des Fachwissens aller beteiligten Akteure, Prozesse und Technologien.

- Aufrechterhaltung der Skalierbarkeit, Nachhaltigkeit und Integrität der Salesforce-Anwendung.

In seiner ausgereiftesten Form ist es ein stark formalisiertes und sich selbst steuerndes Gremium, das für die Unterstützung der Geschäftsanwender zuständig ist und die komplexesten Projekte bis zum erfolgreichen Abschluss begleitet. Der COE fördert die Verwendung von Best Practices, die aus mehreren Implementierungen abgeleitet wurden, um die Erfolge vergangener Implementierungen bei jeder zukünftigen Implementierung zu wiederholen. Das COE sollte aus Interessenvertretern bestehen, die sich sowohl innerhalb als auch außerhalb des Unternehmens umsehen, um neues Wissen und bewährte Verfahren zu erfassen.

Data-Governance-Ausschuss

Data Governance ist ein Prozess, der die Verwendbarkeit von Daten, die Datenqualität und die Einhaltung von Datenschutz- und Datensicherheitsstandards überwacht, die für jede Branche festgelegt wurden.

Die Hauptaufgabe eines Data-Governance-Ausschusses besteht darin, unternehmensweit einheitliche Geschäftsdefinitionen aufrechtzuerhalten und

Standards für Datenqualität und Datensicherheit für alle unternehmenseigenen Technologien zu entwickeln.

Zum Zeitpunkt der Erstellung dieses Kapitels hat sich eine neue Terminologie entwickelt, die auf DevOps folgt und „DevSecOps" heißt. Nehmen wir uns einen Moment Zeit, um die wichtigsten Unterschiede zwischen DevSecOps und DevOps zu beleuchten, die wir in diesem Kapitel besprochen haben.

DevOps vs. DevSecOps: Was ist der Unterschied?

Als wir in diesem Kapitel über DevOps sprachen, lag der Schwerpunkt auf der Methodik, der quelloffenen Entwicklung, der Versionskontrolle und der einfachen Integration und Bereitstellung von Code. Die Anforderungen an die Anwendungssicherheit und die Barrierefreiheit werden jedoch erst im Nachhinein oder viel später beim Testen berücksichtigt oder in der ersten Version der eingeführten Lösung ganz übersehen. Die Behebung von Sicherheitsmängeln nach der Entwicklung und dem Testen erfordert oft eine erhebliche Überarbeitung und Umstrukturierung der Anwendung, was zeitaufwändig und nicht budgetierbar sein kann. Der Begriff DevSecOps ist die Antwort der Branche auf die Lösung dieses Problems, indem die Anwendungssicherheit und die Zugänglichkeit in den Standard-DevOps-Prozess integriert werden.

Der Hauptunterschied zwischen einer Standard-DevOps- und einer DevSecOps-Praxis besteht darin, dass die Anforderungen an die Anwendungssicherheit und die Zugänglichkeit in den Phasen der Anforderungserfassung, der Entwicklung, der Integration, der Prüfung und der Bereitstellung berücksichtigt werden. In einer DevSecOps-Praxis werden Sicherheitspraktiken bereits in den ersten Planungs- und Entwurfssitzungen berücksichtigt. Da Sicherheit ein notwendiges Übel ist, das in Szenarien des glücklichen Weges getarnt ist, hängt die Integrität, die höchsten Sicherheitsstandards in jedem Code oder jeder Konfiguration zu implementieren, letztendlich von den Entwicklern und Administratoren ab, die die Komponenten erstellen und gleichzeitig den ständigen Druck bewältigen, die Entwicklung rechtzeitig und innerhalb des Budgets abzuschließen. DevSecOps wird sich in den kommenden Jahren mit besseren Strategien, Best Practices und Tools weiterentwickeln, um die Sicherheit in den Vordergrund des DevOps-Prozesses zu rücken.

Kapitel Zusammenfassung

In diesem Kapitel haben wir folgende Themen behandelt

- Die sechs Archetypen, die eine ideale DevOps-Praxis ausmachen

- Ein kurzer Überblick über den traditionellen Entwicklungsansatz und die Vorteile von DevOps

- Die drei gängigen Liefermethoden

- Die Rollen und Verantwortlichkeiten eines Salesforce-Bereitstellungsteams, das DevOps praktiziert

- Ein Überblick über Salesforce-Umgebungen und die verschiedenen Methoden der Bereitstellung von einer Sandbox zur anderen und zur Produktion

- Unterschiede zwischen org-basierter Entwicklung und quellengesteuerter Entwicklung

- Die Vorteile der Verwendung eines SCVM-Tools (Source Code Versioning Management) und von Verzweigungsstrategien

- Ein Überblick über die Strategie für kontinuierliche Integration und kontinuierliche Bereitstellung mit Salesforce DX

- Ein Überblick über die verschiedenen Arten von Tests und wann und wo solche Tests durchgeführt werden müssen

- Ein Überblick über automatisiertes Testen als Alternative zum manuellen Testen, die Entscheidungskriterien für automatisiertes Testen gegenüber manuellem Testen und die Vorteile des automatisierten Testens

- Ein Überblick über die 11 Schritte zur Implementierung eines erfolgreichen automatisierten Testansatzes

- Eine Übersicht über die Steuerung und Überwachung, die mindestens aus einem Lenkungsausschuss, einem Kompetenzzentrum (COE) und einem Datenverwaltungsausschuss besteht

- Schließlich der Unterschied zwischen DevOps und DevSecOps

ANHANG A

Salesforce-Autorisierungsflüsse

Dieser Anhang enthält ein Flussdiagramm für jeden Salesforce-Autorisierungsfluss, um einen Architekten bei der Auswahl des richtigen Autorisierungsflusses zu unterstützen, wenn er den Systemzugriff auf und von Salesforce entwickelt. Dieser Anhang konzentriert sich auf die neun in Salesforce verwendeten primären Autorisierungsabläufe, darunter

- Webserver-Ablauf
- Benutzer-Agent-Fluss
- JWT Bearer Flow
- Gerätefluss
- Vermögenswert Token Flow
- Fluss von Benutzername und Passwort
- Tokenfluss aktualisieren
- SAML-Assertion Fluss
- SAML Bearer Assertion Fluss

Hinweis Alle anderen in Kap. 7 genannten Autorisierungsabläufe, die hier nicht aufgeführt sind, sind eine Abwandlung eines der neun in diesem Anhang genannten Autorisierungsabläufe. Um inhaltliche Redundanzen zu vermeiden, werden daher in diesem Anhang nur die neun vorgenannten Abläufe behandelt.

391

© Der/die Herausgeber bzw. der/die Autor(en), exklusiv lizenziert an APress Media, LLC, ein Teil von Springer Nature 2022
D. Jyoti, J. A. Hutcherson, *Handbuch für Salesforce-Architekten*, https://doi.org/10.1007/978-3-662-66534-3

Webserver-Ablauf

Ein **Webserver-Flow** wird hauptsächlich für die Integration einer externen webbasierten Anwendung in die Salesforce-API verwendet, wobei das branchenübliche OAuth 2.0-Autorisierungsprotokoll vom Typ Grant-Autorisierungscode genutzt wird.[1]

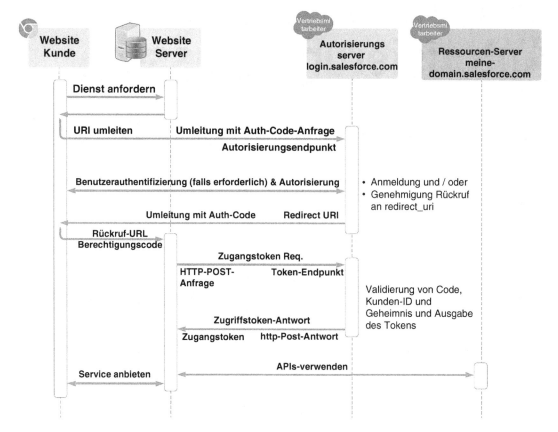

Abb. A-1. *Flussdarstellung des Webservers*

Abb. A-1 zeigt ein Beispielszenario für den Webserver-Flow:

1. Eine externe Website möchte Informationen von einem Objekt innerhalb Ihrer Salesforce-Instanz erhalten.

2. Die Website stellt eine Anfrage an ihren eigenen Server zur Autorisierung.

---

[1] https://tools.ietf.org/html/rfc6749#section-4.1.

3. Der Webseitenserver leitet die Anforderung des Autorisierungscodes an den Salesforce-Autorisierungsendpunkt Ihrer Instanz weiter (d. h. an den von Ihnen in Ihrer mit Salesforce verbundenen Anwendung definierten Endpunkt).

4. Der Benutzer wird auf die Anmeldeseite von Salesforce weitergeleitet. Nach erfolgreicher Anmeldung wird der Benutzer aufgefordert, den Zugriff der Website auf die Objektdaten innerhalb Ihrer Salesforce-Instanz zu genehmigen.

5. Nachdem der Benutzer der Website den Zugriff auf die Daten genehmigt hat, sendet Salesforce einen Rückruf an die Website mit einem Autorisierungscode.

6. Die Website gibt den Autorisierungscode an den Salesforce-Token-Endpunkt weiter und fordert ein Zugriffstoken an.

7. Salesforce validiert den Autorisierungscode und sendet ein Zugriffstoken zurück, das die zugehörigen Berechtigungen in Form von Bereichen enthält.

8. Dann sendet die Website eine Anfrage zurück an Salesforce, um auf die von der Website benötigten Informationen zuzugreifen. Die Anfrage enthält das Zugriffs-Token mit den zugehörigen Gültigkeitsbereichen.

9. Salesforce validiert das Zugriffstoken und die zugehörigen Bereiche.

10. Die Website kann nun auf die Salesforce-Daten zugreifen.

Hinweis   Der Benutzer sieht das Zugriffstoken nie; es wird von der Website in einem Sitzungscookie gespeichert. Salesforce sendet auch andere Informationen mit dem Zugriffstoken, z. B. die Lebensdauer des Tokens und eventuell ein Aktualisierungs-Token.

Benutzer-Agent-Fluss

Ein **User-Agent-Flow** wird hauptsächlich dann verwendet, wenn der Benutzer eine Desktop- oder mobile Anwendung autorisiert, über ein externes System oder einen eingebetteten Browser auf Daten zuzugreifen. Client-Anwendungen, die in einem Browser laufen und eine Skriptsprache wie JavaScript verwenden, können diesen Fluss ebenfalls nutzen. Dieser Fluss nutzt das Industriestandard-Autorisierungsprotokoll OAuth 2.0 (implicit grant type).[2]

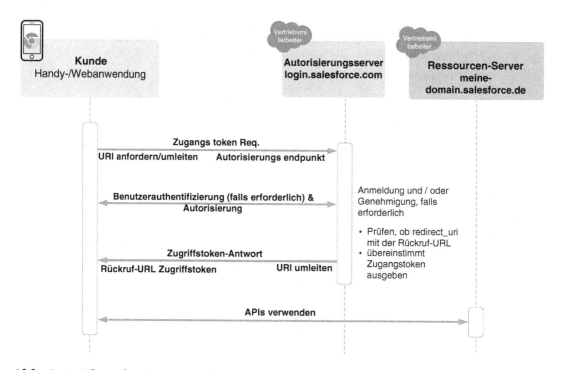

Abb. A-2. *Fluss des Benutzer-Agenten*

Abb. A-2 zeigt ein Beispielszenario für den User-Agent-Flow:

1. Der Endbenutzer öffnet die mobile Anwendung.

2. Die mit Salesforce verbundene App leitet den Benutzer auf die Anmeldeseite von Salesforce weiter, um den

---

[2] https://tools.ietf.org/html/rfc6749#section-4.2.

Zugriff der mobilen App zu authentifizieren und zu autorisieren.

3. Der Benutzer meldet sich an und genehmigt den von der mobilen App angeforderten Zugriff.

4. Die verbundene App empfängt die Callback-Anforderung von Salesforce und wird zusammen mit den Zugriffs- und Aktualisierungs-Tokens an die URL in der Umleitungs-URL weitergeleitet.

5. Die verbundene App verwendet das Zugriffstoken, um im Namen des Nutzers auf die Daten zuzugreifen, und präsentiert sie in der mobilen App.

Hinweis Dieser Autorisierungsfluss ist am wenigsten sicher, da das Zugriffstoken in der Umleitungs-URI kodiert ist und für den Benutzer und andere Anwendungen auf dem Gerät sichtbar ist. Außerdem basiert die Authentifizierung auf der Richtlinie „gleicher Ursprung", was bedeutet, dass die redirect_URI mit einem der in der verbundenen App angegebenen Callback-URI-Werte übereinstimmen muss.

JWT Bearer Flow

Ein **JWT Bearer Flow** wird hauptsächlich verwendet, um den Langzeitzugriff auf entfernte Systeme zu autorisieren, ohne dass sie sich jedes Mal neu anmelden müssen, wenn sie auf Salesforce zugreifen wollen. JWT steht für JSON Web Token. Dieser Fluss verwendet ein von beiden Systemen generiertes Zertifikat, um die JSON-Web-Token-Anfrage jedes Mal zu signieren, wenn eines der autorisierten Systeme Zugriff auf das andere System benötigt. Für diesen Fluss ist keine Benutzerinteraktion erforderlich, allerdings muss eine Vertrauensbeziehung zwischen den integrierenden Systemen aufgebaut werden. Dieser Fluss eignet sich am besten für Server-zu-Server-Integrationen, bei denen nicht bei jedem Datenaustausch Benutzerautorisierungen erforderlich sind.

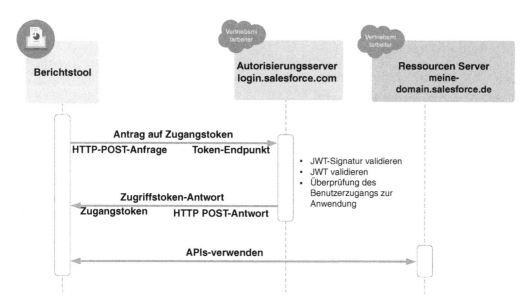

Abb. A-3. *JWT Bearer Flow*

Abb. A-3 zeigt ein Beispielszenario, das den JWT Bearer Flow demonstriert:

1. Ein externes Salesforce-Berichtstool muss Daten aus Salesforce abrufen, um einen Vertriebsbericht zu erstellen.

2. In diesem Fall sendet die mit Salesforce verbundene Anwendung das JSON-Web-Token an den definierten Token-Endpunkt. Das JSON-Web-Token ermöglicht die gemeinsame Nutzung von Identitäts- und Sicherheitsinformationen in den Sicherheitsdomänen der beiden Systeme.

3. Salesforce validiert das JSON-Web-Token auf der Grundlage der digitalen Signatur, die zuvor zur Autorisierung des externen Berichtstools eingerichtet wurde.

4. Salesforce stellt sicher, dass das vorgelegte JSON-Web-Token noch gültig ist und dass die verbundene App noch für den Zugriff freigegeben ist.

5. Salesforce stellt ein Zugriffstoken für das Berichtstool aus.

6. Das Berichtstool kann nun auf die benötigten Daten aus Salesforce zugreifen.

Gerätefluss

Ein **Device Flow** wird hauptsächlich für die Integration von Internet of Things (IoT)-Geräten mit begrenzten Eingabe- oder Anzeigefähigkeiten wie Smart-TVs oder intelligenten Geräten wie Amazons Alexa verwendet. Device Flow kann auch für die Integration mit Befehlszeilenanwendungen wie Git verwendet werden. Bei Verwendung dieses Flusses müssen Benutzer einen Webbrowser oder ein mobiles Gerät mit mehr Eingabemöglichkeiten verwenden, um das Gerät zu verbinden und zusätzliche Funktionen zu konfigurieren.

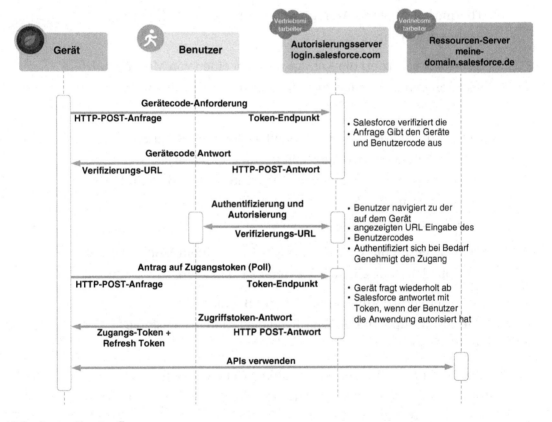

Abb. A-4. *Gerätefluss*

Abb. A-4 zeigt ein Beispielszenario zur Veranschaulichung des Geräteflusses:

1. Der Benutzer möchte Salesforce mit seinem IOT-basierten Heimthermostat *(z. B. Nest von Google)* verbinden, um die Temperatur in seinem Haus zu steuern.

2. Der Benutzer öffnet die Bluetooth-App in seinem Heimthermostat, um eine Verbindung mit seinem Mobilgerät herzustellen, auf dem die Heimthermostat-App installiert ist, um weitere Einstellungen vorzunehmen.

3. Nachdem das Mobilgerät über eine Bluetooth-Verbindung mit dem Heimthermostat verbunden wurde, öffnet der Benutzer die Heimthermostat-App, um das Gerät einzurichten.

4. Die Heimthermostat-App wird als verbundene App in Salesforce eingerichtet. In diesem Fall sendet die Thermostat-App eine Anfrage an den Salesforce-Endpunkt zur Authentifizierung.

5. Salesforce verifiziert die Anfrage und gibt einen von Menschen lesbaren Benutzercode, eine Verifizierungs-URL und einen Gerätecode zurück.

6. Die Thermostat-App auf dem mobilen Gerät des Benutzers zeigt den von Salesforce bereitgestellten, von Menschen lesbaren Code an und fordert den Benutzer auf, den Code einzugeben, indem er zur Verifizierungs-URL navigiert, um das neue Thermostatgerät dem Benutzerkonto hinzuzufügen.

7. Der Nutzer ruft die Verifizierungs-URL auf seinem Mobilgerät auf und gibt den Code ein, um das Gerät zu aktivieren.

8. Nach der Verifizierung autorisiert der Benutzer die Thermostat-App für den Zugriff auf die Daten in Salesforce und vice versa.

9. Die Thermostat-App auf dem mobilen Gerät des Benutzers beginnt mit der Abfrage des Salesforce-Token-Endpunkts nach einem Zugriffstoken.

10. Salesforce sendet ein Zugriffs- und Aktualisierungs-Token an die Thermostat-App auf dem mobilen Gerät des Benutzers.

11. Der Benutzer kann nun das Thermostatgerät über Salesforce steuern.

Vermögenswert Token Flow

Ein **Asset Token Flow** wird zur Integration von IoT-Geräten wie Smartwatches und mobilen Geräten verwendet, die bei der Einrichtung und Nutzung nicht durch ihre Eingabefähigkeiten eingeschränkt sind. Mit anderen Worten, er ist nicht vollständig von der Gerätefähigkeit für die Geräteregistrierung und den Datenaustausch mit Salesforce abhängig, wie dies bei Geräten der Fall ist, die mit dem zuvor beschriebenen Gerätefluss integriert werden. Der Asset Token Flow nutzt den JWT Bearer Flow zur Identifizierung des Geräts und eines Back-End-Servers, der vom Gerät verwendet wird, um den Datenstrom und die mit Salesforce ausgetauschten Ereignisse zu verarbeiten. Die JWT-Tokens ermöglichen die Registrierung des Geräts in Salesforce und die Verknüpfung der Gerätedaten mit den in Salesforce-Objekten gespeicherten Daten.

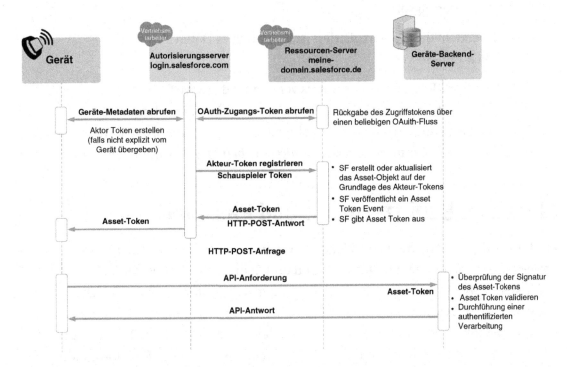

Abb. A-5. *Asset-Token-Fluss*

Abb. A-5 zeigt ein Beispielszenario zur Veranschaulichung des Asset Token Flow:

1. Der Benutzer möchte seine tragbare Smartwatch bei Salesforce registrieren, um die von der Smartwatch erfassten Gesundheitsdaten auszutauschen.

2. Der Benutzer meldet sich bei einer Salesforce-App an, um sein Smartwatch-Gerät zu registrieren, wobei er alle für die Registrierung des Geräts erforderlichen Daten der Smartwatch angibt.

3. Salesforce speichert die Geräteinformationen im Standard-Asset-Objekt.

4. Die in Salesforce konfigurierte verbundene App generiert ein Akteur-Token, das den Benutzer identifiziert, und ein Asset-Token, das die Daten auf der Grundlage der im Asset-Objekt bereitgestellten Daten identifiziert.

5. Das Asset-Token wird an den Back-End-Server des Geräts gesendet und im Gerät gespeichert und schließt den Registrierungsprozess des Geräts ab.

6. Nachdem das Gerät registriert ist, überträgt es Daten an seinen Back-End-Server.

7. Der Back-End-Server des Geräts verwendet das zuvor bereitgestellte Asset-Token, um Gesundheitsdaten des Benutzers mit Salesforce auszutauschen, ohne dass eine erneute Anmeldung in Salesforce erforderlich ist *(ähnlich wie beim JWT Bearer Flow)*.

Fluss von Benutzername und Passwort

Ein **Fluss mit Benutzername und Kennwort** kann verwendet werden, um ein entferntes System mit dem Benutzernamen und dem Kennwort des Benutzers zu autorisieren, die der Benutzer für die Anmeldung bei Salesforce verwendet. Dies ist jedoch die am wenigsten empfohlene Option für die Entwicklung von Integrationen, da sie den Benutzernamen und das Kennwort des Benutzers in der URL offenlegt. Obwohl der Benutzername und das Kennwort in benannten Anmeldeinformationen gespeichert werden können, um die Offenlegung der Benutzeranmeldeinformationen abzuschwächen, sollte dies nur für die Integration mit hochgradig vertrauenswürdigen Remote-Systemen verwendet werden, und andere Grant-Typen wie Webserver Flow oder JWT Token Flow sind nicht praktikabel.

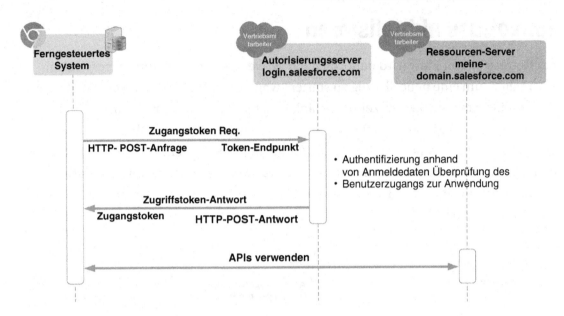

Abb. A-6. *Fluss von Benutzername und Passwort*

Abb. A-6 zeigt ein Beispielszenario, das den Fluss von Benutzername und Kennwort veranschaulicht:

1. Eine verbundene App ist so konfiguriert, dass sie ein entferntes System in Salesforce integriert.

2. Der Benutzername und das Kennwort des Benutzers werden in der verbundenen Anwendung gespeichert (oder in einem benannten Berechtigungsnachweis gespeichert und innerhalb der verbundenen Anwendung referenziert).

3. Die verbundene Anwendung fordert ein Zugriffstoken an, indem sie die Anmeldedaten des Benutzers an den Token-Endpunkt von Salesforce sendet.

4. Nach der Überprüfung der Anfrage gewährt Salesforce der verbundenen Anwendung ein Zugriffstoken.

5. Das entfernte System erhält Zugriff auf alle Daten, auf die der Benutzer selbst zugreifen kann.

Tokenfluss aktualisieren

Ein **Refresh Token Flow** wird hauptsächlich verwendet, um ein neues Access Token zu erhalten, um eine neue Sitzung zu starten, wenn die aktuelle Sitzung gemäß der im System eingestellten Sitzungszeitbeschränkung abläuft. Die Voraussetzung für einen Refresh Token Flow ist eine gültige, bereits bestehende Sitzung, die abgelaufen ist. Das Refresh Token verlängert den Zugriff für die Remote-Anwendung oder den Remote-Benutzer, ohne dass eine erneute Authentifizierung oder Autorisierung erforderlich ist, wenn sich an den Zugriffsberechtigungen des Remote-Systems oder des Benutzers nichts geändert hat.

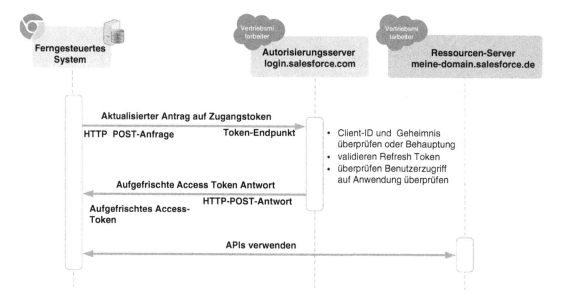

Abb. A-7. *Tokenfluss aktualisieren*

Abb. A-7 zeigt ein Beispielszenario, das den Refresh Token Flow demonstriert:

1. Ein externes System befindet sich in einer aktiven Sitzung mit Salesforce, und die Sitzung läuft in Kürze ab.

2. Sobald die Sitzung abläuft, verwendet die mit dem entfernten System verbundene Anwendung das vorhandene Aktualisierungs-Token, um ein neues Zugriffstoken anzufordern.

3. Nach der Überprüfung der Anfrage gewährt Salesforce dem entfernten System ein neues Zugriffstoken.

4. Das entfernte System geht nahtlos in eine neue Sitzung mit
    zurückgesetztem Sitzungs-Timeout über. All dies geschieht
    innerhalb von Millisekunden und verursacht normalerweise keine
    Unterbrechungen beim Übergang von einer Sitzung zur anderen.

SAML-Assertion Fluss

Ein **SAML Assertion Flow** ist eine alternative Möglichkeit, Remote-Systeme mit
Salesforce in Unternehmen zu verbinden, die bereits SAML-basiertes SSO für den
Zugriff auf Salesforce verwenden. Eine SAML-Assertion ist ein XML-Sicherheitstoken,
das von einem Identitätsanbieter ausgestellt und von einem Serviceanbieter verwendet
wird. Der Service Provider verlässt sich auf den Inhalt, um das Subjekt der Assertion für
sicherheitsrelevante Zwecke zu identifizieren.

Mit diesem Fluss kann sich das entfernte System mithilfe einer SAML-Assertion in
die API einbinden, so wie sich Benutzer über Single Sign-on in Salesforce einbinden.
Der größte Vorteil dieses Flusses ist, dass keine mit Salesforce verbundene Anwendung
konfiguriert werden muss, da die SAML-Assertion die Authentifizierungs- und
Autorisierungsdetails innerhalb dieses Flusses verwaltet.

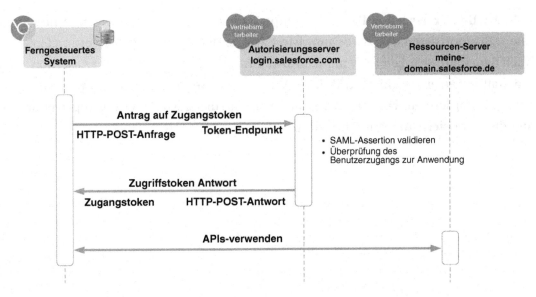

Abb. A-8. *SAML-Assertion Fluss*

Abb. A-8 zeigt ein Beispielszenario zur Veranschaulichung des SAML Assertion Flow:

1. In Salesforce wird eine SAML-Konfiguration eingerichtet, die das entfernte System verbindet.

2. Das entfernte System tauscht eine SAML-Assertion gegen ein Zugriffstoken aus.

3. Nach der Überprüfung der SAML-Assertion gewährt Salesforce in der Antwort ein Zugriffstoken, das dem Remote-System den Zugriff auf Salesforce ermöglicht.

Hinweis Dieser Fluss kann vom entfernten System nicht zur Verbindung mit mehr als einer Salesforce-Organisation verwendet werden. Anmeldeströme können mit diesem Fluss nicht zur Authentifizierung verwendet werden, und dieser Fluss funktioniert nicht mit Salesforce-Communities. Außerdem können mit diesem Fluss keine Aktualisierungs-Tokens ausgegeben werden.

SAML Bearer Assertion Fluss

Ein **SAML Bearer Assertion Flow** wird hauptsächlich verwendet, um ein entferntes System zu autorisieren, das zuvor autorisiert wurde. Der SAML Bearer Assertion Flow ähnelt dem Refresh Token Flow mit der Ausnahme, dass der SAML Bearer Assertion Flow stattdessen eine signierte SAML 2.0 Assertion verwendet, um ein OAuth Access Token anzufordern, und die digitale Signatur, die auf die SAML Assertion angewendet wird, die autorisierte App authentifiziert.

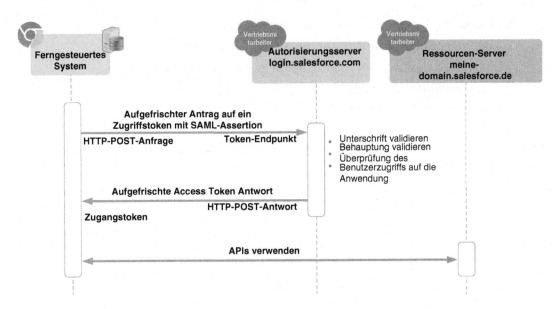

Abb. A-9. *SAML Bearer Assertion Flow*

Abb. A-9 zeigt ein Beispielszenario zur Veranschaulichung des SAML Bearer Assertion Flow:

1. Eine verbundene Anwendung wird mithilfe eines digitalen Zertifikats konfiguriert.

2. Dieses Zertifikat entspricht dem privaten Schlüssel des entfernten Systems.

3. Wenn die verbundene App gespeichert wird, wird ein Verbraucherschlüssel generiert und dem entfernten System zugewiesen.

4. Wenn das entfernte System den Zugriff auf Salesforce anfordert, sendet die verbundene Anwendung die SAML-Bearer-Assertion an den Token-Endpunkt von Salesforce.

5. Salesforce validiert die Signatur anhand des für die verbundene App registrierten Zertifikats. Außerdem werden die Zielgruppe, der Aussteller, der Betreff und die Gültigkeit der Assertion validiert.

6. Unter der Annahme, dass die Behauptung gültig ist und der Benutzer oder Administrator die Anwendung zuvor autorisiert hat, gibt Salesforce ein Zugriffstoken an das Remote-System aus und gewährt den Zugriff.

Hinweis   Auch bei diesem Fluss können keine Auffrischungs-Token ausgegeben werden.

Muster für die Salesforce-Integration

In diesem Anhang finden Sie ein einseitiges Flussdiagramm für jedes Salesforce-Integrationsmuster, das einem Architekten hilft, das Muster besser zu verstehen. Dieser Anhang konzentriert sich auf die sechs am häufigsten in Salesforce verwendeten Integrationsmuster, darunter

- Antrag und Antwort
- Feuer und Vergessen
- Batch-Daten-Synchronisation
- Ferneinwahl
- UI-Update
- Datenvirtualisierung

Antrag und Antwort

Ein Request-and-Reply-Integrationsmuster unterstützt die synchrone Kommunikation, bei der eine Nachricht an ein externes System gesendet wird und der Absender eine Rückmeldung erwartet.

© Der/die Herausgeber bzw. der/die Autor(en), exklusiv lizenziert an APress Media, LLC, ein Teil von Springer Nature 2022
D. Jyoti, J. A. Hutcherson, *Handbuch für Salesforce-Architekten*, https://doi.org/10.1007/978-3-662-66534-3

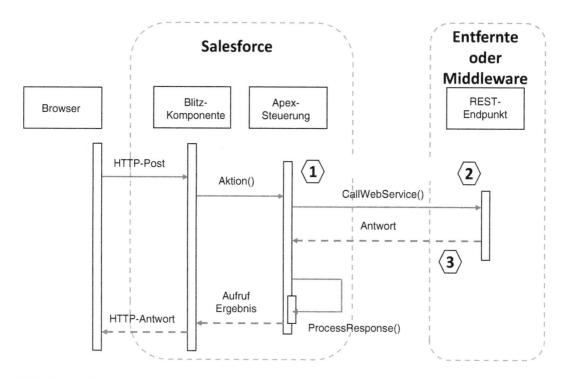

Abb. B-1. *Integration von Anforderung und Antwort – Synchroner Aufruf von Remote-Prozessen*

Abb. B-1 zeigt einen Beispielablauf mit einem Request-and-Reply-Integrationsmuster. Das Muster wird initiiert, wenn

1. Der Apex-Controller führt einen Remote-Webdienst-Aufruf an das entfernte System oder die Middleware durch, nachdem der Browser-Benutzer eine Aktion initiiert hat.

2. Der Dienstaufruf bleibt offen, während er auf eine Antwort des entfernten Systems wartet.

3. Das entfernte System sendet eine Antwort an den Apex-Controller, der diese Antwort verarbeitet.

Feuer und Vergessen

Ein Fire-and-Forget-Integrationsmuster unterstützt asynchrone Kommunikation, bei der eine Nachricht an ein externes System gesendet wird und der Absender **keine** Rückmeldung erwartet.

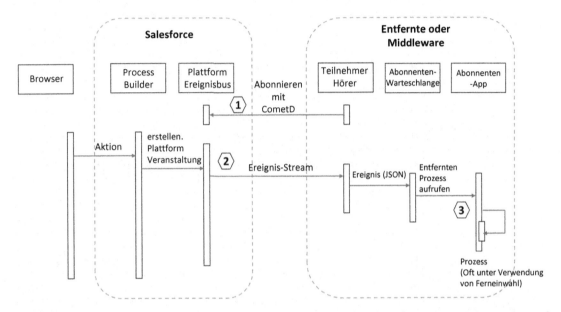

Abb. B-2. *Fire-and-Forget-Integration – Asynchroner Remote-Prozessaufruf über Plattformereignisse*

Abb. B-2 zeigt einen Beispielablauf mit einem Fire-and-Forget-Integrationsmuster. Das Muster wird initiiert, wenn

1. Das entfernte System (App) abonniert ein Ereignis der CometD-Plattform als Listener.

2. Der Salesforce-Prozess erstellt ein Ereignis im Ereignisstrom, nachdem eine Aktion aufgezeichnet wurde.

3. Das entfernte System hört den Ereignisstrom ab und erkennt ein Ereignis. Es ruft einen entfernten Prozess auf. Das System muss darauf vorbereitet sein, dasselbe Ereignis mehr als einmal zu verarbeiten.

Batch-Daten-Synchronisation

Das Integrationsmuster Batch Data Sync ist ein gängiges Muster zur Unterstützung der Datenmigration in und aus einem Empfangssystem.

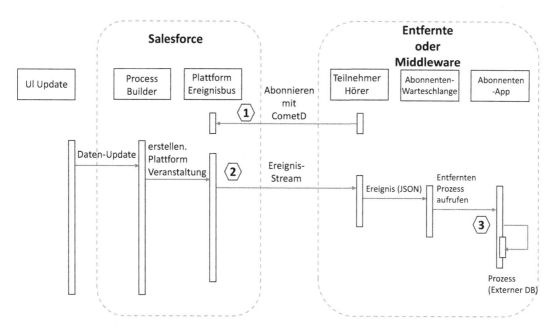

Abb. B-3. *Batch Data Sync Integration – Asynchroner Remote-Prozessaufruf der Änderungsdatenerfassung*

Abb. B-3 zeigt einen Beispielablauf mit einem Batch Data Sync-Integrationsmuster (ähnlich dem Fire and Forget-Muster). Das Muster wird initiiert, wenn

1. Das entfernte System (App) abonniert ein Ereignis der CometD-Plattform als Listener.

2. Der Salesforce-Prozess erstellt ein Ereignis im Ereignisstrom, nachdem eine Datensatzerstellung oder -aktualisierung aufgezeichnet wurde.

3. Das entfernte System hört den Ereignisstrom ab und erkennt ein Ereignis. Es ruft einen entfernten Prozess auf, um die Änderungssynchronisation in der externen Datenbank zu aktualisieren. Das System muss darauf vorbereitet sein, dasselbe Ereignis mehr als einmal zu verarbeiten.

Ferneinwahl

Das Integrationsmuster **Remote Call-In** wird zur Unterstützung synchroner Kommunikation verwendet, bei der eine Nachricht von einem externen System an das empfangende System gesendet wird.

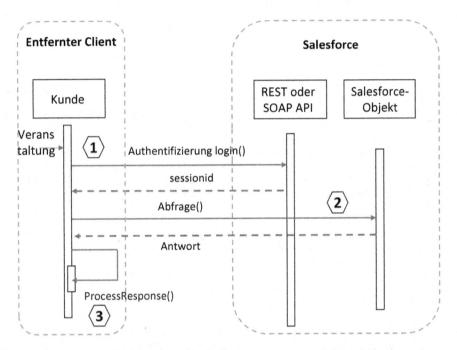

Abb. B-4. *Remote-Call-In-Integration – Synchroner Remote-Aufruf über SOAP oder REST*

Abb. B-4 zeigt einen Beispielablauf mit einem Remote Call-In-Integrationsmuster. Das Muster wird initiiert, wenn

1. Ein Ereignis auf dem Remote-Client initiiert einen Anmeldeaufruf an Salesforce und gibt, falls authentifiziert und autorisiert, eine Sitzungsnummer zurück.

2. Der Remote-Client tätigt einen Remote-Aufruf über SOAP oder REST API an Salesforce, um Daten abzufragen, zu aktualisieren, zu erstellen oder zu löschen.

3. Salesforce gibt eine Antwort an den Client zurück, der die Antwort verarbeitet.

UI-Update

Das UI-Update-Integrationsmuster wird verwendet, um die Benutzeroberfläche des empfangenden Systems auf der Grundlage von Änderungen im sendenden System zu aktualisieren.

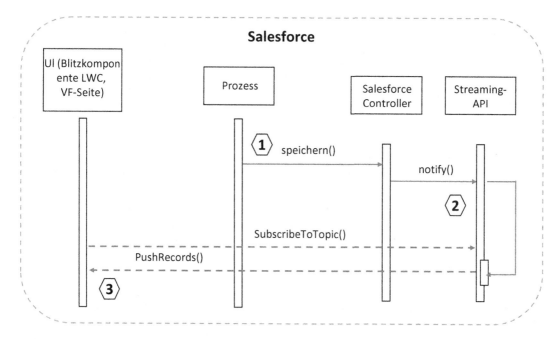

Abb. B-5. *UI-Update-Integration – Verwendung des Datenänderungs-Triggers*

Abb. B-5 zeigt einen Beispielablauf mit einem UI-Update-Integrationsmuster. Das Muster wird initiiert, wenn

1. Eine Benutzeroberfläche erwartet, dass sie automatisch erkennt, ob ein Prozess ein bestimmtes Feld aktualisiert. Durch das Speichern des Prozesses wird der Datensatz geändert.

2. Der Controller benachrichtigt die Streaming-API über die Änderung. Es wird ein PushTopic mit dem Ereignisauslöser und den in einer Aktualisierung enthaltenen Daten definiert.

3. Eine JavaScript-basierte Komponente kann die PushRecords zur Aktualisierung der Benutzeroberfläche verwenden.

Datenvirtualisierung

Das Integrationsmuster **Datenvirtualisierung** wird zur Unterstützung synchroner Kommunikation verwendet, bei der eine Nachricht von einem externen System an das empfangende System gesendet und als **virtuelles** Objekt dargestellt wird.

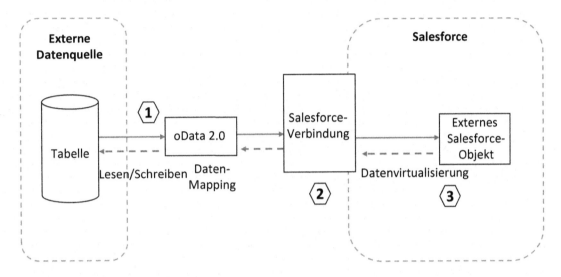

Abb. B-6. *Datenvirtualisierungsintegration – Verwendung von OData und Salesforce Connect*

Abb. B-6 zeigt einen Beispielablauf unter Verwendung eines Datenvirtualisierungs-Integrationsmusters. Das Muster wird initiiert, wenn

1. Der Lese-/Schreibzugriff erfolgt über OData, um die externe Datenquelle zu verwalten und abzubilden.

2. Salesforce Connect bietet Authentifizierung und Autorisierung sowie die Verwaltung der OData-Datenzuordnung.

3. Das externe Salesforce-Objekt ist definiert und stellt ein virtuelles Datenobjekt dar.

Salesforce-Beispiel-Artefakte

In diesem Anhang werden eine Reihe von Artefakten vorgestellt, die wir für praktische Geschäftsbesprechungen und fiktive CTA-Prüfungen erstellt haben. Das Ziel dieses Anhangs ist es, Ihnen verschiedene Ideen zu geben, wie Sie Ihren Architekturentwurf erstellen und präsentieren können. Wir fügen die folgenden Artefakte bei:

- Systemlandschaft
- Datenmodell
- Rollenhierarchie
- Projektleitung/Governance
- Integration/SSO/OAuth
- Akteure/Lizenzen

Systemlandschaften

Die Beispiele für die Systemlandschaft zeigen verschiedene Ansätze, die wir erstellt haben, um darzustellen, wie eine bestehende Unternehmensumgebung durch eine vorgeschlagene Systemlösung verändert wird. Die Diagramme gehen alle davon aus, dass Salesforce bereits vorhanden ist oder zur Unterstützung des neuen Systemdesigns hinzugefügt wird. Die Abb. C-1, C-2, C-3 und C-4 sind Beispiele für Systemlandschaftsdiagramme.

415

D. Jyoti, J. A. Hutcherson, *Handbuch für Salesforce-Architekten*, https://doi.org/10.1007/978-3-662-66534-3

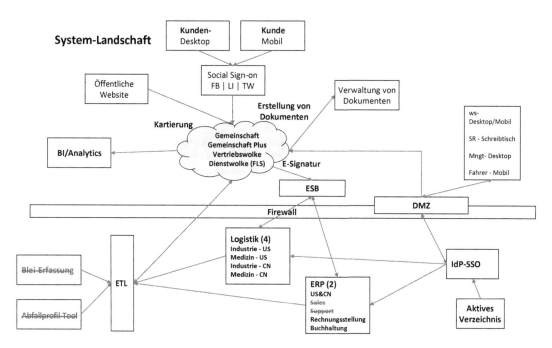

Abb. C-1. *Systemlandschaft für Greenhouse Recycling Corp*

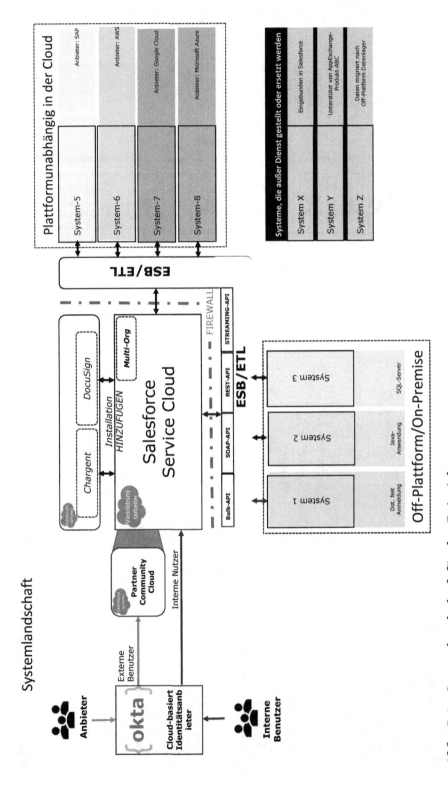

Abb. C-2. Systemlandschaft für das Beispielsystem

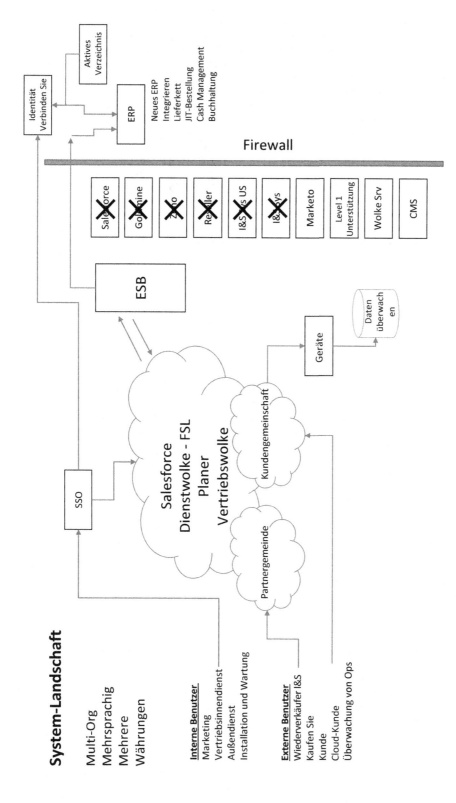

Abb. C-3. *Systemlandschaft für die CTA-Probeprüfung*

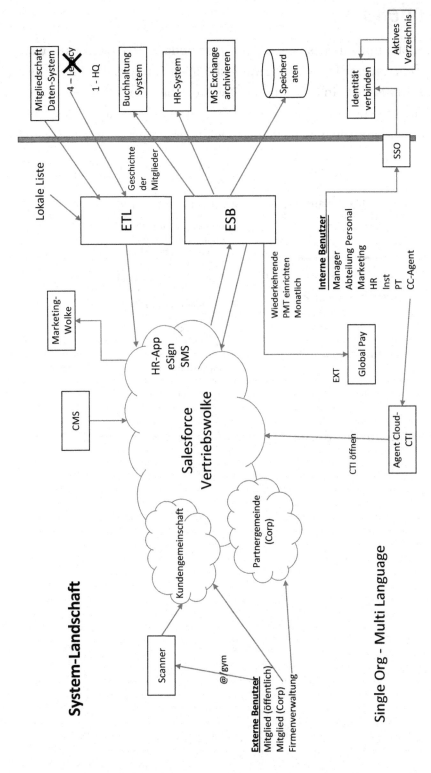

Abb. C-4. *Systemlandschaft für die CTA-Probeprüfung – Version 2*

Datenmodelle

Die gezeigten Datenmodell-Beispiele stellen verschiedene Ansätze vor, die wir verwendet haben, um eine vorgeschlagene Systemlösung zu präsentieren. Die Datenmodelle verwenden ein ERD, um die Objekte, Objektbeziehungen und wichtigen Elemente, die im Entwurf verwendet werden, darzustellen. Die Abb. C-5 und C-6 zeigen Beispiele und Überlegungen, die in Datenmodelldiagrammen verwendet werden.

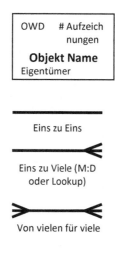

Organisationsweite Vorgabe (OWD
Privat
- Öffentlich Lesen
- Öffentlich Lesen/Schreiben

Anzahl der Datensätze
- Anfängliche Anzahl von
- Datensätzen berücksichtigen Datensatzwachstum
- FV = PV * (1+Wachstum)"
  Wann soll archiviert werden?

Aufzeichnung des Besitzes
- Profil identifizieren
- Erwägen Sie
- Öffentlich Lesen/Schreiben

Überlegungen
- Master-Detail- oder Lookup-Beziehung anzeigen

Abb. C-5. *ERD-Elemente, Beziehungen und Überlegungen*

Datenmodell

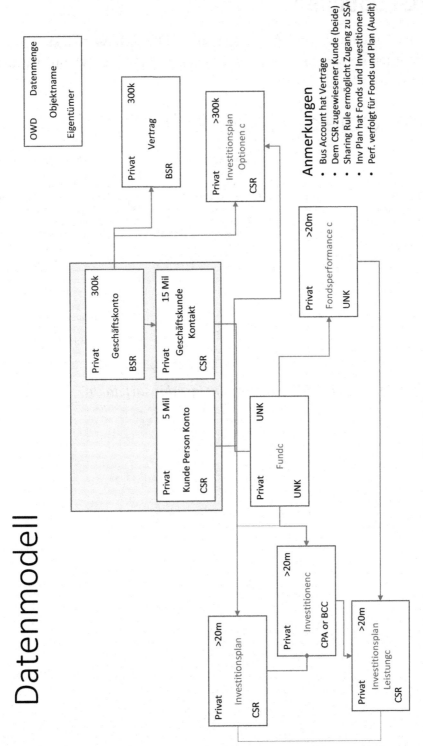

Abb. C-6. *ERD-Elemente, Beziehungen und Überlegungen*

FUSIAOLA Optionen

Abb. C-7 ist eine Variation des in Kap. 2 vorgestellten FUSIAOLA-Artefakts. Diese
Version konzentriert sich auf die angegebenen Objekte, Systeme, Akteure/Lizenzen und
Integrationen.

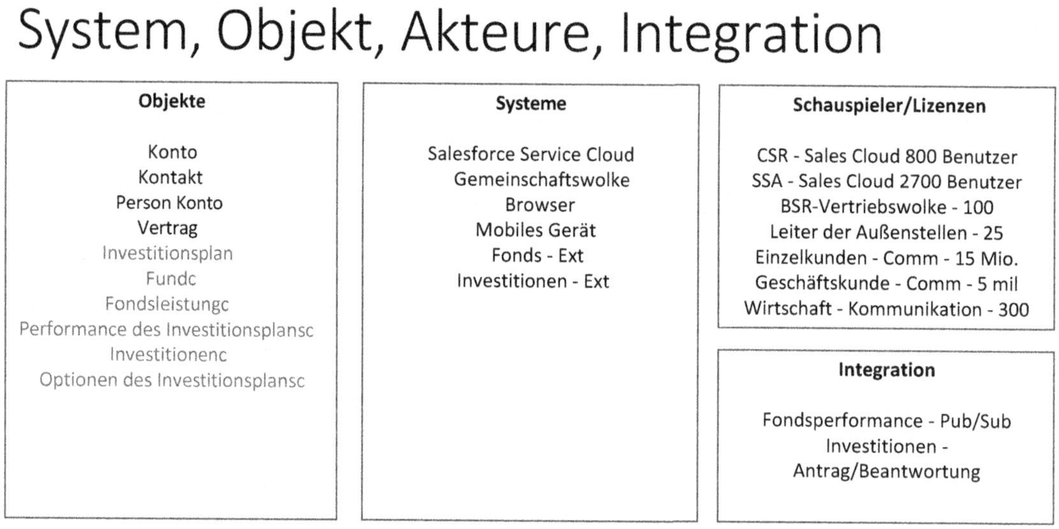

System, Objekt, Akteure, Integration

Objekte	Systeme	Schauspieler/Lizenzen
Konto	Salesforce Service Cloud	CSR - Sales Cloud 800 Benutzer
Kontakt	Gemeinschaftswolke	SSA - Sales Cloud 2700 Benutzer
Person Konto	Browser	BSR-Vertriebswolke - 100
Vertrag	Mobiles Gerät	Leiter der Außenstellen - 25
Investitionsplan	Fonds - Ext	Einzelkunden - Comm - 15 Mio.
Fundc	Investitionen - Ext	Geschäftskunde - Comm - 5 mil
Fondsleistungc		Wirtschaft - Kommunikation - 300
Performance des Investitionsplansc		
Investitionenc		**Integration**
Optionen des Investitionsplansc		Fondsperformance - Pub/Sub
		Investitionen -
		Antrag/Beantwortung

Abb. C-7. *Systeme, Objekte, Akteure und Integrationsartefakte*

Artefakte des Lebenszyklusmanagements

Die Abb. C-8 und C-9 zeigen verschiedene Ansätze für das Lebenszyklusmanagement.

Umweltmanagement

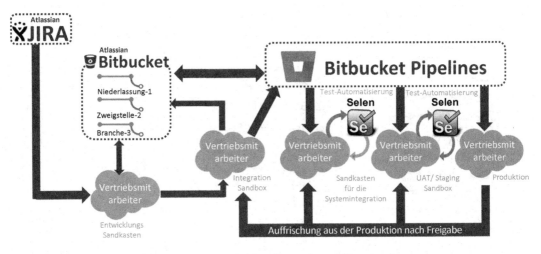

Abb. C-8. *Umgebungsverwaltung – Sandbox-Verwaltung*

Freigabe Management

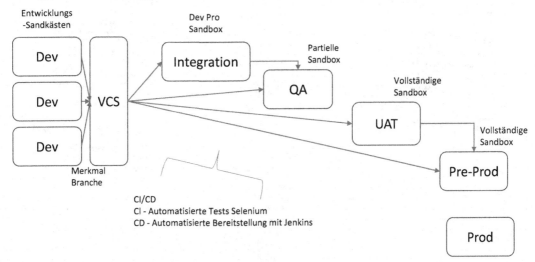

Abb. C-9. *Freigabeverwaltung – Sandbox-Verwaltung*

Artefakte, die während einer fiktiven CTA-Überprüfung verwendet werden

Die Abb. C-10, C-11, C-12, C-13, C-14, C-15, C-16 und C-17 zeigen ein Beispiel für eine Reihe von Artefakten, die für die Prüfung durch den KTI-Ausschuss verwendet werden.

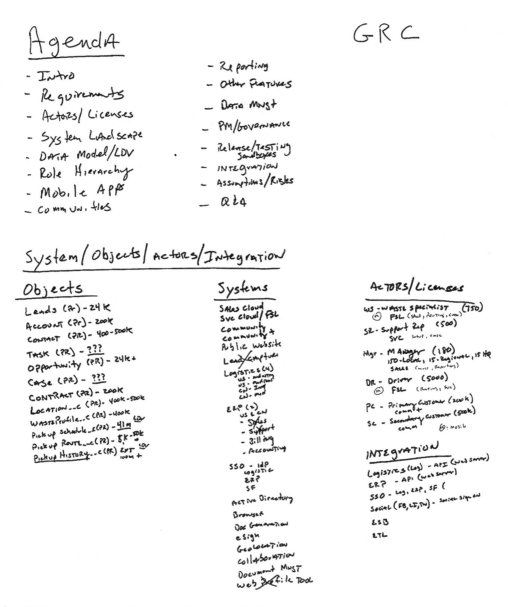

Abb. C-10. *Agenda mit einem System, Objekten, Akteuren und Integrationsartefakten*

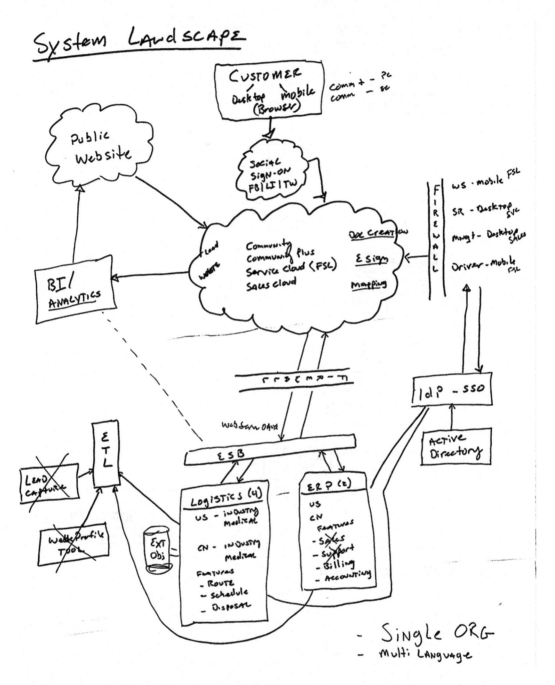

Abb. C-11. *Artefakt der Systemlandschaft*

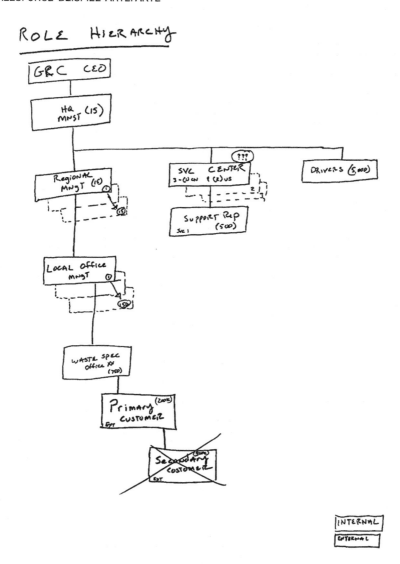

Abb. C-12. *Rollenhierarchie Artefakt*

Data Model

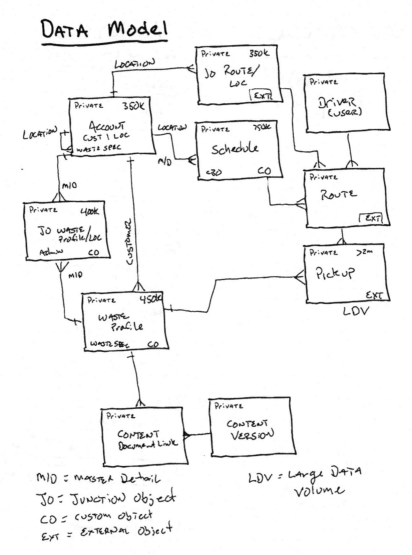

Abb. C-13. *Datenmodell-Artefakt*

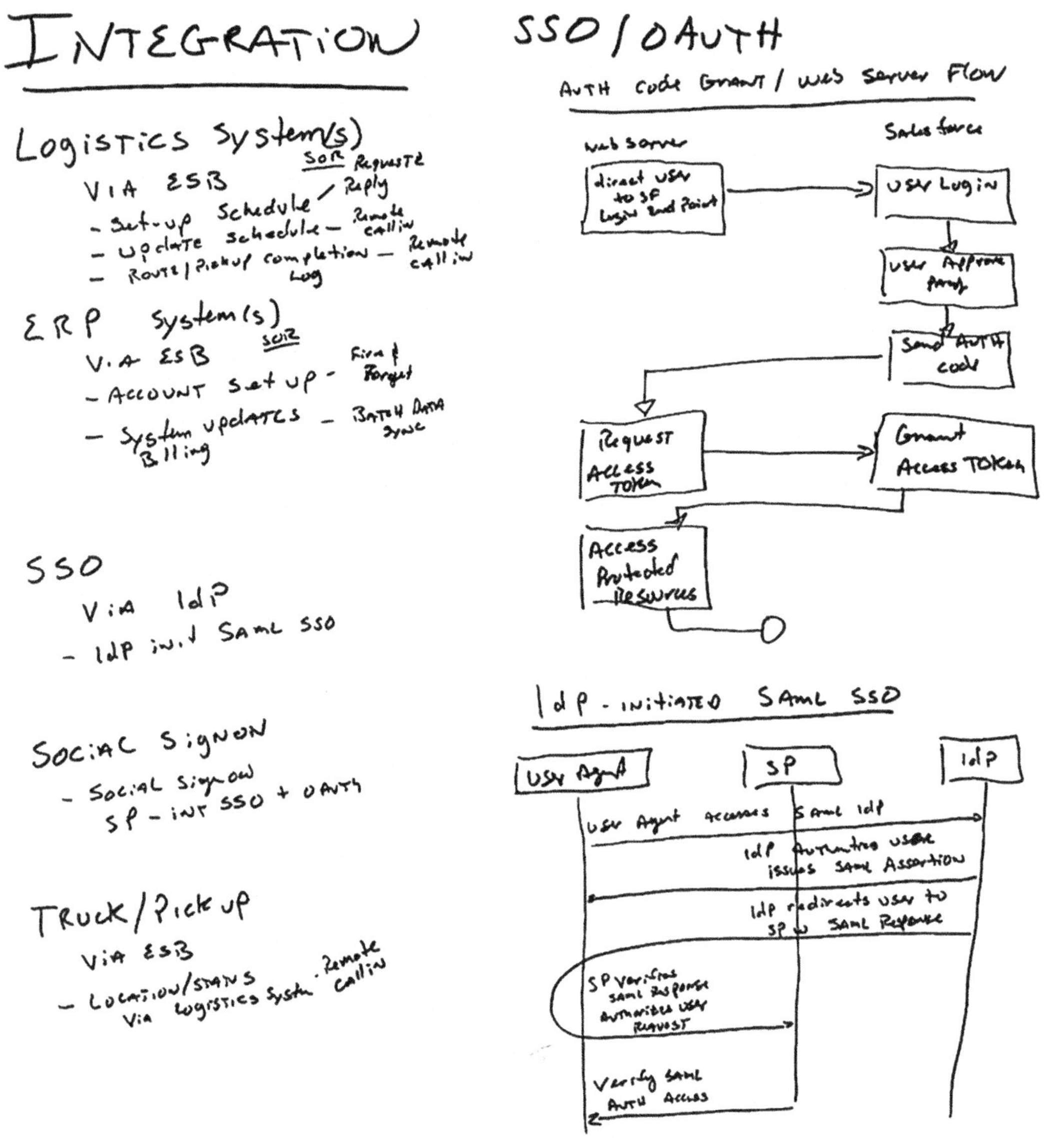
INTEGRATION
Logistics System(s)
SOR
Request Reply
VIA ESB
- Set-up Schedule
- Update Schedule - Remote callin
- Route/Pickup completion Log - Remote callin
ERP System(s)
SOR
Via ESB
- Account set up - Fire & Forget
- System updates Billing - Batch Data sync
SSO
Via IdP
- IdP init SAML SSO
Social Signon
- Social Signon SP-init SSO + OAuth
Truck/Pickup
Via ESB
- Location/Status Via Logistics System - Remote callin
SSO/OAuth
Auth Code Grant / Web Server Flow
Web server
Salesforce
direct user to SF Login End Point
User Login
Send Auth code
Request Access Token
Grant Access Token
Access Protected Resources
IdP-initiated SAML SSO
User Agent
SP
IdP
User Agent accesses SAML IdP
IdP Authenticates user issues SAML Assertion
IdP redirects user to SP w SAML Response
SP verifies SAML Response authorizes user request
Verify SAML Auth Access

Abb. C-14. *Integration und SSO/OAuth-Artefakt*

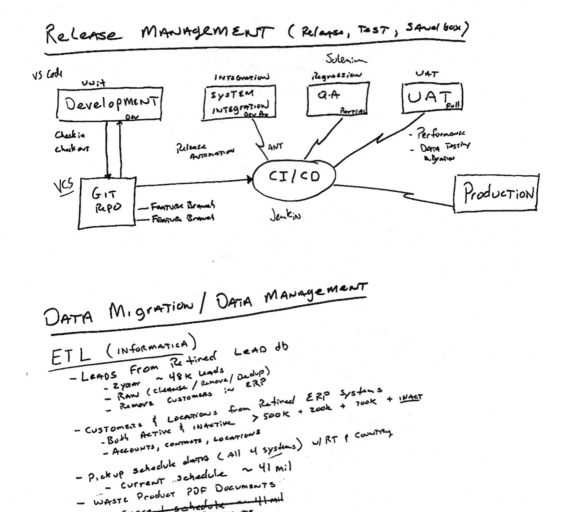

Abb. C-15. *Artefakt Freigabeverwaltung und Datenverwaltung*

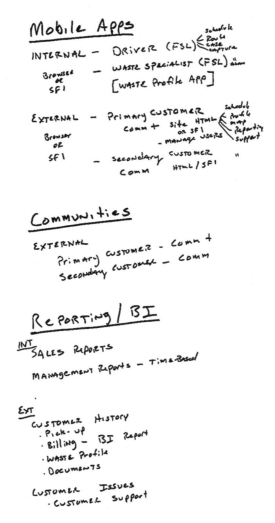

Abb. C-16. *Mobile App, Communities und Reporting/BI-Artefakt*

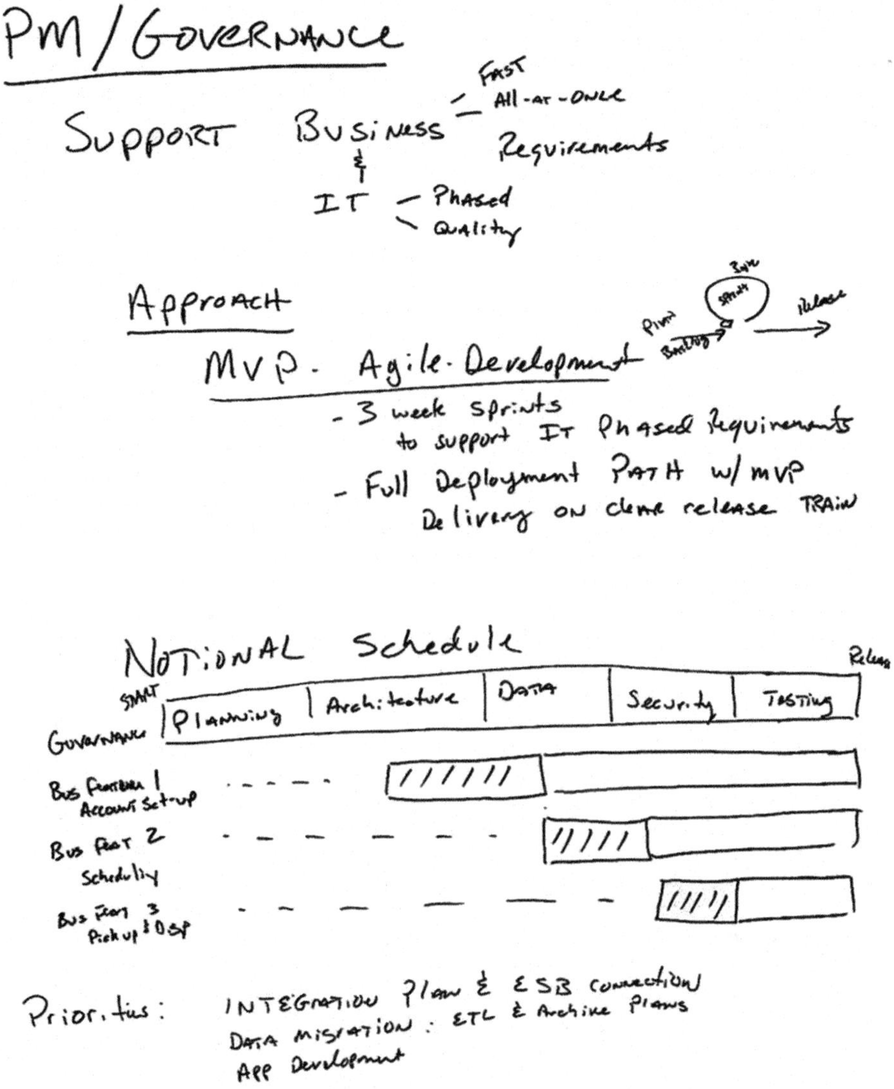
PM / GOVERNANCE
SUPPORT
BUSINESS
FAST
All-at-Once
Requirements
&
IT
Phased
Quality
APPROACH
MVP - Agile-Development
Release
- 3 week sprints
to support IT Phased Requirements
- Full Deployment PATH w/ MVP
Delivery on clear release TRAIN
NOTIONAL Schedule
Release
START
Planning
Architecture
DATA
Security
TESTING
Governance
Bus Feature 1
Account Set-up
Bus Feat 2
Scheduling
Bus Feat 3
Priorities:
INTEGRATION Plan & ESB connection
DATA MIGRATION : ETL & Archive Plans
App Development

Abb. C-17. Projektmanagement und Governance Artefakt